本书由吉林大学东北亚研究院资助出版，为国家社会科学基金青年项目"中国区域城市化模式与生态安全研究"（项目编号：07CJL029）的研究成果。

东北亚研究丛书

# 中国区域城市化模式
# 与生态安全研究

RESEARCH ON
THE REGIONAL URBANIZATION PATTERNS
AND ECOLOGICAL SECURITY IN CHINA

李辉 著

社会科学文献出版社
SOCIAL SCIENCES ACADEMIC PRESS (CHINA)

# 摘　要

　　随着城市化的快速推进，中国区域城市化发展模式与城市生态安全关系受到国内外学者关注。本书以城市化与生态安全的相关理论为基础，以我国东部、中部、西部和东北地区的人口、经济、社会和生态环境等主要数据资料为依据，构建了区域生态安全综合评价指标体系和"压力－状态－响应模型"（Pressure-State-Response Model，P－S－R 模型）。同时，本书运用层次分析法和生态安全综合评价模型，对我国东部、中部、西部和东北四大区域及 31 个省（区、市）城市化的基本特征及其发展模式、区域生态安全状况、区域城市化与生态安全的耦合关系等进行了系统的研究。

　　对我国区域城市化过程与生态安全时序关系的基本判断，是明确城市化发展面临的有利条件和制约因素的前提。本书从四大区域的层面分析了我国区域生态安全状况。2010 年，东北地区的区域生态安全综合指数是全国四大区域中唯一达到"比较安全"的"良好状态"的地区；但东北三省间存在一定差距。东部、中部和西部，以及全国生态安全综合指数（A）处于区域生态安全分级标准的第Ⅲ级水平，即"基本安全"的"敏感状态"。对区域城市化与生态安全耦合关系综合的分析表明，在未来 20 年乃至更长时间内，在城市化与生态安全协调演进的过程中，我国区域城市化与生态安全状况将受到诸多因素的影响和制约。其中，既有积极的因素，也存在一系列的制约问题。综合考察我国区域城市化发展模式所反映出的时空特征，及其生态安全特征，东部、中部、西部和东北地区区域城市化与生态安全耦合关系形成了 3 种具有不同特征的耦合类型；从 31 个省（区、市）

1

的角度看，我国区域城市化与生态安全的耦合关系形成了 12 种不同的耦合类型。我国区域城市化与生态安全的耦合形态发生的时空特征，总体上符合城市化过程中的城市化模式变迁与生态环境相互作用关系的基本规律。

本书在对我国东部、中部、西部和东北地区城市化发展趋势，以及区域生态安全制约因素进行系统分析的基础上，提出了生态安全视角下我国城市化发展模式的战略选择和对策建议。本书认为，从保障并实现生态安全的视角考察我国区域城市化，由于受历史、地理条件和社会经济发展水平等多种因素的影响，我国生态资源和城市化的区域发展很不平衡，未来区域城市化具体推进路径的选择，应该以《全国主体功能区规划》为指导，依据区域经济社会发展的实际情况，坚持区域统筹和城乡统筹的原则，在梯次推进东部、中部、西部和东北地区城市化的进程中，选择具有区域特色的城市化发展模式。另外，在积极推进区域城市化进程的同时，要保障并提升区域生态安全水平。

# Abstract

With the rapid advance of urbanization, the relationship between the development patterns of regional urbanization and urban ecological security in China is being concerned by scholars at home and abroad. Based on the related theory of urbanization and ecological security, and the main data of population, economy, society and ecological environment in the east, middle, west and northeast of China, this book constructs the comprehensive evaluation index system of regional ecological security and "Pressure-State-Response model" as "P – S – R model". By using the analytic hierarchy process and the comprehensive evaluation model of ecological security, the basic characteristics and development pattern of urbanization, the regional ecological security situation and the coupling relationship between regional urbanization and ecological security in eastern, central, western and northeastern China and 31 provinces (regions and municipalities), were systematically studied.

The basic judgment of the sequential relationship between the process regional urbanization and ecological security in China is the premise to clear the favorable conditions and constraints facing the development of urbanization. This book analyses the regional ecological security situation in China from the four regional level. In 2010, the regional ecological security comprehensive index of the northeast region is a "good condition" region, and it is the only one of the four regions in the whole country to achieve "relatively safe". But there is a certain gap between the three provinces in Northeast China. Eastern, central and western, as well as the national ecological security index (A) are in the third level of the regional ecological security classification standards, as the "sensitive state" of "basic security" A comprehensive analysis of the coupling relationship between regional urbanization and ecological security shows that in the next 20 years or even longer period of time, in the process of the coordinated development of urbanization and ecological security, the situation of regional urbanization and ecological security in China will be affected by many factors. Among the elements, both positive factors and a series of constraints exist. By studying the spatiotemporal and ecological security characteristics of regional patterns in China, the coupling relationship between urbanization and ecological security in the eastern, central, western and northeastern regions can be summarized as three coupling types with different characteristics. Among them, there are not only positive factors, but also a series of constraints. By comprehensively investigating the temporal and spatial characteristics and the ecological security features of the development pattern of China's regional urbanization reflected, the coupling relationship between regional urbanization and ecological security in eastern, middle and western regions and Northeast China has formed 3 kinds of coupling types with different characteristics. The spatiotemporal characteristics of the coupling of regional urbanization and ecological security in China are in line with the regular patter of the relationship between urbanization and ecological environment interaction in the process of urbanization. From the view of 31 provinces (autonomous regions and municipalities) on the continent, the coupling relationship between regional urbanization and ecological security in China has formed 12 different types of coupling. The temporal and spatial characteristics of the coupling patterns of regional urbanization and ecological security in China, in general accord with the basic law of the interaction between urbanization and ecological environment in the process of urbanization.

Based on the analysis of the forecast of urbanization development trend in eastern, central, western and eastern regions of China and the systematical analysis of regional ecological security constraints, this book puts forward the strategic choice and countermeasures of urbanization development model in China from the perspective of ecological security. It is considered that the regional urbanization in China is investigated from the perspective of guaranteeing and realizing ecological security. Due to the Influence of historical, geographical conditions and social and economic development level and other factors, the regional development of ecological resources and urbanization in our country is not balanced. The choice of the specific promotion path of the future regional urbanization, should be based on the "national main functional area planning" as the guide, according to the actual situation of regional economic and social development, insisting on the principles of regional co-ordination and urban and rural co-ordination, in advance the urbanization process in the eastern, western and northeast in china, selecting the regional characteristics of the urbanization development model While actively promoting the process of regional urbanization, guaranteeing and promoting the level of regional ecological security.

# 目　录

## 第四篇　结论建议

# Contents

## Part 4  Strategic Choice

# 第一篇

# 研究基础

# 第一章　导论

## 第一节　研究背景和选题意义

### 一　研究背景

城市化是近代工业化的产物，是工业化发展的必然结果。19 世纪中期以来的世界城市化发展进程的历史表明，各个国家城市化发展的历史条件和社会经济制度等诸多方面有所不同，各个国家的城市化过程中也呈现了不同的特点。但是，无论各国城市化经历何种发展道路和模式，有一种现象是共同的，那就是在一个国家或地区城市发展的初始阶段，及其随后的快速发展阶段，在城市化给社会经济发展带来巨大利益的过程中，都会发生不同程度的生态失衡、环境污染、资源耗竭等一系列的国家、区域或者城市范围内的生态安全破坏问题。

以发端于 18 世纪中叶的英国产业革命为标志，发达国家城市化发展过程及其演进规律给人类社会城市化进程提供了很多可以借鉴的经验，其城市化起步阶段和城市化进程的加速发展时期，都是人类活动对生态环境造成的压力不断增强的过程，以及随之而来的生态破坏不断加剧的过程。考察发达国家城市化进程中每个历史阶段的生态环境问题，我们可以看出，城市化较快发展与生态安全似乎是发达国家城市化初期和加速发展期的固有矛盾，而广大的发展中国家的城市化发展道路同样也有着深刻的历史教训。城市化与城市发展引致的生态安全问题是发展中国家工业化过程中普遍出现的矛盾。对于发展中国家而言，一个国家或者区域的城市化发展模式不可能重复发达国家的历史进程。发达国家在人口和产业开始出现明显向城市集聚的时期，也往往伴随着对人类社会的生存环境的深刻影响，其中尤其是生态环境和自然资源压力日益加大。

从中国城市化与城市发展的历程来看，20 世纪 50 年代到 70 年代末，中国城市化在工业化进程中一度缓慢推进。改革开放以来，我国社会经济发展过程开始了一个新的历史时期，在国民经济较快发展的同时，各个地区的城市化步伐也开始不同程度地出现加快发展的势头。通过比较发展中国家和发达国家城市化的发展历程，中国作为世界上人口最多的发展中国家，积极促进经济发展是历史的必然要求，这成为改革开放以来我国相当长一段时期的发展主旋律。然而，在改革开放以来的 30 多年的发展进程中，我们也发现了一系列的问题。对于一系列的环境污染和生态问题，我国各级政府部门和企业开始反思过去只注重经济增长而忽视环境保护与治理的传统经济发展方式的弊端。到 20 世纪 90 年代末期，人们才逐渐清楚地认识到工业化、城市化所带来的生态安全问题。与此同时，发达国家城市化和城市发展模式早已实现由粗放型向集约型的转变，而我国的城市化模式却还在以生态环境和自然资源的过度开发利用为代价。全面认识我国城市化与城市发展过程中的基本规律，并系统地总结我国不同区域城市化与城市发展的成功经验及其教训，进一步科学地制定未来我国区域城市化发展过程的战略措施，是目前中国城市化理论研究和实践发展的重要课题。目前，中国的城市化正在进入新的较快发展的阶段，中国区域城市化过程中所造成的生态环境问题同样也比较突出，对此必须加以深入分析。

进入 21 世纪以来，面对我国区域发展过程中的资源环境问题，党和政府部门开始高度重视，国家开始从国土资源的角度组织开展深入的研究。2007 年 7 月，《国务院关于编制全国主体功能区规划的意见》公布，阐明了编制全国主体功能区规划的重要意义、指导思想和原则、主要任务以及工作要求，主体功能区问题受到各级政府部门、学术界的普遍关注。2007 年，党的十七大报告提出"要继续实施区域发展总体战略，深入推进西部大开发，全面振兴东北地区等老工业基地，大力促进中部地区崛起，积极支持东部地区率先发展。加强国土规划，按照形成主体功能区的要求，完善区域政策，调整经济布局"。根据党的十七大报告、国家"十一五"规划纲要和《国务院关于编制全国主体功能区规划的意见》，2010 年 12 月国务院正式颁布《全国主体功能区规划》。《全国主体功能区规划》是推进形成主体功能区的基本依据，是科学开发国土空间的行动纲领和远景蓝图，是国土空间开发的战略性、基础性和约束性规划。《全国主体功能区规划》提出，在工业化城镇化快速推进、空间结构急剧变动的时期，坚持科学的国土空间开发导向极为重要。为有效解决国土空间开发中的突出问题，应对未来诸多挑战，必须遵循经济社会发展规律和自然规律。根据《全国主体功能区规划》，我国国土空间开发格局是："两横三纵"为主体的城市化战略格局基本形成，全国主要城市化地区集中全国大部分人口和经济总量；"七区二十三带"为主体的农业战略格局基本形成，农产品供给安全得到切实保障；"两屏三带"为主体的生态安全战略格局基本形成，生态安全得到有效保障；海洋主体功能区战略格局基本形成，海洋资源开发、海洋经济发展和海洋环境保护取得明显成效。①

在我国城市化快速发展的 21 世纪初期，如何积极推进区域城市化进程，选择科学的城市化发展模式和发展战略，实现区域工业化、现代化、城市化过程与区域人口、资源、环境的协调和可持续发展成为重要的课题。基于以上背景，本书以我国东部、中部、西部和东北地区四大区域为研究视角，在分析我国区域城市化发展特征及其典型模式的基础上，对我国区域城市化与生态安全耦合关系进行综合分析，进而提出生态安全视角下的区域城市化发展战略及其对策建议。

## 二　选题意义

人类社会发展进入 20 世纪中期以后，城市化不论在发达国家还是在发展中国家都呈现一个新的发展局面，城市化与城市发展过程引致的生态安

---

① 《国务院关于印发全国主体功能区规划的通知》，中华人民共和国中央政府门户网站，ht-tp://www.gov.cn/zwgk/2011 - 06/08/content_1879180.htm。

全问题正是从这个时期开始变得日益突出。在发达国家的城市化进程中，每个历史阶段的生态环境问题都有不同的特点；在广大的发展中国家，随着城市化进程的不断推进，其人口城市化水平的提高和城市空间的快速扩张而带来的生态环境问题比较突出。21世纪初期，我国城市化进程呈现快速发展趋势，由于我国不同区域工业化发展水平以及资源禀赋的差异性，区域城市化与生态安全的关系呈现不同的态势，而传统的城市化理论和城市化模式在新的时期正面临新的困境，迫切需要新的理论研究和理论创新。同时，人口、资源与环境经济学被作为一门新兴学科提出，也有待于实践的丰富与发展。因此，本书有助于进一步开阔人口、资源与环境经济学的理论视野，对我国城市化与区域生态安全的研究具有重要的理论意义。

党的十六届六中全会通过的《中共中央关于构建社会主义和谐社会若干重大问题的决定》指出，人与自然和谐是和谐社会的六个基本特征之一。针对我国城市化过程出现的资源过度开发、环境破坏严重等诸多生态安全问题，在新的历史时期，我国区域城市化不仅应有量的适度发展，更应该实现发展模式的根本转变。当今世界城市化进程飞速发展带来的环境污染和生态破坏问题日趋严重，已经成为制约人类经济社会持续发展的重要因素。随着经济的持续、快速增长，我国的城市化已进入加速发展阶段，而且这种快速增长的势头将持续较长时期。如何在城市化进程中解决环境污染和生态破坏问题，探索出一条适合我国国情的城市化发展道路，是我国环境保护领域的一项重大课题。

本书通过对我国区域城市化模式与生态安全作用机制的研究，探讨我国未来生态安全视角下区域城市化与城市可持续发展模式；提出具有区域针对性、前瞻性和可操作性的区域城市化发展战略。这不仅对于实现区域人口、经济、社会与资源、环境的可持续发展有重大意义，而且对构建社会主义和谐社会具有重要的理论意义和现实意义。

## 第二节　相关领域研究动态综述

城市化模式与生态安全关系的研究，最早可以追溯到19世纪末期的国外关于城市规划的理论，我国学者从 20 世纪 80 年代也开始关注城市化与生态环境关系问题。城市化与生态安全关系的相关理论研究，主要可以分为城市化发展模式的研究、生态安全评价与生态风险防范研究、城市化发展与生态环境关系研究等方面。

## 一 国外相关研究进展

1898 年，英国城市规划师霍华德（E. Howard）针对当时英国快速城市化过程中发生的交通拥堵、环境恶化，以及农民大量涌入大城市等现象，提出了著名的"田园城市"理论，这是国外关于城市化引发的生态环境问题的系统分析。霍华德"田园城市"规划理论提出的主要目的是寻求理性的规划方法，来协调城市化与城市生态环境之间的发展。霍华德与有关城市规划协会共同提出了一个关于"田园城市"的定义："田园城市是为安排健康的生活和工业而设计的城镇；其规模要有可能满足各种社会生活，但不能太大；被乡村带包围；全部土地归公众所有或者委托他人为社区代管。"[1] 田园城市理论的核心内容主要是针对现代社会出现的城市问题，在城市规模、布局结构、人口密度、绿带等方面提出一系列独创性的见解，可以说，田园城市理论初步形成一个比较系统的城市规划思想体系；而且，该理论对现代城市规划思想有重要的启蒙作用，对后来出现的一些城市规划理论，如"有机疏散"论、卫星城镇的理论颇有影响。20 世纪 40 年代以后，一些重要的城市规划方案和法规中也充分体现了霍华德的思想。霍华德在当时的社会历史背景下能够提出比较系统的城市规划理论，不能不说具有很大的启蒙作用，尤其是为解决城市化发展所带来的诸多社会问题提供了一系列的理论指导，对后来出现的一些城市规划理论的发展也产生了很大的促进作用。[2]

1921 年，芝加哥学派代表人物，美国社会学者帕克（R. E. Park）提出"人类生态学"（Human Ecology）理论。在芝加哥学派看来，城市是边界明

---

[1] 金经元：《我们如何理解"田园城市"》，《北京城市学院学报》2007 年第 4 期。

[2] 〔英〕E. 霍华德：《田园城市》，金经元译，商务印书馆，2000，第 19 页。

确又相对独立的生态单位，是用生态学方法研究人类社会的最好场所。帕克根据生态学原理提出，在人类社会中，各种不同人口单位之间相互依存，但是，由于资源是有限的，人们为了取得生存所需的资源而相互竞争，因此，生态学中的竞争和共生原则是支配人类社会的基本法则。在后来的城市社会学的环境学派看来，城市表现了人类在生存斗争中的适应性，城市问题基本上是由于城市生活背离了人性的尺度和大自然环境，工业城市破坏了人与自然的和谐关系，城市污染正威胁人类生存。他们主张彻底改造城市结构，以达到与自然和谐一致的目的，并且提出了许多城市规划和城市改造的意见。

20 世纪 70 年代，联合国教科文组织开始实施一项政府间跨学科的大型综合性的研究计划——人与生物圈计划（Man and the Biosphere Programme, MAB）。1977 年，美国的著名学者 Lester R. Brown，首次将环境引入安全概念，并力图将环境问题纳入国家安全，然而未能引起美国政府和国际学术界的重视。[①] 1978 年国际环境和发展委员会首次在文件中正式使用可持续发展概念。1980 年国际自然保护联盟受联合国委托，制定了《世界自然保护大纲》，把保护与发展作为相辅相成的不可分割的两个方面，再次提出了可持续发展概念及其实现的前景和途径。[②] 其目的在于使广大公众认识到自然资源和生态系统的支持能力是有限的，人类在谋求经济发展和享受自然财富的同时，不能忘记子孙后代的需要。直到 1989 年，国际应用系统分析研究所才对生态安全的含义做了阐述：生态安全是指在人的生活、健康、安乐、基本权利、生活保障来源、必要的资源、社会秩序和人类适应环境变化的能力等方面不受威胁的状态，包括自然生态安全、经济生态安全和政治生态安全。

20 世纪 90 年代初，美国国家环保局提出了生态风险评价框架，到 1998 年进一步修订后发布了《生态风险评价指南》。一些国际组织和机构研究设计了生态环境评价指标体系。例如，生态足迹模型、压力－状态－响应模

---

① 薄燕：《环境安全研究的美国学派：对文献的述评》，《国际观察》2003 年第 4 期。
② 金瑞林：《环境法——大自然的保卫者》，北京时事出版社，1995，第 210 页。

型（联合国环境规划署与经济合作和开发组织）；驱动力－状态－响应（DSR）框架（联合国可持续发展委员会 UNCSD）；驱动力－压力－状态－影响－响应（DPSIR）指标体系（欧洲环境署）等。进入 21 世纪，随着研究的不断深入，科学家们越来越关注环境变化与安全之间的内在关系，并且深入研究影响环境安全的具体因素，如全球环境变化的风险、生态脆弱性与全球化、人口、传染病和资源等。

## 二 我国相关领域的分析

国内关于城市化与生态安全关系的相关研究起步晚，但进展较快。发达国家城市化不同阶段的生态环境问题，是我国学者对城市化与生态安全的相关研究最早关注的内容。早在 20 世纪 70 年代，著名生态学家马世骏就根据他多年研究生态学的实践和他关于人类社会所面临的人口、粮食、资源环境等重大生态和经济问题的深入思考，提出了复合生态系统等概念，并从复合生态系统的角度提出了可持续发展的思想，同时指出生态工程是实现复合生态系统可持续发展的途径，且于 1984 年提出了"社会－经济－自然复合生态系统"理论。他认为复合生态系统是人与自然相互依存、共生的复合体系；社会－经济－自然复合生态系统是指以人为主体的社会、经济系统和自然生态系统在特定区域内通过协同作用而形成的复合系统。

从 20 世纪 80 年代开始，城市生态学、人口生态学的研究开始起步和发展，为城市化与生态环境关系研究奠定了学科基础。1987 年在北京召开的"城市及城郊生态研究及其在城市规划、发展中的应用"国际学术讨论会，标志着我国城市生态学研究已进入蓬勃发展时期。随着可持续发展理论的提出，国内学者先后从经济、环境、生态和地理的角度对城市可持续发展进行了研究。

周一星、许学强分别采用 137 个国家和 151 个国家的资料，分析验证了美国地理学家诺瑟姆关于各国城市化与经济发展之间是一种粗略的线性关系的论述。他们的研究认为，一个国家或地区的城市化水平与经济增长之间的关系既不符合线性相关，也不符合双曲线模式，是一种十分明显的对数曲线关系。①

20世纪90年代以后，随着我国区域城市化进程加快，城市化与可持续城市的关系日渐受到学术界的关注。王如松认为，城市在快速发展中，出现了地面沉降严重、土地退化加剧、大气污染加重、生物多样性减少等比较突出的生态问题，加之人口剧增、人地矛盾突出，长江三角洲地区成为我国主要的生态环境脆弱带之一。② 李贞等选取我国东部、中部、西部比较具有代表性的1985年至2003年六省市的环境污染排放指标和经济指标，研究了我国城市化的区域生态环境影响，研究发现：东部北京和上海两直辖市大部分污染物排放量均已随经济增长呈下降趋势；北京市 $SO_2$ 排放量、工业固废排放量与经济指标呈负线性相关，其他环境质量指标与经济指标之间的环境库兹涅茨曲线为倒"U"形；上海市废气排放量、固废产生量随经济增长呈上升趋势，其他6个环境质量指标排放量均随经济增长呈下降趋势。③ 杨海生等基于1994~2005年我国46个不同类型城市空气质量和经济增长的面板数据，首次采用空间计量模型对我国城市环境库兹涅茨曲线间的空间依赖关系进行了系统分析，证明了我国城市间空气质量和经济发展存在显著的空间联动特征。④

进入21世纪，国内学者对城市化与生态环境相互关系的研究继续深化，并取得了一些理论成果。对于城市化过程与生态安全相互关系的研究主要有城市化引起的生态环境问题、城市社会经济与环境协调发展的评价、城市生态环境可持续发展等方面。⑤ 冯之浚研究了西部地区城市化发展道路问题。由于西部地区自身的历史基础以及国家开发布局重点等因素，西部地区城市的空间布局现状呈现两个基本特征：一是城市密度小，辐射力弱；

① 周一星：《城市地理学》，商务印书馆，1999，第93~97页。
② 王如松：《高效、和谐——城市生态调控原则与方法》，湖南教育出版社，1998，第60页。
③ 王如松：《高效、和谐——城市生态调控原则与方法》，湖南教育出版社，1998，第48页。
④ 杨海生、周永章、王夕子：《我国城市环境库兹涅茨曲线的空间计量检验》，《统计与决策》2008年第20期。
⑤ 刘耀彬、李仁东、宋学锋：《城市化与城市生态环境关系研究综述与评价》，《中国人口·资源与环境》2005年第3期。

二是区域内部城市分布不平衡,差异大。他认为西部地区的人口分布、生产力布局、现有城市发展的基础、地理空间格局、交通设施条件等因素决定了西部地区城市空间布局模式的差异性以及城市化发展速度的差异性。西部地区城市体系空间分布的现状特征、自然地理与交通条件、社会经济发展状况、人文环境等因素决定了西部地区在城市化发展过程中,其城市空间布局发展模式应以据点式开发与点轴式开发相结合的模式为主,少数经济相对较发达、城市发育状况较好的地区应适当进行网络式开发。①

　　刘耀彬等根据城市化与生态环境交互作用的时空规律,研究了城市化与生态环境交互作用的类型。他们认为,城市化可能存在着三种发展的趋势:A. 发展;B. 维持现状;C. 衰退。生态环境质量也有三种可能的发展方向:a. 改善;b. 维持不变;c. 恶化。因此,理论上,城市化的三种发展趋势和生态环境质量演变的三个方向可以有九种组合,并且在一定的时空范围内,这九种组合都是存在的。其中的 Aa 型,城市化发展和生态环境改善同步,是城市化与生态环境交互作用最理想的类型。他们基于协同论的观点,指出城市化与生态环境协调的评判标准并构建了二者之间的协调度模型,应用此模型,以江苏省为例进行了实证研究。他们的研究表明,该协调标准和模型意义明确、应用简单,能有效判别区域间城市化与生态环境协调的不同发展层次,对于协调区域城市化发展与生态环境保护等具有一定的意义。②

　　乔标等以河西走廊为例分析了干旱区城市化与生态环境交互耦合关系,提出了干旱区城市化与生态环境的耦合过程主要经历 5 个演化阶段:低水平协调阶段,一般处于城市化初期,以集聚效应为主,在空间上表现为向心城市化阶段;拮抗阶段,一般处于城市化初期和加速发展阶段,以集聚和集聚扩散效应为主,在空间上表现为向心城市化和郊区化阶段;磨合阶段,一般处于城市化加速发展阶段的末期,以扩散集聚效应为主,在空间上表

---

① 冯之浚:《西部地区城市化发展道路》,浙江教育出版社,2003,第 210～217 页。
② 刘耀彬、李仁东、张守忠:《城市化与生态环境协调标准及其评价模型研究》,《中国软科学》2005 年第 5 期。

现为逆城市化阶段；好转阶段，一般处于城市化的成熟发展阶段，以扩散集聚和扩散效应为主，在空间上表现为再城市化阶段；高水平协调阶段，一般处于城市化的成熟发展阶段，经过上一阶段的恢复，城市化对生态环境造成的破坏得到恢复，生态压力降到最小，城市化与生态环境之间的矛盾基本消除，累积环境效应呈现延缓平稳的趋势特性。[①]

方创琳等总结了国内学术界关于城市化过程的生态环境效应的三种不同观点。①交互胁迫论。这种观点认为，城市化加剧了区域水资源短缺、生态恶化的窘境，脆弱的生态环境进一步限制着城市化进程，在城市化与生态环境之间存在着复杂的交互胁迫关系，可称之为交互胁迫论。②交互促动论。这种观点认为，城市化有利于水资源的优化配置与生态环境的良性发展，良好的生态环境和水资源条件有助于城市化的快速推进。因此，城市化与生态环境之间是一种相互促进的关系，可称之为交互促动论。城市比乡村能更合理地配置资源，工业比农业能更有效地利用资源，城市化会进一步地促进生态环境的改善，同时，良好的水资源条件和生态环境背景，将有利于城市化的快速推进。③耦合共生论。随着城市化的演进和社会经济发展，在城市发展与生态环境保护之间，既有交互胁迫的过程，也有相互促进的环节，它们之间是一种在交互胁迫中相互促进的关系，这种观点可以称之为耦合共生论。[②]

盛广耀研究了城市化模式及其转变规律，提出了城市化模式的转变过程可以划分为两类，即由城市化规律所决定的自然演进过程和由制度变迁所引起的自觉选择过程。从城市化的内生机制考虑，城市化模式的转变可以理解为适应城市化演进阶段变化的内在要求；从外在因素考虑，城市化模式的转变可以理解为适应发展条件变化而进行的城市化发展策略的调整，涉及发展战略、体制创新、政策选择、思想观念等诸多制度变迁方面的内容。城市化发展模式的合理与否取决于两个最基本的条件：①是否与城市化及社

---

① 乔标、方创琳、黄金川：《干旱区城市化与生态环境交互耦合的规律性及其验证》，《生态学报》2006 年第 7 期。

② 方创琳等：《城市化过程与生态环境效应》，科学出版社，2008，第 67~69 页。

会经济的发展演化规律相适应，一个国家或地区城市化路径的合理性往往取决于其偏离城市化规律所决定的主导模式的程度；②是否与城市化及社会经济的发展条件相适应，城市化发展模式形成或存在的理由，是以经济发展的客观条件和城市化的发展阶段为基础的，当城市化的发展条件或发展阶段发生改变时，城市化模式应当相应地发生转变，以适应经济社会发展的要求，否则将会出现一系列新的问题和矛盾。①

方创琳系统总结了中国城市化进程的动态演变特征，分析了中国城市化进程中衍生的资源环境剥夺问题，认为我国快速城市化进程引发的资源环境剥夺行为主要表现形式是：城市间、城市群及都市圈内部的剥夺，城市对乡村的剥夺，发达地区对落后地区的剥夺，资源匮乏地区对资源富集地区的剥夺，旅游度假村对农村的剥夺，开发区占地对农民及基本农田的剥夺，大学城建设对农地的剥夺，房地产开发商对农村老百姓的剥夺，"城中村"改造与拆迁导致开发商对城市居民生存空间的剥夺，国家大中型企业对地方中小型企业的剥夺，农民工输入地区对输出地区的剥夺，地域性歧视导致的精神剥夺等。他进一步提出了未来30年我国城市化发展的总体目标，认为中国进入城市化快速发展阶段，城市化进程要与新型工业化道路相同步，要与资源环境承载能力相适应，要以我国资源与生态环境保障程度为前提约束条件，科学选择符合我国资源与生态环境实际的健康城市化发展道路与模式。

王雷等研究表明，东北老工业基地的城市建设的领先地位，在20年间逐步让位给东南沿海省份。1990年，我国城市建成区面积最高的5个省份依次是北京、辽宁、山东、江苏、广东；2000年，城市建成区面积排名前5的省份依次是广东、山东、江苏、北京、辽宁；而到2010年，城市建成区面积排名前5的省份变成江苏、广东、山东、浙江、北京。②

## 三　现有研究成果述评

综观国内外研究状况，由于生态安全是一门自然科学与社会科学的交

---

① 盛广耀：《城市化模式及其转变研究》，中国社会科学出版社，2008，第30~32页。
② 王雷等：《中国1990~2010年城市扩张卫星遥感制图》，《科学通报》2012年第16期。

又学科，涉及自然科学和社会科学的综合性问题，人们对生态安全的研究还仅仅是可持续发展规律研究的起步。国外学者在生态安全分析方法研究中，由于所选取的表征指标和模型不同，得到的结论存在很大的差异。城市化与城市生态环境关系很早就受到关注，虽然不同学科所进行分析的理论基础不同，研究视角各异，但所得出的结论之一都说明了区域城市化发展与生态环境的矛盾问题不容忽视。学者对城市化过程与区域生态安全关系的研究还不多见，因而，对于在何种城市化模式下城市生态环境发生变化的规律性研究不多，更没有将这种变化上升到区域生态安全与城市化战略关系的层面，这可以说是现有相关研究中存在的不足之处。本书正是从此处入手，分析我国区域城市化发展过程及其发展模式与生态安全关系的特征和问题，并针对当前区域生态安全问题，从生态安全角度探讨了未来我国区域城市化应选择的模式。

## 第三节　本书研究的思路方法

本书所依循的基本思路可以表述为：基础研究→发现问题→分析原因→提出对策。第一，本书通过文献分析、社会调查和实证研究等手段，研究东部、中部、西部和东北地区，以及这四大区域内 31 个省（自治区、直辖市）（不包括我国台湾省和香港、澳门地区）城市化发展与区域资源环境格局演变的历史、现状和趋势，比较中外城市化与资源环境保护和可持续利用的经验教训，明确区域城市化与资源环境安全的现状和特点，为开展研究奠定基础。第二，本书在纵向和横向比较研究基础上，研究区域城市化发展过程面临的问题，以及资源环境安全面临的制约因素。第三，本书运用城市生态学和人口、资源与环境经济学等相关理论，结合我国区域城市化发展实际，从区域城市发展过程中的人口城市化迁移、城市规模体系变化、区域资源配置方式和经济结构的演进过程等各个方面探讨区域生态安全问题的城市化制约因素。第四，本书遵循《全国主体功能区规划》中提出的我国国土空间开发理念，开展系统分析，提出战略思考和对策建议。《全国主体功能区规划》提出："一定的国土空间具有多种功能，但必有一种主体功能。从提供产品的角度划分，或者以提供工业品和服务产品为主体功能，或者以提供农产品为主体功能，或者以提供生态产品为主体功能。在关系全局生态安全的区域，应把提供生态产品作为主体功能，把提供农产品和服务产品及工业品作为从属功能，否则，就可能损害生态产品的生产能力。比如，草原的主体功能是提供生态产品，若超载过牧，就会造成草原退化沙化。在农业发展条件较好的区域，应把提供农产品作为主体功能，否则，大量占用耕地就可能损害农产品的生产能力。因此，必须区分不同国土空间的主体功能，根据主体功能定位确定开发的主体内容和发展的主要任务。我国不适宜工业化城镇化开发的国土空间占很大比重。平原及其他自然条件较好的国土空间尽管适宜工业化城镇化开发，但这类国土空间更加适宜发展农业，为保障农产品供给安全，不能过度占用耕地推进工业化城镇化。由此决定了我国可用来推进工业化城镇化的国土空间并不宽裕。即使是城市化地区，也要保持必要的耕地和绿色生态空间，在一定程度上满足当地人口对农产品和生态产品的需求。因此，各类主体功能区都要有节制地开发，保持适当的开发强度。"[1]《全国主体功能区规划》提出的国土开发理念，为本书提供清晰的研究思路，以此为依据，本书提出在生态安全视角下，我国区域城市化发展模式的战略选择及其对策建议。

---

[1]　《国务院关于印发全国主体功能区规划的通知》，中华人民共和国中央政府门户网站，http://www.gov.cn/zwgk/2011－06/08/content_1879180.htm。

# 第二章　研究的概念框架和理论基础

## 第一节　区域城市化模式的内涵与理论界定

### 一　区域城市化模式的相关概念

（一）城市化相关概念及内涵

由于城市化概念内涵的丰富性，不同学科对"城市化"有不同的解释和定义。理解"城市化"相关概念间及其相互关系是进行城市化研究的基础和前提。城市化，不同的学科从不同的角度对之有不同的解释，也可称之为城镇化或都市化。在社会学家看来，所谓城市化，一般是指乡村人口在其从事职业上实现了由第一产业到第二产业、第三产业的转换，在居住地域上实现了农民到市民职业的转换，其中同时还包括相应的城市生活方式的形成和扩散。从地理学的角度分析，城市化是一个地区的人口向城镇和城市相对集中的过程。城市化同样也意味着城镇用地的扩展，城市文化、城市生活方式和价值观在农村地区的扩散。一些发展中国家在城市化初期，大量乡村人口涌入城市，先实现地域转移再实现职业转换。我国长期以来没有对城市化与人口城市化的过程实质进行严格的区分，一般主要以人口城市化水平来衡量国家或区域的城市化水平，而事实上，人口城市化与城市化是完全不同的两个概念。人口城市化指的是农村人口不断向城市转移和集中，城镇人口占总人口的比重逐渐增加的动态过程。

在我国的城市化进程中，城市化发展水平的提升主要途径有三种：城市人口自然增长，农村人口大批地涌入城市，以及农村人口通过社会经济的发展就地转化为具有城市生活方式的人口。在我国，农业人口进入城市系统，这里有地域转换的含义，但首先进行的是户籍转换。而相应的另一个概念"非农化"是指乡村人口的职业转换过程，而不考虑其人口的地域变动。在发达国家，一个城市化地区（Urbanized Area）至少要包括一个大的中心城市（自治市）和人口密度超过 1000 人/英亩的周边地区。作为一个城市化地区，总人口至少要达到 50000 人。中心城市外围的城市化地区叫城市边缘（Urban Fringe），美国有 396 个城市化地区。[①]

与城市化密切关联的一个概念是工业化，工业化通常是指工业特别是其中的制造业，或第二产业的产值在国民生产总值中所占比重不断上升的过程，以及工业从业人口数在总从业人口中所占比重不断上升的过程。工业发展是工业化的显著特征之一，但工业化并不能狭隘地仅仅理解为工业发展。因为工业化作为现代化的核心内容，是由传统农业社会向现代工业社会转变的一个过程。在这一过程中，工业发展绝对不是孤立进行的，事实上，其发展总是与农业现代化和服务业发展相辅相成，同时又以贸易的发展、市场范围的扩大和产权交易制度的完善等为依托。在工业化进程中，既有工业生产的快速增长，也有城市化水平的不断提高。根据 H. 钱纳里和 M. 塞奎因的世界发展模型，在工业化初期，城市化是由工业化推动的，随着工业化的发展，城市化进程逐渐快于工业化进程。[②] 据统计，发达国家在 1820～1950 年，城市化与工业化的相关系数高达 0.997。[③] 发达工业化国家的实践还表明，在工业化后期，工业化对城市化的作用开始减弱。发展社会学认为，现代工业社会在很大程度上是城市社会，但是一个国家大量增加人口不一定是城市大规模发展的必要条件，工业的发展也不一定是大城市兴起的必要条件。[④] 但综观世界城市化发展的历史过程，城市化与工业化并非简单的直接相关关系。1950～1970 年，世界各地区和各国城市化比率

---

① 〔美〕阿瑟·奥沙利文（Arthur O'Sullivsn）:《城市经济学》，中信出版社，2003。
② 钱纳里:《发展的型式（1950～1970）》，经济科学出版社，1998，第 98 页。
③ 孙永正:《城市化滞后的八大弊端》，《城市问题》1999 年第 6 期。
④ 安德鲁·韦伯斯特:《发展社会学》，华夏出版社，1987，第 131 页。

与工业劳动人口占总人口的比重具有相对稳定的正相关关系（相关系数为0.9404）。[①]

（二）区域城市化模式的含义

区域经济学理论对区域经济发展的空间模式的划分主要有三种。一是增长极模式。增长极概念最初是由法国经济学家弗郎索瓦·佩鲁（Francois Per-roux）在 1950 年提出来的，佩鲁提出，能够发生支配效应的经济空间可以被看作一个力场，这个力场中的推进性单元即是增长极。增长极理论是区域空间开发的理论基础，在增长极理论框架下，区域经济是在增长极的支配效应、乘数效应、极化效应、扩散效应等作用下，由点到面、由局部到整体依次递进，有机联系的系统，其物质载体或表现形式包括各类别城镇、产业、部门等。按照增长极理论的观点，不同规模等级的增长极相互连接，就共同构成了区域经济的增长中心体系和空间结构的主体框架。区域经济的空间开发的其他各种模式，都是从增长极中演化出来的。二是发展轴模式。发展轴模式是增长极模式的扩展。由于增长极数量的增多，增长极之间也出现了相互联结的交通线，这样，两个增长极及其中间的交通线就具有了高于增长极的功能，理论上称为发展轴（或称为"点轴"）。三是网络型模式。网络型模式是由若干个发展轴联合在一起，形成的增长网络。因此，网络型模式是发展轴模式进一步演化的结果。网络型模式形成以后，增长网络节点的极化效应产生的聚集规模经济效应随之扩大，从而形成具有不同的层次和功能的区域经济系统。这种区域经济发展的高级形式往往发生在发达地区，是区域一体化和城乡一体化的基础。[②]

20 世纪 50 年代以来，我国政府和学术界不断探索和提出中国区域划分的方法和方案。事实上，从不同的研究视角，会得出多种关于区域的划分方法，区域经济学关于区域划分一般以地理和经济特征为基础。从城市经济学的角度，区域可以被界定为由一个城市（城镇）或多个城市及其外围组成的空间体系，从这个视角界定区域，中心外围式的城乡结构关系是理

---

[①] 饶会林：《城市经济学》，东北财经大学出版社，1999，第 99 页。

[②] 孙久文：《区域经济学》，首都经济贸易大学出版社，2006，第 79~80 页。

论研究的热点问题之一。① 从区域经济学的角度，区域是一个多维度、多层次的概念，是指居民高度认同、地域完整、功能明确、内聚力强大的经济单元。② 因此，区域城市化是指，当经济发展到一定阶段时，基于产业结构与就业结构的相互作用，在空间上出现的以城市为节点的、以城镇体系的关系网络为依托的区域经济充分发展的产物。衡量区域城市化结构特征有四个组成要件：城市形式、区域内城市的组织模式及联系方式、城乡界面联系和区域内的城市体系联系。不同区域的城市化由于发展条件、动力机制和城市定位的差异，形成不同的城市化发展模式，因此，区域城市化模式是指基于经济结构与空间结构的相互作用，在城市化发展中体现出的典型区域现象。③

## 二 区域城市化的时空特征

首先，不同区域由于社会经济发展水平、发展模式，以及区域自然条件的不同而呈现城市化发展阶段的差异性。根据世界各国经济发展水平与城市化过程可知，区域城市化发展水平与经济发展密切相关。区域城市化过程一般可以分为三个发展阶段。第一阶段是城市化的起步阶段，一般把城市化水平为 10% 作为城市化进程的起点，直到城市化水平达到 30%。在这一阶段，由于国家或者区域经济总体发展水平和第一产业劳动生产率水平还不高，第二产业刚刚起步，城市人口和经济规模相对还比较小，城市的数量也不多，城市发展对区域经济和人口的聚集和吸纳能力不强，人口向城市集聚的速度还比较缓慢，这一阶段也称为城市化发展的初期阶段。随着社会生产力水平的不断提高，当人口城市化水平达到 30% 时，城市化开始进入第二个发展阶段，即城市化发展的中期阶段。一般认为人口城市化水平在 30% ~70% 时为城市化发展的中期阶段。在城市化发展的中期阶段，随

---

① 胡彬：《区域城市化的演进机制与组织模式》，上海财经大学出版社，2008，第2页。
② 孙久文：《区域经济学》，首都经济贸易大学出版社，2006，第79~80页。
③ 孙久文、李华香：《中国区域城市化模式研究》，《社会科学辑刊》2012年第1期；胡彬：《区域城市化的演进机制与组织模式》，上海财经大学出版社，2008，第3页。

着科学技术水平的进步和农业生产率的提高，产生了农村剩余劳动力。这一期间随着城市数量激增，规模不断扩大，城市功能不断发展，现代城市体系初步形成。城市经济开始成为社会经济的主导，工业化逐渐成为城市化的重要动力。当城市化水平超过70%时，城市化开始进入第三个发展阶段，即城市化发展的后期阶段，也称为城市化发展的成熟阶段。当一个国家或地区的城市化进入成熟发展阶段时，随着工业结构的不断调整和优化，服务业逐渐取代工业成为推动城市发展的后续动力。目前发达国家普遍进入城市化发展的成熟阶段，在这一阶段里，人口城市化水平提升缓慢，甚至出现大都市区化、逆城市化、再城市化等现象，城市发展主要表现为城市社会文明程度不断提高等城市化质量的提高。

其次，不同区域由于城市化发展水平、发展特征、发展模式的差异性而呈现城市发展形态的差异性。从不同区域城市化发展的空间形态来看，处于城市化发展的初期阶段的地区，城市的规模较小、数量较少，且功能单一，彼此间横向联系较弱；区域城市的空间形态也呈现互不联系的"点"状分布状态。

城市化水平较高的处于城市化发展的中期阶段的地区，一定区域内的城市数量会有较大幅度的提升，尤其是大城市和特大城市逐渐出现，并随着城市化的进一步发展而不断扩张规模；由于区域城市发展的极化效应，不同层次的区域和城市间经济社会发展不平衡特征不断凸显，其中，具有区位优势的发达地区的城市之间的产业联系日益紧密，城市间的空间距离也会因为交通条件的改善而大为缩短，从而形成不同规模的城市群和城市带。

进入城市化发展的成熟阶段的地区，由于城市化水平已经达到较高的水平，随着区域城市体系的进一步完善，城市发展的扩散效应取代极化效应成为区域经济社会发展的主要动因；随着区域城市群的进一步发育和城市体系的完善，区域发展不平衡现象得到控制或者缓解；发达的城市交通网络的形成，进一步强化了城市腹地的相互辐射作用；城乡界限日益模糊，并逐步实现城乡一体化过程。

孙久文和李华香认为，区域城市化发展模式，是指不同区域的各具特色、充分发挥优势、有助于缩小区域差距的城市化发展模式。中国的城市化进程随着经济水平的提升和经济发展模式的转变呈现明显的阶段性特征，同经济发展模式关系密切的城市化模式在演进过程中则具有明显的区域性特征。[①] 当前，中国城市化的发展已经进入了攻坚时期，需要在区域协调发展的前提下，根据区域发展条件，构建多元化健康持续的区域城市化发展模式。未来中国四大区域城市化会呈现不同的发展格局，东部和东北地区已进入减速期，而中西部地区仍处于加速期，故应将研究重点放在东部地区的网络城市化、中部地区的多元城市化、西部地区的大城市与小城镇结合的城市化和东北地区的品质立市的创新驱动型城市化发展上。[②]

## 三　区域城市化的主要模式分类

城市化模式是社会、经济结构转变过程中，由城市化动态演进所变现出来的相对静止稳态和连续变动态的系统结构、动力机制、内容特征的总和。[③] 由于城市化发展模式是一个国家和区域社会经济发展模式的重要内容之一，因此，不同国家或地区，或者同一个国家或地区不同时期的城市化模式都有其自身的发展特征，该国家或区域城市规模结构、空间布局、城市化过程的基本特点、动力机制，以及发展趋势等特征对经济发展具有深刻的影响，选择科学的城市化模式，是国家或区域社会经济可持续发展的必然要求。一般从三个方面对城市化模式进行研究：一是从城市化时间属性定义，着眼于不同发展阶段中的城市发展水平；二是强调城市化空间属性，概括城市的空间结构；三是以城市化动力属性为主，总结城市的形成机理。[④]

### （一）按城市化与工业化关系

根据发达国家工业化与城市化的历史过程，工业化是城市化的根本动

---

①　孙久文、李华香：《中国区域城市化模式研究》，《社会科学辑刊》2012 年第 1 期。
②　孙久文、李华香：《中国区域城市化模式研究》，《社会科学辑刊》2012 年第 1 期。
③　周英：《城市化模式选择：理论逻辑与内容》，《生产力研究》2006 年第 3 期。
④　赵伟：《城市经济理论与中国城市发展》，武汉大学出版社，2005。

力。按城市化与工业化和经济发展水平的关系，城市化一般可以分为同步城市化、滞后城市化和过度城市化三种模式。

第一，同步城市化。这种模式不仅表现为城市化的进程与工业化和经济发展的水平总体趋于一致，而且城市规模和数量，以及城市化发展速度等城市化指标与工业化保持同步上升和协调发展。发达国家在城市化加速时期，这种相关性表现得相当明显。据测算，发达国家在整个工业化中期，工业化与城市化的相关系数极高。1841～1931年英国为0.985，1866～1946年法国为0.970，1870～1940年瑞典为0.967，整个发达国家为0.997。工业化率与城市化率几乎是两条平行上升的曲线，城市化与经济发展呈显著的正相关关系。[①] 同步城市化是西欧和北美发达国家工业化过程中城市化的基本模式。应该指出的是，由于农村人口只有迁居到城市后，才能在城市就业，因此在城市化进程中，农村劳动力的地域迁移先于职业转换是一种较普遍的现象。[②]

同步城市化并非指城市化水平与工业化或非农化水平完全一致或人口城市化进程与工业化、非农化一一对应，其主要是指城市化与经济发展呈正相关关系，人口城市化进程与工业化率（工业劳动力占总劳动力的比重或工业总产值占国民生产总值的比重）相互协调。同步城市化是20世纪50年代以前发达国家城市化的基本模式。一般认为，这是人口城市化进程中比较合理的模式。以"二战"结束为转折点，无论发达国家还是发展中国家，其城市化进程都以前所未有的速度向前推进。从总体上看，无论发展中国家还是发达国家都呈现一些新的模式特征。

第二，滞后城市化。滞后城市化是指城市化水平落后于工业化和经济发展水平的城市化模式。其中的主要问题在于城市化的发展过程受到了各种人为主观因素的限制，致使城市的集聚效益和规模效益都不能很好地发挥，从而，工业化和农业现代化的进程及城市文明的普及受到阻碍。滞后

---

① 成德宁：《城市化与经济发展——理论、模式与政策》，科学出版社，2004，第33页。
② 简新华、刘传江：《世界城市化的发展模式》，《世界经济》1998年第4期。

的城市化，既不利于工业现代化，也不利于农业现代化和居民生活的现代化。① 滞后城市化产生的主要原因是政府为了避免城乡对立和"城市病"的发生，采取了种种措施限制城市化的发展，这不仅使城市的集聚效益和规模效益不能很好地发挥，工业化和农业现代化的进程及城市文明的普及受到严重阻碍，而且还引发了诸如工业乡土化、农业副业化、离农人口"两栖化"、小城镇发展无序化、生态环境恶化等"农村病"现象。这是一种违背工业化和现代化发展的城市化模式。

中国人口城市化起步于 20 世纪 50 年代初，与发达工业化国家的城市化进程有着明显的区别，也不同于发展中国家城市化道路的一般模式，其中的主要问题之一就是人口城市化进程的滞后性。20 世纪 50 年代以来，中国人口城市化进程与世界平均水平相比，一直存在较大的差距。改革开放前的中国城市化就是这种城市化模式的突出代表；改革开放以后，中国人口城市化的水平也长期滞后。但是，20 世纪 90 年代中期以来，中国城市化发展速度逐渐加快，城市化水平提升幅度很大。

第三，过度城市化。"过度城市化"亦称"超前城市化"，或"无工业化的城市化"（Urbanization without Industrialization），是指城市化水平明显超过工业化和经济发展水平的城市化模式。城市化的发展速度大大超过工业化的发展速度，城市化主要依靠传统的第三产业（传统的生活性、商业性服务）来推动。20 世纪六七十年代，尽管许多发展中国家城市失业和就业不足水平不断上升，但农村人口仍然大量向城市地区流动（超前城市化并非发展中国家所独有，只不过在发展中国家表现得更为突出）。1800～1980 年，发达国家的"工业就业率"（"工业就业率"是指工业劳动力占总劳动力的比重，或工业增加值占 GDP 的比重）与城市化水平基本上是同步增长，而发展中国家则不然。在这段时间里，发展中国家工业就业率增长极为缓慢，仅仅上升了 3 个百分点，而人口城市化进程加快（见表 2 - 1）。

① 简新华、刘传江：《世界城市化的发展模式》，《世界经济》1998 年第 4 期。

表 2 - 1　1800～1980 年世界工业化与人口城市化水平

单位：%

| 年份 | 发达国家 | | 发展中国家 | |
|---|---|---|---|---|
| | 工业就业率 | 人口城市化率 | 工业就业率 | 人口城市化率 |
| 1800 | 10 | 10 | 10 | 9 |
| 1850 | 15 | 16 | 9 | 9 |
| 1900 | 19 | 31 | 9 | 10 |
| 1920 | 21 | 37 | 9 | 12 |
| 1950 | 24 | 47 | 8 | 18 |
| 1970 | 29 | 61 | 11 | 26 |
| 1980 | 29 | 64 | 13 | 31 |

资料来源：肖勤福等译，《城市与经济发展》，江西人民出版社，1991；谢文惠、邓卫，《城市经济学》，清华大学出版社，1996。

（二）按城市人口规模结构

第一，大城市主导型城市化模式。在发达国家城市化快速发展的过程中，一些国家或地区的人口和产业聚集首先趋向大城市，并且这些大城市的发展过程成为这些国家城市化上升阶段的主要发展模式。例如，英国、美国和日本等发达国家在城市化快速发展的时期，大城市和特大城市发展十分迅速，随着城市规模的扩大、基础设施的完善，以及城市管理机制的建立健全，大城市不仅吸纳了整个国家或地区大部分城市人口，而且逐渐成为各个国家或地区工业、商业和服务业等的主要聚集地，随着大城市的空间扩展，在大城市的经济辐射和产业带动作用下，中小城市也有不同程度的发展。大城市的优先发展有其历史必然性，在英国，由于城市化发端于快速工业化带动下的新兴工业城市，这些城市不仅迅速成为区域经济增长极，而且成为城市人口和工业的聚集地。在日本，首都圈、中部圈和近畿圈三大都市圈是日本人口产业最密集的地带，以 1/3 的国土，集聚了约 1/2 的人口和经济总量。据日本总务省统计局《国势调查》数据，三大都市圈人口占全国总人口的 64.8%，国内生产总值占全国的 69.5%，而面积仅占全国总面积的 31.7%。

大城市和超大城市的发展过程中产生了一系列社会、经济和资源环境问题，尤其是在一些发展中国家，一些问题至今仍然十分突出。但是，大城市是经济活动、商业交往的中心，聚集效应带来了经济的高度繁荣，许多发达国家的大城市早已发展成为与卫星城市相呼应的城市圈、城市带，并影响和带动整个国家和区域的经济发展。随着发达国家大城市、超大城市一系列人口、经济、社会发展与资源环境之间矛盾的缓解，大城市的优越性正在得到人们的肯定。

第二，中小城市主导型城市化模式。中小城市主导型城市化模式是指在国家或区域的城市化过程中，主要依靠积极发展中小城市推动城市化进程的发展模式。中小城市通过来自大城市经济辐射的传递效应和中小城市自身的扩散作用成为区域经济增长极，并最终实现国家或区域的城市化过程。中小城市的特点和优势突出表现为城市基础设施和经济规模适中，一方面，相对于大城市和特大城市，中小城市能够更好地防止生态环境的污染和破坏、避免交通紧张和住房拥挤等诸多大城市出现的城市问题；另一方面，相对于小城镇和农村地区，中小城市具有相对较高水平的人口和产业聚集效益，更有利于城市生产方式、生活方式，乃至城市文明向广大的农村地域扩散。主张中小城市主导型城市化模式的观点认为，中等城市人口数量适中，它既可以发挥工业生产与城市社区的聚集效应，又可以避免大城市和超大城市的人口高度密集的弊端。

德国、奥地利、瑞士等国家，在其工业化初期和中期，随着国家工业化的展开，中小城市得到了较快的发展，并进一步形成了以中小城市为主体的城市发展格局。这种城市化发展模式的形成与这些国家的资源环境、经济发展和社会历史背景等密切相关。在 1910 年德国城市化达到 60% 的时候，德国城市总人口中约有 4/5 生活在中小城市。中小城市的发展，在一定程度上减轻了大城市的压力，从而使德国城市化过程中的大城市问题不像英法等国那么严重。[①] 德国大城市人口过度集中的情况较少，中小城市无论在地域分布还是规模结构方面都比较合理。德国虽然也出现过人口分布和

---

① 陈丙欣、叶裕民：《德国政府在城市化推进过程中的作用及启示》，《重庆工商大学学报》（社会科学版）2007 年第 6 期。

产业布局不均的现象，如西部鲁尔区是较早发展起来的工业区，东北部是主要的农业区，人口分布比北部少些，比南部人口密度大些，但是与欧洲各国相比，德国的独特之处在于，它的中小城市、小城镇遍布全德各地，在城市化过程中，各类城市相对协调发展，布局较为合理。20世纪初，各类型城市在德国土地上纷纷崛起，奠定了德国今日城市布局、经济发展、社会结构的大框架。1910年，在德国基本实现城市化时，全国21.3%的人生活在10万人口以上的城市，13.4%的人生活在1万～10万人口的中等城市，25.4%的人生活在2000～10000人口的城镇，约40%的人生活在2000人口以下的小镇或农村。[①]

第三，小城镇主导型城市化模式。在中国，发展小城镇首先是一个理论问题。社会学家费孝通教授用"小城镇，大问题"来概括小城镇建设的重要性是完全正确的。他关于农村工业化问题的思想早在1945年就有论述，其在著作《乡土中国》中提出：必须重视农村工业。新中国成立后到改革开放前，这种想法由于与当时的非市场经济主流思想相违背而遭到全面否定。其间，费孝通教授对自己的家乡江苏吴江县进行了长期的研究，发现20世纪50～70年代中国小城镇非但没有得到发展，反而不断萎缩。1980年年底，中央开始提出：发展商品经济，振兴小城镇是发展农村经济、解决人们致富的大问题。1983年，在中央的支持下，以费孝通为代表的社会学者正式开始进行小城镇的研究。费孝通教授用"离土不离乡""入厂不入城""人口的贮水池"等来概括说明小城镇及乡镇企业在合理地聚集人口、吸收农村剩余劳动力方面的特殊作用，他认为：将来如果在全国建设6万个小城镇，每个小城镇吸收5000左右的人口，就可以为3亿人开拓出新的居住天地；小城镇建设与发展少数民族地区是解决人口问题的两个重要途径；发展小城镇是走中国特色的工业化道路，以及防止西方资本主义早期工业化时破坏农业，导致农民贫困问题的有效途径；既能防止人口向大城市过度集中，又能谋求产业结构和就业结构的转变。

在"小城镇战略"已经成为我国农村城市化方针的同时，学术界对小

---

① 姜丽丽：《德国工业革命时期的城市化研究》，硕士学位论文，华中师范大学，2008。

城镇在中国未来城市化进程中的地位和作用进行了探讨。问题的关键不是否定小城镇的发展，而是如何发展。我们认为，我国当前对小城镇发展方针有三个需要进一步研究的问题：第一，《中华人民共和国城市规划法》只涉及城市规模的阐述，未涉及城市功能和质量规范；第二，以人口户籍城镇化替代人口地域或职业城市化；第三，小城镇经济发展的外部成本，尤其是资源环境代价过大，小城镇生态环境恶化。鉴于上述认识，要推进中国城市化进程，小城镇的发展必须从质和量两个方面进行，实施可持续发展战略。农村人口在户籍上进入小城镇只是城镇化的初始阶段，如果没有小城镇非农化产业人口数量及其质量的提高，没有产业结构和经济增长方式的城市化，小城镇的发展将停留在小而散的发展阶段；乡镇企业的工业污染，这一最难治理的污染问题将得不到根本的治理；小城镇的社会经济可持续发展会存在更多的隐患和问题。

第四，大中小城市协调发展模式。中外城市化的发展实践表明，虽然大城市模式、小城镇模式和中小城市模式等各种城市化模式都有其理论基础和实践依据，但我国未来应采取什么样的城市化和城市发展模式，始终是我国政府乃至学术界普遍关注的一个重要问题。鉴于中国面积广阔，不同区域的自然因素、人文条件、经济水平、基础设施等差异很大，从城市人口规模角度出发，总结中国城市化发展历程及其特点，并结合发达国家城市化发展的道路及其发展规律，我国有学者提出中国城市化不应采取一种模式，而应采取多种模式并举；对于城市化水平不同的地区，要根据其城市化水平及城市结构等特点，因地制宜地选择和实施不同的城市化发展模式；城市规模是研究和选择城市化模式应考虑的主要因素之一，"大中小城市并举模式"的城市化发展模式是未来中国城市化发展的必然选择。[1] 中国的城镇化必须从人口密度和工业化发展要求出发，适应自然条件和经济社会发展的需要，宜大则大，宜小则小，大中小城市和小城镇并举，多元协调发展。[2]

---

[1]　李强：《中国城市化：三种模式外的选择》，《人民日报》2006 年 12 月 8 日。

[2]　朱铁臻：《实行多元协调发展的城镇化模式》，《人民日报》2003 年 5 月 13 日。

从 20 世纪 60 年代开始，我国的城市发展方针在相当长一段时期内是"控制大城市规模，发展小城镇"。1983 年，在中央的支持下，以费孝通为代表的社会学者正式开始进行小城镇的研究。1980 年 10 月，全国城市规划工作会议提出："控制大城市规模，合理发展中等城市，积极发展小城镇。"20 世纪 90 年代，在我国"控制大城市规模"和"发展中小城市"的城市发展方针指导下，我国展开了一场以农村工业化为主要支撑，以小城镇为主要载体的农村非农化和城镇化热潮。小城镇的崛起一度成为我国农村城市化与社会经济发展的重要区位贡献。我国区域城市体系发展目前存在一些问题，在未来区域城市化过程中，城市规模结构、城市空间分布等城市体系发展及其模式选择将对城市化与生态安全的协调产生长远的影响。

（三）按城市化的动力机制

城市化动力机制是指在既定环境约束和资源配置方式下，促进城市化发生和发展的各种作用力量及其产生机理，以及维持、协调和改善这些力量的各种社会关系、组织制度等构成的综合系统的总和。[①] 城市化发展的动力机制不是某个单一因素的作用，而是多种因素的有机结合。城市化是一个动态的历史演进过程，因此，在不同的历史时期和社会发展阶段，城市化的动力机制有着不同的表现形式；同时，城市化也是一个国家或地区政治、经济、文化等全方位的社会变迁过程，不同经济发展水平和社会制度下的城市化动力机制往往存在很大的差异。由于不同国家或地区城市化过程的历史背景和社会经济环境不同，国内外学者对城市化动力机制的研究往往有着不同的视角与方法。从三次产业在城市化过程中的作用看，农业的发展为城市化提供了初始动力，工业化是城市化的根本动力，第三产业发展是城市化的后续动力。按照市场机制和政府部门在城市化发展中的作用，城市化又可以分为政府主导型城市化模式、市场主导型城市化模式，以及政府作用与市场机制相结合的城市化模式。

第一，政府主导型城市化模式。政府主导型城市化模式，是指在计划

---

① 范存举：《中国城市化进程中若干问题思考》，《城市发展研究》2003 年第 5 期。

经济体制主导下，城市发展主要发挥政府宏观调控作用，政府是推动城市化过程的主体。新中国成立以来，我国城市化的发动主体基本上是单一的：政府不仅负责城市基础设施建设，而且统揽了城市工商业的运行，对企业实行统收统支；同时，政府还统一规划城市化和工业化布局，安排非农人口的生活必需品，政府成为城市化的单一投资主体和管理主体。一般情况下，市场经济国家的政府在人口城市化进程中的作用是提供相应的制度条件，并进行适当的规划和引导。与世界其他国家相比，在中国人口城市化进程中，政府始终起着主导作用。尤其在我国长期实行计划经济体制的影响之下，政府对人口城市化的主导性更加强烈。首先，政府是人口城市化的动力机制的主体。政府利用其所在地的行政中心职能，干预其所在地的经济发展和城市建设，在行政中心区域内发展并完善城市产业体系，为非农人口的产业聚集提供了必要的制度前提。其次，政府通过制定相关政策和城镇设置标准引导城市发展，阻碍或推动人口向城市聚集。政府可以根据某种目标采取"运动"的方式大幅度地影响城市人口的集聚过程。我国在"一五"计划时期大规模的经济建设对城市化的促进作用是非常显著的。相反，政府也可以采取某种方式促使人口城市化停滞甚至倒退。如20世纪60年代遣返城市职工回到原籍；"文化大革命"时期的知识青年"上山下乡"和干部下放；90年代的"撤县改市"及其1997年冻结县改市的审批等。这在客观上造成了我国人口城市化进程的波动性和不稳定性。最后，改革开放以来，我国在向市场经济转轨的过程中，为了规避改革造成的经济和社会风险，始终不能放弃计划经济体制下的一些政策措施。进入21世纪，政府已经把城市化作为经济社会发展的战略目标纳入国民经济和社会发展规划。

第二，市场主导型城市化模式。市场主导型城市化模式也称为原始自发性的城市化模式，是指随着经济的发展，人口的迁移在市场机制的推动下自发进行的城市化道路。市场机制在人口向城市迁移、要素向城市集聚、城市的内部结构调整和外部扩张、城市之间的竞争与协调，以及城乡关系调整等方面起着基础性和主导性的作用，即用市场化的方式，遵循市场的一般规则，依靠各个城市化主体的自主决策、创新和协调，在国家和区域经济社会发展整体利益、环境承载力和可持续发展要求、以人为本的全面发展理念等约束条件下，推动城市化进程。其核心是城市化必须尊重市场规律，尊重市场的选择，而不应该事先从行政计划和管理的角度，依据决策者对某种规模或类型的城市的偏好来指定城市发展方向，规定城市化的道路。[①] 城市化的第一推动力是市场，由市场导向的城市化过程是一个自然的、充满随机选择的过程，特别是西方发达国家城市化发展的前期，更是一个自发探索的过程。在这一过程中，城市发展不是作为经济发展的主要目标去刻意追求，而是在尊重市场经济配置资源的前提下，围绕如何推进市场发育和产业要素向城市集中进行的。[②] 改革开放以来，我国城市化发动主体正在出现多元化的趋势，尽管城市基础设施主要还是要政府拨款兴建，但政府已经不再是城市化的单一投资主体。

第三，政府作用与市场机制相结合的城市化模式。城市化是由社会分工所推进的，从根本上说，农业现代化和工业化是城市化的根本动力。[③] 但城市化与城市的发展模式与其发动主体的作用密切相关。从世界城市化的发展历史来看，根据城市化主导机制的不同，城市化发展模式可以归纳为两大类型的城市化道路即政府主导型城市化发展模式和市场主导型城市化发展模式。但这两种城市化模式并非一成不变的，而是随着各国城市化进程和社会经济发展水平在不断地调整。发达国家城市化初期主要发挥市场的自发作用，随着城市化进程的加快而带来的各种城市问题的增加，要求各国政府要采取积极措施解决城市问题。总体上，在市场经济体制国家，市场主导型的城市化时间跨度必然相对较长，并占据主导作用。我国在建立与完善社会主义市场经济体制的过程中，在政府主导作用下，在城市建设的各个领域和层面，越来越注重积极发挥市场机制的作用，政府作用与市场机制相结合的城市化模式必将积极推进城市化进程。

---

[①] 赵新平、周一星：《改革以来中国城市化道路及城市化理论研究述评》，《中国社会科学》2002 年第 2 期。

[②] 程建平：《混合型城市化发展模式初探》，《河南师范大学学报》（哲学社会科学版）2006 年第 7 期。

[③] 辜胜阻：《城市化、工业化与经济发展——学习马克思主义人口城市化理论》，《江汉论坛》1993 年第 2 期。

（四）按照城市化的发展形态

根据区域城市化的发展形态，城市化又可以分为人口转移型城市化和结构转换型城市化两种发展模式。

人口转移型城市化，是指通过农村人口不断向城市转移而提升城市化水平的发展过程。人口转移型城市化发展模式的显著特征是人口由农村向城市的空间转移，因此，人口转移型城市化实际上就是指人口城市化过程。在一个国家或地区的城市化发展初期，以及城市化进一步发展的中期阶段的快速发展期，区域城市化过程往往随着工业化、城市化的快速推进，而表现为人口不断向城市转移，因此，人口转移型城市化模式实际上是一种以城市人口的集聚为主要形式的城市化发展初级阶段。

结构转换型城市化，是指在城市化发展过程中，随着区域的产业结构、就业结构、空间结构等经济社会结构不断向城市转换，区域城市体系不断发展、城市功能不断完善、城市文明不断扩展，从而提高区域城市化水平、提升城市发展质量的发展模式。显而易见，结构转换型城市化模式以区域经济社会结构由传统社会向现代社会的深层次转化为特征，因此，结构转换型城市化模式是在人口转移型城市化模式基础上形成的一种高级形态的城市化发展过程。世界城市化历程表明，城市化的演变过程就是由人口转移型城市化向结构转换型城市化转变过程，即当人口转移型城市化达到一定程度后，必然进入结构转换型城市化的发展阶段。根据城市化的发展规律和发达国家的发展实践，当城市化水平超过 50% 时，结构转换型城市化模式开始出现；随着城市化的发展进入成熟阶段后，结构转换型城市化模式必然成为主导模式。①

（五）城市化的空间表现形式

根据城市化的空间表现形式和城市人口集聚的方向，城市化过程可以分为集中型城市化和分散型城市化两种发展模式。

集中型城市化是指随着人口不断向各级各类城市集聚而城市化水平不

---

① 程必定：《论我国结构转换型的城市化》，《中国工业经济》2003 年第 8 期。

断提升，以及社会经济活动在空间上由分散状态逐渐向集中状态发展的城市化发展过程。集中型城市化的特征表现为，随着城市生产要素的集中，区域人口和非农产业不断向优势地区集聚，在此过程中，城市规模不断扩大。中外城市化的历史表明，在城市化发展初期和中期阶段，一个国家或地区的城市化发展主要表现为集中型城市化模式。

分散型城市化是指随着城市经济活动及其城市功能向外辐射和扩散，城市外围非城市化地域转化为城市地域的过程。分散型城市化的特征表现为，在城市化过程中，随着城市规模的不断扩大，在大城市辐射扩散效应的带动下，或者在政府产业政策、人口迁移政策的引导下，大城市市郊和非城市地域得到快速发展，产业和人口向中小城镇集聚，城市生活方式等无形城市化内容逐步渗透到广大农村地区。分散型城市化模式一般发生在城市化的中后期，是目前发达国家城市化的主要形式。在我国城市化发达地区，集中型城市化与分散型城市化正在同时进行。①

## 第二节　生态安全的相关概念和基本理论

### 一　生态安全概念及基本理论

安全一般是指作为个体的人或者其构成的群体的生存没有受到威胁的一种状态。在现代汉语里，"安全"一般有两方面的含义：一方面是指安全的状态，即免于危险，没有恐惧；另一方面是指对安全的维护，指保证安全的相关措施及其相关机构。因此，免于危险是安全的特有属性，这既包括没有外在威胁也包含没有内在疾患两个方面。

1943 年美国专栏作家李普曼首次提出了"国家安全"（National Security）一词，② 彼特·曼戈尔德认为，"国家安全"从词源上讲是一个美国概念，它的出现只是近几十年的事。据他考证，"国家安全"的现代用法最早出现在

---

① 盛广耀：《城市化模式及其转变研究》，中国社会科学出版社，2008，第 18 页。
② 〔英〕保罗·罗杰斯：《失控——21 世纪的全球安全》，肖欢容译，新华出版社，2004，第 56 页。

美国报纸专栏作家李普曼 1943 年的著作《美国外交政策》中。第二次世界大战后，这个提法才成为国际政治中一个常用的概念。① 生态安全国家利益理论起源于美国。该理论认为，外国的环境行为可以影响到美国的环境系统，即域外环境损害会对美国的环境造成威胁。美国并不能因其强大的经济、政治和军事实力而不受这些威胁。以温室效应造成的海平面上升而引起的安全威胁为例：据美国马里兰大学环境科学中心估计，海平面每上升 1 米，海岸线就将退缩 1500 米；根据这一计算，美国就可能在未来 50 年里，逐渐丧失 3.6 万平方千米的土地，包括濒临大西洋和密西西比河、墨西哥湾沿岸的各州都将被吞没，而曼哈顿的低洼地区和华盛顿特区的国会山也将难于幸免。②

传统安全概念主要是指国家面临的军事威胁及威胁国际安全的军事因素。美国学界把国家安全界定为有关军事力量的威胁、使用和控制，几乎变成了军事安全的同义词。20 世纪 70 年代以来，随着世界各国经济、科学技术，以及社会和文化等各个领域的发展，已经不能再从传统安全观的视角分析国家安全问题，这种情况下，"非传统安全"一词便应运而生。与以军事安全为核心的安全观称为传统安全相对应，"非传统安全"（Non-traditional Security，NTS），指的是人类社会过去没有遇到或很少见过，而近年来逐渐突出的、发生在战场之外的安全威胁。

因此，生态安全（Ecological Security）的内涵主要包括两个方面：一是生态系统自身是否安全，即其自身结构是否受到破坏，作为一个国家或区域经济、社会发展基础的生态环境和自然资源条件本身是否受到短缺或破坏等威胁；二是生态系统对于人类是否安全，即生态系统所提供的服务是否满足人类的生存需要，是否由于生态环境退化和资源短缺而造成一系列相关的社会经济问题，甚至对区域稳定和国家安全构成威胁。③

---

① 资中筠：《国际政治理论探索在中国》，上海人民出版社，1998，第 151 页。
② 薄燕：《环境问题与美国国家安全战略》，《美国研究》2002 年第 2 期。
③ 吴结春、李鸣：《生态安全及其研究进展》，《江西科学》2008 年第 1 期；郭中伟：《建设国家生态安全预警系统与维护体系——面对严重的生态危机的对策》，《资源环境》2001 年第 1 期；Dator Jim，"Exploring New Limits to Growth, from Resource Scarcity to Ecological Security." *Technological Forecasting and Social Change* 73（8），2006，pp. 1051 – 1056.

目前国际上尚无公认的关于生态安全的定义。"生态安全"有的也称"环境安全"或"生态环境安全"。如果将生态安全与保障程度相联系，生态安全又可以理解为人类在生产、生活和健康等方面不受生态破坏与环境污染等影响的保障程度，其中包括了空气质量、饮用水与食物安全等基本要素。人类安全作为非传统安全领域的主要内容而受到高度关注是从 20 世纪 90 年代开始的。1990 年，联合国首次明确提出有关人类安全的七个主要内容：经济安全、食物安全、卫生安全、环境安全、个人安全、社会安全、政治安全。这七项是人类安全的主要方面。2002 年，为保障和促进人类安全，联合国成立了相应的专门机构，即"人类安全委员会"。2002 年 12 月，中国发表《2002 年中国的国防》白皮书，指出："一些地区因民族、宗教、领土、资源等问题引起的争端时起时伏，武装冲突和局部战争不断发生。恐怖主义、跨国犯罪、环境恶化、毒品等非传统安全问题日益突出，尤其是恐怖主义已经对国际和地区安全构成现实威胁。"[1]

关于"生态安全"的概念，美国著名环境问题专家莱斯特·R. 布朗在《建设一个可持续发展的社会》一书中较早提出。作者提出"国家安全的关键是可持续发展性""生态环境成为世界各国关注的国家安全的首要问题"。[2] 1987 年，联合国环境与发展委员会发表的《我们共同的未来》报告正式使用"环境安全"这一用语。[3] 1991 年，美国公布的《国家安全战略报告》，首次把环境安全视为美国国家利益的组成部分，并认为各种全球生态环境问题已经是政治冲突的因素之一。随后，日本提出"只有在地球环境上发挥主导作用，才是日本为国际社会做出贡献的主要内容"。此外，欧盟、加拿大、俄罗斯等也先后将国家和地区生态环境安全列入国家安全战略的主要目标。中国政府高度重视人口与资源环境工作。2000 年年底，国务院颁布的《全国生态环境保护纲要》提出了"生态环境安全"的概念：水、土、大气、

---

[1] 傅勇：《非传统安全研究与中国》，博士学位论文，复旦大学，2005。

[2] 〔英〕莱斯特·R. 布朗：《建设一个持续发展的社会》，科学技术文献出版社，1984，第 291 页。

[3] 欧阳光明、肖剑鸣：《"国家生态安全"与社会经济发展》，《福州大学学报》（哲学社会科学版）2008 年第 1 期。

森林、草原、海洋、生物组成的自然生态系统是人类赖以生存、发展的物质基础，因此，国家生态安全是指国家生态和发展所需的生存环境处于不受破坏和威胁的状态，自然生态系统的状态能够维持经济社会可持续发展。[①]

生态安全（Ecological Security）有广义和狭义两种理解。广义的生态安全概念以国际应用系统分析研究所提出的定义为代表：生态安全是指在人的生活、健康、安乐、基本权利、生活保障来源、必要资源、社会秩序和人类适应环境变化的能力等方面不受威胁的状态，包括自然生态安全、经济生态安全和社会生态安全组成的一个复合人工生态安全系统。[②] 因此，可以认为，广义的生态安全概念就是指整个人类生态系统的安全；狭义的生态安全是指自然和半自然生态系统的安全，即生态系统完整性和健康的整体水平反映。[③] 本书的研究主要是狭义的生态安全概念范畴，即生态安全是指，在国家、区域或城市的尺度上，人类社会发展所赖以依存的气候、土壤、水域等自然环境和森林、草地、野生动植物等生物资源构成的自然和人工生态系统的安全状态。如果一个系统是稳定的、可持续的，并且在时间上能够维持它的组织结构和自治，保持对胁迫的恢复能力，就说这个系统是健康的。生态安全的本质体现在两个方面：一是生态风险，二是生态脆弱性。而生态脆弱性可以说是生态安全的核心，人们通过对脆弱性分析和评价，能够了解威胁生态安全的因素，它们起作用的方式以及人类可以采取的应对或适应策略。通过回答这些问题，人们就可以积极有效地保障生态安全。所以生态安全的科学本质就是通过脆弱性分析与评价，利用各种手段不断改善生态脆弱性，降低生态风险。

## 二　生态风险概念及基本理论

与"生态安全"相对应的概念是"生态风险"。所谓生态风险是指一个

---

[①] 瞿为民、朱德明：《国家生态安全：加入 WTO 背景下环境保护对策探析》，《中国人口·资源与环境》2003 年第 2 期。

[②] 肖笃宁、陈文波、郭福良：《论生态安全的基本概念和研究内容》，《应用生态学报》2002 年第 13 期。

[③] 肖笃宁、陈文波、郭福良：《论生态安全的基本概念和研究内容》，《应用生态学报》2002 年第 13 期。

种群、生态系统或整个景观的正常功能受到外界因素的威胁，从而在目前和将来可能影响该系统内部某些要素或其本身的健康、生产力、遗传结构、经济价值和美学价值的一种状况。或者说，生态风险是指危害性事件对生态系统中的某些要素或生态系统本身造成破坏的可能性，生态系统破坏作用可以使一个种群数量减少乃至灭绝，或导致生态系统结构、功能发生变异。[①] 因此，与生态安全概念相对应，生态风险更着重研究生态系统或其组成部分受化学、物理和生物等一系列因子有害影响的可能性。生态风险表征的是环境压力造成危害的概率和后果，相对来说它更多考虑的是突发事件的危害，因而对危害的管理比较缺乏主动性和积极性。而生态安全既强调生态系统自身健康、完整和可持续性，又关注生态系统给人类提供完善和安全的生态服务功能状态。生态脆弱性可以说是生态安全的核心，人们通过对生态脆弱性的分析和评价，了解区域生态安全的制约因素，以提出应对生态退化的策略。

生态风险概念和生态风险评价方法是 20 世纪 70 年代在美国提出的。20 世纪 70 年代，一些发达国家对生态环境问题日益关注，迫切需要一种理论和方法，来评估生态环境危害程度，因而风险管理在环境政策中开始得以运用。美国环保局发表了题为《生态风险评价方法综述》的长篇报告，从方法学的角度综述和评价了由美国环保署（EPA）和其他联邦、州机构进行的 20 项生态风险评价研究。[②] 1992 年，美国环保署进一步界定了生态风险评价的概念，与此相对应，生态风险评价是指，对一种或多种外界因素导致可能发生或正在发生的不利生态影响的过程的评估。生态安全的科学本质就是通过脆弱性分析与评价，利用各种手段不断改善生态脆弱性，降低生态风险。EPA 做过大量的生态风险评价工作，对该项工作有着较成熟的方法和完整的数据库。一般来说，评价过程依次为：制订计划，风险的识别，暴露评价和生态影响表征，风险评价结果表征。

生态风险概念的提出及其评价方法的应用，首先为人们分析当前某个

---

① 胡小飞、谢宝平、陈伏生：《生物多样性与生态安全》，《常熟高专学报》2002 年第 4 期。
② Norton，S.，McVey，M.，"Review of Ecological Risk Assessment Methods"，1988.

生态系统面临的各种负面影响因素及其将来可能发生的危害提供较为科学的预测手段，其次有利于环境管理相关部门针对未来生态系统面临的问题提出科学合理的决策。因此，生态风险概念与生态安全概念是从不同的视角来分析、评价和预测生态系统状况。生态风险更注重自然生态系统或人类生态系统将来某种状态下的生态平衡状况，帮助环境管理部门了解和预测外界生态影响因素和生态后果之间的关系，有利于环境决策的制定。因此，风险和后果表征是生态风险分析过程中要评价的主要因素。生态风险与生态安全一样，已经成为生态环境保护研究领域中的热点问题之一。

## 第三节　城市化与生态环境关系的基本理论

### 一　人地关系理论

人地关系理论是区域人口发展过程与资源环境关系的一个基本理论。人地系统是指人类社会与其赖以生存的地理环境所构成的体系及其相互关系。人地系统中的"地"是指地理环境，这一环境首先包括由自然资源和生态环境构成的自然地理环境；还包括由人类活动及其社会关系而组成的社会环境。因此，人地关系即人类社会和自然环境的关系，是现代地理学研究的一项重要课题，也是当今社会发展必须直面的问题。人类社会关于人与自然的基本关系经历了一个从片面的、不完善的认识到逐步正确的认识的漫长历史过程；而作为一种科学理论的人地关系理论是近代才开始出现的，当代人对于人类社会和自然环境的相互关系越来越趋向于人与自然的和谐共处，即人地关系"和谐论"。和谐论的观点主要提出，自然生态系统与人类社会系统之间的相互关系可区分为调节和共生两种，其中的调节是指短时期和小范围内对小规模的人流和物流进行人为的控制，调节的结果要求达到人与自然系统之间的相互协调；但从未来长期的发展趋势看，仅靠自然系统的自身调节力已经不能适应人类社会发展的要求，人类对于长时间大范围和大规模的人流和物流却缺乏这样的能力，只能通过人与自然的共生才能达到协调。[①] 人地关系协调理论关于人类社会与自然地理环境相互作用、相互影响、相互制约的观点，符合人地关系体系的内在基本规律，也同人类社会与自然地理环境是对立统一的哲学思想相吻合，这一理论体系的发展与完善为我们建立社会主义和谐社会提供了理论依据。

## 二 有机疏散理论

1943 年，针对一些工业化国家大城市人口过分膨胀所带来的各种城市问题，芬兰学者 E. 沙里宁（Eliel Saarinen）提出了著名的"有机疏散理论"（Theory of Organic Decentralization）。该理论提出了在城市规划中疏导大城市的理念，实质上是一种关于城市分散发展的理论思想。沙里宁以树木生长为例，形象地阐述了有机疏散理论的核心理念，认为大树枝从树干上生长出来时就本能地预留空间，以便较小的分枝和细枝将来能够生长。他在著作《城市：它的发展、衰败和未来》中对其理论进行了详细的阐述，并从土地产权、土地价格、城市立法等方面论述了有机疏散理论的必要性和可能性。该理论的主要目的是把工业城市从无秩的集中变为有秩的分散，因此，有机疏散理论认为，没有理由把重工业布置在城市中心，轻工业也应该疏散出去，当然，许多事业和城市行政管理部门必须设置在城市的中心位置；有机疏散理论还提出，并不是现代交通工具使城市陷于瘫痪，而是城市的机能不善，迫使在城市工作的人每天耗费大量时间和精力往返旅行，造成城市交通拥挤堵塞。[②]

## 三 "环境库兹涅茨曲线"假说

20 世纪 50 年代诺贝尔奖获得者、经济学家库兹涅茨分析了人均收入水平与分配公平程度之间的关系，提出了"环境库兹涅茨曲线"假说。他认为，一个国家或者地区的生态安全状况的变动过程是与经济社会发展和城市

---

① 杨国胜：《人地关系与可持续发展》，《地理教育》2003 年第 3 期。
② 伊利尔·沙里宁（Eliel Saarinen）：《城市：它的发展、衰败与未来》，顾启源译，建筑工业出版社，1986。

化发展的过程密切相关的。"环境库兹涅茨曲线"（Environmental Kunzites Curve，EKC）假说最早系统阐述了关于经济增长与环境变化的相关关系。这一假说为环境问题的研究提供了一个理论考证并在许多国家得到了检验。研究表明，收入不均现象随着经济增长先升后降，呈现倒 U 形曲线关系。1990 年，美国经济学家格鲁斯曼（Gene Gross-man）和克鲁格（Alan Krue-ger）在对 66 个国家的不同地区内 14 种空气污染和水污染物质 12 年的变动情况进行研究后发现，污染程度随人均收入先增长而后下降，其峰值大约位于中等收入阶段，即大多数污染物质的变动趋势与人均国民收入水平的变动趋势呈现倒 U 形关系。他们在 1995 年提出了这个假说，被称为"环境库兹涅茨曲线"假说。[①] 然而，各国资源、环境背景有极大的差异，EKC 的具体变动形式也存在很大的差异。按照"环境库兹涅茨曲线"理论的观点，在工业化快速发展阶段，随着工业化和城市化的推进，人们在追求经济社会发展的过程中，必然要向生态系统索取大量的资源，并同时向自然生态系统中排放大量的废弃物，这就不可避免地会对生态环境质量造成影响甚至是破坏。

## 四　生态复合体理论

生态复合体（Ecological Complex）理论是城市社会学研究的基础理论之一。1959 年，美国学者邓肯（Otis Duncan）提出了生态复合体的概念，他将自然、生物和社会三者之间的关系称为"生态系统"，认为生态系统可以看作由人口、组织、环境和技术 4 个关联变量所组成的功能相互依赖的生态复合体。邓肯认为，任何一个区位系统中的各种因素都可分别归纳在这 4 类变量之中，同时还揭示出各变量间的相互制约关系。邓肯的生态复合体理论提供了一套组织和描述生态变项关系的概念工具，为生态学家分析生态系统提供了简化的手段。在邓肯之后，有些学者认为，除这 4 个变量之外，还应加上社会心理的因素，以组成 5 个变量的区位复合体。

---

① 应瑞瑶、周力：《我国环境库兹涅茨曲线的存在性检验》，《南京师大学报》（社会科学版）2006 年第 3 期。

该理论强调环境和技术的变化对作为整体的生态复合体进化的重要性，生态复合体内部4个关联变量尽管是相互作用的，但人口和组织一般被倾向于认为是因变量，而环境和技术则被认为是自变量；当环境和技术这两个因素发生变化时，人口规模和组织能力也会相应发生变化，从而带来作为整体的系统的扩张—生态扩张—技术积累加速，加剧对环境的开发，从而带来人口转变和组织革命。人类社会生态过程是一个不断前进、变化与自我调适的过程，在一段时间内达到均衡，人口、汽车的增加，将会对机构和技术提出更大的变革要求，如公交系统变革、人口限制、工业限制、对污染的长期全面监控、工业外迁、全球化影响等，一系列的生态复合体的内部和外部会发生变化。

## 五 城市化与生态环境交互耦合定律

我国学者方创琳提出了城市化与生态环境交互耦合的基本定律。根据耗散结构理论和生态需要定律理论，城市化与生态环境之间的交互耦合关系可以看作一个开放的、非平衡的、具有非线性相互作用和自组织能力的动态涨落系统，又称为城市化与生态环境交互耦合定律。这种耦合定律满足耦合裂变律、动态层级律、随机涨落律、非线性协调律、阈值律和预警律，这六大定律是城市化与生态环境交互耦合过程必须遵循的基本定律。按照城市化与生态环境交互耦合定律的分析，城市化与生态环境之间存在着客观的动态耦合关系：一方面，城市化进程的加快必然引起周围生态环境的变化，这种变化在城市化发展初期体现为生态环境的恶化，在城市化发展的中后期则表现为生态环境的良化；另一方面，生态环境的变化必然引起城市化水平的变化，这种变化表现为当生态环境改善时可促进城市化水平的提高和城市化进程的加快，当生态环境恶化时则限制或遏制城市化进程。

# 第三章　世界城市化规律与我国城市化特征

人口城市化是社会、经济发展到一定历史阶段必然产生的规律性现象。尽管世界各国人口城市化的历史条件不同，社会环境各异，但认识人口城市化的规律，总结其经验教训，科学地制定未来人口城市化的战略措施，是 21 世纪城市化理论研究和实践发展的重大课题。我国目前的人口城市化水平仅达到 36.09%（2000 年 11 月 1 日人口普查数据）。21 世纪，我国人口城市化已经进入了一个新的发展阶段，既要积极推进我国人口城市化，又要避免其他国家在城市化进程中已经出现过的问题，并在此过程中解决一系列新的问题。因此，分析世界人口城市化的历史进程和一般规律，对于解决中国人口城市化的基本问题、推进中国人口城市化进程具有积极的借鉴意义。

## 第一节　世界城市化过程的一般规律

根据世界人口城市化的发展实践、城市化与工业化的相互关系，世界人口城市化的进程可以划分为三个阶段。第一个阶段，工业化初期的城市化起步阶段。1760 年英国工业革命开始，同期世界人口城市化的平均水平很低，但英国的城市化水平已经达到 10%，这标志着世界人口城市化的开始。[①] 因为

---

① 高珮义：《中外城市化比较研究》，南开大学出版社，1991，第 10 页。

产业革命最先在英国产生并迅速发展是具有划时代意义的历史事件，从这个意义上说，伴随着产业革命而迅速发展的英国人口城市化也具有了世界意义。第二个阶段，发达国家城市化基本实现阶段。在这个阶段，世界人口城市化水平由 6.3% 提高到 29.3%，农村人口仍然占总人口的 70% 以上。第三个阶段，发展中国家城市化加速发展阶段。1950 年以前，只有少数发达国家的人口城市化水平达到高度发展阶段。联合国提供的统计资料表明，1960 年发达国家城市化水平达到 61.3%，1975 年达到 70%，1995 年达到 75%。随着城市化水平达到或接近较高水平，发达国家人口城市化进入了一个从集中型城市化向分散型城市化转变的新的发展阶段——郊区化和逆城市化阶段，到 20 世纪末期，北美的城市化率仍然高居首位。[1]

## 一 城市化发展阶段理论

考察一个国家或地区的城市化过程，可以从时间和空间两个宏观视角分析城市化发展变动的典型特征。因此，中外学者研究的城市化发展过程的阶段性规律可以分为城市化发展水平变动的时间阶段性规律，以及城市化集聚模式转变的空间阶段性规律。

最早系统提出城市化发展水平变动的时间阶段性规律的是美国地理学家诺瑟姆（Ray M. Northam）。1979 年，诺瑟姆提出，发达国家的城市化大体上都经历了类似正弦波曲线上升的阶段性发展过程，其基本规律表现为城市化水平按照城市化的发生、发展和成熟三个阶段，呈现近似"S"形曲线的运动规律。后来，又有一些学者完善了城市化进程的阶段性规律。1979 年，美国地理学家诺瑟姆研究了美国和英国等 100 多年时间内城市人口占总人口比重的变化规律，提出了城市化过程的"诺瑟姆曲线"。[2]"诺瑟姆曲线"表明：世界各国城市化过程的轨迹是一条近似被拉长的"S"形曲线。诺瑟姆进一步根据世界城市化的进程，把城市化划分为三个阶段，即一个国家或者地区的城市发展一般要经过城市化水平较低的城市化较为缓

---

① 曾宪明：《中国特色城市化道路研究》，博士学位论文，武汉大学，2005。
② 谢文蕙、邓卫：《城市经济学》，清华大学出版社，1996，第 44 页。

慢发展的初期阶段，人口向城市较快聚集的中期阶段，以及人口高度城市化以后城市人口占总人口的比重缓慢提升，直到停止的后期阶段。城市化初期、中期和后期三个不同的发展阶段都有其显著的阶段性特征。进入城市化的第三个发展阶段以后，城市化进程将出现停滞甚至会略有下降的趋势。

从不同阶段的城市化发展速度来看，一般认为，城市人口占总人口的比重在 30% 以下为城市化的初期阶段，城市人口占总人口的比重在 30% ~ 70% 为城市化的中期阶段，当一个国家或地区的城市人口占总人口的比重超过 70% 时，可以认为该国家或地区的城市化发展进入了后期阶段。在城市化的初期阶段，由于科学技术不够发达，第一产业提供的生活资料不够丰富，第二产业发展所需要的社会资本短缺，所以城市化速度缓慢。如英国在这个阶段的城市化年均增长速度是 0.16%，法国是 0.20%，美国是 0.24%，苏联是 0.30%。在城市化的中期阶段，由于科学技术的进步，农业劳动生产率提高，释放出大量农村剩余劳动力，对城市化的自下而上的推动力十分旺盛；工业化水平提高，城市就业机会增加，劳动吸收能力强化，城市化速度加快，是初级阶段速度的 1.5 ~ 2.5 倍。城市化的后期阶段，城市化发展速度回落，英国是 0.20%，美国虽然在城市化水平 70% ~ 74% 的 10 年里，增长速度高达 0.40%，但是 1970 年以后，速度降至 0.01% 的极低水平。例如，英国城市人口比重在 1931 年已经达到 78%，但是到 1959 年时，城市人口比重也只有 78.5%，近 30 年里只增长了 0.5 个百分点。[①]

从不同阶段的产业结构的变化来看，城市化初级阶段第一产业产值占国民收入的比重一般在 50% 以上，而第二产业和第三产业各占 20% 左右；到了城市化发展的中级阶段，三次产业产值比重大体持平，而且随着城市化水平的不断提升，第一、第二产业比重不断下降，而第三产业比重不断上升；到城市化的后期阶段，第三产业比重上升到 50% 以上，第二产业比重在 30% 左右，第一产业进一步下降到 10% 以下。从不同阶段的城市功能辐射能力来看，当城市化水平低于 10% 时，城市的辐射力很弱，城

---

① 陈光庭：《中国国情与中国的城镇化道路》，《城市问题》2008 年第 1 期。

市文明基本上只限于城市人口享受。当城市化水平为 20% ～ 30% 时，城市的辐射能力开始增强，城市文明普及加速，普及率为 25% ～ 35%。当城市化水平为 30% ～ 40% 时，城市文明普及率为 40% ～ 50%。当城市化水平超过 50% 时，城市文明普及率将超过 70%，这个阶段是城市辐射能力最强、城市文明普及最快的时期。当城市化水平超过 70% 时，城市文明普及率可能超过 90%，甚至为 100%。这意味着，一个人即使不住在城市里，照样可以享受到绝大部分甚至全部城市文明。人们也就不会需要集中到城市里居住。因此，当城市化水平达到 70% 以后，城市扩张的速度将会显著放慢。

除了城市化进程的"S"形曲线规律，还有很多关于城市化进程的阶段性规律的学说、理论或者解释。英国城市学家 L. 范登堡研究了人类发展史上经济结构变化与城市化进程的阶段性规律，提出了"城市发展阶段说"。他认为在人类城市化进程中，经济和社会的发展，特别是经济结构和收入水平的变化对城市及其城市化发展的阶段具有决定性作用。范登堡的城市发展阶段说把城市化的发展过程划分为三个阶段：城市化阶段、城市郊区化阶段和城市化与内域的扩散阶段。

我国学者饶会林研究了 1800 ～ 2025 年发达国家和发展中国家的城市化相关数据资料，分析了发达国家和发展中国家城市化进程的时序差距，研究发现世界城市化历程呈现"双 S 曲线"规律，双 S 曲线几乎和回归过的曲线差不多，研究还发现了美国、日本和韩国等后发国家的城市化进程缩短的规律。这一城市化规律的发现对后发国家城市化与城市化发展具有一定的借鉴意义。[①] 高珮义提出了"城市文明普及率加速定律"。所谓"城市文明普及率加速定律"是指城市化达到一定水平时（如 20% ～ 30%），城市文明随着城市化水平的提高而在国家或地区范围内加快普及，享受城市文明的人数多于城市实际人口数，城市文明覆盖的区域大于城市社区面积，即城市文明普及程度高于城市化程度。根据"城市文明普及率加速定律"，

---

① 张贡生：《世界城市化规律：文献综述》，《兰州商学院学报》2005 年第 4 期；饶会林：《城市经济学》，东北财经大学出版社，1999，第 711 ～ 715 页。

城市化进程的阶段性规律之所以呈 S 形曲线，一个最重要的原因，是生产力的发展水平所决定的"城市文明普及率加速定律"在起作用。①

## 二　城市化中期阶段大城市超先增长规律

所谓城市化中期阶段大城市超先增长规律是指，在一个国家或地区的城市化发展到一定阶段以后，其城市人口规模结构的变动具有大城市超先增长的客观必然性，这种客观必然性被称为大城市超先增长规律。大城市超先增长规律的主要表现形式一般有如下几种：第一种是内涵增长，即在一个城市的市区范围内迁入的人口增加，或者原来的小城市或中等城市随着城市化水平的提升逐渐增长为大城市，或者本来就是大城市的人口规模进一步增长；第二种是外延增长，即原有城市人口随着城市空间的不断扩张而增加，并逐步发展成为大都市或大城市群；第三种是机械增长，即 50 万人以上的大城市个数增加；第四种是居住在大城市的人口在一个国家或地区的城市总人口中所占的比重增加。上述各种表现形式，并不是截然分开的，对于某个具体城市来说，实际上很可能是同时进行的。②

统计表明，1950 年世界城市人口的 64.3% 居住在 50 万人以下的城市，而到了 1995 年，居住在 50 万人以下的小城市的人口占世界城市人口的比重降到 52.9%，减少了 11.4 个百分点；1950 年世界城市人口的 9.7% 居住在 50 万 ~ 100 万人口规模的城市，而到了 1995 年，居住在 50 万 ~ 100 万人口规模城市的人口占世界城市人口的比重上升到 12.1%，增加了 2.4 个百分点；1950 年世界城市人口的 1.6% 居住在 1000 万人以上人口规模的超大城市，而到了 1995 年，居住在 1000 万人以上人口规模的超大城市的人口占世界城市人口的比重上升到了 7.3%，增加了 5.7 个百分点，可见大城市人口规模增长速度远超过中小城市人口规模增长速度（见表 3 - 1）。

---

① 高珮义：《中外城市化比较研究》，南开大学出版社，1991，第 177 ~ 179 页。
② 高珮义：《世界城市化的一般规律与中国的城市化》，《中国社会科学》1990 年第 5 期；段小梅：《世界城市化进程中的大城市超先增长规律——兼议我国大城市发展的必然性》，《城市》2000 年第 5 期。

表 3-1   1950~1995 年世界大城市及其人口增长

| 城市规模 | | 1950 年 | 1965 年 | 1980 年 | 1995 年 | 1995 年比 1950 年增长 |
|---|---|---|---|---|---|---|
| 50 万人 以下 | 人口（百万） | 482 | 714 | 1104 | 1409 | 927 |
| | 占比（%） | 64.3 | 60.3 | 59.5 | 52.9 | -11.4 |
| 50 万~ 100 万人 | 数量（个） | 106 | 155 | 229 | 337 | 231 |
| | 人口（百万） | 73 | 111 | 160 | 323 | 250 |
| | 占比（%） | 9.7 | 9.4 | 8.6 | 12.1 | 2.4 |
| 100 万~ 500 万人 | 数量（个） | 75 | 120 | 187 | 288 | 213 |
| | 人口（百万） | 141 | 229 | 357 | 567 | 426 |
| | 占比（%） | 18.8 | 19.3 | 19.2 | 21.3 | 2.5 |
| 500 万~ 1000 万人 | 数量（个） | 7 | 13 | 21 | 23 | 16 |
| | 人口（百万） | 42 | 92 | 158 | 172 | 130 |
| | 占比（%） | 5.6 | 7.8 | 8.5 | 6.5 | 0.9 |
| 1000 万人 以上 | 数量（个） | 1 | 3 | 5 | 14 | 13 |
| | 人口（百万） | 12 | 39 | 76 | 195 | 183 |
| | 占比（%） | 1.6 | 3.3 | 4.1 | 7.3 | 5.7 |

资料来源：United Nations。

## 三　城市化与社会经济发展互促共进规律

分析发达国家城市化历史进程中的城市化水平与经济发展的相关性表明，人口的城市化水平与国民收入具有相当强的相关性。城市化与社会经济发展互促共进规律是指，一个国家或地区的城市化过程与其社会经济的发展是相互作用、互动发展的关系。早在 1776 年，亚当·斯密就在他的《国富论》中提出，经济增长的主要动力源于劳动分工、资本积累与技术进步等因素。由于城市化进程是随着城市与区域社会经济的不断发展而展开的，与此同时，一个国家或者地区的人口不断向城市集中的过程，也必然为社会经济的发展提供广阔的市场和必要的劳动力资源。从人口城市化水平与人均国民生产总值的关系来看，国内外学者研究表明，城市化水平与人均国民生产总值呈较为显著的正相关关系。

1981 年，美国人口咨询局对 151 个国家进行分析，绘制出了城市化水平与人均国民生产总值之间的对数曲线相关图，分析表明：城市化水平随人均国民生产总值的增长而提高，但提高的速度又随人均国民生产总值的增长而趋缓。从城市化水平与工业化水平来看，人均国民生产总值越高、工业化水平越高，城市化水平也越高。这是美国著名经济学家马尔科姆·吉利斯、H. 钱纳里和 M. 塞尔奎因通过研究后得出的结论。从城市化水平与国民经济结构来看，城市化水平与第一产业呈负相关关系，与第二、第三产业呈正相关关系。目前世界上公认的 5 个大都市带包括：美国东北部大西洋沿岸大都市带、美国五大湖沿岸大都市带、日本东海道太平洋沿岸大都市带、英格兰大都市带和欧洲西北部大都市带。以英国为例，工业革命不仅使英国成为世界工厂，而且使其成为世界上城市化起步最早的国家。早在 1841 年，大伦敦市的人口就已经达到 223.9 万人，到 1901 年，进一步增长到 685.6 万人，到 20 世纪中期，英国总人口的 15% 居住在最大的城市——伦敦。[①] 在美国，大都市连绵区发展已经成为世界城市化的典范。美国的大都市连绵区一般是由早期众多的海洋贸易城镇所形成的网络发展起来的，分布在从波士顿到纽约的海岸沿线，进而沿着纽约到华盛顿的海岸线伸展。[②] 在日本，从 20 世纪中期开始，随着经济的高速增长，日本的人口城市化进程呈现明显的向东京、大阪等大都市集中的发展趋势。到 1957 年，东京、大阪和名古屋三大城市圈的人口总数占全国人口总数的 44.9%，其中，东京圈占 24.2%、大阪圈占 14.0%、名古屋圈占 6.7%，近 50% 的日本人口集中在三大城市圈内。[③]

## 第二节 世界城市化过程的模式演变

同步城市化（Synchro-urbanization）是 20 世纪 50 年代以前发达国家城市化的基本模式特征。"同步城市化"并非指人口城市化水平与工业化或非

---

① 纪晓岚：《英国城市化历史过程分析与启示》，《华东理工大学学报》（社会科学版）2004年第 2 期。
② 于洪俊、宁越敏：《城市地理概论》，安徽科学技术出版社，1983，第 79 页。
③ 孙世春：《日本大城市圈的开发建设》，《经济研究》2006 年第 4 期。

农化水平完全一致或人口城市化进程与工业化、非农化一一对应，而主要是指城市化与经济发展呈正相关关系，人口城市化进程与工业化率（工业劳动力占总劳动力的比重或工业总产值占国民生产总值的比重）相互协调，这是人口城市化进程中比较合理的基本模式。以"二战"结束为转折点，无论发达国家还是发展中国家，其城市化进程都以前所未有的速度向前推进。从总体上看，无论发展中国家还是发达国家都呈现一些新的模式特征。

## 一 过度城市化

"过度城市化"亦称"超前城市化"，即指城市化发展速度大大超过了工业化的发展速度。20 世纪 60～70 年代，尽管许多发展中国家城市失业和就业不足水平不断上升，但农村人口仍然大量向城市地区流动（超前城市化并非发展中国家所独有，只不过在发展中国家表现得更为突出）。1800～1980年，发达国家的"工业就业率"与城市化水平基本上是同步增长的，而发展中国家则不然。在这段时间里，发展中国家工业就业率增长极为缓慢，仅仅上升了 3 个百分点，而人口城市化进程加快。以巴西为例，从城市化与工业化及经济发展水平的关系来看，巴西城市化速度大大超过工业化速度和经济发展水平。20 世纪 70 年代中期，巴西制造业就业人口占总就业人口的20%，而城市人口却占总人口的 61%。1994 年，巴西人均国民生产总值为2970 美元，城市人口比重已与高收入国家持平，达 77%。[①]

## 二 逆城市化模式

逆城市化是指城市人口和部分城市工业及其他非农产业向城市边缘区或其他外围地带扩散的过程。这种现象主要出现在发达国家，而且从 20 世纪 50 年代一直持续到 80 年代。逆城市化的显著特征是：大都市区的人口因流失而出现负增长；同时，也伴随着城市空间的拓展以及郊区城市化的过程。1950～1980 年，美国各中心城市人口比例下降了 17.4 个百分点，就业

---

① 曾宪明：《中国特色城市化道路研究》，博士学位论文，武汉大学，2005。

人口下降了 20.6 个百分点，而郊区各产业部门就业人口都有所上升。应当指出，发达国家逆城市化现象是建立在高度发展的工业化和非农产业现代化基础之上的，为减轻城市中心区人口、就业和环境压力起到积极作用。逆城市化不是对城市化的否定，而是既保持大城市聚集效应的原有优势，又使城市发展空间得到拓展，并获得更为丰富的环境资源。发达国家逆城市化的直接动因是城市居民追求贴近自然的较低密度的生活空间和较好的生态环境及居住条件，同时又能享受城市的文化生活和服务。

### 三　再城市化

20 世纪 50 年代以后，发达国家的一些大都市中心区人口经过了一个较长时间的负增长过程，到 80 年代开始回升。从 1980 年开始，美国纽约等大城市人口开始有所增长。1980～1990 年，这一指标上升了 1.3 个百分点。在英国，整个大伦敦的都市中心区人口连续 30 多年呈现下降趋势，到 1985 年也开始缓慢增加，这种人口回流中心城区的现象，被称为"再城市化"。

再城市化发生的原因是多方面的。发达国家政府逐步认识到郊区化、逆城市化也会在社会、经济、环境等方面造成许多负面影响。因此，开始加大对城市化过程的政府调控力度。20 世纪 80 年代以来，大城市开始复苏。90 年代初，欧共体委员会（欧盟）提出在欧洲发展密集型的城市（Compact City），实行可持续发展的一系列措施，以试图减少私人汽车的出行里程、保护耕地、弥补郊区化的不良影响。再城市化是逆城市化之后一个重要发展阶段，通过再城市化，逆城市化所释放出来的空间得到开发和利用，城市中心区的"空心化"现象得以转变。再城市化不是对逆城市化的简单替代，在这一过程中，逆城市化和郊区化仍然在进行。

### 四　大都市区化

自 20 世纪后半期起，美国城市化发展模式发生了巨大变化，人口流动由过去的农村人口向城市集中，转变为人口向大都市集中。1957 年，法国地理学家戈特曼（J. Gottman）首次提出"大都市带"的概念，特指美国东北海岸的都市区的独特集群（the Unique Cluster of Metropolitan Areas），主要是指由在地域上集中分布的若干大城市和特大城市集聚而成的庞大的、多核心的、多层次的城市群，是大都市区的联合体。美国是最早使用"大都市区"（Metropolitan Distract 或 Metropolitan Area）概念的国家，最初是基于城市人口统计的需要，后来，为了寻求解决大都市发展中遇到的用地问题、社会问题、环境问题，以及产业的空间分散问题，反映城市功能地域的"大都市区"的概念及规划研究才开始得到广泛关注，并逐渐为许多国家所采用。[①] 大都市区在核心城市功能、城市群数量和内部空间结构关系等方面与都市圈、城市圈有很大的不同。都市圈和城市圈一般是以单个或两个大城市或大都市为中心，在较小的区域空间内与其他中小城镇共同组合成的圈层区域体。而大都市区则都是以一个国际性大都市为核心，在较广的区域范围内与多个重要城市和多个城市群落通过密集而发达的交通和通信网络，实现有序的区域经济竞争与合作以及区域功能互补与合作，形成一个具有国际竞争力和影响力的大区域经济实体。

在美国，"大都市区"是一个统计概念，它并非通常意义上的"城市"。美国的大都市区概念于1910年人口统计中首次使用。此后，随着美国城市化进程的发展，美国联邦预算局先后对大都市区的定义进行了多次修改。1983年，大都市区又被称为大都市统计区（Metropolitan Statistical Area，MSA）。因此，美国20世纪以来的人口分布分类标准主要是大都市区和非大都市区的区别，而不是城乡之别。[②] 20世纪美国城市发展的主导趋势是大都市区化。大都市区是城市化发展到较高级阶段时的一种城市地域形式，目前，在美国、日本、德国等发达国家，大都市区都是重要的统计地域单元。

实际上，1920～1940年，大都市区在美国城市发展中就开始占主导地位。但大都市区成为一种世界性城市发展模式还是20世纪50年代以后。1990年，美国有一半人口居住在百万人口以上的大型大都市区里，美国成

① 李廉水、Roger R. Sough：《都市圈发展——理论演化·国际经验·中国特色》，科学出版社，2006，第2页。
② 程相占：《西方大都市带思想要略》，《河南大学学报》（社会科学版）2008年第7期。

为一个以大型大都市区为主的国家。随着大型大都市区的迅速增长，美国城市化地区空间结构的发展相应出现了新的演变。20世纪后半期，美国出现了大都市连绵带。[①] 目前，大都市区化已经成为发达国家城市化发展的高级阶段。

## 第三节　我国城市化历史进程

作为社会结构变迁的历史过程，人口城市化是近现代工业革命的产物。目前，学术界一般认为，10%的城市人口水平标志着城市化进程的起步。尽管我国有几千年的城市文明史，但是直到1949年，中国城市化率仅为10.64%，刚刚达到10%的国际城市化起步标准。因此，中华人民共和国成立标志着真正意义上的中国人口城市化进程的启动。根据我国城市人口增长过程和城市化相关制度变迁，中国人口城市化的进程可分为以下三个阶段。

第一个阶段，城市化的起步阶段（1949～1957年）。新中国成立以后，国家进入和平建设时期，采取了"重点建设、稳步前进"的发展方针，这一阶段中国城市化的起步在很大程度上是与经济恢复基础上工业化进程的起步密切相关的。这一过程中兴起的一批工业城市逐渐发展成为我国区域经济中心，在国民经济中起了重要作用。这一时期城市化与经济发展同步，产业结构的产值分布同劳动力在农业和非农业两部门之间的变动趋势基本一致，城乡隔离的社会结构没有形成。

第二个阶段，城市化的波动阶段（1958～1977年）。这期间由于一系列政策的失误，到1977年，城市化率仅为17.55%。这一时期中国城市化进程的波动与国民经济发展尤其是工业化的大起大落息息相关。

第三个阶段，城市化持续稳定发展阶段（1978年至今）。1978年以来，随着我国改革开放的不断深入以及社会主义市场经济的逐步确立，国民经济进入了前所未有的高速发展时期，人口城市化也进入了新的历史发展阶

---

① 　郭九林：《美国大都市连绵带的综合考察及启示》，《经济地理》2008年第3期。

段。进入 21 世纪，随着城市户籍管理制度改革的突破性进展和相关制度、经济条件的形成，中国人口城市化进程进入了新的快速发展阶段。党的十六大明确提出"要逐步提高城镇化水平，坚持大中小城市和小城镇协调发展，走中国特色的城镇化道路"。

2010 年第六次全国人口普查数据显示，我国城市人口总量已经达到66978万人，占总人口的49.95%；居住在乡村的人口为67113万人，占50.05%。同2001年相比，我国人口的城市化率提高了12.29个百分点（见表3-2）。

表3-2　改革开放以来我国人口城市化水平

单位：万人，%

| 年份 | 总人口数 | 城市人口数 | 人口城市化率 |
|---|---|---|---|
| 1978 | 96259 | 17245 | 17.92 |
| 1980 | 98705 | 19140 | 19.39 |
| 1990 | 114333 | 30195 | 26.41 |
| 2000 | 126743 | 45906 | 36.22 |
| 2001 | 127627 | 48064 | 37.66 |
| 2002 | 128453 | 50212 | 39.09 |
| 2003 | 129227 | 52376 | 40.53 |
| 2004 | 129988 | 54283 | 41.76 |
| 2005 | 130756 | 56212 | 42.99 |
| 2006 | 131448 | 58288 | 44.34 |
| 2007 | 132129 | 60633 | 45.89 |
| 2008 | 132802 | 62403 | 46.99 |
| 2009 | 133450 | 64512 | 48.34 |
| 2010 | 134091 | 66978 | 49.95 |

资料来源：《中国统计年鉴2011》，中国统计出版社，2012。

## 第四节　我国传统城市化模式的基本特征

### 一　城市化进程具有波动性

无论与世界城市化平均增长速度比较，还是与中国总人口的年均增长速度相比较,1949 年以来,中国城市化进程的增长特征呈现较为显著的波动性。这一特征可以从以下两个方面反映出来。首先,中国城市人口环比增长率波动性较大。当代中国人口增长速度具有一定的波动性,但较为明显的波动主要发生在 20 世纪 60 年代,其后在总体上呈较为平稳的增长趋势。相比之下,城市人口的增长速度波动较大。其次,近 50 年来,我国大、中、小城市和建制镇中人口的机械变动波动较大,尤其是一些大城市人口的机械变动的波动性更大,其原因在于长期以来中国人口城市化进程受城市和建制镇设置标准,以及各级市镇数量变动的影响。20 世纪 40 年代末到50 年代末,我国城市人口的增长率比较正常,除个别年代外,都与经济发展相适应并稳步增长。从 20 世纪 50 年代到 60 年代中期,我国城市人口的增长开始处于较大的波动之中,其中城市人口的增长最高年份和最低年份都发生在这一阶段。1959 年,城市人口年环比增长率高达 15.39%,1962年的城市人口年环比增长率为 -8.25%,极差高达 23.64%。20 世纪 60 年代后期和 70 年代,我国的城市人口增长率基本处于徘徊停滞状态,其主要原因在于严格的户籍管理制度和"文化大革命"期间社会、经济政策的失误。进入 20 世纪 80 年代,我国城市人口增长率仍然呈现一定的波动性。与世界其他国家或地区相比较,在我国城市人口增长速度的波动性变动的进程中,城市化水平在总体上获得了较为缓慢的提升,而同期一些发展中国家或地区的城市化则以相对较快的速度稳步增长。

## 二 户籍制度长期影响人口城市化

我国传统城市化道路的城市人口增长具有显著双轨性特征。其一是计划型人口城市化,表现为农村人口向城市迁移的计划性和政府推动作用下城市人口的较大幅度的机械变动。其人口迁移方向、速度和规模长时期受国家计划的严格控制,在 20 世纪中期以后的近半个世纪的我国城市化进程中,政府主导作用下的人口城市化构成了我国城市化主体。其二是市场型人口城市化,表现为以流动人口为主体,其人口的流动方向、速度和规模主要受市场因素的制约。改革开放以后,我国市场型人口城市化比重加大,但由于城乡体制的二元性和户籍制度等非市场因素的长期制约作用，我国市场型人口城市化增长还存在不稳定性。1987~1999年，我国人口城市化率年均递增0.4个百分点，同期，虽然每年有600多万农村人口转变为城市人口，但其中的80%是依靠行政手段，通过"县改市""乡改镇"来实现的。

从城市人口的机械增长过程来看，1953~1978年，我国城市人口增加了9419万人，这期间的1953~1960年、1964~1966年、1971~1978年三个阶段增加的城市人口中，自然增长比重和机械增长比重分别是：第一阶段为34.2%和65.8%，第二阶段为46.7%和53.3%，第三阶段为46.0%和54.0%。1979年以来，中国城市人口年均增长速度加快，这期间的1979~1989年、1989~1997年两个阶段增加的人口中，城市人口的自然增长比重分别是19.1%和34.0%，机械增长部分的比重分别是80.9%和66.0%（1991年为14.3%），可见，在我国城市化初始阶段，人口的机械增长仍然是城市人口增长的主要方式。[1]

## 三　城市化的政府主导作用较强

一般情况下，市场经济国家的政府在城市化进程中的主要作用是提供相应的制度条件，并进行适当的规划和引导。而与世界其他国家相比，在我国的城市化进程中，政府始终起着主导作用。尤其是在我国长期计划经济体制的影响之下，政府对城市化的主导性更加强烈。首先，政府是人口城市化的动力机制的主体。政府利用其所在地的行政中心职能，干预其所在地的经济发展和城市建设，在行政中心区域内发展并完善城市产业体系，为非农人口的产业聚集提供了必要的制度前提。其次，政府通过制定相关政策和城市设置标准引导城市发展，阻碍或推动人口向城市聚集。政府可以根据某种目标采取"运动"的方式大幅度地影响城市人口的集聚过程。我国在"一五"计划时期大规模的经济建设对城市化的促进作用是非常显著的。相反，政府也可以采取某种方式促使人口城市化停滞甚至倒退，如20

---

① 胡必亮：《实施积极的国家城市发展战略　促进中国城市化快速健康发展》，《中国人口科学》2000年第6期。

世纪 60 年代遣返城市职工回到原籍，"文化大革命"时期的知识青年"上山下乡"和干部下放，90 年代的"撤县改市"，以及 1997 年冻结县改市的审批等。这些都在客观上造成了我国城市化进程的波动性和不稳定性。最后，改革开放以来，我国在向市场经济转轨的过程中，为了规避改革造成的经济和社会风险，始终不能放弃计划经济体制下的一些政策措施。进入 21 世纪，政府已经把城市化作为经济社会发展的战略目标纳入国民经济和社会发展计划。

## 四　人口城市化水平长期滞后

我国城市化起步于 20 世纪 50 年代初，与发达国家的城市化进程有着明显的区别，也不同于发展中国家城市化道路的一般模式，其中的主要问题之一就是城市化的滞后性。1952 年，工业化初期，我国城市化滞后于工业化 5.1 个百分点，到 1978 年，两者差距扩大到 26.4 个百分点。经过改革开放 30 多年的发展，城市化与工业化的差距呈现缩小的趋势。另外，根据世界银行的《世界发展报告》，我国城市化的滞后性还体现为城市化水平低于同等人均收入国家的平均水平。1997 年，按人均国民生产总值计算的城市化与工业化的差距是 12 个百分点，按人均购买力计算的差距是 21 个百分点。[①] 城市化与工业化相互依存、共同发展，是发达国家城市化过程的一般规律。城市化的滞后性给我国社会、经济发展和人口转变产生了诸多不利的影响。城市化滞后在很大程度上影响着国内消费需求的增长，据统计，1996 年以来，我国城乡居民消费水平的差距出现扩大的趋势。[②] 有的学者认为，目前我国就业矛盾和供给无市场的矛盾都可以从城市化的滞后性中找到解释。也有研究表明，我国城市化实际水平比公布的统计结果要高，因为我国在城市化滞后的同时，也存在着"隐性城市化"现象。[③] 隐性城市化有两种含义：其一是指处在转变中的城市化地区的城市功能及其所具有的城市特征还比较弱，城市基础设施没有达到城市的标准，但它的城市特征

---

① 夏小林、王小鲁：《中国的城市化进程分析——兼评城市化方针》，《改革》2000 年第 2 期。
② 田雪原：《人口城市化驱动消费需求效应研究》，《中国人口科学》2000 年第 6 期。
③ 李竞能：《现阶段中国人口经济问题研究》，中国人口出版社，1999，第 209 页。

是在增长之中的,这种意义的城市化是一种国际性的普遍现象;其二是指有相当一部分农村人口,已经从事非农产业或者其居住地点比较集中,但是由于户籍制度、就业制度等相关制度的制约,按照户口的登记,这些人还属于农村人口。[①] 我国隐性城市化人口大约为 2 亿人,占农村人口的 22.5%,占全国总人口的 16.9%,在今后 5~10 年时间内,加快城市化进程的重点,主要是如何实现这部分隐性城市化人口的显性城市化。[②]

## 五 城市体系发育不完善

2000 年,全国地级以上城市中,人口规模在 100 万~200 万人的城市为 27 个,人口规模在 200 万人以上的城市仅有 13 个;到 2009 年,全国地级以上城市数量达到 287 个,其中人口规模在 100 万~200 万人的城市为 82 个,其中人口规模在 200 万~400 万人的城市为 28 个,其中人口规模在 400 万人以上的城市有 14 个,由此可见,最近 10 年我国城市人口规模上升还是比较快的。但是我国城市化的区域差异仍然十分显著。随着我国人口城市化和城市建设水平的不断提升,各级各类城市在国民经济和社会发展进程中,扮演着越来越重要的角色。截至 2009 年年底,我国地级以上城市辖区年末总人口为 38149.3 万人,比 2008 年增加 530 万人,增长 1.4%。地级以上城市市辖区行政区域土地面积 628 万平方公里,增长 0.3%;其中,建成区面积 30137.9 平方公里,增长 2.5%。平均人口密度为 607.44 人/平方公里,比 2008 年增加 6.84 人。其中,东部地级以上城市市辖区年末总人口为 15828.7 万人,比 2008 年增加 330.3 万人,增长 2.1%,占地级以上城市辖区年末总人口的比重为 41.5%;中部为 8509.5 万人,比 2008 年增加 44.8 万人,增长 0.5%,占地级以上城市辖区年末总人口的比重为 22.3%;西部为 9710.1 万人,比 2008 年增加 108.1 万人,增长 1.1%,占地级以上城市辖区年末总人口的比重为 25.5%;东北为 4101 万人,比 2008 年增加 46.7

---

① 崔援民、刘金霞:《中外城市化模式比较与我国城市化道路选择》,《河北学刊》1999 年第 4 期。

② 晨新:《魏后凯谈西部大开发与 21 世纪我国城市化战略》,《城市开发》2000 年第 11 期。

万人，增长 1.2%，占地级以上城市辖区年末总人口的比重为 10.7%。可以看出，东部地级以上城市辖区人口增长最快，其次是东北和西部地区，中部地区增长最慢。[①] 可见我国城市体系与规模结构发展的区域差异十分显著。

## 六　城市化的区域发展不平衡

我国城市化发展不平衡具有两层含义：一是各级城市及其人口规模结构不平衡，二是城市化的区域发展水平不平衡。这种人口城市化的区域发展不平衡性除了有历史因素、地缘差异和经济发展水平的原因之外，还与人口城市化的相关制度有关。近年来，东南沿海一带是中国经济、文化最为发达的地区，与中部、西部形成鲜明的对比。1978 年，全国共有各类城市 193 个，其中东部地区占 35.8%，中部地区占 43.5%，西部地区占 20.7%。以西部地区为例，经过改革开放 30 多年的发展，到 20 世纪末期，各地城市化水平都有较大提高，但是，占全国土地面积 56.9%、占全国人口 24%，并集中全国 80% 以上的少数民族人口的西部地区，城市化水平仍低于全国的平均水平，有的省（区、市）只有 20% 左右，而东部地区城市化水平已达到 40%。[②] 另外，各区域内城市布局也存在不平衡现象，如新疆和云南都有少数特大城市，缺少大城市，中等城市人口规模多数在 30 万人以下。2010 年，我国人口城市化水平达到 49.68%。其中，东部、中部、西部和东北地区城市化水平分别为 59.70%、43.58%、41.43% 和 57.62%，可见，目前我国区域城市化发展水平不平衡特征仍然显著。

---

① 《中国城市统计年鉴》。
② 《西部区情资源情》，《中国矿业》2000 年第 4 期。

# 第四章 区域生态安全综合评价模型

## 第一节 生态安全的研究视角与评价方法

### 一 生态安全的研究视角

#### （一）国家生态安全

国家生态安全，一般可以理解为：保持一个国家的土地资源、水资源、森林资源、矿产资源、动植物种资源，以及气候资源等自然资源的可持续利用，并使之适应国民教育水平、健康状况体现的"人力资本"和机器、工厂、建筑、水利系统、公路、铁路等体现的"创造资本"持续增长的配比要求，避免因自然衰竭、资源生产率下降、环境污染和退化给社会生活和生产造成短期灾害和长期不利影响，甚至危及国家军事、政治和经济安全。[①] 生态安全作为一种状态，具有动态性和地域性特征。20 世纪 90 年代以来，生态环境问题开始由一种区域或局部性问题上升为国家安全和国际安全问题，围绕生态环境与国家安全的相互关系，发达国家和一些国际组织先后进行了一系列的研究工作，出现了一批代表性研究报告和著述。在实践上，国际社会对生态环境与国家安全问题的关注表明，西方国家已将确保健康的生态环境和充足的自然资源纳入其国家利益和国家安全范畴之内，生态安全被作为与国家利益密切关联的一个全

---

① 程漱兰、陈焱：《高度重视国家生态安全战略》，《生态经济》1999 年第 5 期。

新的安全概念。①

我国自 20 世纪 90 年代起，开始关注区域生态安全问题。1998 年长江特大洪涝灾害给我国敲了一次生态安全警钟。这次洪灾充分表明，生态安全问题已然成为影响我国军事、政治等多方面安全的重大问题，同时也显示出环境安全对国防建设的负面作用。如何根据我国的实际状况，深入研究生态安全的内容和关系，制定合理有效的政策，是我国目前面临的一个重大课题。作为国家安全的重要组成部分，生态安全关系到一个国家的生态环境、能源资源、政治、经济和对外关系等诸多领域。

冷战结束后，美国国家安全政策的目标已开始从单纯的军事安全逐渐演变为包括生态环境安全、经济安全和军事安全在内的多重目标，具体包括以下四个方面的内容：一是资源安全，二是能源安全，三是环境安全，四是生物安全。例如，美国的资源和能源大量依赖国际市场，因此，国外重要、敏感的能源和资源流向都可能会引发国际冲突，从而影响美国的国家安全；赤道地带国家大规模砍伐热带雨林，会对美国及其他国家的气候和生态环境造成不利影响，从而损害美国国家利益。② 美国国防部 1993 年成立了"环境安全办公室"，其自 1995 年起每年向总统和国会提交关于环境安全的年度报告。

2001 年 3 月，英国外交部和国际发展部在伦敦召开"环境安全与冲突预防"国际研讨会，主要研究如何防范和干预环境冲突，并建立相应的国际干预机制，消除影响国际安全的不稳定因素。③ 作为世界生态资源大国之一，俄罗斯非常重视国家生态安全问题。1992 年颁布的《俄罗斯联邦安全法》中明确规定："安全"是指个人、社会和国家的重要切身利益免受国内和国外威胁的防护状态。2002 年的《俄罗斯联邦环境保护法》进一步明确

---

① 曲格平：《关注生态安全之一：生态环境问题已经成为国家安全的热门话题》，《环境保护》2002 年第 5 期。

② 周珂：《生态安全应纳入环境资源法学的调整对象》，2001 年环境资源法学国际研讨会，2001 年 11 月。

③ 吴开亚：《生态安全理论形成的背景探析》，《合肥工业大学学报》（社会科学版）2003 年第 10 期。

了生态安全的概念。

进入 21 世纪，世界上很多国家都先后把生态安全问题提到国家安全的战略高度，国家生态安全作为联系一国生态环境问题及国家安全要考虑的重要内容，在国家层面的战略研究和政治决策中占据越来越重要的地位。

（二）区域生态安全

区域生态安全是指在一个具体的时间和空间范围内，生态系统的内在结构、功能和外部表现，在自然因素和人类活动的共同作用下，对人类生存和社会经济持续发展的支持和影响，使区域内人类的生活、生产、健康和发展不受威胁的一种状态；是从满足人类生存和发展的角度来衡量区域生态系统的一种状态，是区域自然环境安全、满足人类生存与发展需求和社会经济安全与人类持续发展之间相互推动、相互促进，并达到动态平衡与协调的状态。[①] 近年来，我国学者针对具体区域的生态安全问题开展了大量分析与评价研究：左伟、王桥等研究并建立了区域生态安全评价的指标体系和评价标准，并对 P－S－R 框架模型做了扩展，制定了区域生态安全评价指标体系；王丽霞等选择延安地区为实证案例，采用生态安全与生态足迹方法评价区域发展的可持续性。[②]

（三）城市生态安全

城市生态安全是指，以自然生态系统、经济生态系统和社会生态系统的稳定为基础，实现人口与自然、社会与自然、经济与自然的协调可持续发展，达到自然和谐、社会稳定及经济良性城市发展的状态。[③] 城市生态安全具有很强的地域特征，即使在一个区域内，不同的城市由于社会经济结构，尤其是产业结构和人们的消费方式的不同，对城市的生态安全的影响也必然不同。而且，城市生态安全与区域生态安全是密不可分的关系，城市生态安全状况对其附近地域，乃至整个区域的生态安全影响都是十分重

---

①　赵军、胡秀芳：《我国区域生态安全建设的思考》，《生态经济》2004 年第 1 期。

②　王丽霞、任志远、薛亮：《区域生态安全与生态足迹对比研究——以陕北延安地区为例》，《地域研究与开发》2006 年第 5 期。

③　吕科建、段盼盼、杜菲：《广义城市生态安全初探》，《中国公共安全》（学术版）2006 年第 6 期。

要的，城市生态安全即是城市自身的社会、经济、人口与资源、环境的协调和可持续发展的基本属性，是区域生态安全的重要前提。城市生态系统不仅包含生物与非生物组成要素，而且包括人类及其经济要素。城市是人类主要的聚集地和社会、经济与文化活动中心。目前地球上有一半以上的人口生活在城市。城市生态系统不仅仅是城市自然生态系统的概括，而且是城市自然生态系统的扩展。

综上所述，就生态安全研究领域而言，国外对于生态安全的研究可以从宏观和微观两个方面来分析。从微观上来看，现阶段国外关于生态安全的研究主要集中在两个方面：一是基因工程生物的生态环境风险与生态安全，二是化学品的施用对农业生态系统健康及生态安全的影响。从宏观上来看，国外研究主要围绕生态安全的概念和内涵以及生态安全与国家安全、民族问题、军事战略、可持续发展和全球化的相互关系而展开。[①]

## 二　生态安全评价的主要方法

生态安全是指受到人口活动影响的人类生态系统的安全，因此，生态安全首先包括人类社会经济活动与区域生态环境的相互协调关系；同时，生态安全受区域发展过程中的人口、经济、社会、环境等一系列因素的制约。因此，生态安全研究是一门自然科学与社会科学的交叉学科，从不同的角度都可以对生态安全做出不同的解释与定义。就某一个国家或区域的生态安全而言，系统的生态安全研究应该包括：生态系统健康诊断、区域生态风险分析、景观安全格局、生态安全监测与预警、生态安全管理和保障等方面。

1979 年，加拿大统计学家 A. Freid 提出了"P－S－R 模型"，即"压力－状态－响应模型"；20 世纪 80 年代末，经济合作和开发组织（OECD）与联合国环境规划署（UNEP）正式提出"P－S－R 模型"，"P－S－R 模型"是较早关于生态安全的系统评价方法。事实上，现阶段的许多生态安全研究

---

① 赵怀全：《城市生态安全评价与研究》，硕士学位论文，合肥工业大学，2007。

方法都在不同程度上借鉴了"P－S－R模型"。[1] 国内对生态安全的评价很多是以"P－S－R模型"为基础而建立的国家或区域性的生态安全评价体系。随着国内外关于生态安全研究的领域深入和方法的多元化，生态安全的研究已经融合众多相关学科领域及其分析方法。

目前，这些方法大体可以分为4个方面，即数学模型法、生态模型法、景观生态模型法和数字地面模型法。具体的评价的方法很多，例如，综合指数法、层次分析法、模糊综合法、灰色关联法、物元评判法、主成分投影法、BP网络法、生态足迹法、景观生态安全格局法、景观空间邻接度法、数字生态安全法等，这些研究方法都在不同程度上借鉴了"P－S－R模型"（见表4－1）。[2]

表4－1　生态安全评价主要方法

| 评价模型 | 数学模型法 | 生态模型法 | 景观生态模型法 | 数字地面模型法 |
|---|---|---|---|---|
| 代表性方法 | ①综合指数法<br>②层次分析法<br>③模糊综合法<br>④灰色关联法<br>⑤物元评判法<br>⑥主成分投影法 | ⑦BP网络法<br>⑧生态足迹法 | ⑨景观生态安全格局法<br>⑩景观空间邻接度法 | ⑪数字生态安全法 |

资料来源：刘红、王慧、刘康，《我国生态安全评价方法研究述评》，《环境保护》2005年第8期，第34~37页。

本书基于"P－S－R模型"框架，对区域生态安全状况进行总体评价，主要运用层次分析法计算东部、中部、西部和东北地区的生态安全综合指数。根据"P－S－R模型"框架的基本原理，一般以"系统压力"、"系统状态"和"系统响应"作为生态安全判断的基本准则，某一区域内人类社会经济活动引致的生态安全问题可以由这3种类型的指标体系来表达。一是系统压力指标，表示人类活动对生态环境所产生的直接破坏或间接干扰。

---

[1] 韩宇平、阮本清、解建仓：《多层次多目标模糊优选模型在水安全评价中的应用》，《资源科学》2003年第7期；刘红、王慧、刘康：《我国生态安全评价方法研究述评》，《环境保护》2005年第8期。

[2] 韩宇平、阮本清、解建仓：《多层次多目标模糊优选模型在水安全评价中的应用》，《资源科学》2003年第7期；刘红、王慧、刘康：《我国生态安全评价方法研究述评》，《环境保护》2005年第8期。

如自然资源的开发、物质资料的消耗、生产和生活过程产生的污染物和废弃物等都会对生态系统造成干扰或破坏。二是系统状态指标，表征特定时间段的生态系统质量状况及其变化趋势，以及系统中人类的生活质量状况、社会经济发展和资源环境支持能力，系统状态指标标志着在相应的系统压力作用下生态系统结构和要素的变化结果，同时也是系统响应的最终目的。三是系统响应指标，表示社会对环境状态或环境变化的反应程度。人类活动所带来的压力引起了生态系统物种数量减少、生产力减弱，改变了生态系统主要的物种组成，降低了其恢复力和抵抗力。只有当人类真正意识到这些压力及其影响时，才会做出响应。①

## 第二节　区域生态安全综合评价指标体系

### 一　建立生态安全评价指标体系的原则

要对生态系统的压力、状态和响应程度做出定量的描述就需要我们建立一套系统的指标体系。由框架模型可以看出，构建"P－S－R模型"的指标体系涉及很多方面，包括人类社会活动对生态环境的压力、在人类社会活动作用下的生态环境效应、在人类社会与生态环境综合相互作用下形成的人类生态系统的状态等方面。其中，每个指标体系又由一系列的具体指标构成，因此，构建"P－S－R模型"时选取指标需要遵循一定的原则。目前国内外学者普遍接受并广泛使用的方法是联合国环境规划署与经济合作和开发组织提出的"压力－状态－响应模型"，也称"P－S－R模型"。

建立生态安全评价指标体系所依据的基本原则有如下几点。①科学性原则。即指标的选择，数据的获取、计算等要建立在科学的基础上。首先，所选取的指标的概念界定及其含义明确，所依据的评价标准要能较为全面地反映生态安全的基本内涵；其次，统计计算方法规范，并能够比较准确

---

① 麦少芝、徐颂军、潘颖君：《PSR模型在湿地生态系统健康评价中的应用》，《热带地理》2005年第4期。

地反映区域生态安全真实现状与趋势。②可行性原则。资料收集的可行性和可操作性。体系中的指标应具有可操作性和可比性，指标体系应尽可能简化，计算方法简单，数据易于获得。③整体性原则。即指标体系要能够全面反映流域生态系统的总体特征，符合生态安全的目标内涵，但又要避免指标之间的重叠，使评价目标与评价指标有机地联系起来，组成一个层次分明的整体。[①] ④层次性原则。城市生态安全是受多因素影响的复杂系统。为了完整地描述系统的整体，需要将系统分解成相互关联的几个层次，指标通常根据这个层次结构而设定，层次越高指标越综合，层次越低指标越具体。⑤适用性原则。建立指标体系的目的是要应用于实际工作中，选择的评价指标应具有广泛的空间适用性。既便于指标的搜集，又保证指标的可应用性。省市县等不同的区域都能运用所选择的指标对生态环境质量进行较为准确的评价。⑥动态性原则。由于系统是时间和空间的函数，在选择评价方法时既要考虑到系统的发展状态，又要考虑系统发展的趋势，评价结果不仅能较好描述、刻画与度量系统的发展状态，而且也能反映不同发展阶段的特点，灵活地反映系统的变化。

## 二 生态安全评价指标体系的层次结构

基于上述评价指标体系所应该遵循的基本原则，本书对指标进行了筛选。目前，筛选指标的方法主要有专家咨询法、理论分析法、频度分析法以及对这几种方法进行综合的评价方法。本书采取三种方法的综合，采取频度分析法，从国内外多篇有关生态安全评价指标的研究文献、区域生态安全的标准与指标以及有关生态城市的参考文献中，选取那些使用频度较高的指标，同时，结合各地区不同的资源、社会、经济现状和主要矛盾，进行分析、比较、综合，选择那些针对性较强的指标。在此基础上，进一步对指标进行调整，得到生态安全评价的指标体系。本书以世界经济合作和开发组织与联合国环境规划署共同提出的环境指标"P–S–R模型"基

---

① 李芬、王继军：《黄土丘陵区农业生态安全评价指标体系初探》，《水土保持通报》2007年第4期。

本原理为基础，参考国内现有生态安全评价的相关研究方法，结合东部、中部、西部和东北地区城市化与城市发展区域人类生态系统的生态效应，并根据可能查到的东部、中部、西部和东北地区社会经济和人口发展相关数据资料进行反复筛选，共计选取了 31 项反映东部、中部、西部和东北地区特征的人口发展压力、经济发展压力、城市发展压力、资源环境状况、农村发展状况、城市发展状况、环保响应、人文响应和城市化响应等系统因子，构建区域"P－S－R 模型"的评价指标体系。在此基础上运用层次分析法（Analytical Hierarchy Process，AHP）进一步对指标进行筛选与归纳，最终确定并提出区域生态安全评价的综合指标体系。

指标体系依次由目标层、系统层、因素层和指标层构成四层递阶层次结构。第一层，目标层（A）。该层次把区域生态安全综合指数（ESCI）作为生态安全评价的总体目标，综合评判区域生态安全的状态及其发展变化趋势。通过计算目标层生态安全综合指数，可以对东部、中部、西部和东北地区，以及各省份或城市间生态安全程度进行横向比较；也可以通过计算目标层生态安全综合指数时间序列数值，比较东部、中部、西部和东北地区生态安全发展变化趋势情况。

第二层，系统层（B）。根据模型的基本原理，为分析系统内压力、状态和响应指标对系统生态安全水平（目标层）的驱动作用的不同程度，在目标层下设立系统压力（B1）、系统状态（B2）和系统响应（B3）三项基本准则分别反映区域内生态安全的压力、状态及响应程度，系统层是进一步分析或比较研究区域生态安全状况的基础。

第三层，因素层（C）。区域生态安全程度受社会、经济、人口、资源和环境等诸多要素的影响，按照生态安全评价指标体系的科学性、可行性和实用性的原则，把因素层进一步分解成影响区域生态安全水平的不同类别的要素，便于把众多的指标按照不同的类别进行统计分析，从更深层次分析研究区域生态安全制约因素。

第四层，指标层（D）。指标层由研究区域社会经济、人口发展、资源环境等一系列实际数据构成，是研究区域内人类生态系统安全指标体系的最基本层面。通过一定的计算方法，首先对指标层进行权重赋值，才能依次算出因素层、系统层和目标层的权重值，并进一步计算出相应层次的生态安全综合指数（见表 4 - 2）。

表 4 - 2　区域生态安全综合评价指标体系

| 目标层（A） | 系统层（B） | 因素层（C） | 指标层（D） |
|---|---|---|---|
| 生态安全综合指数（A） | 系统压力（B1） | 人口发展压力（C1） | （D1）区域人口密度（人/平方公里）、（D2）人口自然增长率（‰）、（D3）单位农用地承载人口（人/公顷） |
| | | 资源环境压力（C2） | （D4）单位 GDP 能耗（吨标煤/万元）、（D5）化学需氧量排放强度（千克/万元 GDP）、（D6）化肥施用强度（千克/公顷）、（D7）人均能源消费（吨标煤） |
| | | 城市化发展压力（C3） | （D8）工业化率（%）、（D9）单位水资源工业废水负荷（千克/立方米）、（D10）城市人口密度（人/平方公里）、（D11）二氧化硫排放强度（千克/万元 GDP） |
| | 系统状态（B2） | 资源环境状况（C4） | （D12）森林覆盖率（%）、（D13）人均耕地面积（亩）、（D14）人均水资源量（立方米）、（D15）人均一次能源生产量（千克标准煤） |
| | | 经济社会发展状况（C5） | （D16）每 10 万人在校大学生数（人）、（D17）农村居民人均纯收入（元）、（D18）人均 GDP（元） |
| | | 城市化发展状况（C6） | （D19）每万人拥有公共交通车辆（标台）、（D20）人口城市化率（%）、（D21）城镇居民人均可支配收入（元） |
| | 系统响应（B3） | 环境保护响应（C7） | （D22）工业固体废物综合利用率（%）、（D23）自然保护区占国土面积比重（%）、（D24）工业废水排放达标率（%）、（D25）环境污染治理投资占 GDP 比重（%） |
| | | 社会经济响应（C8） | （D26）第三产业从业人员比重（%）、（D27）公共教育经费占 GDP 比重（%）、（D28）R&D 经费占 GDP 比重（%） |
| | | 城市化发展响应（C9） | （D29）第三产业增加值占 GDP 比重（%）、（D30）城市人均公共绿地面积（平方米）、（D31）城市燃气普及率（%） |

## 第三节　区域生态安全综合评价模型构建

### 一　区域生态安全综合评价"P - S - R 模型"框架

"P - S - R 模型"是目前生态安全评价比较广泛应用的指标体系之一。它已被广泛应用于土地质量指标体系研究、农业可持续发展评价指标体系研究以及环境保护投资分析等领域。人类通过经济和社会活动从自然环境中获取其生存繁衍和发展所必需的资源，通过生产、消费等环节又向环境排放废弃物，从而改变了自然资源存量与环境质量，而自然和环境状态的变化又反过来影响人类的社会经济活动和福利，进而社会通过环境政策、经济政策和部门政策，以及通过意识和行为的变化而对这些变化做出反应。如此循环往复，构成了人类与环境之间的压力 – 状态 – 响应关系。"P – S – R 模型"体现了人类与环境之间的相互作用关系。本文运用"P – S – R 模型"的基本原理，构建区域生态安全"P – S – R 模型"（见图 4 – 1），通过对区域"P – S – R 模型"的研究可以明确区域生态安全的压力、状态和响应状况，进而对东部、中部、西部和东北地区生态安全状况进行定量评价。

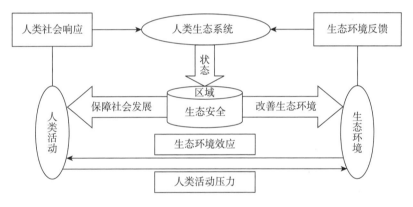

图 4 – 1　区域生态安全 P – S – R 模型

## 二　生态安全评价指标分级标准及指标特征

区域生态安全评价标准即为区域生态系统安全阈值。因为生态安全是由生态系统服务功能对该区域的支撑能力决定的，区域生态安全水平是一个相对的概念，没有绝对的标准，只有相对安全。科学合理的评价分级标准设计是明确区域生态安全状况及其动态变化的前提。为了解区域自然生态系统与人类生态安全状况及其发展演化的过程，并进一步确切地评判系统所面临的压力及其人类社会的反应情况，进而为保护区域生态环境或恢复已经受损的生态系统的结构和功能提供依据，必须结合本书研究区域的实际，利用生态安全评价的基本原理，制定生态安全综合评价分级标准。本书在查阅大量相关资料和咨询众多专家学者基础上，充分借鉴国内外关于区域生态安全评判等级研究成果，建立了区域生态安全评判阈值，并进行了等级划分及其系统特征描述，拟定了 5 个生态安全区间及表征状态。安全综合指数数值越小，区域生态安全程度就越低；反之，生态安全程度就越高。通过前文的模型与研究区域实际数值的综合运算，便可得到区域生态安全水平的综合指数，每个指数与响应安全级别相对应，从而能够直观地判断系统的安全状况，并对不同研究区域的生态安全变化态势加以比较，为区域社会经济与资源环境的协调发展提供科学的依据。本书结合区域生态环境现状特征，将区域生态安全评价标准分为五个等级，分别是高度安全、比较安全、基本安全、较不安全和极不安全（见表 4 - 3）。

表 4 - 3　区域生态安全分级标准及其指标特征

| 评价等级 | 分级标准 | 安全状态 | 系统特征 |
|---|---|---|---|
| V | (0, 0.2] | 极不安全<br>（恶化状态） | 系统结构和功能完全失调，自然资源和生态环境经过度或不合理开发利用，其系统生态服务价值很小或丧失；自然灾害和人类社会对系统的破坏性干扰频繁而强烈，生态系统已经不具备抗干扰能力和自我修复功能 |
| IV | (0.2, 0.4] | 较不安全<br>（风险状态） | 系统结构和功能失调，自然资源和生态环境正受到过度或不合理的开发利用，系统生态服务价值缺失；自然灾害和人类社会对系统的破坏性干扰较强，生态系统抗干扰能力和对破坏的自我修复功能十分脆弱；系统已经总体出现失衡的态势，生态安全问题比较突出，必须采取措施防止生态破坏和生态退化 |
| III | (0.4, 0.6] | 基本安全<br>（敏感状态） | 系统结构基本合理、功能基本协调，但已经出现不稳定的因素；因过度或不合理的开发利用，自然资源和生态环境的生态服务价值不能充分实现；自然灾害与人类社会对系统的破坏性干扰时有发生，但生态系统仍具有一定的抗干扰能力，并能进行自我修复或实现新的动态平衡；通过采取针对性措施，能够实现人口、社会、经济与资源、环境协调和可持续发展目标 |
| II | (0.6, 0.8] | 比较安全<br>（良好状态） | 系统结构比较合理、功能比较协调，且自然资源和生态环境的生态服务价值较高；受到自然灾害与人类社会的破坏性干扰较小，或者生态系统具有较好的抗干扰能力以实现自我修复；人口、社会、经济与资源、环境总体呈现比较稳定、协调和可持续发展态势 |

| 评价等级 | 分级标准 | 安全状态 | 系统特征 |
|---|---|---|---|
| I | (0.8, 1.0] | 高度安全<br>(理想状态) | 系统结构合理、功能协调、体系非常完善，且自然资源和生态环境的生态服务价值很高；尚未或很少受到自然灾害与人类社会的破坏性干扰，生态系统具有高度的抗干扰和自我修复能力；人口、社会、经济与资源、环境总体实现并保持稳定、协调和可持续发展状态 |

# 第四节　区域生态安全综合评价过程

## 一　评价指标特征值及其标准化

（一）指标特征值的获取

在评价指标体系中，由于每项实际数值从不同的层面反映了区域生态安全的基本特征，我们称这些实际数值为评价指标体系特征值。假定区域生态安全评价指标体系的指标层中总计有 $n$ 个单项指标（本书中 $n = 31$），这 $n$ 个指标中的每一项都与该区域生态安全总体状况，即目标层的评价结果在不同程度上具有相关性，从而影响区域生态安全状况，但每项指标与区域生态安全综合水平的相关程度是不同的，因此，我们需要通过综合评价才能确定区域生态安全总体水平。在评价指标体系中，每一层某项指标都会对其下一层的某些指标具有约束性，即每一层都构成其下一层各项评价指标的准则，我们假设这样的准则共有 $m$ 个。每个评价指标的实际值用 $x_{ij}$ 表示，即第 $j$ 项准则下的第 $i$ 个评价指标值为 $x_{ij}$，则可得到指标特征值通用表达式为：

$$X = \{x_{ij}\} \quad （其中，i = 1, 2, \cdots, n; j = 1, 2, \cdots, m）$$

本书所需的各评价指标特征值数据（即实际值）主要来自 1999 ～ 2009 年各级各类年鉴，主要包括《中国统计年鉴》、《中国国土资源统计年鉴》、各省份统计年鉴、区域经济统计年鉴、人口统计年鉴及其他相关统计年鉴上的数据；部分数据源于一些部门官方网站公布的信息，这些网站主要包括中华人民共和国国家统计局、环境保护部、住房和城乡建设部、农业部和国土资源部等。本书对引用数据资料的来源进行了注释，同时，为保证数据来源的可靠性和准确性，在收集、整理了大量的相关文献和指标数据资料基础上，对本书使用的关键性的基础数据进行了反复核查。

（二）指标特征值的标准化

由于评价指标体系内各参评因子的量纲不同，直接使用这些数据还无法计算生态安全指数；另外，即使对于同一个参数，尽管可以根据实测数值的大小来判断它们是否对生态安全具有影响，但也因缺少一个可以比较的生态环境标准而无法较确切地反映其对生态安全的影响程度。因此，确定评价指标并获得了研究区域各指标的实际数值后，还需要对这些指标实际数值做无量纲化处理，即评价指标特征值的标准化处理。获得各指标的基础数据的同时，对指标进行分类是计算各层次指标生态安全系数的前提，一般分类方法以某项指标对研究区域生态安全的增值作用或者胁迫作用为基本原则，依据这样的原则，本书将指标分为"效益型指标"和"成本型指标"两种类型。对于影响一个区域或城市的生态安全的因素，其对生态安全作用的效果是不同的。一类是正安全趋向性指标，随着这种指标数值的增加其生态安全效应也随之增加，我们称之为效益型指标；另一类是负安全趋向性指标，随着这种指标数值的增加其生态安全效应会随之减少，而研究区域或城市的生态安全成本则随之加大，故称之为成本型指标。在其他指标保持不变的情况下，对于效益型指标而言，其特征值越大，评价区域的生态安全水平越高；而对于成本型指标而言，其特征值越大，评价区域的生态安全水平越低。因此，对特征值的标准化方案如下。

（1）效益型指标：

$$x_{ij}' = x_{ij}/y_i(x_{ij} < y_i)，或 \ x_{ij}' = 1(x_{ij} \geq y_i)$$

（2）成本型指标：

$$x_{ij}' = y_i / x_{ij}(x_{ij} > y_i)，或 \ x_{ij}' = 1(x_{ij} \leq y_i)$$

式中，$x_{ij}'$便是评价指标体系中第 $i$ 个单项指标的标准化值。因为这样的标准化是对数据的归一化处理，因此，$x_{ij}$经过标准化处理后的数值的值域为 $[0，1]$；$y_i$是第 $i$ 个评价指标的标志值。这样便可以得到特征值 $x_{ij}$ 的标准化值的通用表达式为：$X' = \{x_{ij}'\}$。

## 二　评价指标的标志值及标准依据

### （一）评价指标的标志值

评价指标标志值是指系统处于绝对安全状态时，各项评价指标所应达到的理想数值。实际上，区域生态安全指标的特征值往往与其标志值具有不同程度的差距，生态安全评价的实质就是通过计算这种差距，来判别生态安全程度，为采取相应的措施提供依据。生态安全评价的各项指标需要依据一定标准，这些标准的选择首先要满足研究区域各种指标实际值与理想值之间的可比性，同时能够最大限度地反映各种指标对生态安全制约作用。目前国际上尚无统一评价标准可循，各国的评价标准差异较大，除了选用的基准不同外，很大程度取决于各国的政治、经济、文化、技术等条件。即使在我国，由于地域、环境目标、生态类型等的不同，所选择的评价标准也不尽相同。本书各评价指标标志值，所依据标准如下（见表 4-4）。

表 4-4　区域生态安全评价指标依据标准

| 评价指标 | 标志值 | 标准依据 |
|---|---|---|
| （D1）区域人口密度（人/平方公里） | 52.3 | 2009 年世界平均水平 |
| （D2）人口自然增长率（‰） | 1.1 | 中等收入国家平均水平 |
| （D3）单位农用地承载人口（人/公顷） | 2.78 | 全国平均水平 |
| （D4）单位 GDP 能耗（吨标煤/万元） | 0.43 | 发达国家平均水平 |
| （D5）化学需氧量排放强度（千克/万元 GDP） | 4.0 | 环境保护部生态市建设标准 |
| （D6）化肥施用强度（千克/公顷） | 110 | 黑龙江省生态省建设标准 |
| （D7）人均能源消费（吨标煤） | 1.76 | 世界平均水平 |
| （D8）工业化率（%） | 27 | 2010 年世界平均水平 |
| （D9）单位水资源工业废水负荷（千克/立方米） | 0.072 | 中国最低 5 省份平均水平 |
| （D10）城市人口密度（人/平方公里） | 2209 | 全国平均水平 |

续表

| 评价指标 | 标志值 | 标准依据 |
|---|---|---|
| （D11）二氧化硫排放强度（千克/万元 GDP） | 5.0 | 环境保护部生态市建设标准 |
| （D12）森林覆盖率（%） | 45.0 | 根据生态省建设标准调整 |
| （D13）人均耕地面积（亩） | 2.88 | 联合国粮农组织标准 |
| （D14）人均水资源量（立方米） | 6616 | 2007 年世界平均水平 |
| （D15）人均一次能源生产量（千克标准煤） | 2596 | 2009 年世界平均水平 |
| （D16）每 10 万人在校大学生数（人） | 5320 | 发达国家水平 |
| （D17）农村居民人均纯收入（元） | 8000 | 环境保护部生态省建设标准 |
| （D18）人均 GDP（元） | 40000 | 中等发达国家平均水平 |
| （D19）每万人拥有公共交通车辆（标台） | 27 | 中等发达国家平均水平① |
| （D20）人口城市化率（%） | 76 | 发达国家平均水平 |
| （D21）城镇居民人均可支配收入（元） | 16000 | 东部生态省建设约束性指标 |
| （D22）工业固体废物综合利用率（%） | 100 | 能够达到的最好水平 |
| （D23）自然保护区占国土面积比重（%） | 17 | 中国生态省建设标准 |
| （D24）工业废水排放达标率（%） | 100 | 能够达到的最好水平 |
| （D25）环境污染治理投资占 GDP 比重（%） | 3.5 | 环境保护部生态市建设标准 |
| （D26）第三产业从业人员比重（%） | 70 | 发达国家平均水平 |
| （D27）公共教育经费占 GDP 比重（%） | 5.37 | 较发达国家平均水平 |
| （D28）R&D 经费占 GDP 比重（%） | 2.29 | 发达国家平均水平 |
| （D29）第三产业增加值占 GDP 比重（%） | 70.1 | 2010 年世界平均水平 |
| （D30）城市人均公共绿地面积（平方米） | 11 | 环境保护部生态市建设标准 |
| （D31）城市燃气普及率（%） | 100 | 能够达到的最好水平 |

① 对于中等发达国家的理解，学术界的观点并不完全一致；中科院可持续发展研究课题组将每年世界发达国家 8 大类发展指标数据进行计算，得出的平均值即为中等发达国家平均水平；中科院现代化报告课题组则认为，第二次现代化评价的综合指数达到世界各国的平均值即可视为中等发达国家；《中国城市年鉴》总编组参照中等发达国家水平提出的城市现代化评价体系，人均 GNP 的现代化标准为 5000 美元以上。

## （二）评价指标的标志值标准依据

评价指标标志值的确定依据标准有如下几个方面。① 第一，区域生态建设标准。目前，我国一些地区先后提出了生态省建设目标，并获得国务院

① 左伟、王桥等：《区域生态安全评价指标与标准研究》，《地理学与国土研究》2002 年第 18 期。

批准，同时，区域内一些生态市、生态县（区）建设规划也先后出台。本书参考区域内生态环境的本底值，以国家环境保护部颁布的生态省、生态市建设标准作为生态安全评价的主要依据，把生态省和生态市建设中关于生态环境保护和社会经济发展等方面的约束性指标为评价模型的目标值作为评价标准。

第二，国家和行业规定的技术标准。国家、行业、地方规定的生态安全评价标准是国家各级相关行政主管部门发布的具有行业或地区普遍适用性的一些规范和标准，具有科学、严格、准确、易获取的特点，应是进行生态安全评价的首选标准。包括国家已发布的环境质量标准的约束性指标，即在公共服务和涉及公众利益领域对地方政府和中央政府有关部门提出的工作要求基础上，进一步明确并强化了政府责任，并且政府要通过合理配置公共资源和有效运用行政力量，确保指标的实现。国家"十一五"规划提出二氧化硫和化学需氧量排放总量分别减少10%属于约束性指标。行业标准是指行业发布的环境安全评价规范、规定与设计要求。

第三，类比标准。以未受人类严重干扰的相似生态环境或相似自然条件下的原生生态系统作为类比标准；或以类似条件的生态因子和功能作为类比标准，如类似生态环境的生物多样性、植被覆盖率、蓄水功能、防风固沙能力等。这类标准应根据评价内容和要求科学地选择。[1]

第四，国际标准。本书选取2008年1月中华人民共和国环境保护部发布的《生态县、生态市、生态省建设指标（修订稿）》，以及环境保护部没有提出但国家其他相关部门已经规定的标准作为评价区域生态安全评价的主要基准指标；对于另外一些我国没有统一规定标准值的指标，则选取目前国际上公认的标准或发达国家的平均水平，主要参考联合国有关数据、世界银行WDI数据库、国际统计年鉴，同时，参考国内生态安全评价相关研究文献资料，制定了我国区域生态安全评价指标标志值标准。

---

[1]　舒坤良：《吉林省生态安全评价理论与实证研究》，硕士学位论文，吉林大学，2006；焦学军：《生态安全的监测与评价》，《防护林科技》2003年第4期；吴开亚：《主成分投影法在区域生态安全评价中的应用》，《中国软科学》2003年第9期。

## 三 评价指标权重赋值及一致性检验

### (一) 评价指标权重赋值判断矩阵

评价指标权重赋值方法很多，本书主要采用层次分析法（Analytic Hierarchy Process，AHP）进行赋权，具体分析过程中以专家咨询法为基础，采用层次分析法，集中专家的经验和意见，来确定各参评因素的权重，并在不断反馈和修改中得到满意的结果。由于区域生态安全综合评价模型构成了一个针对区域生态安全状况及其问题的决策系统，每一项评价指标便是这个决策系统中影响元素之一，判断矩阵的作用主要用来评价对于上一层次的元素而言，该层次中各元素之间的相对重要性。我们可以根据元素的性质把这些元素划分成相应的层次结构，通过层次分析法，确定每一层次中各项指标的权重，这样求得的指标权重的排序便能够反映出各层次内每项指标对于其上一层表征的贡献，为明确区域生态安全状况与问题提供决策依据。

层次分析法的关键步骤是构造两两比较的判断矩阵，再利用判断矩阵的最大特征值和特征向量进行层次排序，从而做出最终的决策。构造两两比较判断矩阵就是在单准则下分别构造判断矩阵，即在 A 下对 B1、B2、B3 构造判断矩阵 A—B；分别在 B1、B2、B3 下对 C1、C2、…、C9 构造判断矩阵，判断矩阵的一般形式如 4 – 5 所示。

表 4 – 5　判断矩阵的一般形式

| $Y_k$ | $X_1$ | $X_2$ | ... | $X_j$ | ... | $X_n$ |
|---|---|---|---|---|---|---|
| $X_1$ | $x_{11}$ | $x_{12}$ | ... | $x_{1j}$ | ... | $x_{1n}$ |
| $X_2$ | $x_{21}$ | $x_{22}$ | ... | $x_{2j}$ | ... | $x_{2n}$ |
| ... | ... | ... | ... | ... | ... | ... |
| $X_i$ | $x_{i1}$ | $x_{i2}$ | ... | $x_{ij}$ | ... | $x_{in}$ |
| ... | ... | ... | ... | ... | ... | ... |
| $X_n$ | $x_{n1}$ | $x_{n2}$ | ... | $x_{nj}$ | ... | $x_{nn}$ |

其中，$x_{ij}$（$i=1，2，3，…，n，j=1，2，3，…，n$）表示在 $Y_k$ 准则约束下，指标 $X_i$ 与 $X_j$ 两两比较的比值，即在第 $k$ 项准则 $Y$ 下，第 $i$ 个指标和第

$j$ 个指标比较而言的相对重要性。在层次分析法中，$x_{ij}$ 取值范围是 1～9 这 9 个自然数及它的倒数，其含义见表 4－6。

表 4－6　判断矩阵 1—9 比例标度含义

| $x_{ij}$ 的标度值 | 含义 |
|---|---|
| 1 | 两个因素相比，$X_i$ 和 $X_j$ 同样重要 |
| 3 | 两个因素相比，$X_i$ 比 $X_j$ 稍微重要 |
| 5 | 两个因素相比，$X_i$ 比 $X_j$ 明显重要 |
| 7 | 两个因素相比，$X_i$ 比 $X_j$ 强烈重要 |
| 9 | 两个因素相比，$X_i$ 比 $X_j$ 极端重要 |
| 2、4、6、8 | 两个因素相比，重要性为上述两相邻判断的中值 |
| 倒数 | $X_i$ 与 $X_j$ 比较结果是 $X_j$ 与 $X_i$ 比较结果的倒数 |

（二）指标排序权重的一致性检验

科学、合理地确定评价指标的相对权重，关系到评价结果的可靠性及其相关决策正确性，因此区域生态安全评价指标权重的确定方法对区域生态安全综合评价具有重要意义。

首先，单准则下指标相对权重及一致性检验。本书建立判断矩阵的权重排序即单一准则下指标排序权重，运用上述评价模型进行具体运算，得到的结果是单一准则下各层次指标排序相对权重，即各层次指标在以其上一层为准则下所获得的排序权重向量，把东北地区生态安全相关因素指标特征值进行标准化运算以后，共得到 13 个判断矩阵，这些矩阵分别是：A—B、B1—C（1～3）、B2—C（4～6）、B3—C（7～9）、C1—D（1～3）、C2—D（4～7）、C3—D（8～11）、C4—D（12～15）、C5—D（16～18）、C6—D（19～21）、C7—D（22～25）、C8—D（26～28）、C9—D（29～31）。各层次指标单准则下指标相对权重，即区域生态安全评价指标体系各层次指标权重单排序，是在上一层次某一因素准则作用下，本层次中的各因素相对重要性的次序。本书包括指标层相对于因素层的排序权重、因素层相对于系统层的排序权重、系统层相对于目标层的排序权重。在获得了判断矩阵的单一准则下指标排序权重以后，还需要进行一致性检验，即通过计算来判断矩阵偏离一致性的程度。

其次，各层次指标的组合权重及一致性检验。相对于单一准则下各层次指标排序相对权重而言，组合权重是指各层次指标在两个或两个以上层次准则作用下相对的排序权重；其中，同一层次所有的元素相对于最高层（目标层）的相对重要性的组合权重排序向量，称为层次总排序。在生态安全评价模型中，各层次指标组合权重的计算顺序是由最高层次到最低层次分步进行的。

本书运用平均随机一致性指标 RI 进行检验（方法原理略），[1] 判断矩阵具有满意的一致性，均通过一致性检验。计算所得各层次评价指标总排序，结果见表4-7。

表4-7　区域生态安全综合评价指标体系各层次指标排序权重计算结果

| 指标 | 指标层对于因素层权重 | 指标层对于系统层组合权重 | 指标层对于目标层组合权重 |
|---|---|---|---|
| （D1） | 0.1692 | 0.0406 | 0.0135 |
| （D2） | 0.4434 | 0.1065 | 0.0355 |
| （D3） | 0.3874 | 0.0931 | 0.0310 |
| （D4） | 0.4124 | 0.2268 | 0.0756 |
| （D5） | 0.2452 | 0.1349 | 0.0450 |
| （D6） | 0.2452 | 0.1349 | 0.0450 |
| （D7） | 0.0972 | 0.0535 | 0.0178 |
| （D8） | 0.3838 | 0.0805 | 0.0268 |
| （D9） | 0.3468 | 0.0728 | 0.0243 |
| （D10） | 0.1279 | 0.0268 | 0.0089 |
| （D11） | 0.1416 | 0.0297 | 0.0099 |
| （D12） | 0.4077 | 0.2242 | 0.0747 |
| （D13） | 0.2424 | 0.1333 | 0.0444 |
| （D14） | 0.2605 | 0.1433 | 0.0478 |
| （D15） | 0.0894 | 0.0492 | 0.0164 |

---

[1] 卢仲达、张江山：《层次分析法在环境风险评价中的应用》，《环境科学导刊》2007年第3期。

| 指标 | 指标层对于因素层权重 | 指标层对于系统层组合权重 | 指标层对于目标层组合权重 |
|---|---|---|---|
| （D16） | 0.5936 | 0.1246 | 0.0415 |
| （D17） | 0.2493 | 0.0523 | 0.0174 |
| （D18） | 0.1571 | 0.0330 | 0.0110 |
| （D19） | 0.5472 | 0.1314 | 0.0438 |
| （D20） | 0.2631 | 0.0632 | 0.0211 |
| （D21） | 0.1897 | 0.0456 | 0.0152 |
| （D22） | 0.1194 | 0.0657 | 0.0219 |
| （D23） | 0.1383 | 0.0760 | 0.0253 |
| （D24） | 0.2068 | 0.1137 | 0.0379 |
| （D25） | 0.5356 | 0.2945 | 0.0982 |
| （D26） | 0.4434 | 0.0931 | 0.0310 |
| （D27） | 0.3874 | 0.0813 | 0.0271 |
| （D28） | 0.1692 | 0.0355 | 0.0118 |
| （D29） | 0.5396 | 0.1296 | 0.0432 |
| （D30） | 0.2970 | 0.0713 | 0.0238 |
| （D31） | 0.1634 | 0.0393 | 0.0131 |
| 合计 | 9.0002 | 3.0002 | 0.9999 |

## （三）区域生态安全综合指数计算模型

生态安全程度的数量表征是明确区域生态安全状况的基础。在计算获得生态安全评价指标体系各层次评价指标权重以后，需要进一步计算各层次指标相对于目标层的综合权重，最终计算出生态安全综合指数。生态安全指数（Ecological Security Index，ESI）概念是反映区域生态安全水平的主要数量表征之一。在计算出各指标生态安全单项指数和组合权重后，便可以进一步采用线性加权法求得区域生态安全综合指数。生态安全综合指数表示评价对象的现状与安全状态的符合程度。区域生态安全综合指数越接近1，表明区域生态安全状况越好；该值越接近0，区域生态安全状况越差。其中，指标层内各单项指标的特征值标准化后与其总排序权重的乘积得到生态安全指数，其大小能够反映某项指标的生态安全状况，我们称之为生态安全指数（ESI）；在评价指标体系所有因素共同作用下所求得的目标层的生态安全指数，其能够综合反映研究区域的生态安全状况，即指标共同作用下所反映的研究区域内某个层面或总体生态安全水平，包括指标层、系统层和因素层的生态安全水平，我们称之为生态安全综合指数（ESCI）。

根据上文，指标层（D）在因素层（C）中的 $j$ 元素准则下相对于因素层的排序权重向量为 $d_j$，相对于系统层（B）的排序权重向量为 $d_j{}'$，相对于目标层（A）的排序权重向量为 $d_j{}''$；指标层标准化矩阵通用表达式为：$X' = \{x_{ij}{}'\}_{m \times n}$，则 $x_{ij}{}'$ 为指标层各项指标的标准化值，因此，东北地区生态安全指数和生态安全综合指数数学模型为：

$$ESCI = \sum_{i=1}^{n} (A_i \times W_i)$$

$$D = x_{ij}{}' \times d_j,$$

$$I_B = \sum x_{ij}{}' \times d_j{}',$$

$$I_A = \sum x_{ij}{}' \times d_j{}''$$

在获得区域生态安全指标特征值并进行标准化以后，分别将指标特征值的标准化值及其相应总排序权重代入生态安全综合指数模型，即可计算得出指标层（D）中31项具体指标的生态安全指数（ESI）；进一步得出因素层（C）和系统层（B）的生态安全指数（ESI），以及目标层对应的区域生态安全综合指数（ESCI）。

# 第二篇

# 现状分析

# 第五章 东部地区城市化及其典型模式

## 第一节 东部地区城市化现状分析

东部地区包括北京、天津、河北、上海、江苏、浙江、福建、山东、广东和海南共 10 个省市，面积为 91.6 万平方公里，占全国国土面积的 9.5%。改革开放以来，随着区域社会经济的全面发展，东部地区的城市化进程得到快速的发展。2010 年，东部地区总人口为 50663.7 万人，占全国人口的比重为 38%；2010 年，东部地区生产总值达到 232030.7 亿元，占全国国内生产总值的比重为 53.1%，可见，东部地区不到 10% 的国土面积创造了 50% 以上的国内生产总值。2010 年，东部地区第一、第二、第三产业增加值分别为 14626.3 亿元、114553.3 亿元和 102851.0 亿元，占全国三次产业增加值的比重分别为 36.1%、52.1% 和 58.3%，第二、第三产业增加值均超过全国总量的 50%。2010 年，东部地区城镇居民人均可支配收入和农村居民人均纯收入分别达到 23273 元和 8143 元，均高于其他地区和全国的平均水平（见表 5-1）。

从东部地区城市化水平来看，改革开放以来，东部地区充分利用国家政策，在社会经济全面快速发展的过程中，区域城市化进程也快速推进。2010 年，东部地区 10 个省（市）总人口为 50663.7 万人，占全国总人口的比重为 38%；2010 年，我国人口城市化水平达到 49.68%，东部地区城市化水平与全国比较，高于全国平均水平 10.02 个百分点。进一步与中部、西部和东北地区的人口城市化水平进行比较分析，2010 年，中部、西部和东北地区的人口城市化水平分别为 43.58%、41.43% 和 57.62%，东部地区的人口城市化水平比中部、西部和东北地区分别高出 16.12 个百分点、18.27 个百分点和 2.08 个百分点。可见，目前东部地区人口城市化水平在全国最高。分析东部地区各省（市）的城市化发展状况，2010 年，城市化水平最高的北京、上海和天津 3 个直辖市的人口的城市化水平分别达到 85.96%、89.30% 和 79.55%，城市化水平最低的 3 个省份河北、山东、海南的人口城市化水平分别为 43.94%、49.70% 和 49.80%，其中，河北省的城市化水平甚至低于全国城市化的平均水平。可以看出，东部地区尽管总体城市化水平较高，但是不同地区还存在很大差别。

表 5 - 1　东部地区国民经济和社会发展主要指标（2010 年）

| 指标 | 东部 10 省（市）合计 | 东部 10 省（市）占全国比重（%） |
|---|---|---|
| 土地面积（万平方公里） | 91.6 | 9.5 |
| 总人口（万人） | 50663.7 | 38.0 |
| 城镇就业人员（万人） | 11443.1 | 48.5 |
| 地区生产总值（亿元） | 232030.7 | 53.1 |
| 第一产业（亿元） | 14626.3 | 36.1 |
| 第二产业（亿元） | 114553.3 | 52.1 |
| 第三产业（亿元） | 102851.0 | 58.3 |
| 人均地区生产总值（元） | 46354.0 | — |
| 地方财政收入（亿元） | 23005.4 | 56.6 |
| 地方财政支出（亿元） | 30182.2 | 40.9 |
| 原油（万吨） | 8219.1 | 40.5 |
| 发电量（亿千瓦时） | 17443.6 | 41.5 |
| 粗钢（万吨） | 34631.9 | 54.3 |
| 水泥（万吨） | 76027.3 | 40.4 |
| 普通高等学校在校学生数（万人） | 902.8 | 40.5 |
| 城镇居民人均可支配收入（元） | 23273.0 | — |
| 农村居民人均纯收入（元） | 8143.0 | — |

注：本表中涉及分地区数据相加不等于全国总计的指标，在计算东部、中部、西部和东北地区占全国的比重时，分母为 31 个省（区、市）相加的合计数。

资料来源：《中国区域经济统计年鉴 2011》。

从东部地区城市化发展速度来看，2001～2010 年，东部地区城市化水平年均增长 1.41 个百分点，仅低于发展速度最快的中部地区 0.01 个百分点，而高于西部、东北地区和全国平均水平。但是，进一步分析 2005～2010 年东部地区的城市化发展速度，其间年均增长 1.35 个百分点，城市化速度慢于中部地区和西部地区。这说明近年来，东部地区城市化发展速度开始相对趋缓。进一步比较，不同地区城市化发展速度还存在很大差别。2001～2010 年，北京、上海和天津 3 个直辖市城市化水平年均分别增长 0.87 个百分点、0.10 个百分点和 0.83 个百分点，2005～2010 年，北京、上海和天津 3 个直辖市城市化水平年均分别增长 0.47 个百分点、0.04 个百分点和 0.89 个百分点。上海和北京的城市化已经进入成熟发展阶段，城市化水平因此趋缓；而天津的城市化水平略低于北京和上海，因此城市化仍然呈现较快的发展势头。除了 3 个直辖市以外，近年来，东部地区其他的省份均保持较高的城市化发展速度（见表 5－2）。从东部区域城市化与工业化的相互关系来看，东部城市化过程与工业化呈现互动发展的模式。随着东部地区城市体系的不断完善，以及城市的集聚和扩散能力逐渐提高，城市化在区域经济发展中起到了明显的先导效应，区域城市化与社会经济发展基本实现良性互动。

表 5－2 东部地区城市化发展状况

| 地区 | 2001 年 (%) | 2005 年 (%) | 2010 年 (%) | 年均增长百分点 | |
|---|---|---|---|---|---|
| | | | | 2001～2010 年 | 2005～2010 年 |
| 北京 | 78.10 | 83.62 | 85.96 | 0.87 | 0.47 |
| 天津 | 72.08 | 75.11 | 79.55 | 0.83 | 0.89 |
| 河北 | 30.70 | 37.69 | 43.94 | 1.47 | 1.25 |
| 上海 | 88.40 | 89.09 | 89.30 | 0.10 | 0.04 |
| 江苏 | 42.60 | 50.11 | 60.22 | 1.96 | 2.02 |
| 浙江 | 50.90 | 56.02 | 61.62 | 1.19 | 1.12 |
| 福建 | 42.57 | 47.30 | 57.09 | 1.61 | 1.96 |
| 山东 | 39.00 | 45.00 | 49.70 | 1.19 | 0.94 |
| 广东 | 56.09 | 60.68 | 66.18 | 1.12 | 1.10 |

| 地区 | 2001 年 (%) | 2005 年 (%) | 2010 年 (%) | 年均增长百分点 | |
|------|-------------|-------------|-------------|----------------|----------------|
| | | | | 2001~2010 年 | 2005~2010 年 |
| 海南 | 41.38 | 45.20 | 49.80 | 0.94 | 0.92 |
| 东部 | 47.03 | 52.93 | 59.70 | 1.41 | 1.35 |
| 中部 | 30.76 | 36.54 | 43.58 | 1.42 | 1.41 |
| 西部 | 29.60 | 34.57 | 41.43 | 1.31 | 1.37 |
| 东北 | 52.76 | 55.15 | 57.62 | 0.54 | 0.49 |
| 全国 | 37.66 | 42.99 | 49.68 | 1.34 | 1.34 |

资料来源：根据历年全国和各地区统计年鉴整理计算。

改革开放以来，我国城市化进入了一个新的发展阶段。随着区域经济的快速发展，伴随着经济转型和城市建设的推进，在城乡经济的快速发展过程中，我国城市化进程与城市化发展模式发生了显著的变化，并不断呈现新的特征。尤其是随着社会主义市场经济体制改革的进一步深化，城市经济实力大幅提升，城市经济实力及其区域人口、经济和产业的集聚作用不断提升，以乡镇企业为代表的农村工业化和城镇化的发展步伐加快，我国城市化与城市发展出现了一些新的动力和模式。根据发达国家城市化的经验，在工业化初期，尤其是城市化起步阶段和快速上升阶段，城市化与工业化过程是相互促进的关系，并且呈现一种自我循环演进的作用机制。这是因为，一方面，工业化为城市的发展提供了动力源，城市化与城市的发展是工业化内生发展的必然结果；另一方面，城市聚集经济的作用不仅推动工业分工，而且提高了生产要素的集聚效益，从而推动工业化的进程。

## 第二节　改革开放初期东部城市化典型模式

我国改革开放 30 多年以来，城市化在不同的发展阶段呈现一定的区域性特征。尤其是改革开放初期，伴随着乡镇企业的快速发展，东部沿海地区的城市化发展尤为迅速，并为内地其他地区城市化发展提供了借鉴。其中，苏南模式、温州模式、珠江模式分别代表乡镇企业、农村工业化和农村城市化发展的三种模式。苏南模式、温州模式和珠江模式一度成为我国城市化的典范。进入 21 世纪，随着社会主义市场经济体制改革的不断深入，以及我国区域发展战略的调整，改革开放初期的一些城市化典型模式有了新的发展趋势和特征。在此情况下，我国各地区出现了一系列的新型城市化发展模式，而苏南模式、温州模式和珠江模式几乎是人所共知的。目前，三种模式所涵盖的区域均已大大超出当初的命名地。例如，苏南模式实际上包括苏中的扬州、南通以及浙江北部的杭嘉湖地区；温州模式则扩展到台州、金华、宁波等地；从珠江模式的经济发展类型、特征上判断，现在也应当把福建包括在内。三大模式的区域在拓展的同时，其含义也在不断丰富和演进。进入 20 世纪末期，以珠三角和长三角为代表的组团式城市群模式日益发展并受到关注。

## 一　苏南模式

"苏南模式"最早是社会学家费孝通先生于 20 世纪 80 年代初提出的。"苏南"作为一个地理概念，包括江苏省域内长江以南的乡村，但以最初"模式"而称的苏南，则主要是指苏锡常三市的农村地区。[①] "苏南模式"是学术界对江苏省苏锡常地区自 20 世纪 80 年代以来经济、社会发展道路的概括和总结，是指通过发展乡镇企业促进经济非农化和市场化发展的方式，即江苏省苏州、无锡和常州（有时也包括南京和镇江）等地区通过发展乡镇企业实现非农化发展的方式。作为城市化模式，该模式发端于 20 世纪 80 年代的苏南、浙北地区，而以苏州、常州、无锡地区最为典型。从制度变迁、体制转轨的角度分析，苏南模式是典型的自上而下的体制内供给型城镇化发展模式。

改革开放以前，长江三角洲的城市发展基本处于停滞状态；改革开放初期，乡镇企业成为中国农村现代化和城市化的主要支柱，同样，乡镇工业也成为苏南模式的重要支撑。苏南模式的形成与发展有其深刻的社会历

---

① 陶友之、顾存伟、周一烽、真理：《苏南模式考察报告——发达地区社会主义农村经济发展途径的探索》，《上海经济研究》1986 年第 6 期。

史和地缘因素。从历史上看，苏南地区是中国近代民族资本主义工商业的发祥地；在改革开放前期，苏南地区的集体经济已经积累了相当的资本，为乡镇企业的发展提供了雄厚的资金保障。从地理位置看，苏州、无锡、常州地处长江三角洲的中部，由于劳动力资源相对较为丰富，这里的农民既在历史上长期受到近代工业文明影响，又在改革开放前期接受临近大中城市经济、技术的辐射，因此，农村剩余劳动力的产业转移为苏南农村乡镇企业的较早兴办提供内在动因；同时，一些发达的大中城市，如上海、苏州和无锡等与苏南地区相邻，为苏南地区的发展提供了便利的交通条件和良好的外部条件。因此，苏南地区通过乡镇企业的发展，进而不断推进农村工业化进程，以此带动了农村城市化。

苏南农村的乡镇企业，大都萌生于 20 世纪 50 年代末，起步于 70 年代初，腾飞于党的十一届三中全会以后。1970 年，无锡市社队工业的产值由 1958 年的 1775 万元上升到 1.1 亿元，年均增长 16.4%。常州市社队工业的产值当时也达到了 3875 万元。① 苏南农村的集镇建设，兴起于 20 世纪 70 年代以后。20 世纪 80 年代，随着乡镇工业的发展，苏南小城镇发展改善了乡镇企业和农村居民的生存环境，使农村面貌大大改观，一些商业型、旅游型集镇纷纷涌现，这些集镇的建设和发展开启了苏南城镇化的步伐。20 世纪 80 年代，苏南乡镇企业甚至超过了苏州市区的工业经济发展水平。1991 年，苏州所辖 6 个县级市都进入了全国百强县，6 个县级市的经济发展水平超过了当时的苏州。全盛时期苏南乡镇企业工业产值占整个苏南地区工业产值的 2/3 以上。农村乡镇企业为小城镇的发展提供了经济基础，并直接推动了苏南小城镇的发展步伐。

苏南农村乡镇企业的发展，进一步引致区域城市经济、社会发展水平的提升，不仅促进了我国农村工业化的发展，也为改革开放初期我国农村城镇化提供了典型的经验。伴随乡镇企业崛起的苏南农村小城镇化是"苏南模式"城市化的最初实践，其实质是离土不离乡的就地城市化模式。苏

---

① 陶友之、顾存伟、周一烽、真理：《苏南模式考察报告——发达地区社会主义农村经济发展途径的探索》，《上海经济研究》1986 年第 6 期。

南模式出现以后，很多专家学者对其进行了研究。概括起来，苏南模式的主要特点是：依靠农民自己的力量发展乡镇企业，具有浓厚的苏南特色的集体所有制乡镇企业的利润便成为新农村建设的坚强物质基础；乡镇企业的所有制结构以集体经济为主；社区政府主导乡镇企业的发展，由乡村集体支配资源，它们同时也是财富积累的主体。苏南模式一度成为我国改革开放初期农村经济制度和经济结构转变的典范。但是，随着苏南地区分散型工业化、城镇化的进一步发展，这一模式存在的一些问题也开始显现，如基础设施落后、规模效益和聚集效应差、资源浪费、环境污染等。其中，由于小城镇布局分散，工业大量"三废"排放，以及耕地资源浪费等人口与资源环境的矛盾问题尤为突出。

## 二　温州模式

"温州模式"是改革开放初期出现的以家庭工业和个体经济为主体的，依靠民营经济发展带动而产生的一种"自下而上"的城市化发展模式。20世纪80年代初期，改革开放政策给温州民营经济的发展带来了前所未有的机遇。改革开放初期，国家对温州集体经济和民营经济的支持力度很小，温州的一些农村地区很难受到城市经济的辐射影响。但是，改革开放政策为温州农村家庭企业的发展和扩张带来了机会，政府本位主导下的农村集体经济格局逐渐被家庭经济和个体经济的快速发展所打破，并进而以市场的力量推动了温州农村工业化和城镇化步伐。改革开放以前的温州，各种规模的建制镇还只有18个，改革开放以后，温州小城镇在个体经济和民间资本的带动下开始出现了蓬勃发展的局面。随着温州农村家庭工业和市场经济的快速发展，农村剩余劳动力、人才、资金等要素资源向小城镇大规模流动，随着小城镇的发展和建设水平的提高，人口的非农化和城市化也在加速发展。到1991年，温州建制镇数量已经达到121个，建制镇的人口已经达到260万人，是改革开放前的8倍。温州小城镇的快速发展为全国农村工业化和城市化提供了典范。因而，依靠民营经济发展带动的温州经济、社会和城镇发展的模式被称为"温州模式"。

作为我国改革开放初期形成与发展的一个农村城镇化的成功范例,"温州模式"有许多可以借鉴的成功经验。在资源约束的条件下,温州充分借助民间资本的力量,以小城镇建设为依托,以专业市场为主导,发展市场导向型的个体经济,并进一步形成"小商品、大市场"的发展格局,为温州农村剩余劳动力的城市化转移提供了推动力。温州民营经济之所以能够获得快速的发展,是民营经济自身发展的结果,同时,政府提供的环境条件对于温州个体和民营经济的发展起到了不可或缺的缓冲和保护作用,最大限度地降低了个体经济的风险,从而使温州模式民营经济得以顺利发展,并进一步在改革开放初期市场经济的探索中获得了成功的经验。

可以认为,苏南模式、温州模式和珠江模式在我国改革开放和社会主义市场经济体制改革的过程中都做出了不可磨灭的贡献。人们对中国经济两大板块中的三种模式(苏南模式、温州模式和珠江模式)的评价主要有两种:一种观点是苏南模式是经济发展的过渡型模式,不具延展性和自主创新能力,有明显的衰退迹象,终将被温州模式所代替;另一种观点是三种模式均是中国经济发展过程中的阶段性产物,随着市场化推进,三种模式终将趋同。① 进入 21 世纪,改革开放初期形成的三大模式已经进入了一个新的发展时期。

## 三　珠江模式

珠江模式是对改革开放后珠江三角洲一带各种经济发展路径的统称。20世纪 80 年代中叶至 90 年代初,珠江三角洲地区充分利用国家向市场经济转轨过程中的一系列有利的条件,发挥其地理上毗邻港澳、交通便利等特有的地理区位优势,以及劳动力和土地资源优势,创造了一种外向型乡镇企业带动的小城镇发展模式。费孝通总结珠江模式的特点认为:珠三角首先接受港商采用"三来一补"的企业形式,引进了现代工业,培养人才;在这一基础上把外资和现代技术、经营方法嫁接到乡镇企业,扩大了合资企

---

① 刘国良:《苏南模式与温州模式、珠江模式的比较》,《浙江经济》2006 年第 18 期。

业的范围和方式，创造了具有社会主义性质的集体企业。[①] 从城镇化发展的动力机制看，珠江模式以民间自发与政府主导相结合为原动力，是一种兼具"自上而下"的体制内供给型和"自下而上"的体制外需求型的城镇化发展模式。

珠江模式走出了一条具有中国特色的沿海地区工业化和城市化发展道路，为内地其他地区的工业化和城市化提供有益的经验。珠江模式就是指在珠江三角洲发展起来的、由地方政府主导的、外向型乡镇企业快速发展所带动的城镇化发展模式。实际上，珠江模式是人们对广东省珠江流域以广州、深圳等为中心的 14 个市县，自改革开放以来，向市场经济转轨过程中社会经济发展道路的概括和总结。在 20 世纪 80 年代初，"顺德模式"、"南海模式"、"中山模式"和"东莞模式"等一系列的农村工业化模式被费孝通先生总括为"珠江模式"，与苏南模式、温州模式一起被经济学界合称为中国经济发展与工业化进程的三大成功模式。其中的"南海模式"代表着国有、集体和个体经济等不同所有制的综合发展；"顺德模式"、"中山模式"以乡镇企业为主，经过改制后逐渐以本地民营资本为主；"东莞模式"以"三来一补"为吸引外资的主要手段积累资金，利用美国、中国香港和中国台湾制造业向大陆转移的时机，积极融入跨国公司的供应链成为国际性对外加工基地。随着农村经济体制改革的不断深入发展，珠江三角洲地区锐意改革，率先抓住历史机遇，乡镇企业异军突起，逐渐成为我国改革开放的先行区和重要的经济中心区域。

从城市化的研究视角看，"珠江模式"发挥毗邻港澳的区位优势，以出口导向型的外向型经济为主，充分利用外来直接投资和国际市场，从而创造了改革开放初期东部地区城市化发展的典型模式。珠江模式有很多自身特点：首先，在所有制结构上，以集体所有制企业为主体，以股份合作等个体和私营企业为补充，充分利用农村剩余劳动力资源和社会闲散资金、技术，形成了充满生机和活力的经济结构；其次，在企业经营形式上，以集体经营为主，与个体、租赁、"三来一补"、中外合资和合作等多种经营

---

① 费孝通：《珠江模式的再认识》，载《费孝通文集》，群言出版社，1999，第 289 页。

形式相结合，尤其是"三来一补"，以及合资、合作经营的形式，成为珠江模式的重要特色之一；最后，在产业结构上，珠江模式以工业为主导产业，并且在此基础上逐渐形成工业、农业和第三产业协调发展的格局。[①] 珠江三角洲乡镇企业的发展促进了区域农业现代化建设，为珠三角地区农村剩余劳动力转移提供了一条很好的路径，也为我国改革开放初期的城市化发展提供了有益的借鉴。

## 第三节　组团式城市群模式

所谓城市群是指在特定的城镇化水平较高的地域空间里，以区域网络化组织为纽带，由若干个密集分布的不同等级的城市及其腹地通过空间相互作用而形成的城市 – 区域系统。城市群的出现是生产力发展、生产要素逐步优化组合的产物，每个城市群一般以一个或两个（有少数的城市群是多核心的例外）经济比较发达、具有较强辐射带动功能的中心城市为核心，由若干个空间距离较近、经济联系密切、功能互补、等级有序的周边城市共同组成。发展城市群可在更大范围内实现资源的优化配置，增强辐射带动作用，同时促进城市群内部各城市自身的发展。

城市群也称为城市圈、都市圈或都市群等，是指在一个国家或者地区的城市化过程中，随着中心城市的经济发展和社会进步，其城市的各种功能不断地向周围扩散并产生辐射效应，从而形成一个城市集合，这样的城市集合即为城市群。我国城市化水平不断提高，涌现出了一批规模不等、水平各异的城市群。与发达国家的大都市区、都市带模式的概念类似，针对我国"长三角"、"珠三角"和"京津冀"地区近年来城市化发展的特征和趋势，2004 年，中国市长协会在其发表的《中国城市发展报告（2002—2003）》中对"组团式城市群"概念的定义是：大中小城市"结构有序、功能互补、整体优化、共建共享"的镶嵌体系，体现出以城乡互动、区域一体为特征的高级演替形态。在水平尺度上是不同规模、不同类型、不同结

---

① 卢荻：《"珠江模式"的形成特色、作用》，《中共党史资料》2009 年第 3 期。

构之间相互联系的城市平面集群，在垂直尺度上是不同等级、不同分工、不同功能之间相互补充的城市立体网络，二者之间的交互作用使得规模效应、集聚效应、辐射效应和联动效应达到最大化，从而分享尽可能高的"发展红利"，实现区域发展动力、区域发展质量和区域发展公平三者在内涵上的统一。[1] 城市群是在城市化的过程中逐渐形成的，是社会生产力和城市化发展到一定水平的必然结果。一般认为，城市群的发展大致经历了中小城市独立发展、大都市区发展、大都市连绵区发展等阶段，大都市连绵区是城市群发展的最高空间组织形式。组团式城市群是城市发展的高级形式，是在城市空间演化的基础上提出来的。按照这个定义，我国正在形成的三大经济圈——长江三角洲城市群、珠江三角洲城市群和京津冀环渤海城市群均属于"组团式城市群"。

## 一　长江三角洲城市群

长江三角洲城市群是我国城市化程度最高、城镇分布最密集、经济发展水平最高、综合实力最强的区域，在社会主义现代化建设全局中具有重要的战略地位和带动作用。改革开放特别是推进上海浦东开发开放以来，长江三角洲地区经济社会发展取得巨大成就，对服务全国大局、带动周边发展做出了重要贡献。长江三角洲北起通扬运河，南抵杭州湾，西至镇江，东到海边，包括上海市、江苏省南部、浙江省北部以及邻近海域，区域面积为 21.1 万平方公里。长江三角洲地区区位条件优越，自然禀赋优良，经济基础雄厚，体制比较完善，城镇体系完整，科教文化发达，已成为全国发展基础最好、体制环境最优、整体竞争力最强的地区之一，在中国社会主义现代化建设全局中具有十分重要的战略地位。历经新中国成立以来多个历史阶段的发展，长三角以全国 2.1% 的陆地面积和 11% 的人口，创造了全国 21.7% 的国内生产总值、24.5% 的财政收入、47.2% 的进出口总额。2010 年，长三角城市群区域覆盖人口已经超过 1.5 亿人，地区生产总值达

---

[1]　中国市长协会：《中国城市发展报告（2002—2003）》，商务印书馆，2004。

到 86313.8 亿元，第二产业增加值比 2009 年增长 13.5%，第三产业增加值比 2009 年增长 10.8%，人均地区生产总值比 2009 年增长 10.1%（见表 5 - 3）。分析表明，目前长三角地区已成为中国经济社会发展水平最高、综合实力最强、城镇体系较为完备的区域。①

表 5 - 3　长江三角洲城市群主要经济指标（2010 年）

| 指标 | 数值 | 比 2009 年增长（%） |
|---|---|---|
| 土地面积（万平方公里） | 21.1 | — |
| 年初耕地总资源（千公顷） | 3309 | — |
| 年末常住总人口（万人） | 15618.5 | 2.1 |
| 年底就业人员（万人） | 9481.5 | 1.0 |
| 地区生产总值（亿元） | 86313.8 | 11.9 |
| 第一产业增加值（亿元） | 4014.8 | 3.9 |
| 第二产业增加值（亿元） | 43270.2 | 13.5 |
| 第三产业增加值（亿元） | 39028.8 | 10.8 |
| 人均地区生产总值（元） | 55841 | 10.1 |
| 全社会固定资产投资总额（亿元） | 40878.0 | 16.9 |
| 进出口总额（亿美元） | 10881.6 | 35.3 |
| 实际外商直接投资（亿美元） | 506.2 | 10.5 |
| 地方财政一般预算收入（亿元） | 9561.9 | 20.9 |
| 居民储蓄存款（亿元） | 60876.0 | 15.2 |

注：长江三角洲包括上海市，江苏省的南京、苏州、无锡、常州、镇江、南通、扬州和泰州，以及浙江省的杭州、宁波、嘉兴、湖州、绍兴、舟山和台州 16 个地级以上城市。

资料来源：《中国区域经济统计年鉴 2011》。

目前，长三角城市群等级结构比较完整。其中，非农人口超过 1000 万人的城市有 1 个，200 万～500 万人的城市有 5 个，100 万～200 万人的城市有 7 个，50 万～100 万人的城市有 4 个，20 万～50 万人的城市有 18 个，20 万人以下的城市有 19 个。长三角城市群以上海为中心，南京和杭州为副中心，包括江苏的扬州、泰州、南通、镇江、常州、无锡、苏州，浙江的嘉兴、湖州、绍兴、宁波、舟山、台州，共 16 个城市及其所辖的 74 个县市，

---

① 新华网，http://news.xinhuanet.com/ziliao/2009 - 06/16/content_11552079.htm。

以沪杭、沪宁高速公路以及多条铁路为纽带，形成了一个有机的整体，已经成为中国经济发展速度最快、经济总量规模最大、最具发展潜力的城市群之一。

国务院 2016 年 5 月正式批准实施的《长江三角洲地区区域规划》明确了长江三角洲地区发展的战略定位，即亚太地区重要的国际门户、全球重要的现代服务业和先进制造业中心、具有较强国际竞争力的世界级城市群；2015 年，长三角地区率先实现了全面建成小康社会的目标；到 2020 年，力争率先基本实现现代化。[①]

## 二　珠江三角洲城市群

珠江三角洲简称"珠三角"，在自然地理的概念上，"珠三角"是由组成珠江的西江、北江和东江在流入大海的过程中冲击形成的一个三角洲。从社会经济的视角看，"珠三角"这一概念正式提出最早是在 1994 年。"珠三角"最初由广州、深圳、佛山、珠海、东莞、中山、江门 7 个城市组成（不含香港和澳门 2 个特区）。随着"珠三角"城市和区域经济发展水平的提升，区域内和区域间各城市之间的经济联系日益密切，在 20 世纪 90 年代后期的一般意义上的"珠三角"概念基础上相继又出现了"大珠三角"以及"泛珠三角"的概念。目前，"珠三角"实际上包含"（小）珠三角"、"大珠三角"和"泛珠三角"三个不同的层面。三个不同的层面不仅仅是地域范围的区别，而且有着深刻的内在联系。同时，随着珠三角区域社会经济的进一步发展，其地理范围也会不断扩展。

2006 年，广东省第十届人民代表大会常务委员会通过的《广东省珠江三角洲城镇群协调发展规划实施条例》提出：珠江三角洲，包括广州市、深圳市、珠海市、佛山市、江门市、东莞市、中山市，以及惠州市惠城区、惠阳区、惠东县、博罗县和肇庆市端州区、鼎湖区、高要市、四会市。省域规划是指省人民政府及其组成部门或者直属机构组织编制的城乡建设、

---

① 中华人民共和国门户网站，http://www.gov.cn/zwgk/2008−09/16/content_1096217.htm。

国土、农业、林业、交通、能源、环保、水利等规划。市域规划是指珠江三角洲各地级以上市人民政府组织编制的市域城镇体系规划、城市总体规划、近期建设规划。各级、各类空间管治区是指《珠江三角洲城镇群协调发展规划（2004—2020）》确定的九类政策地区和四级空间管治区。

2009 年，国务院发布《珠江三角洲地区改革发展规划纲要（2008—2020 年)》。该纲要提出，到 2012 年，由广州、深圳、佛山、珠海、东莞、中山、惠州、江门、肇庆 9 个城市组成的珠江三角洲地区率先建成全面小康社会，人均地区生产总值达到 80000 元；到 2020 年，率先基本实现现代化，人均地区生产总值达到 135000 元。2010 年，珠江三角洲城市群土地面积达到 54733 平方公里，年末常住人口 5616.39 万人，城镇人口 4646.04 万人；地区生产总值 37673.26 亿元，比 2009 年提高 12.2%；人均地区生产总值 68633 元，比 2009 年提升 7.3%（见表 5-4）。

表 5-4　珠江三角洲城市群发展状况（2010 年）

| 指标 | 2010 年 | 比 2009 年增长（%） |
| --- | --- | --- |
| 土地面积（平方公里） | 54733 | — |
| 年末常住人口（万人） | 5616.39 | 4.7 |
| 城镇人口（万人） | 4646.04 | 7.1 |
| 地区生产总值（亿元） | 37673.26 | 12.2 |
| 第一产业增加值（亿元） | 809.78 | 4.2 |
| 第二产业增加值（亿元） | 18313.49 | 14.1 |
| 第三产业增加值（亿元） | 18549.99 | 10.4 |
| 人均地区生产总值（元） | 68633 | 7.3 |
| 规模以上工业增加值（亿元） | 19079.95 | 16.5 |
| 全社会固定资产投资总额（亿元） | 11355.80 | 18.2 |
| 社会消费品零售总额（亿元） | 12613.24 | 16.4 |
| 实际外商直接投资（亿美元） | 183.47 | 4.8 |
| 地方财政一般预算收入（亿元） | 3138.56 | 24.4 |

资料来源：《广州统计年鉴 2011》。

珠三角城市群的形成首先得益于其独特的地理优势，珠三角地区地处我国东南沿海，并且与香港和澳门两个现代化国际大都市毗邻，因此，改革开放以后，珠三角地区在承接港澳地区产业结构升级过程中，不断获得大量的投资，并依托内陆广大的市场，轻型产品加工制造业得以迅速发展壮大。另外，珠江三角洲地处广东中南部，是我国著名的侨乡所在地，珠三角在历史上一直保持着与港澳地区的密切商贸、旅游和人员的往来，因而，这里具有独特的地理优势，人们的商品意识较为浓厚，并且能够获来自港澳的各种最新的信息，成为沿海商贸活动最为活跃的地区之一。当然，珠三角城市群的发展也离不开改革开放以来国家政策的支持。改革开放以来，珠三角城市群空间结构经历了重大的历史性演变过程。改革开放初期到 20 世纪末，珠三角区域城市化模式基本上是以外资导向型工业化为动力，从而推动珠三角城市群空间结构的不断演变；21 世纪以来，随着区域产业结构的升级和优化，区域内民间资本不断壮大，各级城市经济实力不断增强，尤其是在新一轮政府主导的大型基础设施投资的推动下，交通网络日益发达，这使得珠三角区域城市化与城市发展模式出现了新的趋势。[①]

## 三 京津冀环渤海城市群

京津冀城市群处于环渤海地区和东北亚的核心重要区域，是我国城市体系较为完善、城市化程度和城市化发展速度较高的区域之一。继中国经济两大增长极的珠三角经济圈和长三角经济圈形成以后，京津冀环渤海地区逐渐成为中国经济的第三大增长极。京津冀环渤海地区是中国的政治、文化中心。经过改革开放以来30多年的发展，目前，我国逐步形成了长三角、珠三角和京津冀三大组团式城市群。三大城市群不仅成为我国经济增长的先导区域，而且在区域社会经济发展过程中占据十分重要的地位。根据国家发改委的界定，京津冀城市群包括北京市、天津市和河北省的石家庄、唐山、保定、秦皇岛、廊坊、沧州、承德、张家口 8 个地市及其所属的通州新城、顺义新城、滨海新区和唐山曹妃甸工业新城。由于京津冀城市群位于环渤海地区的心脏地带，因而被称为我国第三增长极的核心引擎。

---

① 贺建风、舒晓惠、张小小：《珠三角城市群空间结构演变探析》，《地方经济》2008 年第 3 期。

经过多年的发展，京津冀环渤海城市群已经成为我国第三大组团式城市群，不仅是我国对外开放和国际交流的门户地区，同时，也成为我国建设创新型国家主要的支撑区域。京津冀环渤海城市群在我国区域经济发展中发挥着越来越重要的作用，并且越来越引起中国乃至整个世界的瞩目。

从城市化发展模式来看，京津冀环渤海城市群总体结构采用"点－轴"发展模式，形成了"双核式环状"城市群。目前，京津冀环渤海城市群由北京、天津2个直辖市和河北省的8个地区的城镇组成，共有省级城市2个、地级市8个、县级市17个、县城82个、建制镇991个，目前已基本形成了以特大城市北京和天津为中心，以8个主要城市为外围，以众多星罗棋布的小城镇为基础的"2＋8"式城市群规模结构。京津冀环渤海城市群土地总面积约18.4万平方公里，占全国国土面积的1.9%，2005年该城市群总人口为7465万人，占全国总人口的5.5%，城市化率为52.78%。① 京津冀环渤海城市群已经成为我国国家级城市群。

从城市群的空间结构上看，京津冀城市群以北京、天津两市为核心，并与河北省内的各级规模的城市地缘相连，除石家庄市距离京津双核较远外，河北省的其他主要城市均围绕京津双核拓展成环状分布，各种优势相对集中，经济联系较为紧密，通过双核城市的中心辐射效应生成京津冀城市群的空间结构，具有一定的相互依存度和互补性。②

从京津冀城市群的经济规模看，2010年京津冀地区生产总值达43732.4亿元，占全国的10.9%，北京为14113.6亿元，天津为9224.5亿元，河北为20394.3亿元。其中，北京人均GDP达到75943元，天津为72994元，河北为28668元，北京、天津2个直辖市的经济发展程度已经达到或接近中等发达国家的平均水平。作为我国三大城市群之一，京津冀环渤海城市群的崛起，不仅能够有效促进中国南北经济平衡，而且可以通过其广袤的腹地，有效带动西部地区的发展，提高我国的整体经济实力。在城市化和城市发展水

---

① 黄征学：《京津冀城市群发展面临的问题及对策研究》，《中国经贸导刊》2007年第11期。
② "京津冀都市圈区域国际竞争力研究"课题组：《京津冀都市圈发展的SWOT分析》，《经济研究参考》2007年第8期。

平上，尽管京津冀环渤海城市群还落后于长三角和珠三角两大城市群，但京津冀环渤海城市群在环渤海地区，以及东北亚区域经济发展过程中都发挥着不可替代的作用。

从城市群发展的优势看，京津冀环渤海城市群不同于长三角和珠三角的一个突出特点就是"双核"，这既是以往京津冀城市化进程中没有处理好的一个问题，也是未来城市化的一种优势。作为国内外政治和文化交流中心，以及国际重要交通和通信枢纽，北京具有得天独厚的人才集聚优势和信息资源优势。从京津两地的优势看，其存在很大的互补性，通过联合发展，北京能更好地发挥政治、文化中心的功能，形成以高新技术为先导，第三产业发达的经济模式；天津充分发挥工业和海港优势，加快产业升级，成为我国重要的经济中心城市。在区域发展中要坚持"双核"协调建设，使两市在产业、市场和交通等各个方面联合起来，形成合力，最大限度地实现各自在区域发展中的作用，做到相互促进发展的同时，发挥对京津冀地区的辐射、带动作用。

从我国的发展战略重点看，京津冀环渤海城市群目前已经基本实现了对珠三角和长三角的支持，正在向北部的渤海湾转移，这对京津冀区域城市化来说，是一个极好的机会。未来的京津冀城市化将出现两大趋势：一是朝着以京津唐为中心的大都市圈的方向发展；二是形成以石家庄、邯郸、沧州为分中心，以星罗棋布的小城市和建制镇为主体的城市网络。京津冀完全具有发展大都市圈的各种条件。而且目前已经具备以下几个方面的有利因素：已经达成建立区域经济一体化的共识，具有建立区域经济一体化的天然条件，具有建立大都市圈的良好基础。[①]

---

① 吕红平、李英：《京津冀城市群发展趋势》，《社会科学报》2007 年第 3 期。

# 第六章　中部地区城市化及其典型模式

中部地区包括山西、安徽、江西、河南、湖北、湖南6个省，这6个省面积为102.8万平方公里，占全国土地面积的10.7%。中部地区位于我国内陆腹地，具有承东启西、连南通北的区位优势。作为我国重要的农产品生产基地、能源基地和重要的原材料生产基地，中部6个省的地区生产总值增长速度一度低于全国平均水平，甚至低于西部地区平均水平，更是远低于东部地区的平均水平。2010年年底，中部地区人口总量为35696.6万人，占全国人口总量的26.8%。2010年中部6省的地方财政总收入为6371.4亿元，占全国的15.7%；地区生产总值为86109.4亿元，占全国国内生产总值的19.7%。这说明近年来，中部地区的社会经济也取得了长足的发展（见表6-1）。

表6-1　中部地区国民经济和社会发展主要指标（2010年）

| 指标 | 中部6省合计 | 中部6省占全国比重（%） |
|---|---|---|
| 土地面积（万平方公里） | 102.8 | 10.7 |
| 总人口（万人） | 35696.6 | 26.8 |
| 地区生产总值（亿元） | 86109.4 | 19.7 |
| 第一产业 | 11221.1 | 27.7 |
| 第二产业 | 45130.3 | 20.5 |
| 第三产业 | 29758.0 | 16.9 |
| 人均地区生产总值（元） | 24242 | — |
| 地方财政收入（亿元） | 6371.4 | 15.7 |
| 地方财政支出（亿元） | 15062.3 | 20.4 |

续表

| 指标 | 中部6省合计 | 中部6省占全国比重（%） |
|---|---|---|
| 原油（万吨） | 584.4 | 2.9 |
| 发电量（亿千瓦时） | 9720.4 | 23.1 |
| 粗钢（万吨） | 13698.8 | 21.5 |
| 水泥（万吨） | 47314.1 | 25.1 |
| 普通高等学校在校学生数（万人） | 611.9 | 27.4 |
| 城镇居民人均可支配收入（元） | 15692 | — |
| 农村居民人均纯收入（元） | 5510 | — |

资料来源：《中国区域经济统计年鉴2011》。

中部地区粮食产量约占中国粮食总产量的40%，其中，山西、江西等省拥有丰富的煤炭资源，该地区的发展有利于提高中国粮食和能源保障能力，缓解资源约束。2004年，温家宝总理在《政府工作报告》中，首次明确提出了"促进中部地区崛起"。2005年，温家宝总理再次提出研究制定促进中部地区崛起的规划和措施，发挥中部地区的区位优势和综合经济优势。2009年，国务院通过了《促进中部地区崛起规划》，并且提出争取到2015年，中部地区实现经济发展水平显著提高、发展活力进一步增强、可持续发展能力明显提升、和谐社会建设取得新进展的目标。"促进中部地区崛起"战略的提出，对于实现中部地区经济社会又快又好发展，形成东中西互动、优势互补、相互促进、共同发展的新格局具有重大而深远的意义。

## 第一节　中部地区城市化现状分析

中部地区自然、文化资源丰富，科教基础较好，便捷通达的水陆空交通网络初步形成，农业特别是粮食生产优势明显，工业基础比较雄厚，产业门类齐全，生态环境容量较大，集聚和承载产业、人口的能力较强，具有加快经济社会发展的良好条件。但是，随着改革开放以来我国城市化、工业化的较快发展，尤其是东部地区城市化的快速发展，以及东北老工业基地振兴、西部大开发战略等一系列区域发展战略的全面实施，中部地区的城市化、工业化发展问题开始受到各级政府部门和专家学者的普遍关注。

近年来，随着《促进中部地区崛起规划》的实施，中部地区紧紧抓住历史机遇，在国家政策的支持下，各省的城市化步伐随着区域社会经济的全面推进而获得了较快的发展。随着一批重大建设项目陆续开工，特别是粮食生产基地、能源原材料基地、现代装备制造、高新技术产业基地和综合交通运输枢纽建设取得积极进展，中部6省的城市经济取得了长足发展。全面分析中部地区城市化与城市发展的现状，以及中部地区城市化发展的问题，是研究我国区域城市化特征及其区域发展模式的基础。

从中部地区城市化发展水平来看，2010 年，我国人口城市化水平达到49.68%，中部地区人口城市化水平为43.58%，比全国平均水平低6.10 个百分点。与其他地区比较而言，2010 年，东部、西部和东北地区的人口城市化水平分别为59.70%、41.43%和57.62%，中部地区的城市化水平比西部地区高出2.15 个百分点，比东部和东北地区分别低16.12 个百分点和14.04 个百分点。进一步比较各省的城市化发展状况，2010 年，中部6 省中，湖北省城市化水平最高，为49.70%，达到全国平均水平，比东北地区的区域城市化水平低7.92 个百分点，比东部地区的区域城市化平均水平低10 个百分点；与西部地区比较，中部地区只有河南省的城市化水平低于西部地区的平均水平，其余各省城市化水平均超过西部地区的平均水平（见表6-2）。

表6-2　中部地区城市化发展状况

| 地区 | 2001 年（%） | 2005 年（%） | 2010 年（%） | 年均增长百分点 | |
| --- | --- | --- | --- | --- | --- |
| | | | | 2001～2010 年 | 2005～2010 年 |
| 山西 | 35.09 | 42.11 | 48.05 | 1.44 | 1.19 |
| 江西 | 30.40 | 37.00 | 44.06 | 1.52 | 1.41 |
| 安徽 | 29.30 | 35.50 | 43.01 | 1.52 | 1.50 |
| 河南 | 24.40 | 30.65 | 38.50 | 1.57 | 1.57 |
| 湖北 | 40.80 | 43.20 | 49.70 | 0.99 | 1.30 |
| 湖南 | 30.80 | 37.00 | 43.30 | 1.39 | 1.26 |
| 东部 | 47.03 | 52.93 | 59.70 | 1.41 | 1.35 |
| 中部 | 30.76 | 36.54 | 43.58 | 1.42 | 1.41 |

| 地区 | 2001 年 (%) | 2005 年 (%) | 2010 年 (%) | 年均增长百分点 | |
|---|---|---|---|---|---|
| | | | | 2001～2010 年 | 2005～2010 年 |
| 西部 | 29.60 | 34.57 | 41.43 | 1.31 | 1.37 |
| 东北 | 52.76 | 55.15 | 57.62 | 0.54 | 0.49 |
| 全国 | 37.66 | 42.99 | 49.68 | 1.34 | 1.34 |

资料来源：根据历年全国和各地区统计年鉴整理计算。

从中部地区城市化发展速度来看，随着《促进中部地区崛起规划》的实施，中部地区工业化和城市化已经进入一个新的发展阶段。2001～2010年，中部地区城市化水平年均增长1.42个百分点，无论是与全国平均水平比较，还是与东部、西部和东北地区比较，中部地区的城市化发展速度最快，这说明近年来，中部地区是我国城市化发展速度最快的地区，甚至快于城市化速度一直较高的东部地区的平均水平。进一步比较各省的城市化发展速度，总体上，除城市化水平最高的湖北省以外，其他5个省份2001～2010的城市化水平年均增长速度均超过1个百分点。其中，河南省城市化发展最快，从2001年到2010年，城市化水平年均增长1.57个百分点；而湖北省的城市化水平在2001年就已经超过40%，远高于中部地区其他省份，但近年来湖北省城市化发展速度慢于中部另外5个省份。城市化是一个动态的发展过程，从城市建设状况来看，2010年，全国城市人口密度平均水平为2209人/平方公里，中部地区只有湖北省的城市人口密度低于全国平均水平，其他5个省均高于全国平均水平（见表6-3）。这表明中部地区城市化发展模式仍然以人口聚集型为主导，从而区域城市人口密度相对较高。

表6-3 中部地区城市建设状况（2010年）

| 地区 | 城区面积（平方公里） | 建成区面积（平方公里） | 城市建设用地面积（平方公里） | 征用土地面积（平方公里） | 城市人口密度（人/平方公里） |
|---|---|---|---|---|---|
| 全国 | 178691.7 | 40058.0 | 39758.4 | 1641.6 | 2209 |
| 山西 | 3348.3 | 864.7 | 847.2 | 16.6 | 2890 |
| 江西 | 1719.3 | 933.8 | 966.3 | 21.0 | 4786 |
| 安徽 | 5041.2 | 1491.3 | 1540.0 | 109.3 | 2469 |

| 地区 | 城区面积<br>（平方公里） | 建成区面积<br>（平方公里） | 城市建设<br>用地面积<br>（平方公里） | 征用土地面积<br>（平方公里） | 城市人口密度<br>（人/平方公里） |
|---|---|---|---|---|---|
| 河南 | 4101.4 | 2014.4 | 1947.2 | 67.0 | 5178 |
| 湖北 | 9057.2 | 1701.0 | 1968.8 | 79.9 | 1929 |
| 湖南 | 4121.9 | 1321.1 | 1458.6 | 48.9 | 2992 |

资料来源：《中国区域经济统计年鉴 2011》。

## 第二节　中部地区城市化特征分析

从总体上看，中部地区城市化目前呈现良好的发展势头，但中部地区城市化发展水平和发展模式仍存在一系列的问题。中部地区的城市化和工业化水平与国民经济发展相比还呈现相对滞后的特征，各级规模的城市的区域集聚和辐射带动作用不强，尤其是一些大中城市的生态环境问题比较突出。

首先，中部地区城市化水平总体滞后，但近年来已经成为我国城市化增长速度最快的区域。城市化滞后本质上是一个相对的概念。一般可以从两个角度衡量一个国家或地区城市化是否滞后：一是城市化率与工业化率的比较，二是与其他具有同样的社会经济条件的国家或区域的比较。如前所述，中部地区城市化水平的滞后性，体现在其人口城市化率既低于东部和东北地区的平均水平，也低于全国人口城市化的平均水平。2010 年，中部地区城市化水平低于全国平均水平 6.10 个百分点。同时，中部地区城市化的滞后性也体现为城市化滞后于工业化和区域经济发展水平。根据美国经济学家钱纳里的发展理论模型测算，当人均 GNP 达到 500 美元时，人口城市化率约为 52.7%；而当人均 GNP 超过 1000 美元时，城市化水平会领先于工业化约 30 个百分点（见表 6-4）。比较中部地区的城市化、工业化水平以及人均地区生产总值，2010 年，中部各省的人均地区生产总值已经为 3000~4300 美元（见表 6-5），但各省的城市化水平仅为 38%~50%，6 省城市化平均水平仅为 43.58%。显然，中部地区的城市化水平明显滞后。

表 6 – 4　城市化和工业化的关系

| 人均 GNP（美元） | 城市人口占总人口比重（%） | 制造业增加值占 GDP 比重（%） |
|---|---|---|
| < 100 | 12.8 | 12.5 |
| < 200 | 22.0 | 14.9 |
| < 300 | 43.9 | 25.1 |
| < 400 | 49.0 | 27.6 |
| < 500 | 52.7 | 29.4 |
| < 800 | 60.1 | 33.1 |
| < 1000 | 63.4 | 34.7 |
| > 1000 | 65.8 | 37.9 |

资料来源：钱纳里的《发展的型式（1950 ~ 1970）》，经济科学出版社，1988。

表 6 – 5　2010 年中部地区人口与经济发展状况

| 地区 | 人口（万人） | 地区生产总值（亿元） | 工业增加值占 GDP 比重（%） | 人均地区生产总值（美元） |
|---|---|---|---|---|
| 山西 | 3571 | 9200.86 | 50.6 | 3892 |
| 江西 | 4457 | 9451.26 | 45.4 | 3203 |
| 安徽 | 5950 | 12359.33 | 43.8 | 3138 |
| 河南 | 9402 | 23092.36 | 51.8 | 3710 |
| 湖北 | 5724 | 15967.61 | 47.8 | 4214 |
| 湖南 | 6568 | 16037.96 | 39.3 | 3688 |
| 中部 | 35672 | 86109.4 | 45.7 | 3646 |

资料来源：《中国统计年鉴 2011》，《中国区域经济统计年鉴》。

其次，从城市化发展的规模结构看，中部地区呈现以中等城市为主导的城市化模式。从各级规模城市的比例来看，中部地区的城市体系发育滞后，大城市和中小城市的比重不协调，尤其是大城市数量相对不足。世界城市化历史规律表明，在一个国家或者地区的城市化成长期，随着城市人口规模不断扩大，各规模的城市数量在总城市数中所占的比重呈现一个近似正态分布。无论与其他区域，以及与全国的平均水平比较，我国中部地区的城市规模结构都是以中等城市为主导的城市化发展模式。从不同区域城市体系的比较来看，在中部地区，人口规模为 200 万人以上的超大城市占城市数量的比重明显偏低（见图 6 – 1）。

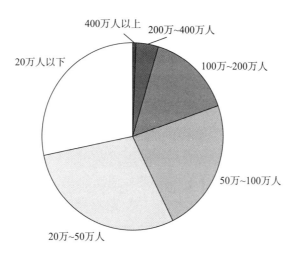

图 6 - 1　2010 年中部地区城市人口规模结构

　　2010 年，中部地区共有各规模城市 168 座，其中，人口规模在 200 万人以上的特大和超大城市仅 8 座，占中部地级城市总数的 9.63%。而同期，这一指标的全国平均水平为 12.9%。从地级城市的规模结构看，东部、西部和东北地区 200 万人以上的特大和超大城市分别为 23 座、8 座和 4 座，分别占其所在区域地级城市数量的 26.44%、7.02% 和 11.11%。国际经验证明，城市特别是规模较大的城市，会产生明显的聚集效应，从而带来较高的规模收益、较多的就业机会、较强的科技进步动力和较大的外部扩散效应。中部地区缺少大城市的城市化模式特征必然造成中部地区城市的集聚与扩散能力较弱，且城市体系不够健全，中心城市的辐射带动能力不强。这种城市化模式必将对区域经济社会发展，以及资源环境产生深远的影响。《促进中部地区崛起规划》发展战略中指出，中部地区要依托现有基础，提升产业层次，推进工业化和城镇化，在发挥承东启西和产业发展优势中崛起。但是，中部地区城市化发展的现状表明，中部地区的城市体系还不够健全，尤其是大、中城市的辐射带动能力不强，中部地区的城市经济还不能充分发挥其应有的作用。

## 第三节　中部地区城市化典型模式

　　城市化过程是一个国家或地区实现工业化、现代化的必由之路，对于中部地区来说，城市化水平的提升与城市经济的发展同样是 6 省实现跨越式发展的重要依托。长期计划经济体制下形成的传统城市化与城市发展模式对中部地区城市化模式产生了深远的影响。同时，在东部地区城市化快速发展，以及西部地区城市化进程也在不断推进的情况下，中部地区如何克服现有的在资金、政策和人才等方面的困难，积极促进区域的城市化发展进程，进而带动区域的跨越式发展，正引起中部各省的普遍关注。近年来，随着国家对于中部地区的政策扶持力度的加大，中部 6 省结合自身的发展机遇谋求发展，省域及城市发展速度明显加快，城市经济运行质量不断提高，城市总体实力进一步增强，区域城市化也呈现加快发展的趋势。目前促进中部地区崛起的工作取得了积极成效，中部地区的城市化也出现一些新的典型发展模式。

## 一 武汉城市圈

科学的城市化发展模式选择不仅有利于统筹解决中部地区农村剩余劳动力转移和农业持续稳定发展，以确保广大农民持续增收；而且是区域产业振兴，以及经济、社会与人口、资源和环境协调和可持续发展的必然选择。武汉是我国主要的老工业基地之一，不仅在我国中部地区经济社会发展中具有重要的战略地位，也是未来我国区域经济协调发展的重点地区。国家提出《促进中部地区崛起规划》，就是充分考虑到中部地区面临的诸多制约长远发展的矛盾和问题。早在 20 世纪末期，随着城市经济和产业聚集发展徘徊不前，作为全国老工业基地之一的武汉，其在区域经济中的地位下滑问题日益突出。不仅是武汉，整个中部地区的城市化水平一直较低，区域各级规模的城市体系发育滞缓，尤其是大城市和中心城市不能充分发挥在区域经济中的辐射和带动作用。这不仅制约着中部地区城市化和城市社会经济的发展，而且不利于中部地区经济发展方式的根本性转变。国家关于《促进中部地区崛起规划》的提出给中部最大城市武汉以及武汉辐射的周边城市带来了巨大的历史机遇。

2001 年，武汉提出了"大武汉集团城市"的概念，2000 年年末，"大武汉"集团城市或组合城市土地面积、人口分别占湖北省的 3.1% 和 35.1%，而地区生产总值和财政收入则分别占全省的 47.82% 和 45.1%，即地区生产总值和财政收入两项基本经济指标约占全省的一半。2002 年，湖北省社会科学院研究员陈文科撰文《发展"大武汉"集团城市的构想》，提出"大武汉"集团城市或组合城市具体可分为三个层次。第一层次，即核心层，指以汉口、武昌和汉阳为代表的武汉中心城区及近郊区。其主要功能是：华中重要的经济中心和重要的现代制造业基地、高新技术产业基地，我国内陆地区的金融中心、贸易中心和交通枢纽。第二层次，即一体化层，或城城一体化层。即以武汉为龙头，武汉、鄂州、黄石一体化城市带。第三层次，即腹地层，或城乡一体化层。即以武汉为龙头，武汉与孝感、仙（桃）潜（江）天（门）一体化的城郊农业带和农村工业带。通过武汉市与孝感、仙潜天的以城带乡、城乡结合（也包含一定的城城结合），既能充分发挥几市的城郊农业和农村工业的优势，又能形成大武汉向江汉平原纵深推进的格局。[①]

2002 年，湖北省为提升武汉市综合竞争力，拓展和完善城市空间布局和功能分区，提出"武汉经济圈"概念。2003 年，湖北省政府正式提出了"武汉城市圈"建设的设想，并于当年正式得到了中央的关注。2004 年，湖北省政府明确提出了武汉城市圈建设实施的基本思路。在这一背景下，武汉及其周边各级规模的城市充分发挥其地域和产业等各方面的优势，并且逐渐明确了在区域经济体系中的定位，从而形成了具有地域特色的以武汉为核心的城市圈——武汉城市圈。2007 年 12 月，国家正式批准武汉城市圈为全国两型社会（资源节约型社会和环境友好型社会）建设综合配套改革试验区。目前，正在发展中的武汉城市圈实际上是指以武汉为中心的城市群。武汉是湖北省省会，是中部 6 省唯一的副省级城市、长江中下游特大城市之一、华中地区最大城市和区域中心城市、中国重要的工业基地。武汉城市圈面积达 58051.9 平方公里，占全省土地面积的 31.2%；区域常住总人口为 2987.65 万人（2007 年），占全省常住人口的 52.5%。武汉全境面积达 8494 平方公里，占湖北省土地面积的 4.6%；其中城市建成区面积约为

---

① 陈文科：《发展"大武汉"集团城市的构想》，《学习与实践》2002 年第 1 期。

500 平方公里；水域面积为 2205.06 平方公里，占总面积的 25.79%。2009
年年底，市辖区常住人口为 910 万人，其中农业人口为 296 万人，城镇人口
为 537 万人，流动人口约为 200 万人。武汉城市圈以一个特大城市武汉为核
心，辐射周边黄石、鄂州、黄冈、孝感、咸宁、仙桃、天门、潜江共 8 个中
等城市，其中有地级市 5 个、省直辖县级市 3 个、地级市代管的县级市 7
个、市辖县 15 个。2010 年 3 月，国务院批复《武汉市城市总体规划
(2010—2020 年)》，正式确定了武汉作为中部地区中心城市的地位。目前武
汉城市圈已经成为华中地区及长江中游最大、最密集的城市群。

2010 年，《武汉城市圈两型社会建设试验区生态环境规划》(以下简称
《规划》) 完成，《规划》提出，未来 10 年投资 5128.5 亿元，实施 459 个环
保项目，将在 2020 年基本建成节能减排、循环经济、生态农业、生态林业、
生态水系、清洁能源、生态恢复与环境整治、生态家园、生态安全保障能
力建设 9 大重点工程。这些工程涵盖武汉大东湖生态水网构建工程、城市圈
江湖连通工程、城市圈流域水环境整治工程、城市圈节能减排工程等重点
生态环境建设项目。《规划》还对武汉城市圈进行了生态功能划分，设立了
三条分级控制线，红线是严格保护区，黄线是控制性保护利用区，绿线是
引导开发建设区。同时，城市圈内 9 个城市至 2020 年，全部达到国家环保
模范城市要求。①

## 二　长株潭城市群

长株潭城市群位于湖南省东北部，长株潭城市群最初是以长沙、株洲、
湘潭三市为核心发展形成的区域城市集群。长株潭三个城市土地总面积为
2.8 万平方公里，占湖南全省的 13.34%；人均土地面积为 0.22 平方公里，
是湖南全省人均土地面积的 71.3%。根据 2008 年 1 月 1 日施行的《湖南省
长株潭城市群区域规划条例》，长株潭城市群分为两个层次：第一层次是指
面积约为 2.8 万平方公里的长沙、株洲、湘潭三市市域；第二层次是长株潭

---

① 武汉城市圈门户网站，http://www.whcsq.gov.cn/hezuo/zlzx/gonggao/2009/12/14152508.html。

三市城市群核心地区，主要包括长沙市新编城市总体规划确定的长沙市城市规划区 2893 平方公里，湘潭市区和湘潭县域涟水 - 湘江以北的用地范围内 670 平方公里和含易俗河镇域、河口镇域、梅林桥镇域范围内的湘潭县易俗河 - 河口地区约 200 平方公里，株洲市辖区的天元区、芦淞区、荷塘区、石峰区 536.7 平方公里和株洲县的渌口镇、雷打石镇、南阳桥乡、白关镇约 200 平方公里，以上区域土地总面积约为 4500 平方公里。城市群核心地区是湖南省经济、社会发展的引擎，是产业布局、城市建设、生态保育和基础设施共建共享的重要区域。[①]

从社会经济发展水平来看，长株潭城市群是我国京广经济带、泛珠三角经济区、长江经济带的接合部，区位和交通条件优越。长株潭城市群目前已经成为湖南省的政治、经济、文化中心。据《湖南省统计年鉴 2011》显示，2010 年，长株潭地区总人口为 1365.00 万人，占全省的 20.8%，长株潭地区生产总值 6716.55 亿元，占全省的 41.9%。2010 年，长株潭地区人均生产总值为 50107.00 元，是全省人均地区生产总值（27906 元）的 1.80 倍；长株潭地区地方财政收入为 439.70 亿元，占全省的 40.6%；长株潭三市城市居民人均可支配收入达 21200 元，是全省平均水平 16058 元的 1.32 倍。长株潭城市群人均水资源拥有量达 2069 立方米，森林覆盖率达 54.7%，随着长株潭城市群城市化水平的提高和城市体系的完善，作为湖南省区域发展中心与增长极，长株潭城市群在区域发展中的地位日益突出。[②]

从长株潭地区城市化与城市发展水平来看，2001 年，湖南省总人口为 6595.9 万人，人口城市化水平为 43.30%；其中，长沙市、株洲市和湘潭市总人口分别为 587.1 万人、372.1 万人和 280.5 万人。2008 年，长沙市、株洲市和湘潭市人口城市化水平分别为 61.25%、48.83% 和 49.44%，长沙市、株洲市和湘潭市人口城市化水平均高于全省平均水平。到 2010 年，湖

---

① 长沙市发展和改革委员会网站，http://fgw.changsha.gov.cn/fzgh/200711/t20071103_97231.htm；中国湘潭市政府门户网站，http://www.xiangtan.gov.cn/model_xiangtan/ztzj/ztzj_detail.jsp? ID = 621905000000000000，24。

② 中国湘潭政府门户网站，http://www.xiangtan.gov.cn/model_xiangtan/ztzj/ztzj_detail.jsp? ID = 621905000000000000，24。

南省总人口为 7089.5 万人，人口城市化水平为 42.15%；其中，长沙市、株洲市和湘潭市总人口分别为 652.4 万人、390.3 万人和 289.0 万人。长株潭地区人口年均增长速度高于全省年均人口增长速度，并且呈现人口分布向长株潭地区集中的趋势（见表 6-6）。

表 6-6　长株潭地区社会经济发展水平（2010 年）

| 地区 | 总人口（万人） | 地区生产总值（亿元） | 人均地区生产总值（元） | 城市化水平（%） |
|---|---|---|---|---|
| 湖南省 | 7089.5 | 16038.0 | 24719 | 42.15 |
| 长沙市 | 652.4 | 4547.1 | 69698 | 61.25 |
| 株洲市 | 390.3 | 1275.5 | 32680 | 48.83 |
| 湘潭市 | 289.0 | 894.0 | 30934 | 49.44 |
| 长株潭 | 1331.7 | 6716.6 | 50436 | 55.04 |

资料来源：《湖南统计年鉴 2011》。

## 三　中原城市群

20 世纪 90 年代，随着我国沿海地区区域性城市群和城市经济的发展，中部地区如何加快发展开始引起各省地方政府部门的关注。早在河南省制定"八五"计划时，便开始提出中原城市群的思想。在当时考虑河南经济布局规划时，有两种不同的观点，一种是沿黄经济带，另一种是中原城市群。后者的提出，主要强调黄河生态的限制，认为黄河不具有联络的作用，不是经济大动脉，基本的运输功能不具备，认为以郑州为核心形成城市群，在经济交往中联系比较紧密，更合理一些。在这一背景下，中原城市群的概念开始逐步形成。[①] 党的十六大以后，河南省从统筹全省社会经济发展的视角，为了实现省域经济的协调和可持续发展，开始制定实施具体的中原城市群发展规划。进入 21 世纪，中原城市群逐渐成为河南省经济发展的核心区域，在我国中部地区城市化与城市发展过程中具有重要的地位和作用。

---

① 张二勋、秦耀辰：《中原城市群发展研究》，《聊城报》（自然科学版）2006 年第 3 期。

　　中原城市群在初期主要是指以河南省省会郑州为中心，以洛阳为副中心，包括开封、平顶山、新乡、焦作、许昌、漯河、济源、巩义、新密、禹州、新郑、偃师、荥阳、登封、舞钢、汝州、辉县、卫辉、沁阳、孟州、长葛等 23 个城市，34 个县城，374 个建制镇，在占河南全省土地面积约为 5.87 万平方公里范围内，由各级各类城镇组成的区域城镇集群。中原城市群人口和土地面积分别占河南省全省人口和土地面积的 35% 和 40%。①

　　目前，中原城市群已经覆盖中部地区 5 省的 30 座地级市，构成了具有高度紧密社会经济联系的城市群。根据 2016 年 12 月国家发改委发布的《中原城市群规划》：目前的中原城市群中，共有 30 个城市。其中，以河南省郑州市、开封市、洛阳市、平顶山市、新乡市、焦作市、许昌市、漯河市、济源市、鹤壁市、商丘市、周口市和山西省晋城市、安徽省亳州市为核心发展区。联动辐射河南省安阳市、濮阳市、三门峡市、南阳市、信阳市、驻马店市，河北省邯郸市、邢台市，山西省长治市、运城市，安徽省宿州市、阜阳市、淮北市、蚌埠市，山东省聊城市、菏泽市等中原经济区其他城市。②

　　从社会经济发展水平来看，2000 年，中原城市群的地区生产总值和人口超过长株潭和武汉城市群经济区的水平，人均地区生产总值为 7055 元，略低于长株潭和武汉城市经济区 8000 元和 7660 元的水平；城市化水平为 31%，与武汉城市群经济区水平相当。2002 年，城市化水平达到 34%，高出全省平均水平约 8.2 个百分点；2004 年城市化水平达到 37.7%，高出全省平均水平 8.8 个百分点。③ 到 2008 年，中原城市群实现地区生产总值为 10568 亿元，人均地区生产总值为 21470.3 元，地方一般预算财政收入为 544.30 亿元，规模以上工业增加值为 3431.19 亿元，在中国 15 个城市群中综合实力名列第 7 位，位列中国中西部第一。到 2015 年年底，中原城市群国土面积已经达到 28.7 万平方公里，总人口为 1.58 亿人，地区生产总值达到 5.56 万亿元。2017 年，中原城市群正式跻身七大国家级城市群。

---

① 梅宪宾：《关于中原城市群发展的思考》，《科学社会主义》2009 年第 5 期。
② 国家发展和改革委员会：《国家发展改革委关于印发中原城市群发展规划的通知》，2016，http://www.sdpc.gov.cn/gzdt/201701/t20170105_834454.html。
③ 许叔明、刘静玉：《中原城市群的形成与发展分析》，《许昌学院学报》2006 年第 3 期。

# 第七章　西部地区城市化及其典型模式

西部地区是指西北地区的陕西、甘肃、宁夏、青海和新疆5个省份；西南地区的四川、重庆、贵州、云南和西藏5个省份；以及内蒙古和广西总计12个省（自治区或直辖市），这12个省（自治区、直辖市）面积总计为686.7万平方公里，占我国大陆国土总面积的71.5%。2010年年末，西部地区总人口为36069.3万人，西部地区人口数量占全国人口总量的27.0%。从社会经济发展水平来看，2010年，西部地区创造地区生产总值为81408.5亿元，占全国国内生产总值的18.6%，人均地区生产总值为22476元（见表7-1）。尽管经济发展相对落后，但是西部地区为国家经济建设提供了大量的资源和能源。2010年，原油生产量为5840.7万吨，占全国的28.8%；发电量为12230.6亿千瓦时，占全国的29.1%。

表 7-1　西部地区国民经济和社会发展主要指标（2010 年）

| 指标 | 西部12省份合计 | 西部12省份占全国比重（%） |
| --- | --- | --- |
| 土地面积（万平方公里） | 686.7 | 71.5 |
| 总人口（万人） | 36069.3 | 27.0 |
| 地区生产总值（亿元） | 81408.5 | 18.6 |
| 第一产业 | 10701.3 | 26.4 |
| 第二产业 | 40693.9 | 18.5 |
| 第三产业 | 30013.3 | 17.0 |
| 人均地区生产总值（元） | 22476.0 | — |
| 原油（万吨） | 5840.7 | 28.8 |
| 普通高等学校在校学生数（万人） | 502.7 | 22.5 |

| 指标 | 西部 12 省份合计 | 西部 12 省份占全国比重（%） |
|---|---|---|
| 城镇居民人均可支配收入（元） | 15806 | — |
| 农村居民人均纯收入（元） | 4418 | — |

注：本表中涉及分地区数据相加不等于全国总计的指标，在计算东部、中部、西部和东北地区占全国的比重时，分母为 31 个省（区、市）相加的合计数。

资料来源：《中国区域经济统计年鉴 2011》。

## 第一节　西部地区城市化历程分析

从城市化过程来看，新中国成立以来，我国西部地区的城市化走过了一段曲折的历程。新中国成立初期，在计划经济体制和国家宏观经济政策的作用下，西部地区的城市化一度有了较快的发展。新中国成立时，我国有 132 座城市，按照当时的东部、中部、西部三大区域的划分方法计算，当时我国有一半的城市集中于东部沿海地区，而西部地区的城市数量占全国城市数量比重还不到 15%，地广人稀的人口分布和国土资源状况是西部地区的显著特征。

20 世纪 50 年代初期，我国西部地区城市体系发育很不完善，城市化水平严重滞后，而且城市体系发展长期滞后于国内其他地区和全国平均水平。东部地区集中了全国城市人口规模超过 100 万人的特大城市，而西部地区上没有一座城市人口规模超过 100 万人。然而，随着新中国成立初期国民经济的全面恢复，以及随后的"一五"计划的实施，"重工业优先发展"和"区域均衡发展"等一系列的政策措施，促进了西部地区的工业化建设，进一步带动了西部地区城市化发展步伐，随着西安、包头、兰州等一些大城市的发展，西部地区的城市规模结构开始转变，从而缩小了西部地区与内地，以及与沿海城市的发展差距。在"一五"计划之后，国家开展的"三线建设"对西部地区的工业化、城市化也起到一定的促进作用，使西部地区落后的局面发生了较大的转变，尤其是一些省份以新兴的工业为中心形成了城市，随着工业化的发展，人口进一步集聚，一些城市得到了进一步发展。

随着区域工业化建设的初见成效，西部地区的城市建设和城市化发展水平都获得了一定程度的提高。从城市数量来看，到 1957 年，西部地区的城市比新中国成立时期增加了 28 个，增长了 123%；同期，东部地区的城市数量增长由原来的 66 个增加到 72 个，仅增长了 9.1%。西部地区城市的增长速度是东部地区的 13.52 倍，是全国的 3.09 倍，西部地区城市数量的增长速度快于东部地区，在全国所占比重有所上升。[①] 但是，在"大跃进"之后，随着国民经济进入调整时期，经过了以大办钢铁为主的全面工业建设带动下城市数量与城市人口的急剧增长之后，西部地区与全国一样，开始进入城市化进程停滞甚至倒退的发展阶段。在"文化大革命"期间，西部城市数量仅增加 6 个，从 1965 年的 32 个，增加到 1976 年的 38 个；城市市区非农业人口，从 1965 年的 947.56 万人，仅增加到 1975 年的 1148.38 万人，年均增长率仅有 1.94%。[②]

改革开放以后，西部地区的城市化进入了新的发展阶段。改革开放初期，我国中西部地区的城市化发展与东部地区比较还具有一定的优势。但是，西部地区的城市化和工业化过程是受国家宏观经济和产业政策影响的，随着东部地区的改革发展步伐的加快，与东部沿海地区快速工业化和城市化步伐相比较，西部地区的城市化和区域经济发展速度开始落后于东部地区，并且与东部地区的差距一度呈现扩大的趋势。西部大开发战略提出以后，西部地区经济社会获得了较快的发展。

1978~1985 年，我国城市数量由 192 个增加到 324 个，增加了近 69%，其中，西部地区由 40 个增加到 78 个，增加了 95%，西部地区的城市数量增长处于领先水平。[③] 但是，到 1998 年年底，全国的建制城市发展到 668 个，比 1985 年的 324 个增加了 1 倍，其中东部地区由 1985 年的 113 个增加到 1998 年的 250 个，增加了 121%，这期间，西部地区城市数量由 1985 年的 78 个增加到 160 个，增加了 105%。进入 20 世纪末期，随着国家西部大开发战略的全面实施，西部地区的城市化取得新的发展，城市化水平不断

---

① 赵常兴：《西部地区城镇化研究》，博士学位论文，西北农林科技大学，2007。
② 李善同、刘勇：《西部大开发中城镇化道路的选择》，《城市发展研究》2001 年第 8 期。
③ 魏后凯：《中西部工业与城市发展》，经济管理出版社，2000，第 120 页。

提高。2001 年，西部地区城市人口占总人口的比重为 29.60%，东部、中部和东北地区的这一指标分别为 47.03%、30.76% 和 52.76%，西部地区与全国 37.66% 的城市化平均水平比较，落后 8.06 个百分点。2010 年，东部、中部、西部、东北地区和全国的这一指标分别为 59.70%、43.58%、41.43%、57.62% 和 49.68%，西部地区与全国城市化平均水平比较，落后 8.25 个百分点。可见西部地区城市化水平在全国一直处于最低水平（见表7－2）。

表 7 － 2　西部地区城市化发展状况

| 地区 | 2001 年 (%) | 2005 年 (%) | 2010 年 (%) | 年均增长百分点 | |
|---|---|---|---|---|---|
| | | | | 2001～2010 年 | 2005～2010 年 |
| 重庆 | 37.40 | 45.20 | 53.02 | 1.74 | 1.56 |
| 四川 | 27.20 | 33.00 | 40.18 | 1.44 | 1.44 |
| 贵州 | 23.96 | 26.87 | 33.81 | 1.09 | 1.39 |
| 云南 | 24.86 | 29.50 | 34.70 | 1.09 | 1.04 |
| 西藏 | 19.53 | 26.65 | 22.67 | 0.35 | － 0.80 |
| 广西 | 28.20 | 33.62 | 40.00 | 1.31 | 1.28 |
| 陕西 | 33.62 | 37.23 | 45.76 | 1.35 | 1.71 |
| 甘肃 | 24.51 | 30.02 | 35.97 | 1.27 | 1.19 |
| 青海 | 36.32 | 39.25 | 44.72 | 0.93 | 1.09 |
| 宁夏 | 33.32 | 42.28 | 47.90 | 1.62 | 1.12 |
| 新疆 | 33.75 | 37.15 | 43.01 | 1.03 | 1.17 |
| 内蒙古 | 43.54 | 47.20 | 55.50 | 1.33 | 1.66 |
| 东部 | 47.03 | 52.93 | 59.70 | 1.41 | 1.35 |
| 中部 | 30.76 | 36.54 | 43.58 | 1.42 | 1.41 |
| 西部 | 29.60 | 34.57 | 41.43 | 1.31 | 1.37 |
| 东北 | 52.76 | 55.15 | 57.62 | 0.54 | 0.49 |
| 全国 | 37.66 | 42.99 | 49.68 | 1.34 | 1.34 |

资料来源：根据历年全国和各地区统计年鉴整理计算。

## 第二节　西部地区城市化现状特征

随着社会经济发展水平的提高，区域城市化水平已经成为社会文明和进步的主要标准之一。我国西部地区的城市化历程与东部、中部和东北地区相比有着较大的不同。我国西部地区城市化发展过程受区域自身的自然经济条件和社会历史发展等一系列因素的影响。分析我国西部地区的城市化进程、模式和特征，全面认识西部城市化发展规律及其发展趋势，对于积极稳妥地推进西部地区城市化进程具有重要的现实意义，也是实施西部大开发战略的必然要求，对我国区域经济社会的协调发展具有深远的意义。

第一，西部地区的城市化水平长期滞后。考察我国区域城市化过程可以看出，西部地区的城市化水平明显滞后。长期以来，我国的城市发展政策是"严格控制大城市规模，合理发展中小城市，积极发展小城镇"。这一城市化发展方针对西部地区城市化的影响是长期和深远的。西部地区城市化的滞后性体现在，人口城市化水平不仅长期低于国内其他地区的城市化水平，而且低于我国城市化的平均水平。城市化与城市发展是带动区域经济发展的重要依托，然而，西部地区城市化的滞后现状难以发挥其在带动区域经济增长中应有的作用。

从城市化水平来看，20 世纪末期，随着西部大开发战略的提出，西部地区工业化和城市化开始进入新的发展时期，根据 1998 年的统计数据计算，从单位国土面积的城市数量分布来看，东部地区为每万平方公里 2.2 个，中部地区为 0.9 个，而西部地区仅为 0.2 个。2001 年，全国、东部、中部、西部和东北地区的城市化水平分别为 37.66%、47.03%、30.76%、29.60% 和 52.76%，西部地区城市化水平与全国、东部、中部、东北地区城市化水平的差距分别为 8.06 个百分点、17.43 个百分点、1.16 个百分点、23.16 个百分点；2010 年，全国、东部、中部、西部和东北地区的城市化水平分别为 49.68%、59.70%、43.58%、41.43% 和 57.62%，西部地区城市化水平与全国、东部、中部、东北地区城市化水平的差距分别为 8.25 个百分点、18.27 个百分点、2.15 个百分点、16.19 个百分点。以上分析可以看出，西部地区城市化水平始终落后于国内其他地区。

第二，西部地区城市化发展质量相对较低。与国内其他地区比较，西部地区区域及城市的人均地区生产总值有很大的差距。根据统计年鉴资料，2010 年，西部 12 个省会城市人均地区生产总值的平均水平仅为 37586 元，省会城市三次产业增加值占 GDP 比重的比为 6.3:46.5:47.2；同期，东部、中部和东北地区省会城市人均地区生产总值的平均水平分别为 46354 元、24241 元和 34302 元；全国省会城市人均地区生产总值为 49536 元，其中，三次产业增加值占 GDP 比重的比为 4.3:46.5:49.2。这说明西部地区城市经济发展水平在区域经济中所占的比重明显偏低，西部城市经济实力不强。城市经济发展水平的相对滞后，是西部地区城市化滞后的特征之一。由于西部地区城市化水平的长期滞后，区域三次产业增加值占 GDP 的比重不协调，影响了城市第三产业对就业的吸纳能力，从而又阻碍了农村人口的城市化进程。进一步分析西部城市三次产业就业结构可以看出，2010 年，西部地区第一产业、第二产业和第三产业就业人口占从业人员的比重的比为42.2:21.5:36.3，同期这一指标的全国平均水平为 36.7:28.7:34.6，西部地区第一产业和第三产业就业人口比重高于全国平均水平，而第二产业从业人员比重低于全国平均水平，可见西部地区工业化水平还是比较低的（见表 7 - 3）。

表 7 - 3  西部地区就业结构比较（2010 年）

单位：%

| 地区 | 第一产业 | 第二产业 | 第三产业 |
| --- | --- | --- | --- |
| 重庆 | 33.1 | 29.1 | 37.8 |
| 四川 | 42.9 | 23.1 | 34.1 |
| 贵州 | 49.6 | 11.9 | 38.5 |
| 云南 | 59.4 | 13.6 | 27.0 |
| 西藏 | 53.1 | 11.1 | 35.8 |
| 广西 | 53.3 | 21.0 | 25.6 |
| 陕西 | 43.9 | 25.0 | 31.1 |
| 甘肃 | 51.1 | 15.1 | 33.8 |
| 青海 | 41.9 | 22.6 | 35.5 |
| 宁夏 | 39.4 | 26.4 | 34.2 |
| 新疆 | 51.2 | 14.1 | 34.7 |
| 内蒙古 | 48.2 | 17.4 | 34.4 |
| 西部 | 42.2 | 21.5 | 36.3 |

| 地区 | 第一产业 | 第二产业 | 第三产业 |
| --- | --- | --- | --- |
| 全国 | 36.7 | 28.7 | 34.6 |

资料来源：《中国区域经济统计年鉴 2011》。

第三，从城市化发展的动力机制看，城市化发展模式可以分为市场主导型的城市化和政府主导型的城市化两种发展模式。市场主导型的城市化模式是在没有或者较少的政府干预之下，注重发挥市场在城市产生和发展的资源配置作用，以提高效率为最终目的，从而实现城市的经济和社会的发展；政府主导型的城市化模式是通过政府对生产要素的配置进行直接干预，达到影响城市化发展进程的目的。就全国而言，在改革开放以前相当长的时期内，以政府主导型的自上而下的城市化发展模式是我国城市化的基本模式。西部地区也不例外。新中国成立初期，由于当时特殊的时代背景，形成了我国区域城市化过程特有的制度安排和政策选择。在 20 世纪 50 年代，随着国家大规模工业建设的开展，西部地区城市化有了较快的发展。在一个国家或地区的城市化起步阶段，工业化的发展是城市化与城市发展的初始动力，西部地区城市化的历史进程表明，西部地区的城市化进程始终没有脱离直接的行政干预。作为一种典型的政府主导型城市化模式，改革开放以来，政府对西部地区城市化进程行政干预的导向已经开始引进市场机制，并逐步把传统模式下的行政干预向政府的积极引导与推动转变。历史上，西部地区城市建设一直受国家宏观政策的影响，特别是新中国成立以后开展的大规模工业建设，在苏联援建的 156 个工业项目，在京汉铁路以西的西北、东北、华北（"三北"）地区开展的项目等，随着大规模的国家工业化建设的展开，西部地区的城市，如西安、兰州和包头等，在较短时间内得到了快速发展，城市工业和人口加速聚集，虽然这期间国家的区域发展政策对西部城市的快速成长和发展起到了积极的推动作用，但也为西部地区城市化发展模式烙下了深刻的历史印记。

第四，西部地区各省（区、市）之间城市化发展不平衡。我国西部地区面积较大，包括西北地区的陕西、甘肃、宁夏、青海和新疆 5 个省份，西南地区的四川、重庆、贵州、云南和西藏 5 个省份；以及内蒙古和广西总计

12 个省（自治区或直辖市），这 12 个省（自治区、直辖市）面积总计为
686.7 万平方公里，占我国大陆国土总面积的 71.5%。不同的省区市之间的
社会经济发展水平、人口数量、城市人口密度、城市规模结构等都存在很
大差异。长期以来，西部地区内部不同省（自治区、直辖市）之间的城市
化水平和质量都存在很大差异。2001 年，西部地区城市化平均水平为
29.60%，其中，城市化水平最高的内蒙古自治区为 43.54%，而城市化水
平最低的西藏自治区仅为 19.53%；2010 年，西部地区城市化平均水平为
41.43%，其中，城市化水平相对较高的内蒙古自治区和重庆市的城市化水
平分别为 55.50% 和 53.02%，而城市化水平相对较低的西藏自治区和贵州
省分别为 22.67% 和 33.81%，不同地区的城市化水平存在很大的差距。

目前西部地区的社会经济发展水平及其城市化进程，有着其深刻的社
会历史和自然地理根源，尤其是我国西部地区有着独特的资源环境条件，
从而构成了西部地区独具特色的城市化进程及其发展特征。因此，研究西
部地区城市化现状特征还必须分析西部地区城市化特有的基础条件，这是
我们科学地认识西部地区区域城市化，并系统地分析西部区域城市化发展
模式及其对生态环境安全影响作用的前提。

## 第三节　西部地区城市化典型模式

### 一　攀枝花模式

四川省攀枝花市位于中国西南川滇交界部，金沙江与雅砻江汇合处，
东北面与四川省凉山彝族自治州的会理、德昌、盐源 3 县接壤，西南面与云
南省的宁蒗、华坪、永仁 3 县为界。攀枝花模式是 20 世纪 60 年代计划经济
体制下，由国家统一组织、集中投资、开发资源而形成的一种特殊的人口
城市化发展模式。1964 年党中央决定在钒、钛、铁资源丰富的攀西地区建
设攀枝花钢铁工业基地，筑建成昆铁路，由国家统一组织、集中投资、调
集力量进行了"大会战"式的开发建设，迅速在此形成了一座绵延百公里
的新兴工业城市。1965 年，中共中央西南局向中共中央、国务院提出《关

于成立攀枝花工业区人民政府的请示》，"建议在攀枝花工业区党委统一领导下，成立一个工业区人民政府"。同年，周恩来总理批示："攀枝花成立特区政府，仿大庆例，政企合一。"不久，攀枝花特区改称渡口市，这标志着攀枝花建市，1987 年 1 月，经国务院批准更名为攀枝花市。攀枝花建市以后，所辖区域逐渐增大。1965 年，攀枝花土地面积为 1412 平方公里，全市共有 18016 户 122243 人，户均 6.79 人，其中，非农业人口为 42193 人，占 34.52%，农业人口为 80050 人，占 65.48%。此后，市辖地区又有 3 次变动。为了工业生产建设和大规模开发资源，20 世纪 60 年代中期，在国家政策引导下，大量劳动力人口从全国各地迁入攀枝花，1964 年，攀枝花城镇人口占总人口的比重仅为 5.38%，到 1972 年，由于城市建制，人口城市化水平迅速上升为 42.43%。到 1978 年，人口城市化水平达到 45.99%，市辖区域面积增至 7434.40 平方公里。[1]

攀枝花市人口城市化过程是伴随着工业化发展而进行的。随着重工业基地的建设，攀枝花城市的发展倚重第二产业，尤其是工业的发展而迅速发展。在工业基地建设初期，攀枝花贯彻执行"先生产、后生活"的建设方针，全力以赴投入工业建设。1965～1970 年建设投资总额为 14.4 亿元。到 20 世纪 80 年代初期，国家在攀枝花的固定资产投资已达 40 亿元，其中，中央和省属项目投资占 84.5%，地方投资仅占 15.5%。在投资总额中，工业投资始终占 90% 以上。1978～1985 年，攀枝花市人口每年平均增长1.06%。至 1985 年年底，全市人口数量达到 849132 人（户均人口 4.8 人），其中，非农业人口 409917 人，占 48.27%，农业人口 439215 人，占 51.73%。1965～1985 年，攀枝花市共迁入人口 674007 人，平均每年迁入人口 32096 人，年平均迁入率达 66.44‰。1965～1985 年，平均每年净增 5499 人，人口自然增长率为 11.38‰。[2] 但是，攀枝花的城市管理和城市建设走向正常发展的轨道，还是在十一届三中全会以后。目前，成昆铁路和 108 国道公路纵贯

---

① 吴忠观、刘家强：《攀枝花模式：人口城市化模式研究》，《天府新论》1996 年第 5 期；攀枝花市政府门户网站，http://www.panzhihua.gov.cn/zjpzh/pzhsz/dqpcsjs/206033.shtml。

② 吴忠观、刘家强：《攀枝花模式：人口城市化模式研究》，《天府新论》1996 年第 5 期。

全境，北距成都 749 千米，南接昆明 351 千米。攀枝花市已经成为四川省通往华南、东南亚重要的交通枢纽和商贸物资集散地。

攀枝花市城市化过程与其工业化发展密切相关，可以说，攀枝花市是西部地区一个典型依靠钢铁工业发展起来的，以工业为主导的城市，其主导工业是冶金工业以及与其协作关系密切的采矿、电力、煤炭和建材工业等，其他行业则较为薄弱，从而形成了一种畸重型的工业结构。20 世纪 90 年代初期，四川省的三次产业从业人员中，第二产业就业比重已经不足 20%，而攀枝花市的第二产业就业人口比重仍然超过 45%。攀枝花模式的主要特点是采用依靠国家投资发展城市工业的办法，大力开发本地资源，建立大中型工矿企业，依靠城市工业生产的发展和资金积累，带动地方工业及农村经济的发展，促使人口向城市集中。作为中国典型的人口城市化模式之一，攀枝花模式也和其他模式一样，有它自己的优势和问题。其优势在于以下几点。首先，由于该模式采取的是依靠国家投资开发矿产资源、建立大中型企业、发展地方工业、促进人口集中的形式，城市的工业基础扎实，现代化程度较高，因此城市经济的发展和人口转移具有稳定性和持续性。其次，由于攀枝花是国家重点开发地区，工业生产发展速度快、规模大，因此人口集中的速度也快，城镇人口在短期内大量增加，人口城市化程度也达到很高的水平，以后随着城乡经济发展而逐渐增长，这样城镇人口就业率高，大部分为企业所吸收，城市流动人口及农业人口比重小。最后，在贫穷、落后、人口密度很低，但资源又异常丰富的西部高原地区建立新兴工业城市，吸引了大量的东部地区人口向此迁移和聚集，因而它对于整个国家人口的合理分布和生产力的合理布局具有重大意义。从生产力布局来看，1952 年我国沿海和东北部地区的钢产量占全国的 85.8%，而西北、西南地区仅占 3.8%。由于攀钢等的建成投产，这一地区的钢产量比重上升到 12.5%。可见，攀枝花模式为我国"东靠西移"的战略决策提供了范例。[①]

---

① 吴忠观、刘家强：《攀枝花模式：人口城市化模式研究》，《天府新论》1996 年第 5 期。

## 二　成都模式

2010 年，中国国家信息中心在北京发布了《西部大开发中的城市化道路——成都城市化模式案例》研究报告。报告指出，成都已经成为西部大开发中的引擎城市、中国内陆投资环境标杆城市、新型城市化道路的重要引领城市。被誉为"欧元之父"的诺贝尔经济学奖获得者罗伯特·蒙代尔和北京大学光华管理学院名誉院长厉以宁高度评价了成都的城市化模式，称该模式不仅可以为国内城市还可以为全世界城市的发展提供示范和借鉴。据了解，为总结、探索成都市在西部大开发中跨越式发展道路的经验和理论依据，国家信息中心组成了以蒙代尔、厉以宁为负责人的课题研究组，于 2009 年 11 月开始进行实地调研，并形成上述报告。①

成都是我国西南开发最早的地区，是全国 24 座历史文化名城之一。从有确切记载算起，成都已有 2300 多年的历史。早在公元前 4 世纪，蜀国开明王朝迁蜀都城至成都，取周王迁岐"一年成邑，二年成都"，因名成都，相沿至今。1949 年 12 月 27 日，成都解放，始为川西行署所在地。1952 年，撤销行署，恢复四川省建制，成都市一直为四川省省会。1989 年 2 月，经国务院批准，成都市的经济和社会发展计划在国家计划中实行单列，享有省一级经济管理权限，成为全国 14 个计划单列城市之一。成都地处成都平原的腹地，四川盆地的西部，是西南地区的中心城市之一，是四川省政治、经济、文化中心。成都市目前下辖 9 个区、6 个县和 4 个县级市。2007 年，国务院批准成都市为全国统筹城乡综合配套改革试验区。2009 年，世界优秀旅游目的地城市中心正式授予成都"世界优秀旅游目的地城市"称号。成都产业结构进一步优化升级，电子信息、汽车、石化等产业集群发展不断增强，工业集中度为 74.7%，三次产业结构比值为 5.1∶44.7∶50.2。2010年在低碳中国论坛首届年会上，成都荣获了 2009 年度"低碳中国贡献城市"。2010 年，成都实现地区生产总值 5551.3 亿元，为全国省会城市第 3

---

① 中外专家：《"成都城市化模式"可为全球借鉴》，《金融时报》2010 年第 8 期。

名，大陆城市 12 位；地方财政一般预算收入为 526.9 亿元，增长 36%；固定资产投资为 4255.4 亿元，扣除灾后重建同比增长 10.6%；社会消费品零售总额为 2417.6 亿元，增长 18.8%；城镇居民人均可支配收入为 20835 元、农民居民人均纯收入为 8205 元，分别增长 11.7%、15.1%。成都大力发展循环经济，积极推广低碳技术，加强节能减排和淘汰落后产能，强化重点企业环保和节能减排监管。2010 年中国大陆城市国际形象调查新闻发布会在上海举行，成都以 75.90 的高分居排行榜第 3 名，仅次于上海（78.85 分）、北京（78.77 分）成为中国城市国际形象第 3 名。2010 年美国权威杂志《福布斯》发布未来 10 年全球发展最快城市排名，成都居排行榜榜首。

随着区域社会经济的发展，西部地区城市化发展与其他地区的差距还是十分显著的。在积极推进西部大开发战略的过程中，应该充分考虑到区域城市化发展水平相对滞后的现实问题。因为城市化与工业化、现代化发展是相辅相成、互促共进的，城市化水平的长期落后对于西部地区的经济和社会发展都产生了一定的制约作用。要加快西部地区的发展步伐，努力缩短西部区域经济社会发展水平与国内其他地区的差距，就必然要积极稳妥地推进西部城市化进程，并且在城市化发展过程中，通过区域各级各类城市基础设施建设水平的提高和产业结构的调整、优化，大力提高城市的产业和人口聚集，从而带动区域内城乡统筹发展，实现区域社会、经济发展与人口、资源、环境的协调和可持续发展。

# 第八章  东北地区城市化发展模式分析

## 第一节  东北地区自然状况

东北地区包括辽宁、吉林、黑龙江 3 省，土地面积总计约为 78.8 万平方公里，约占全国土地面积的 8.2%。2010 年，东北地区人口总量为 10955 万人，约占全国人口总量的 8.2%。

### 一  东北地区资源环境状况

从资源环境状况来看，东北地区耕地总面积约为 3.23 亿亩，草原总面积约为 1.3 亿亩。2010 年，东北地区人口密度为 139 人/平方公里，与全国平均水平接近，远低于东部和中部地区的人口密度，而高于西部地区；东北地区森林和耕地资源相对比较丰富，2010 年，森林覆盖率为 42.93%，高于东部、中部、西部地区及全国平均水平；东北地区人均耕地面积为 3.03 亩，分别是东部、中部、西部地区及全国人均耕地面积的 3.9 倍、2.7 倍、1.6 倍和 2.2 倍；2010 年，东北地区自然保护区占国土面积的 14.42%，高于东部和中部地区，低于西部地区，接近全国平均水平；2010 年，东北地区人均水资源量为 1960 立方米，高于东部地区，与中部地区相当，但低于西部地区和全国平均水平。东北地区的石油等一些已探明的矿产资源储量比较丰富，人均一次性能源储量为 21.57 千克标准煤，人均铁矿资源为 79.30 吨，已探明的一次性能源储量达 23200.7 亿吨，占全国 50% 以上。东北地区之所以成为我国重要的粮食产区和老工业基地，主要原因之一就是其较好的自然资源条件。

## 二 东北地区社会经济发展水平

从社会经济发展水平来看，2010 年，东北地区人口自然增长率约为 1.49‰，其中，辽宁省的人口自然增长率仅为 0.42‰，东北地区人口自然增长率远低于其他地区及全国平均水平；2010 年，东北地区人均 GDP 达到 34302 元，低于东部地区，高于中部、西部和全国平均水平；工业化率为 46.21%，高于东中西部和全国平均水平；2010 年，东北地区城镇居民人均可支配收入为 15941 元，略高于西部地区，但低于东部、中部地区和全国平均水平（见表 8-1）。

表 8-1 2010 年东北地区与东中西部资源环境、城市化和经济社会发展状况比较

| 指标 | 辽宁 | 吉林 | 黑龙江 | 东北 | 东部 | 中部 | 西部 | 全国 |
|---|---|---|---|---|---|---|---|---|
| 人口（万人） | 4375 | 2747 | 3833 | 10955 | 50664 | 35697 | 36069 | 134091 |
| 区域人口密度（人/平方公里） | 296 | 147 | 84 | 139 | 550 | 347 | 52 | 140 |
| 人口自然增长率（‰） | 0.42 | 2.03 | 2.32 | 1.49 | 5.25 | 5.79 | 5.49 | 4.79 |
| 森林覆盖率（%） | 35.13 | 43.6 | 45.2 | 42.93 | 40.75 | 38.71 | 17.94 | 20.36 |
| 人均耕地面积（亩） | 1.4 | 3.39 | 4.63 | 3.03 | 0.77 | 1.13 | 1.87 | 1.36 |
| 人均水资源量（立方米） | 1392 | 2503 | 2229 | 1960 | 1269 | 1961 | 4250 | 2310 |
| 人均一次能源生产量（千克标准煤） | 1547 | 1744 | 3381 | 2238 | 838 | 2801 | 4222 | 2220 |
| 自然保护区占国土面积比重（%） | 12.46 | 12.29 | 14.09 | 14.42 | 10.40 | 5.56 | 17.79 | 14.90 |
| 单位 GDP 能耗（吨标煤/万元） | 1.13 | 0.96 | 1.08 | 1.08 | 0.72 | 0.98 | 1.2 | 0.81 |
| 人均 GDP（元） | 42355 | 31599 | 27076 | 34302 | 46354 | 24241 | 22475 | 29992 |

续表

| 指标 | 辽宁 | 吉林 | 黑龙江 | 东北 | 东部 | 中部 | 西部 | 全国 |
|---|---|---|---|---|---|---|---|---|
| 工业化率（％） | 47.62 | 45.33 | 44.44 | 46.21 | 44.09 | 45.68 | 42.19 | 40.10 |
| 城镇居民人均可支配收入（元） | 17713 | 15411 | 13857 | 15941 | 23273 | 15962 | 15806 | 19109 |
| 农村居民人均纯收入（元） | 6908 | 6237 | 6211 | 6435 | 8143 | 5510 | 4418 | 5919 |
| 城市人口密度（人／平方公里） | 1814 | 1449 | 5239 | 2165 | 2004 | 3010 | 2245 | 2209 |
| 每万人拥有公共交通车辆（标台） | 9.35 | 9.75 | 10.00 | 9.68 | 10.37 | 8.28 | 9.53 | 9.71 |
| 人口城市化率（％） | 62.10 | 53.35 | 55.56 | 57.62 | 59.7 | 43.58 | 41.43 | 49.68 |

资料来源：根据中国和各地区统计年鉴整理。

　　东北地区是我国主要的老工业基地之一。经过新中国成立以来60多年的发展，目前的东北地区已经形成以钢铁、石化、机械和煤炭等重工业为主导的产业体系。东北地区城市化过程主要发生在新中国成立以后，并与新中国成立初期国家大规模的工业化过程同步展开，因此，东北地区的城市化与区域工业化过程密切相关。我国在新中国成立初期开始的工业化建设是建立在对石油、煤炭等不可再生的矿产资源大规模开发利用基础之上的，同时也需要大量的劳动力资源。因而，一方面，国家工业化过程带动了农业劳动力向工业部门的转移，进而促进了人口的城市化进程；另一方面，工业化和城市化在较快发展的过程中，在开发利用土地、森林、矿产等自然资源的同时，也会不同程度地产生一系列的生态环境问题。因此，分析东北地区城市化过程，应该结合区域工业化过程，并结合区域人口的非农化及其由乡村到城市的职业和地域转换过程，在此基础上研究区域生态安全与城市化的相互关系。

## 第二节　东北地区城市化发展状况

### 一　东北地区城市化发展水平

　　东北地区的工业化和城市化具有其特殊性，表现为城市化进程起步相对较晚，但是发展比较快。我国现代意义上的城市化开始于清末东南沿海地区，东北地区的城市化也正是在这一时期起步的。在 20 世纪初期，清政府开始准许开放东北地区的一些商埠，而随着这些商埠的开放与发展，东北地区近代化进程也开始起步，其中出现了较快的人口城市化集聚趋势。1900～1931 年，我国东北一带居住在城市的人口约为 10%，因此，可以认为，我国东北地区的城市化起步于 20 世纪初期。1949 年，东北地区人口城市化率约为 20%，远高于当时全国约 10% 的城市化水平。到 20 世纪 60 年代初，东北地区城市化一度呈现较快的发展趋势。这一时期的东北地区城市化采取的是计划经济体制下的自上而下的发展模式。1961 年，东北地区城市化水平达到 47%。可见这一特殊历史阶段我国东北地区的人口城市化水平提高速度之快。东北地区从中国城市发展较为落后的地区发展成为近代中国城市化水平相对较高的地区，只用了半个多世纪。

改革开放以后，东北地区城市化进程随着社会经济的全面恢复与发展而进入一个新的历史时期。改革开放以来，随着大中城市和大都市区人口和产业的集聚，以及区域性城市群的产生与发展，东北地区区域城市体系得到进一步发展和完善。从人口城市化水平的变化趋势看，1978 年，东北地区人口城市化率为 35.2%，进入国际上 30%～70% 的城市化快速增长区间，到 1990 年，达到 47.4%，2000 年上升到 46.0%，2010 年达到 57.62%；如果按照非农业人口比重来计算，则 1990 年和 2000 年东北地区的人口城市化水平分别为 39.44% 和 43.95%，到 2010 年，东北地区非农就业人口比重达到 51.9%。可以发现，改革开放以来，东北地区城市化一直处于较高水平。从城市建设来看，近年来，沈阳、大连、长春、哈尔滨四个区域性首位城市以及一些中小城市的建成区规模仍然在不断扩大，城市建成区以年均 15% 的速度向外扩展。城市边缘区成为城市空间发展重点，郊区成为最活跃的城市化地域，发展势头迅猛。[①]

进入 21 世纪，随着东北老工业基地振兴战略的实施，东北地区城市化

---

① 刘西锋、李诚固、谭雪兰：《东北地区城市化的特征与机制分析》，《城市问题》2002 年第 5 期；王士君：《中国东北地区城市地理基本框架》，《地理学报》2006 年第 6 期。

与区域社会经济都出现了新的增长趋势，但是，也出现一些新的问题，突出表现为城市化发展水平优势逐渐丧失。从东北地区城市化与工业化发展比较来看，城市化与工业化的"偏差系数"（城市化率/工业化率－1）是衡量一个国家或地区城市化过程与工业化发展相互协调程度的一项重要指标。根据世界城市化的一般经验，一个国家或地区的人口城市化率高出或同步于工业化率是城市化过程的基本规律。我国人口城市化与工业化的偏差系数曾经长期是负值，说明我国人口城市化平均水平滞后于工业化。但是，东北地区城市化率与工业化率偏差系数指标为正值，而且与东部地区比较并没有显著的差距。从区域城市化水平差距来看，统计表明，2001 年，全国城市化率与东北地区的城市化率差距为 15.10 个百分点；2010 年，全国城市化率达到 49.68%，同期东北地区的城市化率为 57.62%，东北地区城市化率高出全国平均水平 7.94 个百分点，全国城市化平均水平与东北地区城市化水平的差距大幅度缩小。从区域比较来看，2001～2010年，东部、中部、西部与东北地区城市化水平的差距也在大幅度缩小，到 2010 年，东部地区城市化率达到 59.70%，已经高出东北地区 2.08 个百分点（见表 8－2）。由此可见，进入 21 世纪以来，我国城市化发展进入了新一轮较为快速的发展阶段，在这样的背景下，东北地区城市化水平全国最高的优势已经不明显，东北地区城市化的这种现状特征应该引起我们的关注。

表 8－2　东北地区城市化水平与其他地区比较

| 年份 | 指标 | 辽宁 | 吉林 | 黑龙江 | 东北 | 东部 | 中部 | 西部 | 全国 |
|---|---|---|---|---|---|---|---|---|---|
| 2001 | 城市化率（%） | 55.00 | 49.80 | 52.38 | 52.76 | 47.03 | 30.76 | 29.60 | 37.66 |
| | 工业化率（%） | 43.51 | 35.66 | 49.64 | 44.07 | 42.79 | 38.19 | 31.86 | 44.41 |
| | 城市化与工业化偏差系数 | 0.26 | 0.40 | 0.06 | 0.20 | 0.10 | －0.19 | －0.07 | －0.15 |
| | 与全国城市化率相差百分点 | 17.34 | 12.14 | 14.72 | 15.10 | 9.37 | －6.90 | －8.06 | 0.00 |
| | 与东北城市化率相差百分点 | 2.24 | －2.96 | －0.38 | 0.00 | －5.73 | －22.00 | －23.16 | －15.10 |

| 年份 | 指标 | 辽宁 | 吉林 | 黑龙江 | 东北 | 东部 | 中部 | 西部 | 全国 |
|------|------|------|------|--------|------|------|------|------|------|
| 2010 | 城市化率（%） | 62.10 | 53.35 | 55.56 | 57.62 | 59.70 | 43.58 | 41.43 | 49.68 |
| | 工业化率（%） | 47.62 | 45.33 | 44.44 | 46.21 | 44.09 | 45.68 | 42.19 | 40.10 |
| | 城市化与工业化偏差系数 | 0.30 | 0.18 | 0.25 | 0.25 | 0.35 | -0.05 | -0.02 | 0.24 |
| | 与全国城市化率相差百分点 | 12.42 | 3.67 | 5.88 | 7.94 | 10.02 | -6.10 | -8.25 | 0.00 |
| | 与东北城市化率相差百分点 | 4.48 | -4.27 | -2.06 | 0.00 | 2.08 | -14.04 | -16.19 | -7.94 |

## 二 东北地区城市化发展速度

城市化发展速度是区域城市化与城市发展的主要衡量指标之一。在新中国成立以后的相当长一段时期内，东北地区都是我国城市化发展相对较快的地区。东北地区城市化之所以能够取得较快的发展，主要是计划经济时期一系列国家政策的推动作用；另外，东北地区的地理环境、自然资源等自然地理因素与国家的工业布局规划同样也是促进城市化与城市发展较为重要的因素。但改革开放后，东北地区城市化进程开始逐渐缓慢。这种城市化发展速度趋缓的现象可以从东北地区人口城市化率与国际、与全国平均水平，以及与国内其他地区的比较分析中得以验证。

从东北地区城市化发展速度来看，根据历年统计年鉴的数据，自20世纪80年代开始，我国东北地区的城市化速度就开始慢于全国平均水平，而且，这种现象一直持续至今。具体来看，1981~1990年，全国城市化水平年均提升0.70个百分点，东北地区城市化水平年均提升0.58个百分点；1991~2000年，全国城市化水平年均提升0.98个百分点，东北地区城市化水平年均提升0.27个百分点；2001~2010年，全国城市化水平年均提升1.34个百分点，东部、中部、西部地区城市化水平年均分别提升1.41个百分点、1.42个百分点、1.31个百分点，东北地区城市化水平年均提升0.54个百分点，可见，东北地区城市化发展速度明显慢于全国其他区域的城市化发展速度（见表8-3、表8-4）。

表 8 - 3　20 世纪 60 年代以来东北地区城市化率年均增长百分点与全国比较

| 年份 | 全国 | 东北地区 | | | |
|---|---|---|---|---|---|
| | | 东北 | 辽宁 | 吉林 | 黑龙江 |
| 1961～1970 | -0.24 | -0.81 | -0.96 | -0.95 | -0.15 |
| 1971～1980 | 0.20 | 0.32 | 0.54 | 0.29 | 0.07 |
| 1981～1990 | 0.70 | 0.58 | 0.65 | 0.63 | 0.46 |
| 1991～2000 | 0.98 | 0.27 | 0.40 | 0.45 | -0.001 |
| 2001～2010 | 1.34 | 0.54 | 0.79 | 0.39 | 0.35 |
| 2005～2010 | 1.34 | 0.49 | 0.68 | 0.17 | 0.49 |

资料来源：历年中国和辽宁、黑龙江、吉林统计年鉴。

表 8 - 4　东北地区及全国城市化发展状况

| 地区 | 2001 年（%） | 2005 年（%） | 2010 年（%） | 年均增长百分点 | |
|---|---|---|---|---|---|
| | | | | 2001～2010 年 | 2005～2010 年 |
| 辽宁 | 55.00 | 58.70 | 62.1 | 0.79 | 0.68 |
| 吉林 | 49.80 | 52.52 | 53.35 | 0.39 | 0.17 |
| 黑龙江 | 52.38 | 53.10 | 55.56 | 0.35 | 0.49 |
| 东部 | 47.03 | 52.93 | 59.70 | 1.41 | 1.35 |
| 中部 | 30.76 | 36.54 | 43.58 | 1.42 | 1.41 |
| 西部 | 29.60 | 34.57 | 41.43 | 1.31 | 1.37 |
| 东北 | 52.76 | 55.15 | 57.62 | 0.54 | 0.49 |
| 全国 | 37.66 | 42.99 | 49.68 | 1.34 | 1.34 |

资料来源：根据历年中国和各地区统计年鉴整理计算。

从东北地区各省的情况来看，辽宁省是东北地区城市化发展速度最快的省份，但也明显慢于全国以及东部、中部和西部地区城市化发展速度；吉林省城市化发展速度自 20 世纪 80 年代以来持续下降，2005～2010 年，吉林省城市化年均仅提升了 0.17 个百分点；黑龙江省的城市化发展速度在 2005～2010 年有所提升，但也远低于全国平均水平。

通过上述研究表明，进入 21 世纪，无论沿海地区还是内陆地区，我国区域城市化发展速度都有加快的趋势，但是，与全国平均水平相比，东北地区城市化发展速度总体趋缓，而且城市化速度还存在着一定的省际差异。当然，东北地区城市化发展速度趋缓的局面还不能说明目前整个东北地区城市化和城市发展问题，但人口城市化水平是区域城市化发展的主要衡量指标之一，在我国大力推进统筹区域发展、振兴东北老工业基地的背景下，东北地区的城市化发展速度的相对趋缓现象是值得关注的。

## 第三节　东北地区城市化发展模式

### 一　东北地区城市化动力机制

从理论上分析，城市化过程是一个涉及区域经济、社会、人口等诸多领域的系统工程，城市化发展动力既有源自区域内的自然资源和社会生产力发展等城市自身的自然和人文因素，也有区域外的各种社会、经济因素。在不同地区不同时期的城市化进程中，不同的社会经济制度环境下的城市化动力机制也不同；从不同的研究角度来看，城市化发展的动力机制也有不同的分类方式。根据三次产业在城市化发展过程中的作用，工业化是一个国家或区域城市化的根本动力，但城市化的动力不是单因素作用的结果，而是各种力量综合作用的社会历史过程。例如，我国在计划经济条件下，城市化的主要动力是以政府作用为主导的自上而下的发展模式。从产业动力的角度分析，根据工业化国家城市化的历史进程，中外研究认为，城市化发展阶段不同，其动力机制也有所不同，即农业、工业和服务业这三次产业为一个国家或地区城市化过程提供了基本的动力源。其中，农业发展为城市化提供了初始动力；工业化是城市化的根本动力；服务业为城市化提供后续动力。

农业生产力水平的提高不仅促进了农村剩余劳动力的产生，而且为城市人口提供了粮食等生活资料和一些工业原料，农业发展所产生的剩余农产品使得城市居民的生产、生活得到了基本保证，农村剩余劳动力的产生又进一步为城市生产发展提供了劳动力资源，所以，城市化和城市发展初级阶段是靠农业发展来推动的，农业生产的发展推进农村人口的城市化转移。而城市进一步发展的动力则源于工业革命。一般认为，人类社会真正意义上的城市化进程发端于工业革命的浪潮，并且由于工业化的推动才促进了城市化不断发展。

工业化之所以成为城市化的根本动力，其原因在于工业化生产方式要求生产要素资源的集中，在工业化的过程中，经济和人口的集聚必然要求人口向城市化转移以及城市基础设施的发展，以便为工业化所需的原料运输和产品销售提供必要条件。随着工业化过程中社会生产所需的原料、劳动力不断向城市集聚，城市科技水平和文化事业日趋发展，城市基础设施不断完善，这样就为工业化提供了相应的专业技术人才和产业工人，从而为城市化过程提供了持久的动力。工业化与城市化都是一种生产要素的转移过程，都以获得较高的生产要素收益率为目标。但工业化是生产要素在不同产业部门之间的转移，而城市化则是在不同空间地域的转移。工业化与城市化之间具有明显的相关性；从动力机制来看，工业化与城市化互为因果，相互推动。

根据我国城市化发展的历史过程，东北地区不同时期的城市化的动力机制是不同的。在新中国成立后至改革开放前，东北地区城市化过程是典型的以政府主导为推动力量的自上而下的城市化发展模式。新中国成立初期的国家工业化战略布局，在东北老工业基地开展的大规模工业化建设，为东北地区的城市化的提供了产业动力，因此，历史上，东北地区采取的是典型的重工业化带动下的城市化发展模式，东北地区城市化的历史过程和发展模式与国内其他区域比较，有自身的特征。

但是，进入 21 世纪以来，东北地区城市化发展的过程与产业结构变动并没有表现出显著的相关性。从工业化发展过程来看，2001 年，辽宁、吉林、黑龙江和东北地区的工业增加值占地区生产总值比重（即工业化率）分别为 43.51%、35.66%、49.64% 和 44.07%，2010 年，辽宁、吉林、黑龙江和东北地区的工业增加值占地区生产总值比重分别为 47.62%、45.33%、44.44% 和 46.21%，2005～2010 年分别增加 4.05 个百分点、7.65 个百分点、-4.48 个百分点和 2.16 个百分点。辽宁、吉林两省和东北地区的工业增加值占地区生产总值比重都呈现正增长的趋势，而黑龙江省呈现负增长的趋势。比较而言，吉林省工业化速度显著提升。2005～2010 年，吉林省工业化率提升了 7.65 个百分点，明显快于东北地区以及东部、中部、西部和全国平均水平（见表 8 - 5），但是，吉林省的城市化水平并没有较快地提升，2005 ~ 2010 年，吉林省城市化率年均仅提升 0.17 个百分点。从第三产业发展来看，2001 年，辽宁、吉林和黑龙江省的第三产业增加值占地区生产总值比重分别为 40.70%、36.50% 和 32.40%，2010 年，辽宁、吉林和黑龙江省的第三产业增加值占地区生产总值比重分别为 37.10%、35.90% 和 37.20%，2005 ~ 2010 年，辽宁、吉林两省分别下降 2.50 个百分点和 3.20 个百分点，黑龙江省提升 3.50 个百分点；比较而言，2005 ~ 2010 年，吉林省第三产业增加值占地区生产总值比重的下降幅度最大，大于中部、西部地区的下降幅度；黑龙江省提升幅度也很大，仅略低于东部地区的提升幅度（见表 8 - 6）。可见，2005 ~ 2010 年，黑龙江省第三产业增加值占地区生产总值比重显著提升，但是，黑龙江省的城市化水平并没有较快地提升，2005 ~ 2010 年，黑龙江省城市化率年均仅提升 0.49 个百分点。

表 8 - 5　2001 ~ 2010 年东北地区及全国工业增加值占地区生产总值比重

单位：%

| 年份 | 辽宁 | 吉林 | 黑龙江 | 东北 | 东部 | 中部 | 西部 | 全国 |
|---|---|---|---|---|---|---|---|---|
| 2001 | 43.51 | 35.66 | 49.64 | 44.07 | 42.79 | 38.19 | 31.86 | 44.41 |
| 2005 | 43.57 | 37.68 | 48.92 | 44.05 | 46.50 | 40.06 | 35.35 | 42.01 |
| 2010 | 47.62 | 45.33 | 44.44 | 46.21 | 44.09 | 45.68 | 42.19 | 40.10 |
| 2005 ~ 2010 年提升百分点 | 4.05 | 7.65 | - 4.48 | 2.16 | - 2.41 | 5.62 | 6.84 | - 1.91 |

表 8 - 6　2001 ~ 2010 年东北地区及全国第三产业增加值占地区生产总值比重

单位：%

| 年份 | 辽宁 | 吉林 | 黑龙江 | 东北 | 东部 | 中部 | 西部 | 全国 |
|---|---|---|---|---|---|---|---|---|
| 2001 | 40.70 | 36.50 | 32.40 | 37.11 | 40.38 | 35.69 | 38.28 | 33.62 |
| 2005 | 39.60 | 39.10 | 33.70 | 37.59 | 40.55 | 36.56 | 39.52 | 39.85 |
| 2010 | 37.10 | 35.90 | 37.20 | 36.87 | 44.33 | 34.56 | 36.87 | 43.10 |
| 2005 ~ 2010 年提升百分点 | - 2.50 | - 3.20 | 3.50 | - 0.72 | 3.78 | - 2.00 | - 2.65 | 3.25 |

一般认为，当一个国家或地区的城市化水平超过 50% 时，便可以认为

这个国家或地区进入了初步城市化社会。但通过以上关于东北3省城市化发展状况及区域产业结构变动过程的分析，可以发现，从城市化发展的动力机制来看，吉林省的城市化水平并没有随着省域工业化的快速推进而相应较快提升；黑龙江省第三产业的较快发展也没有明显带动城市化水平的较快提升；东北地区城市化的产业动力不足问题十分突出；与目前已经近60%的人口城市化水平相比较，作为老工业基地的东北地区城市化明显存在着现代化基础相对薄弱、产业驱动力不足的问题，这是东北地区城市化发展模式的显著特征之一。因此，未来东北地区城市化发展模式选择，要充分考虑如何抓住现阶段全国城市化快速发展和东北老工业基地振兴的良好契机，加快转变发展方式，提升发展质量，积极推进城市化进程。

## 二　东北地区城市空间分布模式

根据区域城市化理论，城市体系和城市群发展状况是区域城市化发展模式的主要衡量指标。城市体系的发展状况可以反映一个国家或地区不同规模等级城市的分布状况，以及人口在不同规模的城市集中或分散的程度，因而，研究城市体系的发展状况有助于我们了解城市化发展所处的阶段及该地区城市化进程的基本特征，发现城市空间布局存在的问题，并对城市化和城市发展未来趋势进行预测分析。在城市体系的形成过程中，城市群的发展过程及其空间特征是区域城市化与城市发展的重要指标。城市体系中城市群（Urban Agglomeration）的发展状况已经成为一个国家或地区城市化发展程度的主要内容之一。在我国，目前政府部门和学术界公认的三大城市群是：京津冀城市群、长三角城市群和珠三角城市群。国内已有不少针对我国城市体系演化的实证研究。进入21世纪，我国城市化开始进入新一轮较为快速的发展阶段，在这一发展过程中，我国不同地区的城市体系必将随着区域城市规模结构、职能结构、空间结构的变化而不断调整完善，并且随着社会经济发展以及人口城市化过程而日趋完善。

城市体系是指一定区域内相互关联的各种规模城市构成的系统。对于城市规模结构的划分方法很多，发达国家与我国对大、中、小城市人口规模的划分存在很大差异；我国在不同的历史时期，以及按照不同的标准关于城市的分类也有若干种。2010 年，"第七届中国中小城市科学发展高峰论坛"发布的《中国中小城市发展报告（2010）：中国中小城市绿色发展之路》提出：近年来，中国城市飞速发展，城乡人口流动频繁，农业人口、非农业人口之间的界限模糊化，城市人口规模迅速膨胀，许多县级城市（包括县级建制市和规模较大的县的中心城镇）的市区常住人口已经达到或超过 20 万人、50 万人的临界值，城市化的高速发展使原有的城市划分标准已经不适应现实的需要。为此，该报告提出了关于中国城市规模的全新的划分标准：市区常住人口 50 万人以下的为小城市，50 万 ~ 100 万人的为中等城市，100 万 ~ 300 万人的为大城市，300 万 ~ 1000 万人的为特大城市，1000 万人以上的为巨大型城市。[①] 我们认为，这种划分标准与我国城市化的状况相适应，按照这一标准分析，能够反映我国区域城市规模结构发展现状和趋势特征。

按照以上的标准，我们研究了东北地区各级规模城市数量及其比例关系。2010 年，东北地区共有建制城市 89 个。其中人口规模在 50 万人以下的小城市有 59 个，占全部建制城市的 66.29%；人口规模在 50 万 ~ 100 万人的中等城市有 21 个，占全部建制城市的 23.60%；人口规模在 100 万人以上的大城市有 9 个，占全部建制城市的 10.11%。可见，按照 2010 年中国中小城市发展绿皮书的划分标准分析，东北地区近 90% 的建制城市属于中小城市。当然，各省之间也有一定的差别。其中，辽宁省 100 万人以上的城市比重最高，而吉林省的这一比重最低，低于全国的平均水平（见表 8 - 7）。

表 8 - 7　2010 东北地区城市规模结构与全国比较

| 地区 | | 小城市<br>（50 万人以下） | 中等城市<br>（50 万 ~ 100 万人） | 大城市<br>（100 万人以上） | 合计 |
|---|---|---|---|---|---|
| 数量<br>（个） | 辽宁 | 18 | 9 | 4 | 31 |
| | 吉林 | 22 | 4 | 2 | 28 |

---

① 中国城市经济学会中小城市经济发展委员会：《中国中小城市发展报告（2010）：中国中小城市绿色发展之路)》，社会科学文献出版社，2010，第 1 ~ 55 页。

续表

| 地区 | | 小城市<br>（50万人以下） | 中等城市<br>（50万~100万人） | 大城市<br>（100万人以上） | 合计 |
|---|---|---|---|---|---|
| 数量<br>（个） | 黑龙江 | 19 | 8 | 3 | 30 |
| | 东北 | 59 | 21 | 9 | 89 |
| | 全国 | 495 | 109 | 53 | 657 |
| 比重<br>（%） | 辽宁 | 58.06 | 29.04 | 12.90 | 100 |
| | 吉林 | 78.57 | 14.29 | 7.14 | 100 |
| | 黑龙江 | 63.33 | 26.67 | 10.00 | 100 |
| | 东北 | 66.29 | 23.60 | 10.11 | 100 |
| | 全国 | 75.34 | 16.59 | 8.07 | 100 |

资料来源：根据《中国统计年鉴2011》、《中国城市统计年鉴2001》整理计算。

　　城市群是城市发展到成熟阶段的最高空间组织形式。我国城市群的兴起及其发展过程，是改革开放以来区域经济与城市化发展的必然结果。20世纪80年代以来，东北地区城市等级结构发生了较大变化，城市发展过程具有显著的区域差异。[①] 目前，东北地区已经崛起了一批初具规模的城市群和城市群雏形。对于东北地区城市体系中城市群的发展状况，有不同的划分标准和不同的研究方法，也存在着不同的描述和评价。要促进东北地区城市体系向着更高水平协调和可持续发展，必须加快区域性城市体系的健康发展。东北地区已经出现和正在形成之中的城市群主要是以区域性中心城市为核心和依托的地区级城市群（Regional Urban Agglomeration）。如辽宁中部城市群，也称"辽中南城市群"和"哈尔滨城市群"等。"辽中南城市群"以沈阳为中心，以沈哈、沈丹、沈古、沈承等铁路干线和沈大、沈抚、沈本、京沈等高速公路构成的放射状交通网络为连接通道，总人口达到3000万人，总面积约为81000平方千米。[②] 辽中南城市群城市分布纵贯辽东半岛，以中国东北经济中心沈阳和主要海口大连为两极，以由哈大铁路和沈大高速公路为主构成的交通走廊为纽带，海陆空交通便利，城市规模迅

---

① 王厚军等：《辽宁中部城市群城市体系等级规模结构》，《生态学杂志》2009年第28期。
② 刘宁：《辽宁中部城市群经济区区域经济合作的战略措施》，《辽宁教育学院学报》2002年第5期。

速扩大,成为东北地区城市群发展的显著特点之一。[①]

从总体上来看,目前东北城市群的发展还处于初步成长期。东北地区作为一个地理和经济区域,目前尚未形成与珠江三角洲城市群、长江三角洲城市群、京津冀环渤海城市群类似的,以全国性中心城市为核心和依托的国家级城市群(National Urban Agglomeration)。在新的历史时期,东北地区城市化要抓住老工业基地振兴的历史机遇,变革长期以来单极城市扩张的城市体系发展形态,积极促进区域城市带和城市群的形成和发展。分析东北地区的城市群发展状况,既能全面剖析东北地区的城市化过程中城市体系的演化过程和发展态势,又能够为分析东北地区的城市化与区域生态环境演进关系提供一个基本的依据。

---

① 盛科荣、张平宇、李飞:《辽中城市群规模结构演变分析》,《中国科学院研究生院学报》2004年第4期。

# 第三篇
## 综合评价

# 第九章　东部地区生态安全综合
# 评价结果分析

## 第一节　东部地区生态安全的现状分析

### 一　东部地区生态安全总体水平

根据区域生态安全综合评价模型，"生态安全综合指数（ESCI）"是评价一个地区（省、自治区或直辖市）的生态安全总体状况的指标。在研究过程中，我们首先获得东部地区生态安全指标特征值并进行标准化，然后分别将指标特征值的标准化值及其相应的对应于目标层的总排序权重代入生态安全综合指数模型，即可计算得出指标层（D）中31项具体指标的生态安全单项指数（ESI），并进一步得出因素层（C）和系统层（B）的生态安全指数（ESI），以及目标层对应的区域生态安全综合指数（见表9-1）。

表9-1　2010年东部地区生态安全评价结果与全国比较

| 层次 | 指标体系 | 东部 | 全国 |
|------|----------|------|------|
| 目标层 | 生态安全综合指数（A） | 0.5737 | 0.5806 |
| 系统层 | 系统压力（B1） | 0.4986 | 0.5822 |
| | 系统状态（B2） | 0.5725 | 0.5054 |
| | 系统响应（B3） | 0.6502 | 0.6541 |

| 层次 | 指标体系 | 东部 | 全国 |
|---|---|---|---|
| 因素层 | 人口发展压力（C1） | 0.2578 | 0.5525 |
| | 资源环境压力（C2） | 0.5833 | 0.5938 |
| | 城市化发展压力（C3） | 0.5521 | 0.5857 |
| | 资源环境状况（C4） | 0.5129 | 0.4665 |
| | 经济社会发展状况（C5） | 0.6894 | 0.5465 |
| | 城市化发展状况（C6） | 0.6066 | 0.5584 |
| | 环境保护响应（C7） | 0.6229 | 0.6525 |
| | 社会经济响应（C8） | 0.5516 | 0.5154 |
| | 城市化发展响应（C9） | 0.7987 | 0.7792 |

结合表9-1计算所得的东部地区生态安全综合指数，以及系统层和因素层各指标体系的安全指数结果，根据区域生态安全分级标准，可以对东部地区2010年区域生态安全总体状况进行描述分析。表9-2中的各层次评价结果与生态安全评价指标体系及其分级标准相对应，在总体上描述了东部地区生态安全的状况。

**表9-2　2010年东部地区区域生态安全总体状况描述**

| 区域生态安全评价指标分级 | 安全程度 | 极不安全 | 较不安全 | 基本安全 | 比较安全 | 高度安全 |
|---|---|---|---|---|---|---|
| | 状态描述 | 恶化状态 | 风险状态 | 敏感状态 | 良好状态 | 理想状态 |
| | 等级分类 | V | IV | III | II | I |
| | 分值范围 | (0, 0.2] | (0.2, 0.4] | (0.4, 0.6] | (0.6, 0.8] | (0.8, 1.0] |
| 目标层（ESCI） | 生态安全综合指数（A） | | | 0.5737 | | |
| 系统层（ESI） | 系统压力（B1） | | | 0.4986 | | |
| | 系统状态（B2） | | | 0.5725 | | |
| | 系统响应（B3） | | | | 0.6502 | |
| 因素层（ESI） | 人口发展压力（C1） | | 0.2578 | | | |
| | 资源环境压力（C2） | | | 0.5833 | | |
| | 城市化发展压力（C3） | | | 0.5521 | | |
| | 资源环境状况（C4） | | | 0.5129 | | |

续表

| 区域生态安全评价指标分级 | 安全程度 | 极不安全 | 较不安全 | 基本安全 | 比较安全 | 高度安全 |
|---|---|---|---|---|---|---|
| | 状态描述 | 恶化状态 | 风险状态 | 敏感状态 | 良好状态 | 理想状态 |
| | 等级分类 | V | Ⅳ | Ⅲ | Ⅱ | Ⅰ |
| | 分值范围 | (0, 0.2] | (0.2, 0.4] | (0.4, 0.6] | (0.6, 0.8] | (0.8, 1.0] |
| 因素层（ESI） | 经济社会发展状况（C5） | | | | 0.6894 | |
| | 城市化发展状况（C6） | | | | 0.6066 | |
| | 环境保护响应（C7） | | | | 0.6229 | |
| | 社会经济响应（C8） | | | 0.5516 | | |
| | 城市化发展响应（C9） | | | | 0.7987 | |

首先，分析东部地区的区域生态安全综合指数（ESCI），可以评价东部地区总体生态安全状况。研究表明，2010 年，东部地区的区域生态安全综合指数为 0.5737。根据本书的生态安全综合指数模型所建立的生态安全评价标准，0.4 < ESCI ≤ 0.6 表明该区域的生态安全总体状况处于第Ⅲ级水平，即"基本安全"的"敏感状态"。根据评价标准的状态描述，可以认为：到 2010 年，我国东部地区的自然生态系统和人类生态系统结构基本合理、功能基本协调，但仍然存在诸多影响生态安全的不利因素；这些不利因素的存在，不仅制约着区域生态安全，而且影响区域社会经济与资源环境的协调和可持续发展。另外，也可以看到东部地区自然－社会复合生态系统仍具有一定的抗干扰能力，并且，就目前的东部地区生态安全状况而言，如果能够继续采取一系列的有针对性的社会经济措施，东部地区的生态安全状况完全可以按照现有的趋势逐步提高，并实现新的动态平衡。

进一步分析反映东部地区生态安全总体状况的 13 个指标体系的评价结果，研究表明：系统响应（B3）、经济社会发展状况（C5）、城市化发展状况（C6）、环境保护响应（C7）和城市化发展响应（C9）5 项指标评价结果介于 [0.6，0.8] 区间，这 5 项生态安全指数处于第Ⅱ级的水平，即"比较安全"的"良好状态"；生态安全综合指数（A）、系统压力（B1）、系统状态（B2）、资源环境压力（C2）、城市化发展压力（C3）、资源环境状况（C4）和社会经济响应（C8）共7项指标评价结果介于（0.4，0.6］区间，属于第Ⅲ级，即"基本安全"的"敏感状态"；人口发展压力（C1）指标评价结果介于（0.2，0.4］区间，属于第Ⅳ级，即"较不安全"的"风险状态"（见表9-2）。

其次，与全国平均水平比较，也可以进一步发现东部地区生态安全的现状特征。通过以上分析表明，东部地区区域生态安全状况的积极因素主要是系统响应（B3）、经济社会发展状况（C5）、城市化发展状况（C6）、环境保护响应（C7）和城市化发展响应（C9）5项指标体系。这5项生态安全指数评价结果介于（0.6，0.8］区间，处于第Ⅱ级的水平，即"比较安全"的"良好状态"。

东部地区区域生态安全状况的制约因素主要是系统压力（B1）、系统状态（B2）、资源环境压力（C2）、城市化发展压力（C3）、资源环境状况（C4）、社会经济响应（C8）和人口发展压力（C1）。

## 二 东部地区系统压力安全状况

首先，分析东部地区系统压力安全指数评价结果。在总体分析东部地区生态安全现状的基础上，我们可以进一步把东部地区区域生态安全综合指数分解，分析区域生态安全指标体系中系统压力、系统状态和系统响应状况，据此了解影响区域生态安全状况的原因。从系统层评价结果看，2010年，东部地区生态安全评价指标体系的系统层的系统压力安全指数为0.4986。按照区域生态安全评价综合指数模型所建立的生态安全评价标准，东部地区的生态安全系统压力的安全水平介于（0.4，0.6］区间，处于区域生态安全分级标准的第Ⅲ级水平，即"基本安全"的"敏感状态"，但是安全程度低于东部地区的区域生态安全综合指数（0.5737）。可以认为，系统压力是制约东部地区生态安全水平提升的重要因素之一。

其次，分析东部地区系统压力安全状况的制约因素。系统压力的指标体系是由因素层的人口发展压力（C1）、资源环境压力（C2）和城市化发展压力（C3）三个方面因素构成，这三个因素的安全指数评价结果分别为0.2578（C1）、0.5833（C2）和0.5521（C3）。根据区域生态安全分级标准及其指标特征，其中，人口发展压力（C1）安全指数处于第Ⅳ级，即"较不安全"的"风险状态"，资源环境压力（C2）和城市化发展压力（C3）处于区域生态安全分级标准的第Ⅲ级，即"基本安全"的"敏感状态"。

最后，进一步分析系统压力指标体系对应指标层的具体指标构成。其中，因素层人口发展压力（C1）指标体系由指标层的区域人口密度（D1）、人口自然增长率（D2）和单位农用地承载人口（D3）3项具体指标构成，这3项指标的标准化值分别为0.0950（D1）、0.2094（D2）、0.3844（D3）；因素层资源环境压力（C2）指标体系由指标层的单位GDP能耗（D4）、化学需氧量排放强度（D5）、化肥施用强度（D6）和人均能源消费（D7）4项具体指标构成，这4项指标的标准化值分别为0.5938（D4）、1.0000（D5）、0.1698（D6）、0.5307（D7）；因素层城市化发展压力（C3）指标体系由指标层的工业化率（D8）、单位水资源工业废水负荷（D9）、城市人口密度（D10）和二氧化硫排放强度（D11）4项具体指标构成，这4项指标的标准化值分别为0.6124（D8）、0.1374（D9）、1.0000（D10）和1.0000（D11）。

从中可以看出，在以上构成东部地区生态安全综合评价指标体系系统压力的11项具体指标的特征值的标准化值中，人口发展压力（C1）指标体系中的区域人口密度（D1）、人口自然增长率（D2）和单位农用地承载人口（D3）指标标准化值处于较低水平，尤其是区域人口密度（D1）和单位农用地承载人口（D3）2项指标的标准化值均远低于全国平均水平；资源环境压力（C2）指标体系中的单位GDP能耗（D4）、化肥施用强度（D6）和人均能源消费（D7）指标标准化值处于相对较低水平，尤其是化肥施用强度（D6）指标的标准化值较低；城市化发展压力（C3）指标体系中的单位水资源工业废水负荷（D9）指标标准化值偏低。

根据生态安全综合评价指标体系，系统层的系统压力（B1）指标特征值（即实际值）越高，其标准化值越低，亦即对系统层的系统压力（B1）安全指数的贡献越低，从而区域生态安全压力越大。上述分析表明，从系统压力（B1）的层面看，东部地区人口发展、资源环境和城市化发展都存在对区域生态安全的制约因素，这些制约因素主要包括：区域人口密度（D1）、人口自然增长率（D2）、单位农用地承载人口（D3）、化肥施用强度（D6）、单位水资源工业废水负荷（D9）。

## 三 东部地区系统状态安全状况

首先，分析东部地区系统状态（B2）安全状况。从系统层评价结果看，2010年，东部地区生态安全评价指标体系的系统状态（B2）安全指数为0.5725，表明东部地区系统状态（B2）安全状况处于区域生态安全分级标准的第Ⅲ级水平，即"基本安全"的"敏感状态"，这一数值与东部地区区域生态安全综合指数（0.5737）基本持平，说明东部地区系统状态（B2）安全指数相当于地区生态安全的总体水平。

其次，分析东部地区系统状态（B2）安全状况的制约因素。在区域生态安全评价指标体系中，系统状态（B2）指标体系由因素层的资源环境状况（C4）、经济社会发展状况（C5）和城市化发展状况（C6）三方面因素构成，这三方面因素的安全指数评价结果分别为0.5129（C4）、0.6894（C5）和0.6066（C6）。根据区域生态安全分级标准及其指标特征，其中，资源环境状况（C4）安全指数处于第Ⅲ级水平，即"基本安全"的"敏感状态"；经济社会发展状况（C5）和城市化发展状况（C6）指标评价结果介于（0.6，0.8]区间，处于第Ⅱ级的水平，即"比较安全"的"良好状态"。这说明资源环境状况安全指数是东部地区系统状态安全状况的主要制约因素。

最后，分析系统层系统状态（B2）指标体系对应指标层的具体指标构成。其中，因素层的资源环境状况（C4）指标体系是由指标层的森林覆盖率（D12）、人均耕地面积（D13）、人均水资源量（D14）和人均一次能源生产量（D15）4项具体指标构成的，这4项具体指标的标准化值分别为：0.9056（D12）、0.2677（D13）、0.1918（D14）、0.3229（D15）；经济社会发展状况（C5）指标体系是由指标层的每10万人在校大学生数（D16）、农村居民人均纯收入（D17）和人均GDP（D18）3项具体指标构成的，这

3 项具体指标的标准化值分别为：0. 4768（D16）、1. 0000（D17）、1. 0000（D18）；城市化发展状况（C6）指标体系是由指标层的每万人拥有公共交通车辆（D19）、人口城市化率（D20）和城镇居民人均可支配收入（D21）3 项具体指标构成的，这 3 项具体指标的标准化值分别为：0. 3842（D19）、0. 7856（D20）和 1. 0000（D21）（见表 9 - 3）。

表 9 - 3　2010 年东部地区生态安全评价指标体系指标层标准化值

| 系统压力（B1） | | | 系统状态（B2） | | | 系统响应（B3） | | |
|---|---|---|---|---|---|---|---|---|
| 指标 | 东部 | 全国 | 指标 | 东部 | 全国 | 指标 | 东部 | 全国 |
| （D1） | 0. 0950 | 0. 3744 | （D12） | 0. 9056 | 0. 4524 | （D22） | 0. 7827 | 0. 6714 |
| （D2） | 0. 2094 | 0. 2296 | （D13） | 0. 2677 | 0. 4728 | （D23） | 0. 6119 | 0. 8765 |
| （D3） | 0. 3844 | 1. 0000 | （D14） | 0. 1918 | 0. 3492 | （D24） | 0. 9716 | 0. 9532 |
| （D4） | 0. 5938 | 0. 5309 | （D15） | 0. 3229 | 0. 8551 | （D25） | 0. 4555 | 0. 4743 |
| （D5） | 1. 0000 | 1. 0000 | （D16） | 0. 4768 | 0. 4115 | （D26） | 0. 5329 | 0. 4943 |
| （D6） | 0. 1698 | 0. 2407 | （D17） | 1. 0000 | 0. 7399 | （D27） | 0. 3772 | 0. 3278 |
| （D7） | 0. 5307 | 0. 7263 | （D18） | 1. 0000 | 0. 7498 | （D28） | 1. 0000 | 1. 0000 |
| （D8） | 0. 6124 | 0. 6734 | （D19） | 0. 3842 | 0. 3596 | （D29） | 0. 6323 | 0. 6148 |
| （D9） | 0. 1374 | 0. 2002 | （D20） | 0. 7856 | 0. 6537 | （D30） | 1. 0000 | 1. 0000 |
| （D10） | 1. 0000 | 1. 0000 | （D21） | 1. 0000 | 1. 0000 | （D31） | 0. 9825 | 0. 9204 |
| （D11） | 1. 0000 | 0. 9180 | — | — | — | — | — | — |

　　对东部地区生态安全进行综合评价的过程表明，以上 10 项指标中，与经济社会发展状况（C5）指标体系相对应的农村居民人均纯收入（1. 0000）和人均 GDP（1. 0000）两项指标标准化值均达到最大，说明东部地区社会经济发展水平对区域生态安全综合指数的贡献达到最大，是区域生态安全的积极因素。与资源环境状况（C4）指标体系相对应的森林覆盖率（D12）标准化值较高，介于（0. 8，1. 0] 区间；人均耕地面积（D13）、人均水资源量（D14）和人均一次能源生产量（D15）3 项指标标准化值较低，其中，人均耕地面积（0. 2677）和人均一次能源生产量（0. 3229）标准化值在（0. 2，0. 4] 区间，人均水资源量（0. 1918）指标标准化值介于（0，0. 2] 区间。根据生态安全综合评价指标体系，系统层的系统状态（B2）指标特征值（即实

际值）越低，其标准化值越低，亦即对系统层的系统状态（B2）安全指数的贡献越低，从而对区域生态安全的制约作用越强，反之亦然。

通过上述分析表明：东部地区系统状态（B2）安全水平的主要制约因素是资源环境状况（C4），具体是人均水资源量（D14）、人均耕地面积（D13）和人均一次能源生产量（D15）。

## 四　东部地区系统响应安全状况

首先，分析东部地区系统响应（B3）安全状况。从系统层评价结果看，2010年，东部地区生态安全评价指标体系的系统响应（B3）安全指数为0.6502，介于（0.6，0.8］区间，表明东部地区系统响应（B3）安全状况处于区域生态安全分级标准的第Ⅱ级水平，即"比较安全"的"良好状态"，这一数值高于东部地区区域生态安全综合指数（0.5737）。

在区域生态安全评价指标体系中，系统响应（B3）指标体系由因素层的环境保护响应（C7）、社会经济响应（C8）和城市化发展响应（C9）三方面因素共10项具体指标构成，由此可以认为，东部地区通过在环境保护、社会经济发展、城市化与城市发展方面采取的一系列有效措施，对区域生态安全水平的提升起到积极的促进作用。

因此，我们还有必要进一步分析环境保护响应（C7）、社会经济响应（C8）和城市化发展响应（C9）指标体系的安全指数水平，以分别分析这三个方面的因素指标对系统响应（B3）的影响作用。

其次，分析东部地区系统响应（B3）安全状况的制约因素。在区域生态安全评价指标体系中，系统响应（B3）指标体系对应的因素层的环境保护响应（C7）、社会经济响应（C8）和城市化发展响应（C9）的安全指数评价结果分别为0.6229（C7）、0.5516（C8）和0.7987（C9）。根据区域生态安全分级标准及其指标特征，其中，环境保护响应（C7）和城市化发展响应（C9）安全指标评价结果介于（0.6，0.8］区间，处于第Ⅱ级水平，即"比较安全"的"良好状态"；社会经济响应（C8）安全指标评价结果介于（0.4，0.6］区间，处于区域生态安全分级标准的第Ⅲ级水平，即

"基本安全"的"敏感状态"。这说明东部社会经济响应（C8）安全状况存在制约因素；环境保护响应（C7）安全水平相对较好，但评价水平也处于（0.6，0.8］区间的较低水平，存在制约因素；而城市化发展响应（C9）安全水平相对较高，可以认为是区域生态安全的积极因素。

最后，分析系统响应（B3）指标体系对应指标层的具体指标构成。其中，环境保护响应（C7）指标体系是由指标层的工业固体废物综合利用率（D22）、自然保护区占国土面积比重（D23）、工业废水排放达标率（D24）和环境污染治理投资占 GDP 比重（D25）4 项具体指标构成，这 4 项指标的标准化值分别为：0.7827（D22）、0.6119（D23）、0.9716（D24）、0.4555（D25）；社会经济响应（C8）指标体系是由指标层的第三产业从业人员比重（D26）、公共教育经费占 GDP 比重（D27）和 R&D 经费占 GDP 比重（D28）3 项具体指标构成，这 3 项指标的标准化值分别为：0.5329（D26）、0.3772（D27）、1.0000（D28）；城市化发展响应（C9）指标体系是由指标层的第三产业增加值占 GDP 比重（D29）、城市人均公共绿地面积（D30）和城市燃气普及率（D31）3 项具体指标构成，这 3 项指标的标准化值分别为：0.6323（D29）、1.0000（D30）和 0.9825（D31）（见表 9－3）。

这 10 项指标中，工业废水排放达标率（0.9716）、R&D 经费占 GDP 比重（1.0000）、城市人均公共绿地面积（1.0000）和城市燃气普及率（0.9825）4 项指标标准化值接近或达到最大，对区域生态安全综合指数的贡献达到最大，因此，可以认为，东部地区的工业废水排放达标率（D24）、R&D 经费占 GDP 比重（D28）、城市人均公共绿地面积（D30）和城市燃气普及率（D31）这 4 项指标是区域生态安全的积极因素；环境污染治理投资占 GDP 比重（0.4555）、第三产业从业人员比重（0.5329）、公共教育经费占 GDP 比重（0.3772）3 项指标标准化值用区域生态安全分级标准衡量，均未达到（0.6，0.8］区间，是制约系统响应安全水平的主要因素。另外，虽然工业固体废物综合利用率（0.7827）、自然保护区占国土面积比重（0.6119）、第三产业增加值占 GDP 比重（0.6323）3 项指标标准化值用区域生态安全分级标准衡量，介于（0.6，0.8］区间，但仍有待进一步提升。

## 第二节　东部地区生态安全的比较分析

由于我国地域辽阔，不同区域以及同一区域内部不同省（自治区、直辖市）社会经济发展水平、城市化发展程度和资源环境状况往往存在不同程度的差别，仅仅分析比较我国东部、中部、西部和东北地区四大区域的城市化发展与生态安全状况，还不能够全面反映我国城市化与生态安全状况的地域差异，因此，有必要对区域内不同省（自治区、直辖市）的城市化与生态安全状况进行比较分析。因此，本课题在系统分析我国东部、中部、西部和东北地区四大区域的城市化发展与生态安全状况的同时，对四大区域内部不同省、自治区或直辖市的城市化发展水平、生态安全状况，以及城市化发展与生态安全的关系进行比较分析。

### 一　东部 10 省（市）生态安全总体状况比较

在计算东部地区区域生态安全综合指数的同时，我们还可以同时对东部各省（市）的生态安全状况进行比较分析。通过比较东部 10 省（市）生态安全评价指标体系中的目标层（A）生态安全综合指数（ESCI），可以分析东部地区各省、直辖市生态安全的现状特征及其存在的差异。

首先将各省、直辖市的生态安全评价指标体系特征值进行标准化，其次运用生态安全综合评价模型计算各省（市）的生态安全综合指数，据此可以评价东部地区各省（市）的生态安全总体状况及生态安全综合评价指标体系各层次安全水平（见表 9 - 4、图 9 - 1）。

表 9 - 4　2010 年东部地区各省（市）及全国生态安全评价结果

| 地区 | 目标层（ESCI） | 系统层（SCI） | | | 因素层（SCI） | | | | | | | | |
|---|---|---|---|---|---|---|---|---|---|---|---|---|---|
| | 生态安全综合指数（A） | 系统压力（B1） | 系统状态（B2） | 系统响应（B3） | 人口发展压力（C1） | 资源环境压力（C2） | 城市化发展压力（C3） | 资源环境状况（C4） | 经济社会发展状况（C5） | 城市化发展状况（C6） | 环境保护响应（C7） | 社会经济响应（C8） | 城市化发展响应（C9） |
| 北京 | 0.6516 | 0.5878 | 0.5878 | 0.7792 | 0.2264 | 0.6991 | 0.7097 | 0.3635 | 1.0000 | 0.7414 | 0.5985 | 1.0000 | 1.0000 |

续表

| 地区 | 目标层（ESCI）生态安全综合指数（A） | 系统层（SCI） | | | 因素层（SCI） | | | | | | | | |
|---|---|---|---|---|---|---|---|---|---|---|---|---|---|
| | | 系统压力（B1） | 系统状态（B2） | 系统响应（B3） | 人口发展压力（C1） | 资源环境压力（C2） | 城市化发展压力（C3） | 资源环境状况（C4） | 经济社会发展状况（C5） | 城市化发展状况（C6） | 环境保护响应（C7） | 社会经济响应（C8） | 城市化发展响应（C9） |
| 天津 | 0.5623 | 0.5214 | 0.5365 | 0.6291 | 0.2531 | 0.5643 | 0.7161 | 0.3281 | 0.8987 | 0.6970 | 0.5726 | 0.6401 | 0.7486 |
| 河北 | 0.4873 | 0.4278 | 0.4497 | 0.5843 | 0.2826 | 0.4713 | 0.4798 | 0.3873 | 0.5159 | 0.5349 | 0.5749 | 0.4453 | 0.7275 |
| 上海 | 0.5081 | 0.5039 | 0.4118 | 0.6085 | 0.2660 | 0.6077 | 0.5042 | 0.1349 | 0.8861 | 0.6315 | 0.4800 | 0.7346 | 0.7927 |
| 江苏 | 0.5236 | 0.5142 | 0.4622 | 0.5943 | 0.2746 | 0.6201 | 0.5108 | 0.2948 | 0.7209 | 0.6192 | 0.5242 | 0.5682 | 0.7776 |
| 浙江 | 0.5778 | 0.5394 | 0.6037 | 0.5901 | 0.2911 | 0.6481 | 0.5388 | 0.5643 | 0.6614 | 0.6436 | 0.5076 | 0.5734 | 0.7937 |
| 福建 | 0.5918 | 0.5928 | 0.6382 | 0.5446 | 0.4218 | 0.6057 | 0.7548 | 0.6604 | 0.6278 | 0.5964 | 0.4641 | 0.5043 | 0.7640 |
| 山东 | 0.5026 | 0.4570 | 0.4666 | 0.5842 | 0.2347 | 0.5345 | 0.5084 | 0.3635 | 0.6206 | 0.5680 | 0.5472 | 0.5015 | 0.7410 |
| 广东 | 0.6216 | 0.5223 | 0.5735 | 0.7691 | 0.2386 | 0.6475 | 0.5188 | 0.5350 | 0.6302 | 0.6119 | 0.8287 | 0.5778 | 0.7998 |
| 海南 | 0.6249 | 0.6555 | 0.6343 | 0.5848 | 0.4387 | 0.6281 | 0.9752 | 0.7361 | 0.4852 | 0.5316 | 0.5340 | 0.4864 | 0.7873 |
| 东部 | 0.5737 | 0.4986 | 0.5725 | 0.6502 | 0.2578 | 0.5833 | 0.5521 | 0.5129 | 0.6894 | 0.6066 | 0.6229 | 0.5516 | 0.7987 |
| 全国 | 0.5806 | 0.5822 | 0.5054 | 0.6541 | 0.5525 | 0.5938 | 0.5857 | 0.4665 | 0.5465 | 0.5584 | 0.6525 | 0.5154 | 0.7792 |

东部地区各省（市）生态安全评价结果表明，2010年，在东部10省（市）中，北京市生态安全总体状况最优，而河北省生态安全状态最差。其中，我国东部10省（市）中有3个省（市）的生态安全综合指数介于（0.6，0.8]区间，处于第Ⅱ级的生态安全水平，即"比较安全"的"良好状态"，这3个省（市）依次是北京（0.6516）、海南（0.6249）、广东（0.6216）；其他7省（市）的生态安全综合指数均介于（0.4，0.6]区间，属于第Ⅲ级的生态安全水平，即"基本安全"的"敏感状态"（见图9-1）。

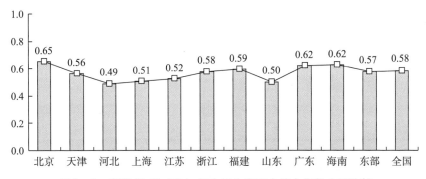

图9-1　东部10省（市）与全国生态安全综合指数水平比较

## 二　东部 10 省（市）系统压力安全状况比较

生态安全评价指标体系系统层的系统压力（B1）指标体系，及其对应因素层的人口发展压力（C1）、资源环境压力（C2）和城市化发展压力（C3）安全指数是评价区域系统压力安全状况及其制约因素的基本指标。

首先，比较系统层的系统压力（B1）安全指数。从 2010 年东部 10 省（市）系统层安全指数的评价结果来看，只有海南省的系统压力（B1）安全指数（0.6555）介于（0.6，0.8］区间，处于第Ⅱ级的生态安全水平，即"比较安全"的"良好状态"；其他 9 省（市）的系统压力（B1）安全指数均介于（0.4，0.6］区间，属于第Ⅲ级的生态安全水平，即"基本安全"的"敏感状态"。与各省（市）生态安全综合指数评价结果有所不同，2010 年，在东部 10 省（市）中，海南省的系统压力（B1）安全状况最优，北京市的系统压力（B1）安全状况排在第 3 位，而河北省的系统压力（B1）安全状况仍然是最差（见表 9 - 5）。

表 9 - 5　2010 年东部 10 省（市）系统压力安全指数评价结果排序

| 位次 | 系统压力（B1） | | 人口发展压力（C1） | | 资源环境压力（C2） | | 城市化发展压力（C3） | |
|---|---|---|---|---|---|---|---|---|
| | 地区 | SCI | 地区 | SCI | 地区 | SCI | 地区 | SCI |
| 1 | 海南 | 0.6555 | 海南 | 0.4387 | 北京 | 0.6991 | 海南 | 0.9752 |
| 2 | 福建 | 0.5928 | 福建 | 0.4218 | 浙江 | 0.6481 | 福建 | 0.7548 |
| 3 | 北京 | 0.5878 | 浙江 | 0.2911 | 广东 | 0.6475 | 天津 | 0.7161 |
| 4 | 浙江 | 0.5394 | 河北 | 0.2826 | 海南 | 0.6281 | 北京 | 0.7097 |
| 5 | 广东 | 0.5223 | 江苏 | 0.2746 | 江苏 | 0.6201 | 浙江 | 0.5388 |
| 6 | 天津 | 0.5214 | 上海 | 0.2660 | 上海 | 0.6077 | 广东 | 0.5188 |
| 7 | 江苏 | 0.5142 | 天津 | 0.2531 | 福建 | 0.6057 | 江苏 | 0.5108 |
| 8 | 上海 | 0.5039 | 广东 | 0.2386 | 天津 | 0.5643 | 山东 | 0.5084 |
| 9 | 山东 | 0.4570 | 山东 | 0.2347 | 山东 | 0.5345 | 上海 | 0.5042 |
| 10 | 河北 | 0.4278 | 北京 | 0.2264 | 河北 | 0.4713 | 河北 | 0.4798 |

其次，比较系统压力（B1）对应的因素层人口发展压力（C1）、资源

环境压力（C2）和城市化发展压力（C3）安全指数。从 2010 年东部 10 省（市）生态安全评价指标体系的因素层人口发展压力（C1）安全指数的评价结果来看，只有海南（0.4387）、福建（0.4218）2 省的人口发展压力（C1）安全指数介于（0.4，0.6］区间，属于第Ⅲ级的生态安全水平，即"基本安全"的"敏感状态"；其他 8 省（市）的人口发展压力（C1）安全指数均介于（0.2，0.4］区间，属于第Ⅳ级的生态安全水平，即"较不安全"的"风险状态"（见表 9 - 5、图 9 - 2）。可见，东部各省市实际的发展压力较大，制约着区域生态安全总体水平的提升。

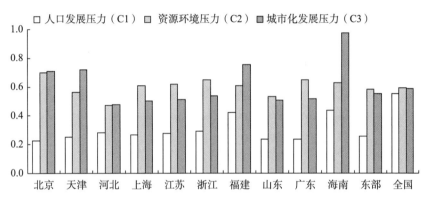

图 9 - 2　2010 年东部地区及全国生态安全评价指标体系因素层压力安全水平

从 2010 年东部 10 省（市）因素层资源环境压力（C2）安全指数的评价结果来看，其与人口发展压力（C1）安全指数状况有很大不同。北京、浙江、广东、海南、江苏、上海、福建 7 个省（市）的资源环境压力（C2）安全指数介于（0.6，0.8］区间，处于第Ⅱ级的生态安全水平，即"比较安全"的"良好状态"；只有天津（0.5643）、山东（0.5345）、河北（0.4713）3 个省（市）的资源环境压力（C2）安全指数介于（0.4，0.6］区间，处于区域生态安全分级标准的第Ⅲ级水平，即"基本安全"的"敏感状态"（见表 9 - 5、图 9 - 2）。可见，东部大多数地区的实际资源环境压力较低，但各地存在较大差距。

## 三　东部 10 省（市）系统状态安全状况比较

生态安全评价指标体系系统层的系统状态（B2）指标体系，及其对应因素层的资源环境状况（C4）、经济社会发展状况（C5）和城市化发展状况（C6）安全指数是评价区域系统状态（B2）安全状况及其制约因素的基本指标。

首先，比较系统层的系统状态（B2）安全指数。从 2010 年东部 10 省（市）系统层安全指数的评价结果来看，其与各省（市）生态安全综合指数评价结果有所不同。2010 年，在东部 10 省（市）中，福建省的系统状态（B2）安全指数最高，排在 10 省（市）第 1 位；上海市的系统状态（B2）安全指数最低，排在第 10 位。其中，福建（0.6382）、海南（0.6343）和浙江（0.6037）3 省的系统状态（B2）安全指数介于（0.6，0.8］区间，处于区域生态安全分级标准的第Ⅱ级水平，即"比较安全"的"良好状态"；其他 7 个省（市）的系统状态（B2）安全指数均介于（0.4，0.6］区间，属于第Ⅲ级的安全水平，即"基本安全"的"敏感状态"（见表 9 - 6）。

其次，比较系统状态（B2）对应的因素层资源环境状况（C4）、经济社会发展状况（C5）和城市化发展状况（C6）安全指数。从 2010 年东部 10 省（市）因素层资源环境状况（C4）安全指数的评价结果来看，各省（市）存在很大的差异。其中，海南（0.7361）、福建（0.6604）2 省的资源环境状况（C4）安全指数介于（0.6，0.8］区间，处于区域生态安全分级标准的第Ⅱ级水平，即"比较安全"的"良好状态"；河北、山东、北京、天津和江苏 5 个省（市）的资源环境状况（C4）安全指数介于（0.2，0.4］区间，处于区域生态安全分级标准的第Ⅳ级水平，即"较不安全"的"风险状态"；上海的资源环境状况（C4）安全指数水平最低，介于（0，0.2］区间，处于区域生态安全分级标准的第Ⅴ级水平（见表 9 - 6、图 9 - 3）。

表 9 - 6　2010 年东部 10 省（市）系统状态安全指数评价结果排序

| 位次 | 系统状态（B2） | | 资源环境状况（C4） | | 经济社会发展状况（C5） | | 城市化发展状况（C6） | |
|---|---|---|---|---|---|---|---|---|
| | 地区 | SCI | 地区 | SCI | 地区 | SCI | 地区 | SCI |
| 1 | 福建 | 0.6382 | 海南 | 0.7361 | 北京 | 1.0000 | 北京 | 0.7414 |
| 2 | 海南 | 0.6343 | 福建 | 0.6604 | 天津 | 0.8987 | 天津 | 0.6970 |
| 3 | 浙江 | 0.6037 | 浙江 | 0.5643 | 上海 | 0.8861 | 浙江 | 0.6436 |

续表

| 位次 | 系统状态（B2） | | 资源环境状况（C4） | | 经济社会发展状况（C5） | | 城市化发展状况（C6） | |
|---|---|---|---|---|---|---|---|---|
| | 地区 | SCI | 地区 | SCI | 地区 | SCI | 地区 | SCI |
| 4 | 北京 | 0.5878 | 广东 | 0.5350 | 江苏 | 0.7209 | 上海 | 0.6315 |
| 5 | 广东 | 0.5735 | 河北 | 0.3873 | 浙江 | 0.6614 | 江苏 | 0.6192 |
| 6 | 天津 | 0.5365 | 山东 | 0.3635 | 广东 | 0.6302 | 广东 | 0.6119 |
| 7 | 山东 | 0.4666 | 北京 | 0.3635 | 福建 | 0.6278 | 福建 | 0.5964 |
| 8 | 江苏 | 0.4622 | 天津 | 0.3281 | 山东 | 0.6206 | 山东 | 0.5680 |
| 9 | 河北 | 0.4497 | 江苏 | 0.2948 | 河北 | 0.5159 | 河北 | 0.5349 |
| 10 | 上海 | 0.4118 | 上海 | 0.1349 | 海南 | 0.4852 | 海南 | 0.5316 |

从 2010 年东部 10 省（市）因素层经济社会发展状况（C5）安全指数的评价结果来看，各省（市）同样存在很大的差异。其中，北京（1.0000）、天津（0.8987）和上海（0.8861）3 个直辖市的经济社会发展状况（C5）安全指数介于（0.8，1.0］区间，不同程度地达到了区域生态安全分级标准的第Ⅰ级水平，即"高度安全"的"理想状态"，尤其是北京的安全指数达到最高值；江苏（0.7209）、浙江（0.6614）、广东（0.6302）、福建（0.6278）和山东（0.6206）5 个省（市）的经济社会发展状况（C5）安全指数介于（0.6，0.8］区间，达到区域生态安全分级标准的第Ⅱ级水平，即"比较安全"的"良好状态"；而河北（0.5159）和海南（0.4852）2 省的经济社会发展状况（C5）安全指数仅介于（0.4，0.6］区间，处于区域生态安全分级标准的第Ⅲ级水平，即"基本安全"的"敏感状态"（见表 9－6、图 9－3）。

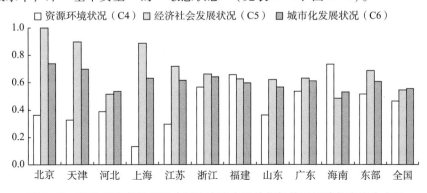

图 9－3　2010 年东部地区及全国生态安全评价指标体系系统状态安全水平

## 四 东部10省（市）系统响应安全状况比较

生态安全评价指标体系系统层的系统响应（B3）指标体系，及其对应因素层的环境保护响应（C7）、社会经济响应（C8）和城市化发展响应（C9）安全指数是评价区域系统响应（B3）安全状况及其制约因素的基本指标。

首先，比较系统层的系统响应（B3）安全指数。从2010年东部10省（市）系统层安全指数的评价结果来看，2010年，在东部10省（市）中，北京市系统响应（B3）安全状况最优；福建省的系统响应（B3）安全状况是10省（市）最差的，但福建省的系统压力（B1）安全水平居10省（市）的第2位，系统状态（B2）安全水平居10省（市）的第1位。北京（0.7792）、广东（0.7691）、天津（0.6291）和上海（0.6085）的系统响应（B3）安全指数介于（0.6，0.8］区间，达到区域生态安全分级标准的第Ⅱ级的水平，即"比较安全"的"良好状态"；江苏、浙江、海南、河北、山东和福建6省的系统响应（B3）安全指数介于（0.4，0.6］区间，处于区域生态安全分级标准的第Ⅲ级水平，即"基本安全"的"敏感状态"（见表9-7）。

表9-7 2010年东部10省（市）系统响应安全指数评价结果排序

| 位次 | 系统响应（B3） | | 环境保护响应（C7） | | 社会经济响应（C8） | | 城市化发展响应（C9） | |
|------|------|------|------|------|------|------|------|------|
| | 地区 | SCI | 地区 | SCI | 地区 | SCI | 地区 | SCI |
| 1 | 北京 | 0.7792 | 广东 | 0.8287 | 北京 | 1.0000 | 北京 | 1.0000 |
| 2 | 广东 | 0.7691 | 北京 | 0.5985 | 上海 | 0.7346 | 广东 | 0.7998 |
| 3 | 天津 | 0.6291 | 河北 | 0.5749 | 天津 | 0.6401 | 浙江 | 0.7937 |
| 4 | 上海 | 0.6085 | 天津 | 0.5726 | 广东 | 0.5778 | 上海 | 0.7927 |
| 5 | 江苏 | 0.5943 | 山东 | 0.5472 | 浙江 | 0.5734 | 海南 | 0.7873 |
| 6 | 浙江 | 0.5901 | 海南 | 0.5340 | 江苏 | 0.5682 | 江苏 | 0.7776 |
| 7 | 海南 | 0.5848 | 江苏 | 0.5242 | 福建 | 0.5043 | 福建 | 0.7640 |
| 8 | 河北 | 0.5843 | 浙江 | 0.5076 | 山东 | 0.5015 | 天津 | 0.7486 |
| 9 | 山东 | 0.5842 | 上海 | 0.4800 | 海南 | 0.4864 | 山东 | 0.7410 |
| 10 | 福建 | 0.5446 | 福建 | 0.4641 | 河北 | 0.4453 | 河北 | 0.7275 |

　　其次，比较系统响应（B3）指标体系对应因素层的环境保护响应（C7）、社会经济响应（C8）和城市化发展响应（C9）安全指数。从2010年东部10省（市）因素层环境保护响应（C7）安全指数的评价结果来看，广东省的环境保护响应（C7）安全指数介于（0.8，1.0]区间，达到了区域生态安全分级标准的第Ⅰ级水平，即"高度安全"的"理想状态"；其余9省（市）的环境保护响应（C7）安全指数均介于（0.4，0.6]区间，处于生态安全分级标准的第Ⅲ级水平，即"基本安全"的"敏感状态"（见表9-7、图9-4）。这说明广东省的环境保护响应水平很高，其他省（市）需要加强环境保护响应力度。

　　从2010年东部10省（市）因素层社会经济响应（C8）安全指数的评价结果来看，各地存在较大的差距。其中，北京市的社会经济响应（C8）安全指数介于（0.8，1.0]区间，达到了区域生态安全分级标准的第Ⅰ级水平，即"高度安全"的"理想状态"；上海和天津2个直辖市的社会经济响应（C8）安全指数介于（0.6，0.8]区间，处于第Ⅱ级的生态安全水平，即"比较安全"的"良好状态"；其余7省的社会经济响应（C8）安全指数均介于（0.4，0.6]区间，处于区域生态安全分级标准的第Ⅲ级的水平，即"基本安全"的"敏感状态"（见表9-7、图9-4）。这说明3个直辖市的社会经济响应安全水平处于领先地位。

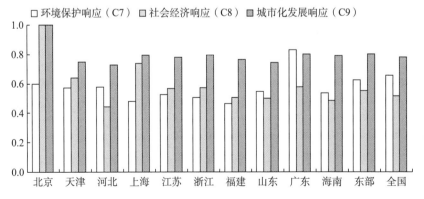

图9-4　2010年东部地区及全国生态安全评价指标体系系统响应安全水平

从 2010 年东部 10 省（市）因素层城市化发展响应（C9）安全指数的评价结果来看，北京市的城市化发展响应（C9）安全指数介于（0.8，1.0]区间，达到区域生态安全分级标准的第Ⅰ级水平；其余 9 省（市）均介于（0.6，0.8]区间，处于第Ⅱ级的生态安全水平，即"比较安全"的"良好状态"（见表 9-7、图 9-4）。这说明东部地区城市化发展响应安全水平整体较高。

## 第三节　东部地区生态安全的动态分析

### 一　东部地区生态安全综合指数变动

在获得 2001~2010 年历年生态安全评价指标体系特征值基础上，运用"区域生态安全综合评价模型"，我们可以计算出东部地区 2001~2010 年各省（市）的生态安全综合指数（见表 9-8）。根据 2001~2010 年东部 10 省（市）的生态安全综合指数评价结果，可以分析东部地区生态安全综合指数变动的总体特征和区域特征。

首先，分析东部地区生态安全总体水平变动过程。结合表 9-8，从图 9-5 关于东部地区生态安全综合指数变动的柱状图和变动曲线中可以看出，2001~2010 年，东部地区生态安全综合指数均介于（0.4，0.6]区间，处于区域生态安全分级标准的第Ⅲ级水平，即"基本安全"的"敏感状态"；在时间序列上，总体呈现逐年上升的趋势。与全国比较而言，2001~2008 年，东部地区生态安全综合指数始终略高于全国平均水平，到 2009 年，东部地区生态安全综合指数（0.5514）开始略低于全国平均水平（0.5553）（见表 9-8），可见，在趋势上东部地区生态安全提升的速度慢于全国生态安全平均水平提升的速度。这说明，尽管近年来东部地区的生态安全水平在持续提升，但是，也存在一些制约因素，可以通过对系统压力（B1）、系统状态（B2）和系统响应（B3）指标体系的分析明确具体的制约因素。

表 9 - 8  2001~2010 年东部地区及全国的生态安全综合指数

| 地区 | 2001年 | 2002年 | 2003年 | 2004年 | 2005年 | 2006年 | 2007年 | 2008年 | 2009年 | 2010年 | 2010年比2001年增加 |
|------|--------|--------|--------|--------|--------|--------|--------|--------|--------|--------|------------------|
| 北京 | 0.5463 | 0.5691 | 0.6153 | 0.6243 | 0.6382 | 0.6761 | 0.6501 | 0.6462 | 0.6639 | 0.6516 | 0.1053 |
| 天津 | 0.4516 | 0.4848 | 0.5089 | 0.5059 | 0.5363 | 0.5149 | 0.5046 | 0.5213 | 0.5742 | 0.5623 | 0.1107 |
| 河北 | 0.3573 | 0.3668 | 0.3687 | 0.3794 | 0.4003 | 0.4060 | 0.4253 | 0.4486 | 0.4666 | 0.4873 | 0.1300 |
| 上海 | 0.4659 | 0.4831 | 0.4933 | 0.5203 | 0.5170 | 0.5115 | 0.5076 | 0.5185 | 0.5204 | 0.5081 | 0.0422 |
| 江苏 | 0.3945 | 0.4043 | 0.4334 | 0.4427 | 0.4646 | 0.4651 | 0.4895 | 0.5024 | 0.5009 | 0.5236 | 0.1291 |
| 浙江 | 0.4884 | 0.4934 | 0.5002 | 0.5139 | 0.5316 | 0.5147 | 0.5342 | 0.5882 | 0.5533 | 0.5778 | 0.0894 |
| 福建 | 0.4829 | 0.4823 | 0.4739 | 0.4924 | 0.5287 | 0.5242 | 0.5354 | 0.5471 | 0.5530 | 0.5918 | 0.1089 |
| 山东 | 0.3922 | 0.3929 | 0.4090 | 0.4253 | 0.4470 | 0.4636 | 0.4819 | 0.5005 | 0.4991 | 0.5026 | 0.1104 |
| 广东 | 0.4557 | 0.4506 | 0.4604 | 0.4724 | 0.5001 | 0.5038 | 0.5042 | 0.5282 | 0.5421 | 0.6216 | 0.1659 |
| 海南 | 0.4998 | 0.5004 | 0.4835 | 0.4872 | 0.5071 | 0.5114 | 0.5424 | 0.5633 | 0.5979 | 0.6249 | 0.1251 |
| 东部 | 0.4496 | 0.4519 | 0.4645 | 0.4740 | 0.5042 | 0.5136 | 0.5284 | 0.5494 | 0.5514 | 0.5737 | 0.1241 |
| 全国 | 0.4288 | 0.4322 | 0.4467 | 0.4631 | 0.4851 | 0.4954 | 0.5175 | 0.5465 | 0.5553 | 0.5806 | 0.1518 |

其次，比较东部 10 省（市）生态安全综合指数（ESCI）的变动过程。从 10 省（市）生态安全综合指数（ESCI）变动趋势可以看出：2001~2010 年，10 省（市）生态安全状况在总体上呈现逐渐提升的态势，但不同地区之间也存在不同程度的差异。从动态上来看，2006 年以后，北京市的生态安全综合指数（ESCI）出现了下降的趋势。河北省历年的水平均为东部最低，而且，2005 年以前，河北省的生态安全综合指数（ESCI）一直介于 (0.2，0.4] 区间，处于区域生态安全分级标准的第Ⅳ级水平，即"较不安全"的"风险状态"，2005 年，河北省的生态安全综合指数（ESCI）开始超过 0.4 的水平，并呈现稳定提升的态势。其他 8 个省（市），除 2001 年江苏省（0.3945）、山东省（0.3922）和 2002 年山东省（0.3929）的生态安全综合指数略低于 0.4，以及 2010 年广东省（0.6216）和海南省（0.6249）的生态安全综合指数略高于 0.6 之外，2001~2010 年，各省（市）历年的生态安全综合指数均介于 (0.4，0.6] 区间，处于区域生态安全分级标准的第Ⅲ级水平，即"基本安全"的"敏感状态"，并在总体上呈现缓慢提升的动态演进过程。

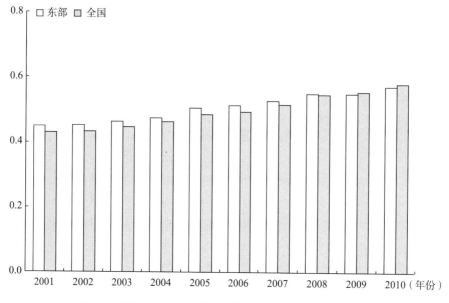

图 9 - 5　2001～2010 年东部地区和全国生态安全综合指数变动

从各省（市）生态安全综合指数（ESCI）年度排序变动来看，2001～2010 年，东部地区 10 省（市）的生态安全综合指数（ESCI）评价结果的年度排序总体波动不大。其中，北京始终保持区域生态安全综合指数的历年最高水平，河北省则一直处于生态安全综合指数历年最低的水平；其中，2001～2010 年排序有所上升的省（市）分别是天津、江苏和广东，尤其是广东的生态安全综合指数（ESCI）由 2001 年的第 6 位提升为 2010 年的第 3 位，生态安全综合指数（ESCI）由 2001 年的 0.4557，提升到 2010 年的 0.6216，提升了 0.1659，是东部提升幅度最大的省份。2001～2010 年排序有所下降的省（市）分别是上海市和浙江省。上海的生态安全综合指数（ESCI）由 2001 年的 0.4659，提升到 2010 年的 0.5081，只提升了 0.0422，是东部提升幅度最小的省份（见表 9 - 9）。

表 9 - 9　2001～2010 年东部地区生态安全水平提升幅度排序

| 省份 | 2001 年 | 2005 年 | 2010 年 | 2001～2010 年生态安全综合指数提升幅度排序 |
| --- | --- | --- | --- | --- |
| 北京 | 1 | 1 | 1 | 8 |

| 省份 | 2001 年 | 2005 年 | 2010 年 | 2001～2010 年生态安全综合指数提升幅度排序 |
|------|---------|---------|---------|--------------------------------|
| 天津 | 7 | 2 | 6 | 5 |
| 河北 | 10 | 10 | 10 | 2 |
| 上海 | 5 | 5 | 8 | 10 |
| 江苏 | 8 | 8 | 7 | 3 |
| 浙江 | 3 | 3 | 5 | 9 |
| 福建 | 4 | 4 | 4 | 7 |
| 山东 | 9 | 9 | 9 | 6 |
| 广东 | 6 | 7 | 3 | 1 |
| 海南 | 2 | 6 | 2 | 4 |

## 二　东部地区系统压力安全指数变动

我们还可以对东部地区生态安全评价指标体系系统层的系统压力（B1）、系统状态（B2）和系统响应（B3）安全指数变动趋势做进一步分析。

首先，分析系统层系统压力安全水平变动。从历年系统层的系统压力（B1）安全指数与系统状态（B2）、系统响应（B3）安全指数，以及与区域生态安全综合指数（ESCI）比较来看，2001～2010 年，东部地区系统压力（B1）安全指数始终低于区域系统状态（B2）安全指数、系统响应（B3）安全指数（SCI），也低于区域生态安全综合指数（见图 9－6、表 9－10）。

从系统压力（B1）安全指数的变动范围和趋势来看，从 2002 年起，东部地区系统压力（B1）安全指数开始超过 0.4 的水平，进入（0.4，0.6］区间，处于区域生态安全分级标准的第Ⅲ级水平，并呈现不断提升的趋势。由于区域生态安全综合指数（ESCI）是由系统压力（B1）、系统状态（B2）和系统响应（B3）指数体系综合作用的结果，据此我们可以认为，系统压力（B1）安全水平较低是东部地区区域生态安全的主要制约因素。从系统压力（B1）安全指数（SCI）提升的幅度来看，2001～2010 年，东部地区系统压力（B1）安全指数（SCI）提升幅度低于系统状态（B2）

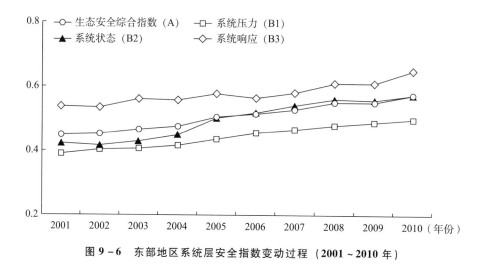

图 9-6 东部地区系统层安全指数变动过程（2001~2010 年）

和系统响应（B3）提升幅度；与全国平均水平相反，2001~2010 年，全国系统压力（B1）安全指数（SCI）提升幅度高于系统状态（B2）和系统响应（B3）提升幅度。这就说明东部地区系统压力（B1）状况有待进一步改善。

表 9-10　2001~2010 年东部地区生态安全综合指数和系统层安全指数变动

| 年份 | 生态安全综合指数（A） | 系统压力安全指数（B1） | 系统状态安全指数（B2） | 系统响应安全指数（B3） |
|---|---|---|---|---|
| 2001 | 0.4496 | 0.3896 | 0.4222 | 0.5369 |
| 2002 | 0.4519 | 0.4031 | 0.4178 | 0.5349 |
| 2003 | 0.4645 | 0.4052 | 0.4283 | 0.5600 |
| 2004 | 0.4740 | 0.4154 | 0.4493 | 0.5573 |
| 2005 | 0.5042 | 0.4349 | 0.5005 | 0.5772 |
| 2006 | 0.5136 | 0.4566 | 0.5189 | 0.5653 |
| 2007 | 0.5284 | 0.4659 | 0.5401 | 0.5792 |
| 2008 | 0.5494 | 0.4792 | 0.5601 | 0.6089 |
| 2009 | 0.5514 | 0.4875 | 0.5582 | 0.6087 |
| 2010 | 0.5737 | 0.4986 | 0.5725 | 0.6502 |

其次，分析因素层系统压力安全水平变动。从系统压力（B1）对应的

因素层人口发展压力（C1）、资源环境压力（C2）和城市化发展压力（C3）安全指数（SCI）的变动过程来看，通过分析，我们可以发现制约东部地区系统压力（B1）安全指数（SCI），并进一步影响区域生态安全综合指数（ESCI）的具体指标（见表9－11）。

表9－11　东部地区系统压力安全指数变动（2001～2010年）

| 年份 | 目标层（ESCI） | 系统层（SCI） | 因素层（SCI） | | |
| --- | --- | --- | --- | --- | --- |
| | 生态安全综合指数（A） | 系统压力安全指数（B1） | 人口发展压力安全指数（C1） | 资源环境压力安全指数（C2） | 城市化发展压力安全指数（C3） |
| 2001 | 0.4496 | 0.3896 | 0.2852 | 0.4156 | 0.4410 |
| 2002 | 0.4519 | 0.4031 | 0.2888 | 0.4381 | 0.4420 |
| 2003 | 0.4645 | 0.4052 | 0.2879 | 0.4407 | 0.4466 |
| 2004 | 0.4740 | 0.4154 | 0.2803 | 0.4634 | 0.4441 |
| 2005 | 0.5042 | 0.4349 | 0.2760 | 0.4930 | 0.4643 |
| 2006 | 0.5136 | 0.4566 | 0.2723 | 0.5306 | 0.4735 |
| 2007 | 0.5284 | 0.4659 | 0.2682 | 0.5393 | 0.4999 |
| 2008 | 0.5494 | 0.4792 | 0.2686 | 0.5579 | 0.5142 |
| 2009 | 0.5514 | 0.4875 | 0.2608 | 0.5676 | 0.5373 |
| 2010 | 0.5737 | 0.4986 | 0.2578 | 0.5833 | 0.5521 |

2001～2010年，与东部地区系统压力（B1）安全指数平缓提升过程相比较，人口发展压力（C1）安全指数从2003年以后开始出现持续的缓慢下降趋势，并始终介于（0.2，0.4］区间，处于区域生态安全分级标准的第Ⅳ级水平，即"较不安全"的"风险状态"；资源环境压力（C2）安全指数自2001年以来表现为持续的缓慢上升趋势；城市化发展压力（C3）安全指数介于（0.4，0.6］区间，处于区域生态安全分级标准的第Ⅲ级水平，从2004年以后表现为持续的缓慢上升趋势（见图9－7）。而且，历年的东部地区人口发展压力（C1）安全指数均低于当年系统压力（B1）安全指数水平，资源环境压力（C2）安全指数和城市化发展压力（C3）安全指数均高于当年系统压力（B1）安全指数水平。可见人口发展压力（C1）是影响东部地区系统压力（B1）安全指数水平，并制约区域生态安全综合指数的

主要因素。

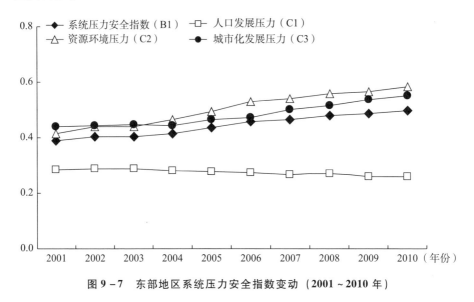

**图 9 - 7    东部地区系统压力安全指数变动（2001～2010 年）**

最后，分析指标层系统压力安全水平变动。根据生态安全评价指标体系，人口发展压力（C1）对应的指标层具体指标的特征值（即实际值）越高，对生态安全的压力越大。研究表明，2001～2010 年，东部地区区域人口密度（D1）、人口自然增长率（D2）和单位农用地承载人口数量（D3）均呈现显著高于全国平均水平的变动趋势。

从区域人口密度变动趋势来看，无论是东部地区平均水平还是各省（市）历年的区域人口密度指标均显著高于全国的平均水平，2010 年比2001 年东部地区每平方公里增加了63 人，2005～2010 年，人口密度增长的势头有所缓和，但仍远高于全国平均水平。从 10 省（市）的区域人口密度变动趋势来看，北京、上海和天津 3 个直辖市的增长速度最快。除海南省2005～2010 年的区域人口密度提升水平（每平方公里增加了 2 人）略低于全国的平均水平（每平方公里增加了 3 人）以外，其他省（市）不同程度地高于全国平均水平。从 10 省（市）的区域人口密度提升水平比较来看，2001～2010 年，北京、上海和天津 3 个直辖市的区域人口密度增加的水平远高于其他省份和东部的平均水平，另外，广东和浙江 2 省的区域人口密度增加的水平也略高于东部地区的平均水平（见表 9 - 12）。由此可以认为，东部地区区域人口密度（D1）指标对区域生态安全具有显著的制约作用；而且，北京、上海和天津3个直辖市的区域人口密度指标对区域生态安全的制约作用尤为显著。

**表 9 - 12  2001～2010 年东部地区各省（市）及全国区域人口密度（D1）变动**

单位：人/平方公里

| 年份 | 北京 | 天津 | 河北 | 上海 | 江苏 | 浙江 | 福建 | 山东 | 广东 | 海南 | 东部 | 全国 |
|------|------|------|------|------|------|------|------|------|------|------|------|------|
| 2001 | 825 | 844 | 357 | 2631 | 717 | 464 | 284 | 575 | 486 | 234 | 487 | 133 |
| 2002 | 847 | 846 | 359 | 2702 | 722 | 469 | 286 | 578 | 492 | 236 | 492 | 134 |
| 2003 | 867 | 850 | 361 | 2785 | 727 | 477 | 288 | 581 | 498 | 239 | 497 | 135 |
| 2004 | 889 | 861 | 363 | 2747 | 724 | 464 | 289 | 584 | 462 | 241 | 490 | 135 |
| 2005 | 916 | 876 | 365 | 2981 | 740 | 490 | 293 | 588 | 512 | 243 | 508 | 137 |
| 2006 | 941 | 903 | 368 | 3098 | 746 | 498 | 295 | 592 | 525 | 246 | 516 | 137 |
| 2007 | 972 | 937 | 370 | 3255 | 753 | 506 | 297 | 596 | 537 | 249 | 523 | 138 |
| 2008 | 1009 | 988 | 372 | 2998 | 748 | 503 | 297 | 612 | 530 | 251 | 524 | 138 |
| 2009 | 1069 | 1030 | 375 | 3486 | 761 | 518 | 302 | 603 | 563 | 244 | 537 | 139 |
| 2010 | 1196 | 1090 | 383 | 3631 | 767 | 535 | 304 | 610 | 581 | 245 | 550 | 140 |
| 2010 年比 2001 年增加 | 371 | 246 | 26 | 1000 | 50 | 71 | 20 | 35 | 95 | 11 | 63 | 7 |
| 2010 年比 2005 年增加 | 280 | 214 | 18 | 650 | 27 | 45 | 11 | 22 | 69 | 2 | 42 | 3 |

从人口自然增长率变动趋势来看，2007 年以前，东部地区历年的人口自然增长率的平均水平均低于全国平均水平，2007 年以后，开始高于全国平均水平；而且，与全国人口自然增长率平均水平不断下降的趋势相反，东部地区的人口自然增长率呈现增加的趋势，2005～2010 年，势头有所缓和（见表 9 - 13）。从 10 省（市）的人口自然增长率变动趋势来看，各地存在很大差异。其中，北京、上海、天津、河北、江苏、福建的人口自然增长率在总体上均有不同程度增加的趋势，而北京、上海和天津3个直辖市人口自然增长率的增长尤其显著；另外，浙江、山东、广东和海南的人口自然增长率在总体上均呈现下降的趋势。由此可以认为，东部地区人口自然

增长率指标对区域生态安全同样有着显著的制约作用；而且，北京、上海和天津3个直辖市的人口自然增长率指标对区域生态安全的制约作用尤其显著。

表9-13 2001~2010年东部地区各省（市）及全国人口自然增长率（D2）变动

单位：‰

| 年份 | 北京 | 天津 | 河北 | 上海 | 江苏 | 浙江 | 福建 | 山东 | 广东 | 海南 | 东部 | 全国 |
|---|---|---|---|---|---|---|---|---|---|---|---|---|
| 2001 | 0.80 | 1.64 | 4.98 | -0.95 | 2.41 | 3.77 | 6.04 | 4.88 | 8.83 | 9.47 | 4.90 | 6.95 |
| 2002 | 0.90 | 1.45 | 5.28 | -0.54 | 2.18 | 3.79 | 5.78 | 4.55 | 8.21 | 9.48 | 4.71 | 6.45 |
| 2003 | -0.10 | 1.10 | 5.16 | -1.35 | 2.01 | 3.28 | 5.85 | 4.78 | 8.35 | 9.16 | 4.61 | 6.01 |
| 2004 | 0.70 | 1.34 | 5.79 | 0.00 | 2.25 | 4.95 | 5.96 | 6.01 | 8.01 | 8.98 | 5.17 | 5.87 |
| 2005 | 1.09 | 1.43 | 6.09 | 0.96 | 2.21 | 5.02 | 5.98 | 5.83 | 7.02 | 8.93 | 5.05 | 5.89 |
| 2006 | 1.29 | 1.60 | 6.23 | 1.58 | 2.28 | 4.87 | 6.25 | 5.50 | 7.29 | 8.86 | 5.10 | 5.28 |
| 2007 | 3.40 | 2.05 | 6.55 | 3.04 | 2.30 | 4.81 | 6.00 | 5.00 | 7.30 | 8.91 | 5.17 | 5.17 |
| 2008 | 3.42 | 2.19 | 6.55 | 2.72 | 2.30 | 4.58 | 6.30 | 5.09 | 7.25 | 8.99 | 5.17 | 5.08 |
| 2009 | 3.50 | 2.60 | 6.50 | 2.70 | 2.56 | 4.63 | 6.20 | 5.62 | 7.26 | 8.96 | 5.31 | 5.05 |
| 2010 | 3.07 | 2.60 | 6.81 | 1.98 | 2.85 | 4.73 | 6.11 | 5.39 | 6.97 | 8.98 | 5.25 | 4.79 |
| 2010年比2001年增加 | 2.27 | 0.96 | 1.83 | 2.93 | 0.44 | 0.96 | 0.07 | 0.51 | -1.86 | -0.49 | 0.35 | -2.16 |
| 2010年比2005年增加 | 1.98 | 1.17 | 0.72 | 1.02 | 0.64 | -0.29 | 0.13 | -0.44 | -0.05 | 0.05 | 0.20 | -1.10 |

从区域单位农用地承载人口（D3）变动趋势来看，无论是东部地区平均水平还是各省（市）历年的指标均不同程度高于全国的平均水平，与前两项指标类似，2005~2010年，东部地区单位农用地承载人口数量增加的势头有所缓和，但是，从绝对量来看，2010年东部地区单位农用地承载人口数（7.23人/公顷）仍然是全国平均水平（2.78人/公顷）的2.6倍。从10省（市）的单位农用地承载人口数量变动趋势来看，同样是北京、上海和天津3个直辖市提高最高。从10省（市）的单位农用地承载人口数量增加水平比较来看，2001~2010年，北京、上海和天津3个直辖市增加的水平远高于其他省份和东部的平均水平（见表9-14）。由此可以认为，东部

地区单位农用地承载人口数量指标对区域生态安全也具有制约作用；而且，北京、上海和天津3个直辖市的这一指标对区域生态安全的制约作用尤其显著。

表 9 - 14　2001～2010 年东部地区各省（市）及全国单位
农用地承载人口（D3）变动

单位：人/公顷

| 年份 | 北京 | 天津 | 河北 | 上海 | 江苏 | 浙江 | 福建 | 山东 | 广东 | 海南 | 东部 | 全国 |
|---|---|---|---|---|---|---|---|---|---|---|---|---|
| 2001 | 12.40 | 14.52 | 5.62 | 32.61 | 9.93 | 5.26 | 3.25 | 8.39 | 5.14 | 2.78 | 6.43 | 2.67 |
| 2002 | 12.74 | 13.99 | 5.39 | 44.45 | 10.83 | 5.51 | 3.23 | 7.83 | 5.91 | 2.86 | 6.44 | 2.67 |
| 2003 | 13.06 | 14.62 | 5.68 | 34.57 | 10.00 | 5.34 | 3.29 | 8.47 | 5.26 | 2.83 | 6.55 | 2.71 |
| 2004 | 13.49 | 14.47 | 5.44 | 45.22 | 10.95 | 5.46 | 3.26 | 7.93 | 5.57 | 2.91 | 6.41 | 2.70 |
| 2005 | 13.93 | 14.75 | 5.47 | 46.76 | 11.04 | 5.62 | 3.28 | 8.01 | 6.16 | 2.94 | 6.65 | 2.71 |
| 2006 | 14.34 | 15.22 | 5.50 | 47.74 | 11.20 | 5.71 | 3.31 | 8.05 | 6.25 | 2.97 | 6.75 | 2.72 |
| 2007 | 14.87 | 15.96 | 5.53 | 49.49 | 11.33 | 5.82 | 3.33 | 8.11 | 6.35 | 3.01 | 6.86 | 2.74 |
| 2008 | 15.48 | 16.98 | 5.57 | 51.40 | 11.43 | 5.90 | 3.36 | 8.16 | 6.42 | 3.04 | 6.85 | 2.75 |
| 2009 | 16.03 | 17.73 | 5.61 | 60.15 | 11.63 | 6.08 | 3.42 | 8.20 | 6.81 | 3.08 | 7.06 | 2.77 |
| 2010 | 17.92 | 18.76 | 5.73 | 62.67 | 11.72 | 6.28 | 3.44 | 8.31 | 7.02 | 3.09 | 7.23 | 2.78 |
| 2010 年比 2001 年增加 | 5.52 | 4.24 | 0.11 | 30.06 | 1.79 | 1.02 | 0.20 | -0.08 | 1.88 | 0.31 | 0.80 | 0.11 |
| 2010 年比 2005 年增加 | 3.99 | 4.00 | 0.26 | 15.90 | 0.68 | 0.66 | 0.16 | 0.30 | 0.86 | 0.15 | 0.58 | 0.07 |

## 三　东部地区系统状态安全指数变动

首先，分析系统层系统状态安全水平变动。评价结果显示，2001～2010年，总体上，东部地区系统状态（B2）安全指数在（0.4，0.6］区间缓慢提升。从历年东部地区系统层的系统状态（B2）安全指数（SCI）与系统压力（B1）、系统响应（B3）安全指数（SCI），以及与区域生态安全综合指数（ESCI）比较来看，2001～2010年，系统状态（B2）安全指数始终低于系统响应（B3）安全指数；除2001～2003年有所波动以外，2004年以后，系统状态（B2）安全指数开始高于系统响应（B3）安全指数；2001～2004年，系统状态（B2）安全指数低于区域生态安全综合指数，2004年以后，系统状态（B2）安全指数开始与区域生态安全综合指数持平。从系统状态（B2）安全指数（SCI）提升的幅度来看，2001～2010年，东部地区系统状态（B2）安全指数（SCI）提升幅度高于系统压力（B1）和系统响应（B3）安全指数（SCI）提升幅度，并略高于全国系统状态（B2）安全指数（SCI）提升水平（见表9－10）。

其次，分析因素层系统状态安全水平变动。系统状态（B2）对应的因素层指标体系包括资源环境状况（C4）、经济社会发展状况（C5）和城市化发展状况（C6）。2001～2010年，资源环境状况（C4）安全指数的变动具有一定的波动性，在10年间没有显著的增减趋势；经济社会发展状况（C5）安全指数由2001年的0.2297提升到2010年的0.6894，2004年及以前介于（0.2，0.4］区间，处于区域生态安全分级标准的第Ⅳ级水平，2008年开始进入（0.6，0.8］区间，处于区域生态安全分级标准的第Ⅱ级水平，提升幅度非常显著（见图9－8）；城市化发展状况（C6）安全指数在总体上也有一定的提升，由2001年的0.4818提升到2010年的0.6066，其中，2002～2009年一直持续提升（见表9－15）。

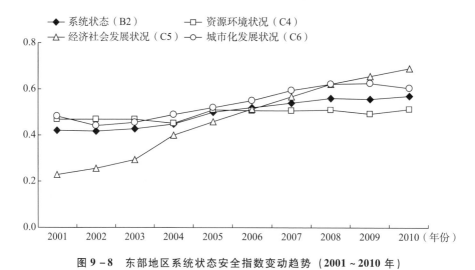

图9－8　东部地区系统状态安全指数变动趋势（2001～2010年）

表 9 - 15　东部地区系统状态安全指数变动（2001 ~ 2010 年）

| 年份 | 目标层（ESCI） | 系统层（SCI） | 因素层（SCI） | | |
|---|---|---|---|---|---|
| | 生态安全综合指数（A） | 系统状态（B2） | 资源环境状况（C4） | 经济社会发展状况（C5） | 城市化发展状况（C6） |
| 2001 | 0.4496 | 0.4222 | 0.4696 | 0.2297 | 0.4818 |
| 2002 | 0.4519 | 0.4178 | 0.4689 | 0.2580 | 0.4402 |
| 2003 | 0.4645 | 0.4283 | 0.4677 | 0.2938 | 0.4556 |
| 2004 | 0.4740 | 0.4493 | 0.4507 | 0.3999 | 0.4892 |
| 2005 | 0.5042 | 0.5005 | 0.5084 | 0.4571 | 0.5202 |
| 2006 | 0.5136 | 0.5189 | 0.5076 | 0.5115 | 0.5510 |
| 2007 | 0.5284 | 0.5401 | 0.5063 | 0.5658 | 0.5949 |
| 2008 | 0.5494 | 0.5601 | 0.5098 | 0.6205 | 0.6223 |
| 2009 | 0.5514 | 0.5582 | 0.4910 | 0.6573 | 0.6253 |
| 2010 | 0.5737 | 0.5725 | 0.5129 | 0.6894 | 0.6066 |

最后，分析指标层系统状态安全水平变动。分析资源环境状况（C4）对应的具体指标标准化值变动过程，可以发现制约东部地区资源环境状况安全水平的原因。在东部地区生态安全评价指标体系中，森林覆盖率（D12）指标标准化值自 2003 年开始进入（0.8，1.0]区间，处于区域生态安全分级标准的第Ⅰ级水平，即"高度安全"的"理想状态"，并且始终高于全国平均水平；2001 ~ 2010 年，人均耕地面积（D13）和人均一次能源生产量（D15）2 个指标标准化值始终介于（0.2，0.4]区间，处于区域生态安全分级标准的第Ⅳ级水平；人均水资源量（D14）保持在（0，0.2]区间波动。可见，东部地区森林资源相对较为丰富，但耕地资源、水资源和能源人均水平都较低（见图 9 - 9）。

## 四　东部地区系统响应安全指数变动

首先，分析系统层系统响应安全水平变动。从历年系统层的系统响应（B3）安全指数（SCI）与系统压力（B1）、系统状态（B2）安全指数（SCI），以及与区域生态安全综合指数（ESCI）比较来看，评价结果显示，东部地区历年的系统响应（B3）安全指数（SCI）均高于系统压力（B1）、

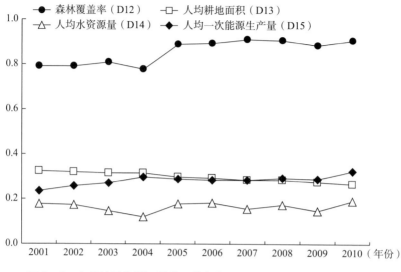

图 9 - 9　东部地区资源环境状况指标标准化值变动（2001～2010 年）

系统状态（B2）安全指数。其中，2001～2007 年，系统响应安全指数在（0.4，0.6]区间，即处于区域生态安全分级标准的第Ⅲ级水平；并于 2008 年以后进入区域生态安全分级标准的第Ⅱ级水平，即"比较安全"的"良好状态"（见表 9 - 10）。这说明，近年来东部地区采取的改善区域生态安全的措施是积极有效的，从而使区域系统响应（B3）安全指数处于不断提升的过程。

其次，分析因素层系统响应安全水平变动。分析系统响应（B3）指标体系对应的因素层环境保护响应（C7）、社会经济响应（C8）和城市化发展响应（C9）3 个方面因素的安全指数（SCI）变动过程。从趋势上看，2001～2010 年，东部地区城市化发展响应（C9）安全指数一直高于环境保护响应（C7）、社会经济响应（C8）安全指数，以及系统响应（B3）安全指数；环境保护响应（C7）、社会经济响应（C8）安全指数一直低于系统响应（B3）安全指数（见图 9 - 10）。从具体指标的变动过程来看，环境保护响应（C7）安全指数从 2001 年到 2009 年，始终介于（0.4，0.6]区间，处于区域生态安全分级标准的第Ⅲ级水平，到 2010 年，开始进入（0.6，0.8]区间，达到区域生态安全分级标准的第Ⅱ级水平，即"比较安全"的"良好状态"；社会经济响应（C8）安全指数从 2001 到 2010 年始终介于

（0.4，0.6］区间，处于区域生态安全分级标准的第Ⅲ级水平；城市化发展响应（C9）安全指数在2001年就已经达到0.6910，从2001年到2010年始终介于（0.6，0.8］区间，处于区域生态安全分级标准的第Ⅱ级水平，即"比较安全"的"良好状态"（见表9-16）。这说明东部地区的城市化发展响应水平较高、基础较好，但东部地区的环境保护响应和社会经济响应水平相对较低，是区域系统响应安全水平的制约因素。

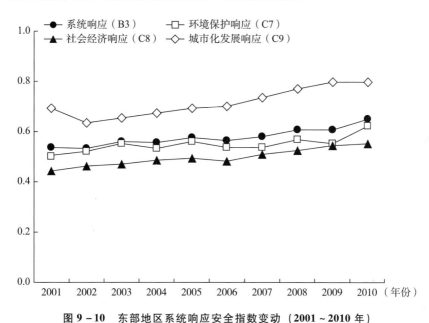

**图9-10 东部地区系统响应安全指数变动（2001～2010年）**

**表9-16 东部地区系统响应安全指数变动（2001～2010年）**

| 年份 | 目标层（ESCI） | 系统层（SCI） | 因素层（SCI） | | |
|---|---|---|---|---|---|
| | 生态安全综合<br>指数（A） | 系统响应<br>（B3） | 环境保护<br>响应（C7） | 社会经济<br>响应（C8） | 城市化发展<br>响应（C9） |
| 2001 | 0.4496 | 0.5369 | 0.5054 | 0.4430 | 0.6910 |
| 2002 | 0.4519 | 0.5349 | 0.5198 | 0.4619 | 0.6331 |
| 2003 | 0.4645 | 0.5600 | 0.5542 | 0.4690 | 0.6526 |
| 2004 | 0.4740 | 0.5573 | 0.5346 | 0.4851 | 0.6724 |
| 2005 | 0.5042 | 0.5772 | 0.5591 | 0.4923 | 0.6926 |
| 2006 | 0.5136 | 0.5653 | 0.5376 | 0.4828 | 0.7009 |

| 年份 | 目标层（ESCI） | 系统层（SCI） | 因素层（SCI） | | |
|------|------|------|------|------|------|
| | 生态安全综合指数（A） | 系统响应（B3） | 环境保护响应（C7） | 社会经济响应（C8） | 城市化发展响应（C9） |
| 2007 | 0.5284 | 0.5792 | 0.5368 | 0.5094 | 0.7372 |
| 2008 | 0.5494 | 0.6089 | 0.5700 | 0.5249 | 0.7716 |
| 2009 | 0.5514 | 0.6087 | 0.5507 | 0.5452 | 0.7967 |
| 2010 | 0.5737 | 0.6502 | 0.6229 | 0.5516 | 0.7987 |

# 第十章 中部地区生态安全综合
# 评价结果分析

## 第一节 中部地区生态安全的现状分析

### 一 中部地区生态安全总体状况

运用区域生态安全综合评价模型，在获得中部地区及其各省份的生态安全评价指标体系的各项指标特征值和标准化值以后，我们同样可以计算得出生态安全评价指标体系的指标层（D）、因素层（C）和系统层（B）的生态安全指数（ESI），以及目标层对应的区域生态安全综合指数（ESCI）。在此基础上，我们可以进一步分析中部地区生态安全状况。表10-1是中部地区及全国生态安全评价指标体系的目标层生态安全综合指数，以及系统层和因素层生态安全指数评价结果。根据区域生态安全分级标准，可以对2010年中部地区区域生态安全总体状况进行描述分析。

表 10-1 2010 年中部地区及全国生态安全评价结果

| 层次 | 指标体系 | 中部 | 全国 |
|------|----------|------|------|
| 目标层 | 生态安全综合指数（A） | 0.5277 | 0.5806 |
| 系统层 | 系统压力（B1） | 0.4898 | 0.5822 |
| | 系统状态（B2） | 0.5643 | 0.5054 |
| | 系统响应（B3） | 0.5289 | 0.6541 |

| 层次 | 指标体系 | 中部 | 全国 |
|---|---|---|---|
| 因素层 | 人口发展压力（C1） | 0.3503 | 0.5525 |
| | 资源环境压力（C2） | 0.5386 | 0.5938 |
| | 城市化发展压力（C3） | 0.5218 | 0.5857 |
| | 资源环境状况（C4） | 0.6121 | 0.4665 |
| | 经济社会发展状况（C5） | 0.5034 | 0.5465 |
| | 城市化发展状况（C6） | 0.5080 | 0.5584 |
| | 环境保护响应（C7） | 0.4941 | 0.6525 |
| | 社会经济响应（C8） | 0.4541 | 0.5154 |
| | 城市化发展响应（C9） | 0.6737 | 0.7792 |

首先，分析中部地区的区域生态安全综合指数（ESCI），可以看出区域生态安全现状特征。研究表明，2010年，中部地区的区域生态安全综合指数为0.5277，这一水平低于全国生态安全的平均值（0.5806）。根据区域生态安全综合指数模型所建立的生态安全评价标准，中部地区的生态安全总体水平介于（0.4，0.6］区间，处于区域生态安全分级标准的第Ⅲ级水平，即"基本安全"的"敏感状态"。

根据评价标准的状态描述，可以认为：到2010年，我国中部地区的自然生态系统和人类生态系统结构基本合理、功能基本协调，但仍然存在诸多影响生态安全的不利因素。这一评价结果表明，目前，中部地区区域生态安全存在诸多制约因素。

根据区域生态安全评价指标体系，我们可以通过对评价指标体系各层次评价结果的分析，了解制约中部地区区域生态安全的具体因素及其影响程度。评价结果显示：2010年，在中部地区生态安全评价指标体系中，人口发展压力（C1）指标评价结果介于（0.2，0.4］区间，处于区域生态安全分级标准的第Ⅳ级水平，即"较不安全"的"风险状态"；生态安全综合指数（A）、系统压力（B1）、系统状态（B2）、系统响应（B3）、资源环境压力（C2）、城市化发展压力（C3）、经济社会发展状况（C5）、城市化发展状况（C6）、环境保护响应（C7）和社会经济响应（C8）10项指标评价结果介于（0.4，0.6］区间，处于区域生态安全分级标准的第Ⅲ级水平，即"基本安全"的"敏感状态";资源环境状况(C4)和城市化发展响应(C9)2项指标评价结果介于(0.6,0.8]区间,处于区域生态安全分级标准的第Ⅱ级的水平,即"比较安全"的"良好状态"(见表10-2)。

表10-2　2010年中部地区区域生态安全总体状况描述

| 区域生态安全评价指标分级 | 安全程度 | 极不安全 | 较不安全 | 基本安全 | 比较安全 | 高度安全 |
|---|---|---|---|---|---|---|
| | 状态描述 | 恶化状态 | 风险状态 | 敏感状态 | 良好状态 | 理想状态 |
| | 等级分类 | V | Ⅳ | Ⅲ | Ⅱ | I |
| | 分值范围 | (0,0.2] | (0.2,0.4] | (0.4,0.6] | (0.6,0.8] | (0.8,1.0] |
| 目标层(ESCI) | 生态安全综合指数(A) | | | 0.5277 | | |
| 系统层(ESI) | 系统压力(B1) | | | 0.4898 | | |
| | 系统状态(B2) | | | 0.5643 | | |
| | 系统响应(B3) | | | 0.5289 | | |
| 因素层(ESI) | 人口发展压力(C1) | | 0.3503 | | | |
| | 资源环境压力(C2) | | | 0.5386 | | |
| | 城市化发展压力(C3) | | | 0.5218 | | |
| | 资源环境状况(C4) | | | | 0.6121 | |
| | 经济社会发展状况(C5) | | | 0.5034 | | |
| | 城市化发展状况(C6) | | | 0.5080 | | |
| | 环境保护响应(C7) | | | 0.4941 | | |
| | 社会经济响应(C8) | | | 0.4541 | | |
| | 城市化发展响应(C9) | | | | 0.6737 | |

其次,与全国平均水平比较,可以进一步发现中部地区生态安全的现状特征。与全国生态安全评价指标体系各层次平均水平比较,2010年,中部地区的系统状态(B2)和资源环境状况(C4)安全指数分别为0.5643和0.6121,同期全国的系统状态(B2)和资源环境状况(C4)安全指数分别为0.5054和0.4665,中部这2项指标均高于全国的平均水平。特别是中部地区的资源环境状况(C4)安全指数已经进入(0.6,0.8]区间,达到

区域生态安全分级标准的第Ⅱ级水平，即"比较安全"的"良好状态"，而全国的资源环境状况（C4）安全指数介于（0.4，0.6］区间，处于区域生态安全分级标准的第Ⅲ级水平，即"基本安全"的"敏感状态"。由此可见，中部地区的资源环境状况要优于全国平均水平。

除系统状态（B2）和资源环境状况（C4）2项指标以外，中部地区生态安全评价指标的系统压力（B1）、系统响应（B3）、人口发展压力（C1）、资源环境压力（C2）、城市化发展压力（C3）、经济社会发展状况（C5）、城市化发展状况（C6）、环境保护响应（C7）、社会经济响应（C8）和城市化发展响应（C9）10项指标的数值均低于全国的平均水平（见表10－1）。

通过以上分析表明，中部地区区域生态安全状况的积极因素主要是资源环境状况（C4）和城市化发展响应（C9）2项指标；中部地区生态安全水平的制约因素主要是人口发展压力（C1）、资源环境压力（C2）、城市化发展压力（C3）、经济社会发展状况（C5）、城市化发展状况（C6）、环境保护响应（C7）和社会经济响应（C8）7项指标。可见中部地区的生态安全存在诸多制约因素。

## 二　中部地区系统压力安全状况

首先，分析中部地区系统压力安全状况。评价结果显示，2010年，中部地区生态安全评价指标体系系统层的系统压力安全指数为0.4898，同期这一指标的全国平均水平是0.5822，尽管中部和全国的系统压力安全指数均介于（0.4，0.6］区间，处于区域生态安全分级标准的第Ⅲ级水平，但中部地区系统压力安全指数与全国平均水平的差距还是较大的；而且，中部地区的系统压力安全指数也低于中部地区生态安全综合指数的评价结果（0.5277）。

其次，分析中部地区系统压力安全的制约因素。由前面分析可知，中部地区生态安全系统还存在着一系列的压力因素，制约区域整体生态安全水平。系统压力（B1）指标体系是由对应的因素层人口发展压力（C1）、资源环境压力（C2）和城市化发展压力（C3）3个方面因素构成。进一步

分析表明：2010 年，中部地区这 3 个因素的安全指数评价结果分别为
0.3503、0.5386 和 0.5218。根据区域生态安全分级标准及其指标特征，其
中，中部地区人口发展压力（C1）安全指数介于（0.2，0.4］区间，处于
区域生态安全分级标准的第Ⅳ级水平，即"较不安全"的"风险状态"；资
源环境压力（C2）和城市化发展压力（C3）安全指数介于（0.4，0.6］
区间，处于区域生态安全分级标准的第Ⅲ级水平，即"基本安全"的
"敏感状态"；与全国比较来看，2010 年，中部人口发展压力（C1）和城
市化发展压力（C3）安全指数均低于全国平均水平。尤其是中部地区的
人口发展压力（C1）安全指数远低于全国的平均水平（0.5525），说明目
前中部地区人口发展压力问题相对突出，是制约区域生态安全水平的主要
因素之一。

最后，进一步分析系统压力指标体系对应指标层的具体指标的安全指
数。从图 10 – 1 中可以直观地反映出中部地区 11 项系统压力具体指标的安
全状况。在系统压力指标体系中，人口发展压力（C1）指标体系由指标层
的区域人口密度（D1）、人口自然增长率（D2）和单位农用地承载人口
（D3）3 项具体指标构成，2010 年，中部地区这 3 项指标特征值的标准化值
分别为 0.1505（D1）、0.1899（D2）、0.6212（D3），同期全国的这 3 项指
标特征值的标准化值分别为 0.3744（D1）、0.2296（D2）、1.0000（D3）
（见表 10 –3）。由此可见，无论按照区域生态安全分级标准，还是与全国平
均水平比较，中部地区的人口发展压力安全水平都是较低的。这是中部地
区人口发展对区域生态安全具体制约因素所在。

在系统压力（B1）指标体系中，资源环境压力（C2）指标体系由单位
GDP 能耗（D4）、化学需氧量排放强度（D5）、化肥施用强度（D6）和人
均能源消费（D7）4 项具体指标构成。2010 年，中部地区这 4 项指标特征
值的标准化值分别为 0.4391（D4）、1.0000（D5）、0.1628（D6）、0.7450
（D7）；同期全国这 4 项指标特征值的标准化值分别为 0.5309（D4）、
1.0000（D5）、0.2407（D6）、0.7263（D7）。与全国比较来看，中部地区
人均能源消费（D7）指标特征值的标准化值（0.7450）与全国平均水平
（0.7263）接近，化肥施用强度（D6）和单位 GDP 能耗（D4）2 项指标均

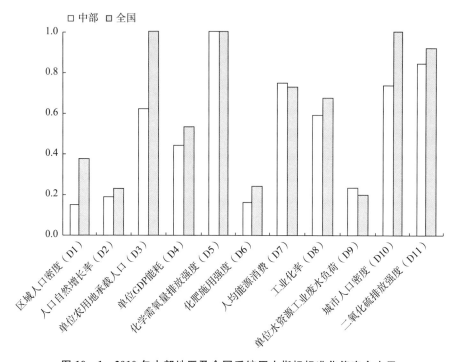

**图 10 - 1    2010 年中部地区及全国系统压力指标标准化值安全水平**

低于全国平均水平。按照生态安全综合评价模型，系统压力指标实际值越高其标准化值越低，可见，中部地区化肥施用强度和单位 GDP 能耗实际水平高于全国平均水平。按照生态安全综合评价模型的区域生态安全分级标准，中部地区资源环境压力主要制约因素是化肥施用强度（D6）和单位 GDP 能耗（D4）。这说明中部地区资源环境压力主要是由工农业生产效率较低造成的。

城市化发展压力（C3）指标体系由指标层的工业化率（D8）、单位水资源工业废水负荷（D9）、城市人口密度（D10）和二氧化硫排放强度（D11）4 项具体指标构成。其中，工业化率（D8）标准化指数为 0.5911，低于全国平均水平，介于（0.4，0.6］区间，处于区域生态安全分级标准的第Ⅲ级水平，即"基本安全"的"敏感状态"，说明中部地区产业结构中工业比重偏重，有待进一步调整优化；单位水资源工业废水负荷（D9）标准化指数为 0.2359，与全国平均水平接近，介于（0.2，0.4］区间，处于区域生态安全分级标准的第Ⅳ级水平，即"较不安全"的"风险状态"，说明中部地区工业化、城市化过程对水资源和水环境的压力较大；城市人口密度（D10）标准化指数为 0.7339，介于（0.6，0.8］区间，处于区域生态安全分级标准的第Ⅱ级水平，即"比较安全"的"良好状态"，低于全国平均水平，说明中部地区实际城市人口密度与全国平均水平相比还是偏高的。

表 10 - 3　2010 年中部地区及全国生态安全评价指标体系指标层标准化值

| 系统压力（B1） | | | 系统状态（B2） | | | 系统响应（B3） | | |
|------|------|------|------|------|------|------|------|------|
| 指标 | 中部 | 全国 | 指标 | 中部 | 全国 | 指标 | 中部 | 全国 |
| （D1） | 0.1505 | 0.3744 | （D12） | 0.8602 | 0.4524 | （D22） | 0.7148 | 0.6714 |
| （D2） | 0.1899 | 0.2296 | （D13） | 0.3910 | 0.4728 | （D23） | 0.3270 | 0.8765 |
| （D3） | 0.6212 | 1.0000 | （D14） | 0.2964 | 0.3492 | （D24） | 0.9600 | 0.9532 |
| （D4） | 0.4391 | 0.5309 | （D15） | 1.0000 | 0.8551 | （D25） | 0.3082 | 0.4743 |
| （D5） | 1.0000 | 1.0000 | （D16） | 0.3984 | 0.4115 | （D26） | 0.4532 | 0.4943 |
| （D6） | 0.1628 | 0.2407 | （D17） | 0.6887 | 0.7399 | （D27） | 0.2168 | 0.3278 |
| （D7） | 0.7450 | 0.7263 | （D18） | 0.6060 | 0.7498 | （D28） | 1.0000 | 1.0000 |
| （D8） | 0.5911 | 0.6734 | （D19） | 0.3068 | 0.3596 | （D29） | 0.4930 | 0.6148 |
| （D9） | 0.2359 | 0.2002 | （D20） | 0.5735 | 0.6537 | （D30） | 0.8985 | 1.0000 |
| （D10） | 0.7339 | 1.0000 | （D21） | 0.9976 | 1.0000 | （D31） | 0.8620 | 0.9204 |
| （D11） | 0.8424 | 0.9180 | — | — | — | — | — | — |

## 三　中部地区系统状态安全状况

首先，分析中部地区系统状态（B2）安全水平。从系统层评价结果看，2010 年，中部地区生态安全评价指标体系的系统状态（B2）安全指数为 0.5643，表明中部地区系统状态（B2）安全状况处于区域生态安全分级标准的第Ⅲ级，即"基本安全"的"敏感状态"，这一评价结果与中部地区区域生态安全综合指数（0.5277）接近。

其次，分析中部地区系统状态（B2）安全水平的制约因素。系统状态（B2）指标体系由因素层的资源环境状况（C4）、经济社会发展状况（C5）和城市化发展状况（C6）3 个因素构成，这 3 个因素的安全指数评价结果分别为 0.6121（C4）、0.5034（C5）和 0.5080（C6）。根据区域生态安全分级标准及其指标特征，其中，资源环境状况 C4 安全指数介于（0.6，0.8］区间，处于区域生态安全分级标准的第 II 级水平，即"比较安全"的"良好状态"；经济社会发展状况（C5）和城市化发展状况（C6）指标评价结果介于（0.4，0.6］区间，处于区域生态安全分级标准的第 III 级水平，即"基本安全"的"敏感状态"；中部地区经济社会发展状况（C5）和城市化发展状况（C6）存在制约因素。

最后，分析系统层系统状态（B2）指标体系对应指标层的具体指标构成。从图 10-2 可以直观地反映出中部地区系统状态（B2）因素对应的 10 项具体指标的安全状况。其中，因素层的资源环境状况（C4）指标体系是由指标层的森林覆盖率（D12）、人均耕地面积（D13）、人均水资源量（D14）和人均一次能源生产量（D15）4 项具体指标构成，中部地区这 4 项指标的标准化值分别是 0.8602、0.3910、0.2964、1.0000，同期全国这 4 项指标对应的标准化值分别是 0.4524、0.4728、0.3492 和 0.8551。其中，森林覆盖率标准化值介于（0.8，1.0］区间，处于区域生态安全分级标准的第 I 级水平，即"高度安全"的"理想状态"，远高于全国平均水平；人均一次能源生产量标准化值高于全国平均水平，介于（0.8，1.0］区间，处于区域生态安全分级标准的第 I 级水平，即"高度安全"的"理想状态"；人均耕地面积（D13）和人均水资源量（D14）均介于（0.2，0.4］区间，处于区域生态安全分级标准的第 IV 级水平，即"较不安全"的"风险状态"。由此可见，中部地区森林资源和能源资源相对比较丰富，制约区域生态安全水平的系统状态因素主要是人均耕地面积（D13）和人均水资源量（D14）。

经济社会发展状况（C5）指标体系是由指标层的每 10 万人在校大学生数（D16）、农村居民人均纯收入（D17）和人均 GDP（D18）3 项具体指标构成，中部地区这 3 项指标的标准化值分别是 0.3984、0.6887 和 0.6060，尽管农村居民人均纯收入（D17）和人均 GDP（D18）2 项指标标准化值介于（0.4，0.6］区间，处于区域生态安全分级标准的第 III 级水平，但仍低于全国平均水平，说明中部地区经济社会发展在全国处于落后水平，这也

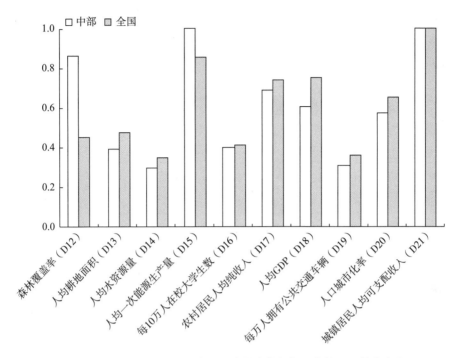

**图 10 - 2  2010 年中部地区及全国系统状态指标标准化值所处的安全水平**

在一定程度上制约区域生态安全水平。

城市化发展状况（C6）指标体系是由指标层的每万人拥有公共交通车辆（D19）、人口城市化率（D20）和城镇居民人均可支配收入（D21）3 项具体指标构成，中部地区这 3 项指标的标准化值分别是 0.3068、0.5735、0.9976。这 3 项指标均低于全国平均水平，但差距有所不同。其中，每万人拥有公共交通车辆（D19）的标准化值介于（0.2，0.4］区间，处于区域生态安全分级标准的第 Ⅳ 级水平；人口城市化率（D20）的标准化值介于（0.4，0.6］区间，处于区域生态安全分级标准的第 Ⅲ 级水平；而城镇居民人均可支配收入（D21）的标准化值介于（0.8，1.0］区间，处于区域生态安全分级标准的第 Ⅰ 级水平。这样的评价结果说明，中部地区城市经济发展水平较好，但是，城市设施水平还有待提升。

根据生态安全综合评价指标体系，系统层的系统状态（B2）指标特征值（即实际值）越低，其标准化值越低，亦即对系统层的系统状态（B2）安全指数的贡献越低，从而对区域生态安全约束作用越大，反之亦然。通过上述分析表明：中部地区系统状态（B2）安全水平的主要制约因素是资源环境状况（C4）因素中的人均耕地面积（D13）、人均水资源量（D14），以及城市社会发展和设施水平较低。

## 四　中部地区系统响应安全状况

首先，分析中部地区系统响应（B3）安全水平。从系统层评价结果看，2010年，中部地区生态安全评价指标体系的系统响应（B3）安全指数为0.5289，介于（0.6，0.8］区间，处于区域生态安全分级标准的第Ⅱ级，即"比较安全"的"良好状态"，这一数值与中部地区区域生态安全综合指数（0.5277）相当。根据评价标准的状态描述，可以认为，目前中部地区的系统响应安全指数存在诸多方面影响生态安全的制约因素。

其次，分析中部地区系统响应（B3）安全水平的制约因素。评价结果显示，2010年，中部地区系统响应（B3）指标体系对应的因素层环境保护响应（C7）、社会经济响应（C8）和城市化发展响应（C9）安全指数评价结果分别为0.4941（C7）、0.4541（C8）和0.6737（C9），这3项指标均低于全国平均水平。根据区域生态安全分级标准及其指标特征，其中，环境保护响应（C7）和社会经济响应（C8）安全指标评价结果介于（0.4，0.6］区间，处于区域生态安全分级标准的第Ⅲ级，即"基本安全"的"敏感状态"；城市化发展响应（C9）安全指标评价结果介于（0.6，0.8］区间，处于第Ⅱ级的水平，即"比较安全"的"良好状态"。我们可以通过对因素层的评价，进一步分析影响中部地区系统响应安全指数的制约因素。评价结果说明，中部地区环境保护响应（C7）和社会经济响应（C8）安全水平较低，其中存在制约系统响应安全水平的因素，中部地区需要采取积极有效措施，加强环境保护和提升社会经济发展水平。

最后，分析系统响应（B3）指标体系对应指标层的具体指标构成。从图10-3可以直观地反映出中部地区系统响应（B3）因素对应的10项具体指标的安全水平。其中，环境保护响应（C7）指标体系是由指标层的工业固体废物综合利用率（D22）、自然保护区占国土面积比重（D23）、工业废水排放达标率（D24）和环境污染治理投资占 GDP 比重（D25）4 项具体指标构成。评价的结果表明，2010 年，中部地区这 4 项指标的标准化值分别为 0.7148、0.3270、0.9600 和 0.3082。其中，自然保护区占国土面积比重（D23）和环境污染治理投资占 GDP 比重（D25）标准化值介于（0.2，0.4］区间，处于区域生态安全分级标准的第Ⅳ级水平，即"较不安全"的"风险状态"，表明中部地区自然保护区占国土面积比重和环境污染治理投资占 GDP 比重 2 项指标实际值偏低，且远低于全国平均水平，这是制约区域生态安全水平的主要因素。

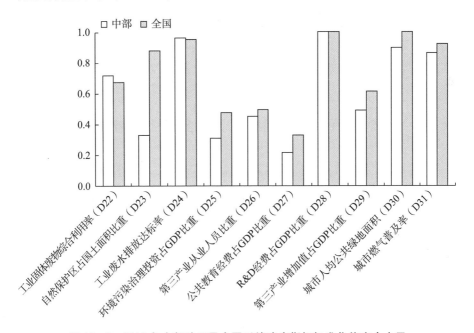

图 10 - 3　2010 年中部地区及全国系统响应指标标准化值安全水平

社会经济响应（C8）指标体系是由指标层的第三产业从业人员比重（D26）、公共教育经费占 GDP 比重（D27）和 R&D 经费占 GDP 比重（D28）3 项具体指标构成。评价的结果表明，2010 年，中部地区这 3 项指标的标准化值分别为 0.4532、0.2168 和 1.0000，同期全国这 3 项指标的标准化值分别为 0.4943、0.3278、1.0000。其中，第三产业从业人员比重（D26）和公共教育经费占 GDP 比重（D27）的标准化值低于全国平均水平，说明中部地区就业结构有待调整，同时，应该通过加大教育事业投资等社会事业发展来提升区域生态安全的响应水平。

城市化发展响应（C9）指标体系是由指标层的第三产业增加值占 GDP 比重（D29）、城市人均公共绿地面积（D30）和城市燃气普及率（D31）3 项具体指标构成。评价的结果表明，2010 年，中部地区这 3 项指标的标准化值分别为 0.4930、0.8985 和 0.8620；同期全国这 3 项指标的标准化值分别为 0.6148、1.0000 和 0.9204。其中，城市人均公共绿地面积（D30）和城市燃气普及率（D31）2 项指标低于全国平均水平，但标准化值已经处于（0.8，1.0］区间，达到区域生态安全分级标准的第Ⅰ级水平，不构成对区域生态安全综合指数的制约（见图 10 - 3）；而第三产业增加值占 GDP 比重显著低于全国平均水平，说明中部地区需要进一步调整、优化产业结构以提升区域生态安全水平。

## 第二节　中部地区生态安全的比较分析

由于中部 6 省份的社会经济发展水平、城市化发展程度和资源环境状况存在一定的差异，因此，分析比较中部地区各省份的生态安全综合指数的评价结果，以及综合评价指标体系中不同层次的安全指数水平，可以了解中部地区城市化与生态安全状况的地域特征，以及不同省份生态安全的制约因素。

### 一　中部 6 省份生态安全总体状况比较

根据区域生态安全综合指数评价结果分析中部地区生态安全总体状况之后，我们还可以进一步对中部 6 省份的生态安全状况进行比较分析（见表 10 - 4、表 10 - 5）。通过比较中部 6 省份的生态安全评价指标体系中的目标层（A）生态安全综合指数（ESCI），可以分析各省份生态安全的现状特征，及其存在的差异。中部 6 省份的生态安全综合评价结果表明，2010 年，我国中部 6 省份的生态安全综合指数均介于（0.4，0.6］区间，处于区域生态安全分级标准的第Ⅲ级水平，即"基本安全"的"敏感状态"。6 省份的生态安全综合指数评价结果大小排序是：江西（0.5825）、湖北（0.5399）、湖南（0.5319）、安徽（0.5301）、山西（0.5073）、河南（0.4413）。2010年，在中部6省份中，江西省的生态安全总体状况相对最优，河南省生态安全状态相对最差；其中，仅江西省生态安全综合指数超出全国平均水平0.0019；其他省份的生态安全综合指数均低于全国平均水平。

表 10-4 中部地区及全国生态安全评价结果——目标层和系统层安全指数（2010年）

| 地区 | 目标层（ESCI） | 系统层（SCI） | | |
|---|---|---|---|---|
| | 生态安全综合指数（A） | 系统压力安全指数（B1） | 系统状态安全指数（B2） | 系统响应安全指数（B3） |
| 山西 | 0.5073 | 0.4406 | 0.4438 | 0.6376 |
| 江西 | 0.5825 | 0.5663 | 0.6120 | 0.5692 |
| 安徽 | 0.5301 | 0.5427 | 0.4712 | 0.5765 |
| 河南 | 0.4413 | 0.4465 | 0.4224 | 0.4549 |
| 湖北 | 0.5399 | 0.5172 | 0.5594 | 0.5432 |
| 湖南 | 0.5319 | 0.4956 | 0.5864 | 0.5139 |
| 中部 | 0.5277 | 0.4898 | 0.5643 | 0.5289 |
| 全国 | 0.5806 | 0.5822 | 0.5054 | 0.6541 |

表 10-5 中部地区及全国生态安全评价结果——因素层安全指数（2010年）

| 地区 | 系统压力（B1） | | | 系统状态（B2） | | | 系统响应（B3） | | |
|---|---|---|---|---|---|---|---|---|---|
| | 人口发展压力（C1） | 资源环境压力（C2） | 城市化发展压力（C3） | 资源环境状况（C4） | 经济社会发展状况（C5） | 城市化发展状况（C6） | 环境保护响应（C7） | 社会经济响应（C8） | 城市化发展响应（C9） |
| 山西 | 0.4231 | 0.4778 | 0.3632 | 0.4063 | 0.4887 | 0.4903 | 0.6790 | 0.4747 | 0.6853 |
| 江西 | 0.4386 | 0.6312 | 0.5422 | 0.7059 | 0.5051 | 0.4904 | 0.5587 | 0.4448 | 0.7019 |
| 安徽 | 0.2949 | 0.6094 | 0.6514 | 0.4690 | 0.4522 | 0.4928 | 0.5576 | 0.4795 | 0.7045 |
| 河南 | 0.2548 | 0.5439 | 0.4106 | 0.3797 | 0.4733 | 0.4757 | 0.4177 | 0.4163 | 0.5737 |
| 湖北 | 0.4160 | 0.5225 | 0.6191 | 0.5405 | 0.6156 | 0.5536 | 0.4796 | 0.5286 | 0.7014 |
| 湖南 | 0.3970 | 0.5070 | 0.5786 | 0.6382 | 0.5011 | 0.5424 | 0.4418 | 0.5046 | 0.6870 |
| 中部 | 0.3503 | 0.5386 | 0.5218 | 0.6121 | 0.5034 | 0.5080 | 0.4941 | 0.4541 | 0.6737 |
| 全国 | 0.5525 | 0.5938 | 0.5857 | 0.4665 | 0.5465 | 0.5584 | 0.6525 | 0.5154 | 0.7792 |

## 二 中部 6 省份系统压力安全状况比较

生态安全评价指标体系系统层的系统压力（B1）指标体系，及其对应因素层的人口发展压力（C1）、资源环境压力（C2）和城市化发展压力（C3）安全指数是评价区域系统压力安全状况及其制约因素的基本指标。

首先，比较 6 省份系统层的系统压力（B1）安全指数。从 2010 年中部 6 省份系统层系统压力（B1）安全指数的评价结果来看，6 省份系统压力（B1）安全指数评价结果排序表明，江西省的系统压力（B1）安全指数最高（见表 10 - 6），这一评价结果与生态安全综合指数评价结果排序相一致，说明江西省的系统压力在中部 6 省份中相对最小；山西省的系统压力（B1）安全指数最低，说明山西省的系统压力在中部 6 省份中相对最大。各省份的系统压力（B1）安全指数可以反映各省份的系统压力状况。6 省份的系统压力（B1）安全指数均介于（0.4，0.6］区间，且均低于全国系统压力（B1）安全指数的平均水平（0.5822），处于区域生态安全分级标准的第Ⅲ级水平，即"基本安全"的"敏感状态"。这样的评价结果说明：中部地区各省份生态安全普遍面临不同程度的系统压力问题。

表 10 - 6　2010 年中部 6 省份系统压力安全指数评价结果排序

| 位次 | 生态安全综合指数（A） | | 系统压力安全指数（B1） | | 人口发展压力安全指数（C1） | | 资源环境压力安全指数（C2） | | 城市化发展压力安全指数（C3） | |
|---|---|---|---|---|---|---|---|---|---|---|
| | 地区 | ESCI | 地区 | SCI | 地区 | SCI | 地区 | SCI | 地区 | SCI |
| 1 | 江西 | 0.5825 | 江西 | 0.5663 | 江西 | 0.4386 | 江西 | 0.6312 | 安徽 | 0.6514 |
| 2 | 湖北 | 0.5399 | 安徽 | 0.5427 | 山西 | 0.4231 | 安徽 | 0.6094 | 湖北 | 0.6191 |
| 3 | 湖南 | 0.5319 | 湖北 | 0.5172 | 湖北 | 0.4160 | 河南 | 0.5439 | 湖南 | 0.5786 |
| 4 | 安徽 | 0.5301 | 湖南 | 0.4956 | 湖南 | 0.3970 | 湖北 | 0.5225 | 江西 | 0.5422 |
| 5 | 山西 | 0.5073 | 河南 | 0.4465 | 安徽 | 0.2949 | 湖南 | 0.5070 | 河南 | 0.4106 |
| 6 | 河南 | 0.4413 | 山西 | 0.4406 | 河南 | 0.2548 | 山西 | 0.4778 | 山西 | 0.3632 |

其次，比较系统压力（B1）对应的因素层人口发展压力（C1）、资源环境压力（C2）和城市化发展压力（C3）安全指数，分析中部地区系统压力安

全的具体制约因素。从2010年中部6省份生态安全评价指标体系的因素层对
应人口发展压力（C1）安全指数的评价结果来看，6省份的人口发展压力
（C1）安全指数均低于全国人口发展压力（C1）安全平均水平（0.5525），且
差距很大。其中，江西（0.4386）、山西（0.4231）和湖北（0.4160）3省的
人口发展压力（C1）安全指数介于（0.4，0.6］区间，属于第Ⅲ级的生态安
全水平，即"基本安全"的"敏感状态"；湖南（0.3970）、安徽（0.2949）
和河南（0.2548）3省的人口发展压力（C1）安全指数均介于（0.2，0.4］
区间，属于第Ⅳ级的生态安全水平，即"较不安全"的"风险状态"（见表
10-6、图10-4）。这说明中部地区人口发展压力（C1）问题比较突出。

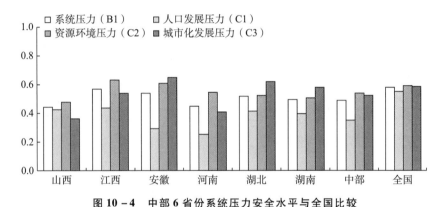

图10-4　中部6省份系统压力安全水平与全国比较

　　从2010年中部6省份生态安全评价指标体系的因素层对应资源环境压
力（C2）安全指数的评价结果来看，其与系统压力（B1）安全指数状况有
很大不同。其中，江西（0.6312）、安徽（0.6094）2省的资源环境压力（C2）
安全指数介于（0.6，0.8］区间，处于第Ⅱ级的生态安全水平，即
"比较安全"的"良好状态"，而这2个省的生态安全综合指数和系统压力
安全指数均介于（0.4，0.6］区间，处于区域生态安全分级标准的第Ⅲ级
水平，即"基本安全"的"敏感状态"；河南（0.5439）、湖北（0.5225）、
湖南（0.5070）和山西（0.4778）4省的资源环境压力（C2）安全指数均
介于（0.4，0.6］区间，处于区域生态安全分级标准的第Ⅲ级水平，即
"基本安全"的"敏感状态"。山西省的资源环境压力（C2）安全指数在6
省份中最低，可见资源环境压力是山西省生态安全面临的主要问题之一。

## 三　中部 6 省份系统状态安全状况比较

首先，比较系统层的系统状态（B2）安全指数。从 2010 年生态安全评价指标体系的系统层对应系统状态（B2）安全指数的评价结果来看，中部 6 省份的系统状态（B2）安全指数大小排序与生态安全综合指数（A）大小排序基本一致。其中，江西省的系统状态（B2）安全指数（0.6120）最高，处于（0.6，0.8］区间，达到区域生态安全分级标准的第Ⅱ级水平，即"比较安全"的"良好状态"，且高于中部地区和全国系统状态（B2）安全指数的平均水平；其他 5 省份的系统状态（B2）安全指数均介于（0.4，0.6］区间，属于第Ⅲ级的安全水平，即"基本安全"的"敏感状态"，其中，湖南、湖北 2 省的系统状态（B2）安全指数略高于全国平均水平，安徽、山西和河南 3 省的系统状态（B2）安全指数均低于全国平均水平。

其次，比较系统状态（B2）对应的因素层资源环境状况（C4）、经济社会发展状况（C5）和城市化发展状况（C6）安全指数。从 2010 年中部 6 省份生态安全评价指标体系因素层的资源环境状况（C4）安全指数的评价结果来看，各省份存在很大的差异。其中，江西（0.7059）和湖南（0.6382）2 省的资源环境状况（C4）安全指数介于（0.6，0.8］区间，处于区域生态安全分级标准的第Ⅱ级水平，即"比较安全"的"良好状态"；湖北（0.5405）、安徽（0.4690）和山西（0.4063）3 省的资源环境状况（C4）安全指数介于（0.4，0.6］区间，属于第Ⅲ级的安全水平，即"基本安全"的"敏感状态"；河南（0.3797）的资源环境状况（C4）安全指数介于（0.2，0.4］区间，处于区域生态安全分级标准的第Ⅳ级水平，即"较不安全"的"风险状态"（见表 10 - 7）。

表 10 - 7　2010 年中部 6 省份系统状态安全指数评价结果及排序

| 位次 | 生态安全综合指数（A） | | 系统状态（B2） | | 资源环境状况（C4） | | 经济社会发展状况（C5） | | 城市化发展状况（C6） | |
|---|---|---|---|---|---|---|---|---|---|---|
| | 地区 | ESCI | 地区 | SCI | 地区 | SCI | 地区 | SCI | 地区 | SCI |
| 1 | 江西 | 0.5825 | 江西 | 0.6120 | 江西 | 0.7059 | 湖北 | 0.6156 | 湖北 | 0.5536 |

| 位次 | 生态安全综合指数（A） | | 系统状态（B2） | | 资源环境状况（C4） | | 经济社会发展状况（C5） | | 城市化发展状况（C6） | |
|---|---|---|---|---|---|---|---|---|---|---|
| | 地区 | ESCI | 地区 | SCI | 地区 | SCI | 地区 | SCI | 地区 | SCI |
| 2 | 湖北 | 0.5399 | 湖南 | 0.5864 | 湖南 | 0.6382 | 江西 | 0.5051 | 湖南 | 0.5424 |
| 3 | 湖南 | 0.5319 | 湖北 | 0.5594 | 湖北 | 0.5405 | 湖南 | 0.5011 | 安徽 | 0.4928 |
| 4 | 安徽 | 0.5301 | 安徽 | 0.4712 | 安徽 | 0.4690 | 山西 | 0.4887 | 江西 | 0.4904 |
| 5 | 山西 | 0.5073 | 山西 | 0.4438 | 山西 | 0.4063 | 河南 | 0.4733 | 山西 | 0.4903 |
| 6 | 河南 | 0.4413 | 河南 | 0.4224 | 河南 | 0.3797 | 安徽 | 0.4522 | 河南 | 0.4757 |

从 2010 年中部 6 省份生态安全评价指标体系因素层经济社会发展状况（C5）安全指数的评价结果来看，湖北（0.6156）的评价结果最高，介于（0.6，0.8]区间，处于区域生态安全分级标准的第Ⅱ级水平，即"比较安全"的"良好状态"；其他 5 省份的经济社会发展状况（C5）安全指数均介于（0.4，0.6]区间，处于区域生态安全分级标准的第Ⅲ级水平，即"基本安全"的"敏感状态"。进一步与全国比较来看，只有湖北省的经济社会发展状况（C5）安全指数高于全国平均水平，其他 5 省份的经济社会发展状况（C5）安全指数均低于全国平均水平。这说明中部地区经济社会发展水平整体较为落后。

## 四　中部 6 省份系统响应安全状况比较

首先，比较生态安全评价指标体系的系统层系统响应（B3）安全指数。从 2010 年中部 6 省份系统响应（B3）安全指数的评价结果来看，山西省（0.6376）的系统响应（B3）安全指数介于（0.6，0.8]区间，达到区域生态安全分级标准的第Ⅱ级的水平，即"比较安全"的"良好状态"；其余 5 省份的系统响应（B3）安全指数介于（0.4，0.6]区间，处于区域生态安全分级标准的第Ⅲ级水平，即"基本安全"的"敏感状态"（见表 10 - 8）。在中部 6 省份中，山西省的系统响应（B3）安全状况最优，河南省的系统响应（B3）安全状况最差，而且，中部 6 省份中只有河南省系统响应（B3）安全指数低于全国平均水平。进一步与全国比较来看，山西、安徽、江西、湖北和湖南 5

省的系统响应（B3）安全指数超过全国的平均水平。

表 10 - 8　2010 年中部 6 省份系统响应安全指数评价结果及排序

| 位次 | 生态安全综合指数（A） | | 系统响应（B3） | | 环境保护响应（C7） | | 社会经济响应（C8） | | 城市化发展响应（C9） | |
|---|---|---|---|---|---|---|---|---|---|---|
| | 地区 | ESCI | 地区 | SCI | 地区 | SCI | 地区 | SCI | 地区 | SCI |
| 1 | 江西 | 0.5825 | 山西 | 0.6376 | 山西 | 0.6790 | 湖北 | 0.5286 | 安徽 | 0.7045 |
| 2 | 湖北 | 0.5399 | 安徽 | 0.5765 | 江西 | 0.5587 | 湖南 | 0.5046 | 江西 | 0.7019 |
| 3 | 湖南 | 0.5319 | 江西 | 0.5692 | 安徽 | 0.5576 | 安徽 | 0.4795 | 湖北 | 0.7014 |
| 4 | 安徽 | 0.5301 | 湖北 | 0.5432 | 湖北 | 0.4796 | 山西 | 0.4747 | 湖南 | 0.6870 |
| 5 | 山西 | 0.5073 | 湖南 | 0.5139 | 湖南 | 0.4418 | 江西 | 0.4448 | 山西 | 0.6853 |
| 6 | 河南 | 0.4413 | 河南 | 0.4549 | 河南 | 0.4177 | 河南 | 0.4163 | 河南 | 0.5737 |

　　其次，比较系统响应（B3）指标体系对应因素层的环境保护响应（C7）、社会经济响应（C8）和城市化发展响应（C9）安全指数。从 2010 年中部 6 省份环境保护响应（C7）安全指数的评价结果来看，山西省（0.6790）的环境保护响应（C7）安全指数处于（0.6，0.8] 区间，处于区域生态安全分级标准的第Ⅱ级的水平，即"比较安全"的"良好状态"；其余 5 省份的环境保护响应（C7）安全指数介于（0.4，0.6] 区间，处于区域生态安全分级标准的第Ⅲ级水平，即"基本安全"的"敏感状态"。除安徽和江西位序互换外，6 省份的环境保护响应（C7）安全指数排序与系统响应（B3）安全指数排序基本一致。山西省的环境保护响应（C7）安全状况最优，但山西省的生态安全综合指数（A）评价结果在 6 省份中仅排在第 5 位。河南省的环境保护响应（C7）安全状况仍然是 6 省份中最低的。进一步与全国比较来看，山西、安徽、江西和湖北 4 省份的环境保护响应（C7）安全指数超过全国的平均水平，湖南和河南 2 省的环境保护响应（C7）安全指数低于全国平均水平。

## 第三节　中部地区生态安全的动态分析

### 一　中部地区生态安全综合指数变动

　　根据 2001～2010 年中部 6 省份的生态安全综合指数评价结果（见表

10-9），可以分析中部6省份生态安全状况变动的总体特征。

首先，分析中部地区生态安全总体水平变动过程。从中部地区及全国生态安全综合指数（ESCI）变动过程来看（见图10-5），2001~2002年，中部地区生态安全综合指数介于（0.2，0.4]区间变动，处于区域生态安全分级标准的第Ⅳ级水平，即"较不安全"的"风险状态"；2003年以后，中部地区生态安全综合指数开始进入（0.4，0.6]区间，处于区域生态安全分级标准的第Ⅲ级水平，即"基本安全"的"敏感状态"。可见，在时间序列上，中部地区生态安全综合指数（A）总体呈现逐年上升的变动趋势。

表10-9 2001~2010年中部地区生态安全综合评价结果变动

| 年份 | 生态安全综合指数（A） | 系统压力（B1） | 系统状态（B2） | 系统响应（B3） | 人口发展压力（C1） | 资源环境压力（C2） | 城市化发展压力（C3） | 资源环境状况（C4） | 经济社会发展状况（C5） | 城市化发展状况（C6） | 环境保护响应（C7） | 社会经济响应（C8） | 城市化发展响应（C9） |
|---|---|---|---|---|---|---|---|---|---|---|---|---|---|
| 2001 | 0.3804 | 0.3557 | 0.3804 | 0.4051 | 0.3426 | 0.3286 | 0.4418 | 0.4832 | 0.1469 | 0.3491 | 0.3528 | 0.3741 | 0.5520 |
| 2002 | 0.3868 | 0.3623 | 0.3962 | 0.4020 | 0.3546 | 0.3328 | 0.4482 | 0.5233 | 0.1681 | 0.3046 | 0.3674 | 0.3821 | 0.4987 |
| 2003 | 0.4011 | 0.3636 | 0.4172 | 0.4226 | 0.3510 | 0.3331 | 0.4581 | 0.5405 | 0.1914 | 0.3321 | 0.3851 | 0.3905 | 0.5363 |
| 2004 | 0.4111 | 0.3730 | 0.4197 | 0.4405 | 0.3530 | 0.3502 | 0.4557 | 0.5050 | 0.2610 | 0.3629 | 0.4099 | 0.3958 | 0.5498 |
| 2005 | 0.4329 | 0.3827 | 0.4556 | 0.4603 | 0.3600 | 0.3623 | 0.4622 | 0.5459 | 0.2984 | 0.3862 | 0.4264 | 0.4026 | 0.5883 |
| 2006 | 0.4412 | 0.3840 | 0.4699 | 0.4696 | 0.3590 | 0.3792 | 0.4252 | 0.5426 | 0.3445 | 0.4128 | 0.4310 | 0.4164 | 0.6045 |
| 2007 | 0.4604 | 0.4020 | 0.4928 | 0.4863 | 0.3602 | 0.4088 | 0.4319 | 0.5484 | 0.3839 | 0.4608 | 0.4455 | 0.4187 | 0.6386 |
| 2008 | 0.4823 | 0.4351 | 0.5137 | 0.4980 | 0.3592 | 0.4633 | 0.4480 | 0.5563 | 0.4280 | 0.4912 | 0.4634 | 0.4289 | 0.6375 |
| 2009 | 0.5020 | 0.4576 | 0.5245 | 0.5239 | 0.3546 | 0.4987 | 0.4677 | 0.5601 | 0.4567 | 0.5022 | 0.4887 | 0.4495 | 0.6695 |
| 2010 | 0.5277 | 0.4898 | 0.5643 | 0.5289 | 0.3503 | 0.5386 | 0.5218 | 0.6121 | 0.5034 | 0.5080 | 0.4941 | 0.4541 | 0.6737 |

从中部地区生态安全综合指数（ESCI）提升速度来看，与全国比较，中部地区历年的生态安全综合指数均略低于全国平均水平。2001~2010年，中部地区生态安全综合指数年均提升0.0164，同期全国生态安全综合指数年均提升0.0169；2005~2010年，中部地区生态安全综合指数年均提升0.0190，与全国生态安全综合指数提升速度持平。可见，2005~2010年，中部地区生态安全综合指数提升的速度有所增加。

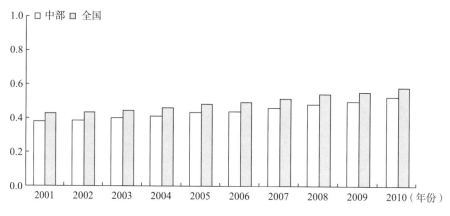

图 10-5 2001~2010 年中部地区及全国生态安全综合指数变动趋势

其次，分析中部 6 省生态安全总体水平变动过程。从中部 6 省份生态安全综合指数（ESCI）变动过程来看，2001~2010 年，中部 6 省份生态安全综合指数（A）介于（0.2，0.6］区间，呈现总体上逐渐提升的态势，但一些地区之间也存在不同程度的差异（见表 10-10）。

表 10-10 2001~2010 年中部 6 省份及全国生态安全综合指数变动

| 年份 | 山西 | 江西 | 安徽 | 河南 | 湖北 | 湖南 | 中部 | 全国 |
|---|---|---|---|---|---|---|---|---|
| 2001 | 0.3734 | 0.4255 | 0.3811 | 0.3372 | 0.3900 | 0.4066 | 0.3804 | 0.4288 |
| 2002 | 0.3781 | 0.4365 | 0.3913 | 0.3391 | 0.3921 | 0.4183 | 0.3868 | 0.4322 |
| 2003 | 0.3764 | 0.4328 | 0.4045 | 0.3504 | 0.4027 | 0.4223 | 0.4011 | 0.4467 |
| 2004 | 0.3944 | 0.4437 | 0.4176 | 0.3637 | 0.4228 | 0.4373 | 0.4111 | 0.4631 |
| 2005 | 0.4005 | 0.4676 | 0.4306 | 0.3739 | 0.4426 | 0.4516 | 0.4329 | 0.4851 |
| 2006 | 0.4049 | 0.4732 | 0.4357 | 0.3819 | 0.4551 | 0.4642 | 0.4412 | 0.4954 |
| 2007 | 0.4351 | 0.4784 | 0.4621 | 0.4022 | 0.4788 | 0.473 | 0.4604 | 0.5175 |
| 2008 | 0.4604 | 0.5019 | 0.4977 | 0.4124 | 0.5013 | 0.4954 | 0.4823 | 0.5465 |
| 2009 | 0.4795 | 0.5243 | 0.5073 | 0.4298 | 0.5251 | 0.5161 | 0.5020 | 0.5553 |
| 2010 | 0.5073 | 0.5825 | 0.5301 | 0.4413 | 0.5399 | 0.5319 | 0.5277 | 0.5806 |
| 2001~2010 年年均增加 | 0.0149 | 0.0174 | 0.0166 | 0.0116 | 0.0167 | 0.0139 | 0.0164 | 0.0169 |
| 2005~2010 年年均增加 | 0.0214 | 0.0230 | 0.0199 | 0.0135 | 0.0195 | 0.0161 | 0.0190 | 0.0191 |

从各省份的生态安全综合指数（ESCI）变动过程来看，除 2010 年江西省的生态安全综合指数略高于全国平均水平以外，其余各省份历年的生态安全综合指数总体上低于全国平均水平。其中，江西省的生态安全综合指数（ESCI）除 2007 年和 2009 年略低于湖北省以外，其余各年均高于其他省份，可见江西省的生态安全在总体上是中部地区最高的；而河南省历年的生态安全综合指数水平均为中部最低，其中，2001～2006 年，河南省的生态安全综合指数（ESCI）一直介于（0.2，0.4]区间，处于区域生态安全分级标准的第Ⅳ级水平，即"较不安全"的"风险状态"，2007 年以后，河南省的生态安全综合指数（ESCI）开始超过 0.4 的水平，并呈现稳定提升的态势。2001～2010 年，河南和山西 2 省的生态安全综合指数始终低于中部平均水平，说明河南和山西 2 省的生态安全状况始终处于中部较低水平。

从中部 6 省份生态安全综合指数（ESCI）提升速度来看，2001～2010 年，只有江西省的生态安全综合指数（ESCI）提升速度略快于全国平均水平，其他 5 省份的生态安全综合指数（ESCI）提升速度均慢于全国平均水平；但 2005～2010 年，中部地区生态安全综合指数（ESCI）提升速度开始加快。其中，山西、江西、安徽和湖北 4 省的生态安全综合指数（ESCI）提升速度均快于全国平均水平；而河南省始终是中部地区生态安全综合指数（ESCI）提升速度最慢的省份，这是河南省生态安全水平相对较低的原因之一。

## 二　中部地区系统压力安全指数变动

首先，分析系统层系统压力安全水平变动。从系统压力（B1）安全指数的变动过程来看，2001～2006 年，中部地区系统压力（B1）安全指数介于（0.2，0.4]区间，处于区域生态安全分级标准的第Ⅳ级水平，即"较不安全"的"风险状态"；自 2007 年开始，中部地区的系统压力（B1）安全指数超过 0.4 的水平，进入（0.4，0.6]区间，达到区域生态安全分级标准的第Ⅲ级水平，并呈现逐年提升的趋势（见表 10－11）。

表 10 - 11　2001～2010 年中部地区系统压力安全指数评价结果

| 年份 | 目标层（ESCI） | 系统层（SCI） | 因素层（SCI） | | |
|---|---|---|---|---|---|
| | 生态安全综合指数（A） | 系统压力安全指数（B1） | 人口发展压力安全指数（C1） | 资源环境压力安全指数（C2） | 城市化发展压力安全指数（C3） |
| 2001 | 0.3804 | 0.3557 | 0.3426 | 0.3286 | 0.4418 |
| 2002 | 0.3868 | 0.3623 | 0.3546 | 0.3328 | 0.4482 |
| 2003 | 0.4011 | 0.3636 | 0.3510 | 0.3331 | 0.4581 |
| 2004 | 0.4111 | 0.3730 | 0.3530 | 0.3502 | 0.4557 |
| 2005 | 0.4329 | 0.3827 | 0.3600 | 0.3623 | 0.4622 |
| 2006 | 0.4412 | 0.3840 | 0.3590 | 0.3792 | 0.4252 |
| 2007 | 0.4604 | 0.4020 | 0.3602 | 0.4088 | 0.4319 |
| 2008 | 0.4823 | 0.4351 | 0.3592 | 0.4633 | 0.4480 |
| 2009 | 0.5020 | 0.4576 | 0.3546 | 0.4987 | 0.4677 |
| 2010 | 0.5277 | 0.4898 | 0.3503 | 0.5386 | 0.5218 |

从系统层对应的系统压力（B1）安全指数（SCI）变动的趋势来看，2001～2010 年，中部地区的系统压力（B1）、系统状态（B2）、系统响应（B3）安全指数与区域生态安全综合指数比较，中部地区系统压力（B1）安全指数始终低于系统状态（B2）、系统响应（B3）安全指数（SCI）和区域生态安全综合指数（ESCI）；除系统状态（B2）安全指数有所波动以外，各项指标总体上呈现逐年上升的趋势。其中，系统状态（B2）、系统响应（B3）安全指数（SCI）始终略高于区域生态安全综合指数（ESCI），由此可见，中部地区的系统压力问题始终相对比较突出（见图 10 - 6）。由于区域生态安全综合指数（ESCI）是由系统压力（B1）、系统状态（B2）和系统响应（B3）综合作用的结果，据此我们可以认为，系统压力（B1）安全水平较低是中部地区生态安全总体水平较低的主要制约因素。

其次，分析因素层系统压力安全水平变动。从系统压力（B1）对应的因素层人口发展压力（C1）、资源环境压力（C2）和城市化发展压力（C3）安全指数（SCI）的变动过程来看，由图 10 - 7 可见，2001～2010 年，在中部地区系统压力（B1）安全指数平缓提升过程中，人口发展压力（C1）安全指数保持平稳态势，近年来稍有下降，资源环境压力（C2）安全指数自

2001 年以来表现为持续的上升趋势，城市化发展压力（C3）安全指数变动呈现波动性，2006 年以后表现为持续的缓慢上升趋势。

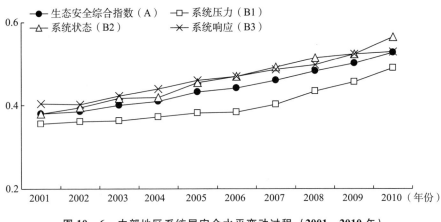

图 10 - 6　中部地区系统层安全水平变动过程（2001～2010 年）

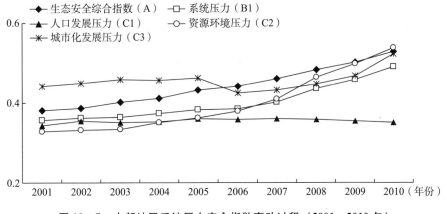

图 10 - 7　中部地区系统压力安全指数变动过程（2001～2010 年）

与系统层的系统压力（B1）安全指数比较，中部地区历年的人口发展压力（C1）安全指数均低于当年系统压力（B1）安全指数；历年的城市化发展压力（C3）安全指数均高于当年系统压力（B1）安全指数；在 2007 年以前，资源环境压力（C2）安全指数始终低于系统层的系统压力（B1）安全指数，而从 2007 年开始超过系统压力（B1）安全指数。由此可见，近年来中部地区的人口发展压力（C1）是系统压力（B1）安全水平提升的主要制约因素之一，并进一步影响中部地区区域生态安全总体水平的提升。

最后，分析指标层系统压力安全水平变动。从人口发展压力（C1）对应的指标层具体指标特征值变动来看，根据生态安全评价指标体系，人口发展压力（C1）对应的指标层具体指标的特征值（即实际值）越高，对生态安全的压力越大。研究表明，2001～2010年，中部地区区域人口密度（D1）、人口自然增长率（D2）和单位农用地承载人口（D3）均呈现不同程度的增长趋势（见表10－12、表10－13、表10－14），与全国平均水平的变动的特征略有不同。

表 10 - 12　2001～2010 年中部地区及全国区域人口密度（D1）变动

单位：人/平方公里

| 年份 | 山西 | 江西 | 安徽 | 河南 | 湖北 | 湖南 | 中部 | 全国 |
|---|---|---|---|---|---|---|---|---|
| 2001 | 209 | 251 | 440 | 572 | 304 | 311 | 345 | 133 |
| 2002 | 211 | 253 | 441 | 576 | 305 | 313 | 346 | 134 |
| 2003 | 212 | 255 | 442 | 579 | 306 | 315 | 348 | 135 |
| 2004 | 213 | 257 | 463 | 582 | 324 | 316 | 355 | 135 |
| 2005 | 215 | 258 | 439 | 562 | 307 | 299 | 343 | 137 |
| 2006 | 216 | 260 | 438 | 562 | 306 | 299 | 343 | 137 |
| 2007 | 217 | 262 | 439 | 560 | 307 | 300 | 344 | 138 |
| 2008 | 218 | 264 | 439 | 565 | 307 | 301 | 345 | 138 |
| 2009 | 219 | 266 | 440 | 568 | 308 | 302 | 347 | 139 |
| 2010 | 229 | 267 | 427 | 563 | 308 | 310 | 347 | 140 |
| 2010 年比<br>2001 年增加 | 20 | 16 | - 13 | - 9 | 4 | - 1 | 2 | 7 |
| 2010 年比<br>2005 年增加 | 14 | 9 | - 12 | 1 | 1 | 11 | 4 | 3 |

从区域人口密度变动趋势来看，中部地区区域人口密度的平均水平基本保持稳定，但各省份之间存在差异。2001～2010年，安徽、河南和湖南3个省区域人口密度出现了负增长，2005～2010年，只有安徽省区域人口密度出现负增长，其他5省份均有不同程度的正增长。从中部6省份的区域人口密度增长水平比较来看，山西、湖南和江西省在2005～2010

年分别增加了 14 人/平方公里、11 人/平方公里和 9 人/平方公里，增长幅度相对较大，均高于全国的平均水平，显示了这 3 个省人口总量的持续增长趋势。

从人口自然增长率变动趋势来看，2006 年以前，中部地区历年的人口自然增长率均低于全国平均水平，2006 年开始高于全国平均水平；从总体趋势来看，与全国人口自然增长率平均水平不断下降的趋势相反，2005～2010 年，中部地区人口自然增长率呈现增加的趋势（见表 10-13）。2005～2010 年，各省人口自然增长率变动也存在一定程度的差异，其中，山西、江西和河南省的人口自然增长率出现了下降的趋势，而安徽、湖北和湖南 3 个省的人口自然增长率出现了增加的趋势。

表 10-13　2001～2010 年中部地区及全国人口自然增长率（D2）变动

单位：‰

| 年份 | 山西 | 江西 | 安徽 | 河南 | 湖北 | 湖南 | 中部 | 全国 |
|---|---|---|---|---|---|---|---|---|
| 2001 | 7.16 | 9.38 | 6.61 | 6.94 | 2.44 | 5.08 | 6.12 | 6.95 |
| 2002 | 6.72 | 8.72 | 6.03 | 6.03 | 2.21 | 4.86 | 5.58 | 6.45 |
| 2003 | 6.22 | 8.09 | 5.95 | 5.64 | 2.32 | 4.95 | 5.38 | 6.01 |
| 2004 | 6.25 | 7.62 | 6.12 | 5.20 | 2.40 | 5.09 | 5.27 | 5.87 |
| 2005 | 6.02 | 7.83 | 6.20 | 5.25 | 3.05 | 5.15 | 5.43 | 5.89 |
| 2006 | 5.75 | 7.79 | 6.30 | 5.32 | 3.13 | 5.19 | 5.46 | 5.28 |
| 2007 | 5.33 | 7.87 | 6.35 | 4.94 | 3.23 | 5.25 | 5.36 | 5.17 |
| 2008 | 5.31 | 7.91 | 6.45 | 4.97 | 2.71 | 5.40 | 5.34 | 5.08 |
| 2009 | 4.89 | 7.89 | 6.47 | 4.99 | 3.48 | 6.11 | 5.55 | 5.05 |
| 2010 | 5.30 | 7.66 | 6.75 | 4.95 | 4.34 | 6.40 | 5.79 | 4.79 |
| 2010 年比 2001 年增加 | -1.86 | -1.72 | 0.14 | -1.99 | 1.90 | 1.32 | -0.33 | -2.16 |
| 2010 年比 2005 年增加 | -0.72 | -0.17 | 0.55 | -0.30 | 1.29 | 1.25 | 0.36 | -1.10 |

从区域单位农用地承载人口（D3）变动趋势来看，2001～2010 年，除江西省以外，中部地区单位农用地承载人口总体呈现负增长，这一趋势与全国正增长的趋势略有不同；而 2005～2010 年，除安徽出现负增长以

外，其余5省均出现了增长的趋势（见表10-14）。以上分析表明，中部地区人口密度指标和人口自然增长率较高，构成了区域生态安全的人口压力。

表 10-14　2001~2010 年中部地区及全国单位农用地承载人口（D3）变动

单位：人/公顷

| 年份 | 山西 | 江西 | 安徽 | 河南 | 湖北 | 湖南 | 中部 | 全国 |
|---|---|---|---|---|---|---|---|---|
| 2001 | 3.69 | 2.91 | 5.75 | 8.10 | 4.11 | 3.80 | 4.54 | 2.67 |
| 2002 | 3.41 | 2.98 | 5.48 | 7.83 | 3.88 | 3.71 | 4.46 | 2.67 |
| 2003 | 3.44 | 3.02 | 5.77 | 7.91 | 4.11 | 3.75 | 4.57 | 2.71 |
| 2004 | 3.44 | 3.02 | 5.77 | 7.91 | 4.11 | 3.75 | 4.57 | 2.7 |
| 2005 | 3.46 | 3.04 | 5.47 | 7.64 | 3.90 | 3.54 | 4.41 | 2.71 |
| 2006 | 3.48 | 3.06 | 5.46 | 7.65 | 3.89 | 3.55 | 4.42 | 2.72 |
| 2007 | 3.50 | 3.08 | 5.47 | 7.63 | 3.90 | 3.56 | 4.42 | 2.74 |
| 2008 | 3.51 | 3.11 | 5.49 | 7.68 | 3.91 | 3.58 | 4.45 | 2.75 |
| 2009 | 3.53 | 3.13 | 5.49 | 7.73 | 3.91 | 3.59 | 4.46 | 2.77 |
| 2010 | 3.68 | 3.15 | 5.33 | 7.66 | 3.92 | 3.69 | 4.48 | 2.78 |
| 2010 年比 2001 年增加 | -0.01 | 0.24 | -0.42 | -0.44 | -0.19 | -0.11 | -0.06 | 0.11 |
| 2010 年比 2005 年增加 | 0.22 | 0.11 | -0.14 | 0.02 | 0.02 | 0.15 | 0.07 | 0.07 |

## 三　中部地区系统状态安全指数变动

首先，分析系统层系统状态安全水平变动。从系统状态（B2）安全指数（SCI）的变动过程来看，评价结果显示，2001~2002 年，中部地区系统状态（B2）安全指数介于（0.2，0.4］区间，处于区域生态安全分级标准的第Ⅳ级水平，即"较不安全"的"风险状态"；2003 以后，中部地区系统状态（B2）安全指数进入（0.4，0.6］区间，并略高于区域生态安全综合指数（A），处于区域生态安全分级标准的第Ⅲ级水平，即"基本安全"的"敏感状态"，并呈现缓慢提升趋势（见图10-8、表10-15）。

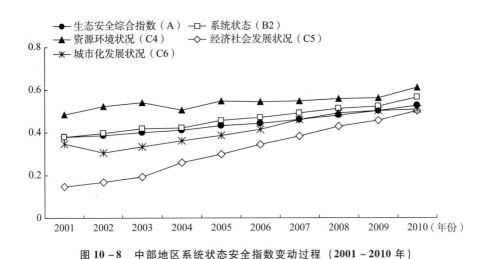

图 10 - 8 中部地区系统状态安全指数变动过程（2001～2010 年）

表 10 - 15 2001～2010 年中部地区系统状态安全指数评价结果

| 年份 | 目标层（ESCI） | 系统层（SCI） | 因素层（SCI） | | |
|---|---|---|---|---|---|
| | 生态安全综合指数（A） | 系统状态安全指数（B2） | 资源环境状况安全指数（C4） | 经济社会发展状况安全指数（C5） | 城市化发展状况安全指数（C6） |
| 2001 | 0.3804 | 0.3804 | 0.4832 | 0.1469 | 0.3491 |
| 2002 | 0.3868 | 0.3962 | 0.5233 | 0.1681 | 0.3046 |
| 2003 | 0.4011 | 0.4172 | 0.5405 | 0.1914 | 0.3321 |
| 2004 | 0.4111 | 0.4197 | 0.5050 | 0.2610 | 0.3629 |
| 2005 | 0.4329 | 0.4556 | 0.5459 | 0.2984 | 0.3862 |
| 2006 | 0.4412 | 0.4699 | 0.5426 | 0.3445 | 0.4128 |
| 2007 | 0.4604 | 0.4928 | 0.5484 | 0.3839 | 0.4608 |
| 2008 | 0.4823 | 0.5137 | 0.5563 | 0.4280 | 0.4912 |
| 2009 | 0.5020 | 0.5245 | 0.5601 | 0.4567 | 0.5022 |
| 2010 | 0.5277 | 0.5643 | 0.6121 | 0.5034 | 0.5080 |

　　其次，分析因素层系统状态安全水平变动。从系统状态（B2）对应的因素层资源环境状况（C4）、经济社会发展状况（C5）和城市化发展状况（C6）安全指数（SCI）变动来看，资源环境状况（C4）安全指数的变动具有一定的波动性，但在总体上呈现上升的趋势。其中，2001～2009 年，中

部地区资源环境状况（C4）安全指数介于（0.4，0.6］区间，处于区域生态安全分级标准的第Ⅲ级水平，即"基本安全"的"敏感状态"；2010年，资源环境状况（C4）安全指数进入（0.6，0.8］区间，达到区域生态安全分级标准的第Ⅱ级水平，即"比较安全"的"良好状态"。

经济社会发展状况（C5）安全指数提升幅度相对比较显著，2001～2003年，介于（0，0.2］区间，处于区域生态安全分级标准的第Ⅴ级水平，即"极不安全"的"恶化状态"；2004～2007年，进入（0.2，0.4］区间，达到区域生态安全分级标准的第Ⅳ级水平，即"较不安全"的"风险状态"；2008年开始进入（0.4，0.6］区间，达到区域生态安全分级标准的第Ⅲ级水平，即"基本安全"的"敏感状态"。

城市化发展状况（C6）安全指数2002～2009年一直持续地增加。与系统层的系统状态（B2）安全指数比较，中部地区历年的经济社会发展状况（C5）安全指数和城市化发展状况（C6）安全指数均低于当年系统状态（B2）安全指数水平；而历年的资源环境状况（C4）安全指数均高于当年系统状态（B2）安全指数水平。由此可见，近年来中部地区的经济社会发展状况（C5）和城市化发展状况（C6）是系统状态（B2）安全水平提升的主要制约因素，并进一步影响中部地区区域生态安全总体水平的提升。

最后，分析指标层系统状态安全水平变动。进一步考察2001～2010年中部地区资源环境状况（C4）对应具体指标的标准化值变动过程，分析中部地区资源环境状况安全指数制约因素。在中部地区生态安全评价指标体系中，森林覆盖率（D12）标准化值变动比较平稳，且历年均远高于全国平均水平，其中，2001～2009年，森林覆盖率安全指数介于（0.6，0.8］区间，处于区域生态安全分级标准的第Ⅱ级水平，即"比较安全"的"良好状态"；2010年进入（0.8，1.0］区间，达到区域生态安全分级标准的第Ⅰ级水平，即"高度安全"的"理想状态"。这说明中部地区森林资源比较丰富，是区域生态安全的积极因素。

人均耕地面积（D13）标准化值在0.4上下略有波动，其中，2010年略有下降，但变化幅度不大。人均水资源量（D14）标准化值在0.4上下呈现一定的波动性，其中，2010年略有上升，但变化幅度不大。人均一次能源生产量

（D15）呈现显著增加的趋势。其中，2001～2003 年，人均一次能源生产量安全指数介于（0.4，0.6］区间，处于区域生态安全分级标准的第Ⅲ级水平，即"基本安全"的"敏感状态"；2004～2005 年，进入（0.6，0.8］区间，达到区域生态安全分级标准的第Ⅱ级水平，即"比较安全"的"良好状态"；2006 年开始进入（0.8，1.0］区间，处于区域生态安全分级标准的第Ⅰ级水平，即"高度安全"的"理想状态"（见表 10-16、图 10-9）。

表 10-16　中部地区及全国资源环境状况指标特征值的标准化值变动（2001～2010 年）

| 年份 | 森林覆盖率（D12） | | 人均耕地面积（D13） | | 人均水资源量（D14） | | 人均一次能源生产量（D15） | |
|---|---|---|---|---|---|---|---|---|
| | 中部 | 全国 | 中部 | 全国 | 中部 | 全国 | 中部 | 全国 |
| 2001 | 0.7499 | 0.4047 | 0.4106 | 0.5233 | 0.1579 | 0.3141 | 0.4111 | 0.4342 |
| 2002 | 0.7516 | 0.4047 | 0.4046 | 0.5174 | 0.2941 | 0.3325 | 0.4715 | 0.4517 |
| 2003 | 0.7932 | 0.4047 | 0.3974 | 0.5075 | 0.2669 | 0.3221 | 0.5734 | 0.5124 |
| 2004 | 0.7394 | 0.4524 | 0.3832 | 0.4944 | 0.1905 | 0.2806 | 0.6830 | 0.5827 |
| 2005 | 0.7782 | 0.4524 | 0.3971 | 0.4877 | 0.2352 | 0.3252 | 0.7958 | 0.6369 |
| 2006 | 0.7782 | 0.4524 | 0.3976 | 0.4837 | 0.2157 | 0.292 | 0.8141 | 0.8551 |
| 2007 | 0.7832 | 0.4524 | 0.3975 | 0.4800 | 0.2071 | 0.2897 | 0.8810 | 0.8551 |
| 2008 | 0.7821 | 0.4524 | 0.4055 | 0.4774 | 0.2194 | 0.3130 | 0.9166 | 0.8551 |
| 2009 | 0.7966 | 0.4524 | 0.4241 | 0.4750 | 0.1928 | 0.2745 | 0.9208 | 0.7926 |
| 2010 | 0.8602 | 0.4524 | 0.3910 | 0.4728 | 0.2964 | 0.3492 | 1.0000 | 0.8551 |

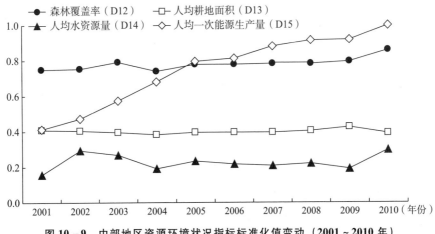

图 10-9　中部地区资源环境状况指标标准化值变动（2001～2010 年）

## 四 中部地区系统响应安全指数变动

首先，分析系统层系统响应安全水平变动。从系统响应（B3）安全指数（SCI）的变动过程来看，历年系统层的系统响应（B3）安全指数（SCI）与系统压力（B1）、系统状态（B2）安全指数（SCI），以及与区域生态安全综合指数（ESCI）比较来看（见表10－9），2001～2005年，中部地区的系统响应（B3）安全指数均高于系统压力（B1）安全指数、系统状态（B2）安全指数和生态安全综合指数（A），2005年以后，系统响应（B3）安全指数开始略低于系统状态（B2）安全指数。中部地区系统响应（B3）安全指数（SCI）总体上呈现不断上升的过程，并于2001年以后进入区域生态安全分级标准的第Ⅲ级水平，即"基本安全"的"敏感状态"。这说明，近年来中部地区区域生态安全响应水平在不断提升。

其次，分析因素层系统响应安全水平变动。从系统响应（B3）指标体系对应的因素层环境保护响应（C7）、社会经济响应（C8）和城市化发展响应（C9）3个方面的安全指数（SCI）变动过程来看，由图10－10可见，2001～2010年，中部地区城市化发展响应（C9）安全指数一直高于环境保护

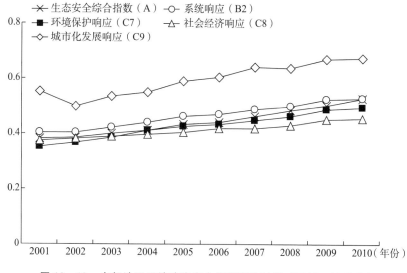

图 10－10　中部地区系统响应安全指数变动过程（2001～2010 年）

响应（C7）、社会经济响应（C8）安全指数，以及系统响应（B3）安全指数和区域生态安全综合指数。而且，2006 年，中部地区城市化发展响应（C9）安全指数开始进入（0.6，0.8］区间，达到区域生态安全分级标准的第Ⅱ级水平，即"比较安全"的"良好状态"。环境保护响应（C7）安全指数和社会经济响应（C8）安全指数分别于 2004 年和 2005 年进入（0.4，0.6］区间，处于区域生态安全分级标准的第Ⅲ级水平。评价结果表明，近年来，中部地区城市化发展速度较快，但社会经济发展和环境保护响应水平有待进一步提高。

# 第十一章　西部地区生态安全综合评价结果分析

## 第一节　西部地区生态安全的现状分析

### 一　西部地区生态安全总体状况

同样的原理，在获得西部地区的生态安全评价指标体系的各项指标特征值和标准化值以后，我们运用区域生态安全综合评价模型，可以计算得出西部地区生态安全评价指标体系的指标层（D）、因素层（C）和系统层（B）的生态安全指数（ESI），以及目标层对应的生态安全综合指数（ESCI）。在此基础上，我们可以进一步分析西部地区生态安全状况（见表 11－1）。

表 11－1　2010 年西部地区及全国生态安全评价结果

| 层次 | 指标体系 | 西部 | 全国 |
|------|---------|------|------|
| 目标层 | 生态安全综合指数（A） | 0.5600 | 0.5806 |
| 系统层 | 系统压力（B1） | 0.5460 | 0.5822 |
| | 系统状态（B2） | 0.5330 | 0.5054 |
| | 系统响应（B3） | 0.6010 | 0.6541 |
| 因素层 | 人口发展压力（C1） | 0.6455 | 0.5525 |
| | 资源环境压力（C2） | 0.5089 | 0.5938 |
| | 城市化发展压力（C3） | 0.5296 | 0.5857 |
| | 资源环境状况（C4） | 0.5766 | 0.4665 |

| 层次 | 指标体系 | 西部 | 全国 |
|---|---|---|---|
| 因素层 | 经济社会发展状况（C5） | 0.4288 | 0.5465 |
| | 城市化发展状况（C6） | 0.5240 | 0.5584 |
| | 环境保护响应（C7） | 0.6148 | 0.6525 |
| | 社会经济响应（C8） | 0.4532 | 0.5154 |
| | 城市化发展响应（C9） | 0.6985 | 0.7792 |

表 11-1 是西部地区生态安全评价指标体系的目标层生态安全综合指数，以及系统层和因素层生态安全指数评价结果。根据区域生态安全评价分级标准，可以对 2010 年西部地区区域生态安全总体状况进行描述分析（见表 11-2）。表 11-1 和表 11-2 中的西部地区和全国生态安全评价指标体系各层次评价结果，在总体上反映了西部地区生态安全的现状。

**表 11-2　2010 年西部地区区域生态安全总体状况描述**

| 区域生态安全评价指标分级 | 安全程度 | 极不安全 | 较不安全 | 基本安全 | 比较安全 | 高度安全 |
|---|---|---|---|---|---|---|
| | 状态描述 | 恶化状态 | 风险状态 | 敏感状态 | 良好状态 | 理想状态 |
| | 等级分类 | V | IV | III | II | I |
| | 分值范围 | (0, 0.2] | (0.2, 0.4] | (0.4, 0.6] | (0.6, 0.8] | (0.8, 1.0] |
| 目标层（ESCI） | 生态安全综合指数（A） | | | 0.5600 | | |
| 系统层（ESI） | 系统压力（B1） | | | 0.5460 | | |
| | 系统状态（B2） | | | 0.5330 | | |
| | 系统响应（B3） | | | | 0.6010 | |
| 因素层（ESI） | 人口发展压力（C1） | | | | 0.6455 | |
| | 资源环境压力（C2） | | | 0.5089 | | |
| | 城市化发展压力（C3） | | | 0.5296 | | |
| | 资源环境状况（C4） | | | 0.5766 | | |
| | 经济社会发展状况（C5） | | | 0.4288 | | |
| | 城市化发展状况（C6） | | | 0.5240 | | |
| | 环境保护响应（C7） | | | | 0.6148 | |

| 区域生态安全评价指标分级 | 安全程度 | 极不安全 | 较不安全 | 基本安全 | 比较安全 | 高度安全 |
|---|---|---|---|---|---|---|
| | 状态描述 | 恶化状态 | 风险状态 | 敏感状态 | 良好状态 | 理想状态 |
| | 等级分类 | V | Ⅳ | Ⅲ | Ⅱ | Ⅰ |
| | 分值范围 | (0, 0.2] | (0.2, 0.4] | (0.4, 0.6] | (0.6, 0.8] | (0.8, 1.0] |
| 因素层（ESI） | 社会经济响应（C8） | | | 0.4532 | | |
| | 城市化发展响应（C9） | | | | 0.6985 | |

首先，结合西部地区的区域生态安全综合指数（ESCI）评价结果，分析西部地区区域生态安全的现状特征。研究表明，2010 年，西部地区的区域生态安全综合指数为 0.5600，这一水平低于全国生态安全综合指数（0.5806）。根据区域生态安全综合指数模型所建立的生态安全评价标准，西部地区的生态安全总体水平介于（0.4，0.6]区间，处于区域生态安全分级标准的第Ⅲ级水平，即"基本安全"的"敏感状态"。

根据区域生态安全评价指标体系，我们可以通过对评价指标体系各层次评价结果进一步分析，了解制约西部地区区域生态安全的具体因素，及其影响程度。综合评价结果显示：2010 年，西部地区区域生态安全综合指数（A）、系统压力（B1）、系统状态（B2）、资源环境压力（C2）、城市化发展压力（C3）、资源环境状况（C4）、经济社会发展状况（C5）、城市化发展状况（C6）和社会经济响应（C8）9 项指标评价结果介于（0.4，0.6]区间，处于区域生态安全分级标准的第Ⅲ级水平，即"基本安全"的"敏感状态"；系统响应（B3）、人口发展压力（C1）、环境保护响应（C7）和城市化发展响应（C9）4 项指标评价结果介于（0.6，0.8]区间，处于区域生态安全分级标准的第Ⅱ级的水平，即"比较安全"的"良好状态"（见表 11－2）。

其次，与全国生态安全评价指标体系各层次平均水平比较，2010 年，在区域生态安全综合指数（A）低于全国生态安全综合指数的总体状况下，西部地区的系统状态（B2）、人口发展压力（C1）和资源环境状况（C4）3 项指标综合评价结果高于全国平均水平；其他 10 项安全指数综合评价结果均低于全国平均水平。

这样的评价结果表明：总体上，西部地区区域生态安全处于"基本安全"的"敏感状态"，亦即目前我国西部地区的自然生态系统和人类生态系统结构基本合理、功能基本协调，但仍然存在诸多影响生态安全的不利因素；提升西部地区的生态安全水平，必须采取针对性的措施，减缓西部地区的系统压力水平，提高系统状态和系统响应能力；与全国平均水平比较，西部地区生态安全也存在如人口发展压力低于全国平均水平，而资源环境状况又好于全国等一些有利条件。

根据区域生态安全评价指标体系，我们可以通过对评价指标体系各层次评价结果进一步分析，了解制约西部地区区域生态安全的具体因素，及其影响程度，以便采取针对性的措施提升区域生态安全水平。

## 二　西部地区系统压力安全状况

首先，分析生态安全评价指标体系的系统层对应的系统压力（B1）安全指数。评价结果显示，2010 年，西部地区生态安全评价指标体系系统层的系统压力安全指数为 0.5460，略低于西部地区生态安全综合指数评价结果（0.5600），处于区域生态安全分级标准的第 Ⅲ 级水平，即"基本安全"的"敏感状态"；同期，全国的系统压力安全指数平均水平是 0.5822，西部地区系统压力安全指数略低于全国平均水平。

其次，分析生态安全评价指标体系系统压力（B1）对应的指标层安全指数。系统压力（B1）指标体系是由对应的因素层人口发展压力（C1）、资源环境压力（C2）和城市化发展压力（C3）3 个方面因素构成。进一步分析系统压力指标体系对应指标层的具体指标的安全系数，这 11 项指标的标准化值可以反映西部地区系统压力的具体制约因素。

分析表明：2010 年，系统压力（B1）指标体系对应的因素层人口发展压力（C1）指标由指标层的区域人口密度（D1）、人口自然增长率（D2）和单位农用地承载人口（D3）3 项具体指标构成。2010 年，西部地区这 3 项指标特征值的标准化值分别为 1.0000（D1）、0.2005（D2）、1.0000

205

（D3）；同期全国这 3 项指标特征值的标准化值分别为 0.3744（D1）、0.2296（D2）、1.0000（D3）（见表 11－3）。其中，区域人口密度和单位农用地承载人口指标标准化值达到区域生态安全分级标准的最高值，处于区域生态安全分级标准的第Ⅰ级水平，因为区域人口密度和单位农用地承载人口指标与人口总量相关，由此可见，西部地区的人口总量指标是生态安全的积极因素；而西部地区的人口自然增长率（D2）标准化值略低于全国平均水平，亦即西部地区的人口自然增长率指标的实际值（5.49‰）略高于全国人口自然增长率平均水平（4.79‰），这是影响西部地区生态安全的人口因素所在。从图 11－1 可以直观地反映出西部地区 11 项系统压力具体指标的安全状况。

表 11－3　2010 年西部地区及全国生态安全评价指标体系指标层标准化值

| 系统压力（B1） | | | 系统状态（B2） | | | 系统响应（B3） | | |
|---|---|---|---|---|---|---|---|---|
| 指标 | 西部 | 全国 | 指标 | 西部 | 全国 | 指标 | 西部 | 全国 |
| （D1） | 1.0000 | 0.3744 | （D12） | 0.3987 | 0.4524 | （D22） | 0.5541 | 0.6714 |
| （D2） | 0.2005 | 0.2296 | （D13） | 0.6491 | 0.4728 | （D23） | 1.0000 | 0.8765 |
| （D3） | 1.0000 | 1.0000 | （D14） | 0.6424 | 0.3492 | （D24） | 0.9138 | 0.9532 |
| （D4） | 0.3597 | 0.5309 | （D15） | 1.0000 | 0.8551 | （D25） | 0.4134 | 0.4743 |
| （D5） | 0.8877 | 1.0000 | （D16） | 0.3417 | 0.4115 | （D26） | 0.4657 | 0.4943 |
| （D6） | 0.3240 | 0.2407 | （D17） | 0.5522 | 0.7399 | （D27） | 0.2000 | 0.3278 |
| （D7） | 0.6524 | 0.7263 | （D18） | 0.5619 | 0.7498 | （D28） | 1.0000 | 1.0000 |
| （D8） | 0.6399 | 0.6734 | （D19） | 0.3530 | 0.3596 | （D29） | 0.5259 | 0.6148 |
| （D9） | 0.2529 | 0.2002 | （D20） | 0.5451 | 0.6537 | （D30） | 0.9307 | 1.0000 |
| （D10） | 0.9841 | 1.0000 | （D21） | 0.9879 | 1.0000 | （D31） | 0.8462 | 0.9204 |
| （D11） | 0.4979 | 0.9180 | — | — | — | — | — | — |

资源环境压力（C2）指标体系由指标层的单位 GDP 能耗（D4）、化学需氧量排放强度（D5）、化肥施用强度（D6）和人均能源消费（D7）4 项具体指标构成。2010 年，西部地区这 4 项指标特征值的标准化值分别为 0.3597（D4）、0.8877（D5）、0.3240（D6）、0.6524（D7）；同期全国这 4 项指标特征值的标准化值分别为 0.5309（D4）、1.0000（D5）、0.2407

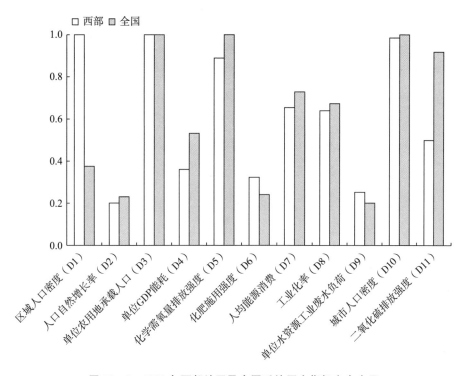

**图 11-1 2010 年西部地区及全国系统压力指标安全水平**

（D6）、0.7263（D7）。其中，西部地区资源环境压力主要是化肥施用强度（D6）和单位 GDP 能耗（D4）2 项指标较低，另外，与全国比较来看，西部地区人均能源消费（D7）指标的标准化值低于全国平均水平。根据生态安全综合评价模型，系统压力指标实际值越高其标准化值越低，可见，从指标的实际值来看，西部地区单位 GDP 能耗（1.20 吨标煤/万元）和化肥施用强度（339.55 千克/公顷）水平较高，人均能源消费水平（2.70 吨标煤）也略高于全国平均水平（2.42 吨标煤），说明西部地区资源环境压力因素主要是能源利用效率和耕地资源的压力。

城市化发展压力（C3）指标体系由指标层的工业化率（D8）、单位水资源工业废水负荷（D9）、城市人口密度（D10）和二氧化硫排放强度（D11）4 项具体指标构成。2010 年，西部地区这 4 项指标特征值的标准化值分别为：工业化率（D8）标准化指数为 0.6399，低于全国工业化率（D8）标准化指数平均水平（0.6734），说明西部地区产业结构中工业比重偏高；单位水资源工业废水负荷（D9）标准化指数为 0.2529，略高于全国平均水平，但介于（0.2，0.4］区间，处于区域生态安全分级标准的第Ⅳ级水平，即"较不安全"的"风险状态"，说明西部地区工业化、城市化过程对水资源的压力较大；城市人口密度（D10）标准化指数为 0.9841，与全国平均水平接近，介于（0.8，1.0］区间，处于区域生态安全分级标准的第Ⅰ级，说明西部地区城市还有较大的吸纳人口的空间；二氧化硫排放强度（D11）标准化指数为 0.4979，低于全国平均水平，介于（0.4，0.6］区间，处于区域生态安全分级标准的第Ⅲ级水平，即"基本安全"的"敏感状态"，应该进一步加大工业污染治理力度。

### 三 西部地区系统状态安全状况

首先，分析西部地区系统状态（B2）安全水平。从系统层评价结果看，2010 年，西部地区生态安全评价指标体系的系统状态（B2）安全指数为 0.5330，表明西部地区系统状态（B2）安全状况处于区域生态安全分级标准的第Ⅲ级，即"基本安全"的"敏感状态"，这一评价结果与西部地区区域生态安全综合指数（0.5600）接近。同期，全国的系统状态安全指数平均水平是 0.5054，西部地区系统状态安全指数略高于全国平均水平。

其次，分析生态安全评价指标体系系统状态（B2）对应的指标层安全指数。系统状态（B2）指标体系由因素层的资源环境状况（C4）、经济社会发展状况（C5）和城市化发展状况（C6）3 个方面因素共 10 项指标构成。从图 11 - 2 可以直观地反映出西部地区系统状态（B2）因素对应的 10 项具体指标的安全状况。

资源环境状况（C4）是由指标层的森林覆盖率（D12）、人均耕地面积（D13）、人均水资源量（D14）和人均一次能源生产量（D15）4 项具体指标构成，2010 年，西部地区这 4 项指标的标准化值分别是 0.3987、0.6491、0.6424 和 1.0000；同期全国这 4 项指标对应的标准化值分别是 0.4524、0.4728、0.3492 和 0.8551。其中，西部地区森林覆盖率标准化值介于（0.2，

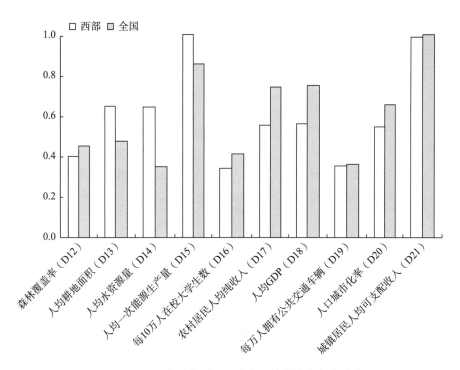

**图 11-2　2010 年西部地区及全国系统状态指标安全水平**

0.4］区间，处于区域生态安全分级标准的第Ⅳ级水平，即"较不安全"的"风险状态"，而且低于全国平均水平。这说明西部地区森林覆盖率较低，是制约西部地区资源环境状况并进而影响区域生态安全水平的主要因素之一。

西部地区人均耕地面积（D13）和人均水资源量（D14）介于（0.6，0.8］区间，处于区域生态安全分级标准的第Ⅱ级水平，即"比较安全"的"良好状态"，从指标的实际值来看，2010 年，西部地区人均耕地面积（D13）和人均水资源量（D14）的特征值分别为 1.87 亩和 4249.87 立方米，同期，全国人均耕地面积（D13）和人均水资源量（D14）的特征值分别为1.36 亩和 2310.41 立方米。可见，西部地区人均耕地面积和人均水资源量 2项指标的数值均高于全国平均水平。

西部地区人均一次能源生产量标准化值已经达到区域生态安全分级标准的第Ⅰ级水平，即"高度安全"的"理想状态"，远高于全国平均水平，说明西部地区能源资源相对比较丰富。

经济社会发展状况（C5）指标体系是由指标层的每 10 万人在校大学生数（D16）、农村居民人均纯收入（D17）和人均 GDP（D18）3 项具体指标构成，西部地区这 3 项指标的标准化值分别是 0.3417、0.5522 和 0.5619，均低于全国平均水平。这说明西部地区经济社会发展水平在全国处于落后水平，成为区域生态安全水平的制约因素。

以上对西部地区系统状态（B2）对应的指标层 10 项具体指标的综合分析表明，目前，在西部地区系统状态（B2）安全指标中，森林覆盖率和经济社会发展水平相对较低，影响区域生态安全整体水平。

## 四 西部地区系统响应安全状况

首先，分析西部地区系统响应（B3）安全水平。从系统层评价结果看，2010 年，西部地区生态安全评价指标体系的系统响应（B3）安全指数为 0.6010，介于（0.6，0.8]区间，处于区域生态安全分级标准的第Ⅱ级水平，即"比较安全"的"良好状态"，这一数值略高于区域生态安全分级标准第Ⅱ级的最低值 0.6，说明西部地区系统响应（B3）安全水平正在向"比较安全"的"良好状态"发展，但也存在一些影响因素。

其次，分析西部地区因素层系统响应（B3）安全水平。系统响应（B3）指标体系由因素层的环境保护响应（C7）、社会经济响应（C8）和城市化发展响应（C9）构成。评价结果显示，2010 年，西部地区系统响应（B3）指标体系对应的因素层环境保护响应（C7）、社会经济响应（C8）和城市化发展响应（C9）安全指数评价结果分别为 0.6148（C7）、0.4532（C8）和 0.6985（C9），3 项指标均低于全国平均水平。其中，环境保护响应（C7）和城市化发展响应（C9）安全指数介于（0.6，0.8]区间，处于区域生态安全分级标准的第Ⅱ级水平，即"比较安全"的"良好状态"；社会经济响应（C8）安全指数介于（0.4，0.6]区间，处于区域生态安全分级标准的第Ⅲ级的水平，即"基本安全"的"敏感状态"。

最后，分析系统响应（B3）指标体系对应指标层的具体指标构成。系统响应（B3）指标是由因素层的环境保护响应（C7）、社会经济响应（C8）和城市化发展响应（C9）3个方面因素共10项指标构成。从图11-3可以直观地反映出西部地区系统响应（B3）因素对应的10项具体指标标准化值对应的安全水平。

其中，环境保护响应（C7）指标体系是由指标层的工业固体废物综合利用率（D22）、自然保护区占国土面积比重（D23）、工业废水排放达标率（D24）和环境污染治理投资占GDP比重（D25）4项具体指标构成。评价的结果表明，2010年，西部地区这4项指标的标准化值分别为0.5541、1.0000、0.9138和0.4134，其中工业固体废物综合利用率（D22）和环境污染治理投资占GDP比重（D25）标准化值相对较低，介于（0.4，0.6］区间，处于区域生态安全分级标准的第Ⅲ级水平，表明西部地区工业固体废物综合利用率和环境污染治理投资占GDP比重偏低，制约系统响应安全水平。

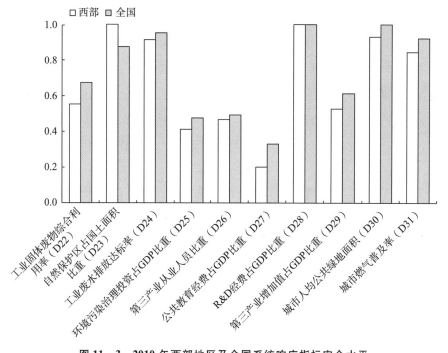

**图11-3　2010年西部地区及全国系统响应指标安全水平**

社会经济响应（C8）指标体系是由指标层的第三产业从业人员比重（D26）、公共教育经费占 GDP 比重（D27）和 R&D 经费占 GDP 比重（D28）3 项具体指标构成。评价的结果表明，2010 年，西部地区这 3 项指标的标准化值分别为 0.4657、0.2000 和 1.0000，同期全国这 3 项指标的标准化值分别为 0.4943、0.3278、1.0000。其中，第三产业从业人员比重（D26）和公共教育经费占 GDP 比重（D27）相对较低，尤其是公共教育经费占 GDP 比重（D27）明显偏低，且低于全国平均水平，这说明西部地区就业结构有待调整，同时，应该加大教育事业投资力度。

城市化发展响应（C9）指标体系是由指标层的第三产业增加值占 GDP 比重（D29）、城市人均公共绿地面积（D30）和城市燃气普及率（D31）3 项具体指标构成。评价的结果表明，2010 年，西部地区这 3 项指标的标准化值分别为 0.5259、0.9307 和 0.8462，同期全国这 3 项指标的标准化值分别为 0.6148、1.0000 和 0.9204，3 项指标均低于全国平均水平，但城市人均公共绿地面积（D30）和城市燃气普及率（D31）标准化值已经处于（0.8，1.0］区间，达到区域生态安全分级标准的第 I 级水平；而第三产业增加值占 GDP 比重低于全国平均水平，说明西部地区需要进一步调整、优化产业结构以提升区域生态安全水平。

## 第二节　西部地区生态安全的比较分析

西部 12 省（区、市）的社会经济发展水平、城市化发展程度和资源环境状况存在很大的差异，因此，分析比较西部地区各省份的生态安全综合指数的评价结果，以及综合评价指标体系中不同层次的安全指数水平，可以了解区域城市化与生态安全状况的地域特征，以及不同省份生态安全的制约因素。

### 一　西部 12 省（区、市）生态安全综合指数比较

根据区域生态安全综合指数评价结果分析西部地区生态安全总体状况

之后，我们还可以进一步对西部 12 省（区、市）的生态安全状况进行比较分析。通过比较西部 12 省（区、市）的生态安全评价指标体系中的目标层（A）生态安全综合指数（ESCI），分析各省份生态安全的现状特征，及其存在的差异。与全国比较，仅陕西和云南 2 省的生态安全综合指数超出全国平均水平，其他省（区、市）的生态安全综合指数均低于全国平均水平（见表 11 - 4）。评价结果表明：2010 年，我国西部 12 省（区、市）的生态安全综合指数均介于（0.4，0.6］区间，处于区域生态安全分级标准的第Ⅲ级水平，即"基本安全"的"敏感状态"（见图 11 - 4）。在西部 12 省（区、市）中，陕西的生态安全综合指数最高，宁夏生态安全综合指数最低，即陕西的生态安全总体状况最优，宁夏的生态安全状态最差。

表 11 - 4  西部地区及全国生态安全评价指标体系目标层和系统层
评价结果（2010 年）

| 地区 | 目标层（ESCI） | 系统层（SCI） | | |
| --- | --- | --- | --- | --- |
| | 生态安全综合指数（A） | 系统压力安全指数（B1） | 系统状态安全指数（B2） | 系统响应安全指数（B3） |
| 重庆 | 0.5750 | 0.5129 | 0.5418 | 0.6703 |
| 四川 | 0.5568 | 0.5892 | 0.5460 | 0.5351 |
| 贵州 | 0.5187 | 0.5165 | 0.5687 | 0.4708 |
| 云南 | 0.5925 | 0.5816 | 0.6371 | 0.5588 |
| 西藏 | 0.5357 | 0.6862 | 0.5240 | 0.3968 |
| 广西 | 0.5495 | 0.4856 | 0.5795 | 0.5834 |
| 陕西 | 0.5975 | 0.5543 | 0.6289 | 0.6092 |
| 甘肃 | 0.5240 | 0.5594 | 0.4324 | 0.5801 |
| 青海 | 0.5154 | 0.4969 | 0.5225 | 0.5267 |
| 宁夏 | 0.4971 | 0.3996 | 0.4648 | 0.6268 |
| 新疆 | 0.4994 | 0.4549 | 0.5280 | 0.5154 |
| 内蒙古 | 0.5703 | 0.5308 | 0.5548 | 0.6253 |
| 西部 | 0.5600 | 0.5460 | 0.5330 | 0.6010 |
| 全国 | 0.5806 | 0.5822 | 0.5054 | 0.6541 |

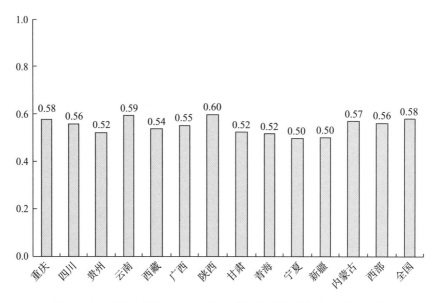

图 11 - 4　2010 年西部 12 省（区、市）及全国生态安全水平比较

## 二　西部 12 省（区、市）系统压力安全指数比较

生态安全评价指标体系系统层的系统压力（B1）指标体系，及其对应因素层的人口发展压力（C1）、资源环境压力（C2）和城市化发展压力（C3）安全指数是评价区域系统压力安全状况及其制约因素的基本指标。

首先，比较西部 12 省（区、市）系统压力（B1）安全指数。总体上，2010 年，在西部 12 省（区、市）中，只有西藏自治区的系统压力（B1）安全指数（0.6862）介于（0.6，0.8］区间，属于区域生态安全分级标准的第Ⅱ级水平，即"比较安全"的"良好状态"，而且超过全国系统压力（B1）安全指数的平均水平（0.5822）；四川、云南、甘肃、陕西、内蒙古、贵州、重庆、青海、广西和新疆 10 省（区、市）的系统压力（B1）安全指数介于（0.4，0.6］区间，处于区域生态安全分级标准的第Ⅲ级水平，即"基本安全"的"敏感状态"；宁夏回族自治区的系统压力（B1）安全指数最低（0.3996），介于（0.2，0.4］区间，处于区域生态安全分级标准的第Ⅳ级水平，即"较不安全"的"风险状态"。进一步地，比较各省（区、市）

的系统压力（B1）安全指数值，可以反映各省（区、市）的系统压力状况。

西部12省（区、市）系统压力（B1）安全指数评价结果排序表明（见表11－5）：西藏自治区的系统压力（B1）安全指数最高，这一评价结果与生态安全综合指数评价结果排序并不一致，西藏自治区的生态安全综合指数（0.5357）在西部12省（区、市）排在第7位，这说明西藏自治区的系统压力在西部12省（区、市）中相对最小；宁夏回族自治区的系统压力（B1）安全指数最低，这一评价结果与生态安全综合指数评价结果排序一致，宁夏回族自治区的生态安全综合指数在西部12省（区、市）中也处于最低水平，说明宁夏回族自治区的系统压力在西部12省（区、市）中相对最大。

其次，比较系统压力（B1）对应的因素层人口发展压力（C1）、资源环境压力（C2）和城市化发展压力（C3）安全指数，分析西部地区系统压力安全水平的具体制约因素。从2010年西部12省（区、市）生态安全评价指标体系的因素层人口发展压力（C1）安全指数的评价结果来看，总体上，内蒙古（0.6863）、四川（0.6519）、甘肃（0.6253）、青海（0.6131）、西藏（0.6042）和新疆（0.6028）6个省（自治区）的人口发展压力（C1）安全指数介于（0.6，0.8］区间，处于区域生态安全分级标准的第Ⅱ级水平，即"比较安全"的"良好状态"，而且，这6个省（自治区）的人口发展压力（C1）安全指数均超过全国平均水平；陕西（0.5679）、云南（0.5377）、宁夏（0.5342）、贵州（0.4980）、广西（0.4894）和重庆（0.4538）6个省（区、市）的人口发展压力（C1）安全指数介于（0.4，0.6］区间，处于区域生态安全分级标准的第Ⅲ级水平，即"基本安全"的"敏感状态"（见表11－5）。

表11－5　2010年西部12省（区、市）系统压力安全指数评价结果排序

| 排序 | 生态安全综合指数（A） | | 系统压力安全指数（B1） | | 人口发展压力安全指数（C1） | | 资源环境压力安全指数（C2） | | 城市化发展压力安全指数（C3） | |
| --- | --- | --- | --- | --- | --- | --- | --- | --- | --- | --- |
| | 地区 | ESCI | 地区 | SCI | 地区 | SCI | 地区 | SCI | 地区 | SCI |
| 1 | 陕西 | 0.5975 | 西藏 | 0.6862 | 内蒙古 | 0.6863 | 西藏 | 0.6022 | 西藏 | 1.0000 |

| 排序 | 生态安全综合指数（A） | | 系统压力安全指数（B1） | | 人口发展压力安全指数（C1） | | 资源环境压力安全指数（C2） | | 城市化发展压力安全指数（C3） | |
|---|---|---|---|---|---|---|---|---|---|---|
| | 地区 | ESCI | 地区 | SCI | 地区 | SCI | 地区 | SCI | 地区 | SCI |
| 2 | 云南 | 0.5925 | 四川 | 0.5892 | 四川 | 0.6519 | 甘肃 | 0.5859 | 云南 | 0.6561 |
| 3 | 重庆 | 0.5750 | 云南 | 0.5816 | 甘肃 | 0.6253 | 陕西 | 0.5748 | 四川 | 0.6480 |
| 4 | 内蒙古 | 0.5703 | 甘肃 | 0.5594 | 青海 | 0.6131 | 云南 | 0.5724 | 广西 | 0.5495 |
| 5 | 四川 | 0.5568 | 陕西 | 0.5543 | 西藏 | 0.6042 | 重庆 | 0.5526 | 贵州 | 0.5036 |
| 6 | 广西 | 0.5495 | 内蒙古 | 0.5308 | 新疆 | 0.6028 | 四川 | 0.5395 | 陕西 | 0.4852 |
| 7 | 西藏 | 0.5357 | 贵州 | 0.5165 | 陕西 | 0.5679 | 贵州 | 0.5295 | 重庆 | 0.4766 |
| 8 | 甘肃 | 0.5240 | 重庆 | 0.5129 | 云南 | 0.5377 | 内蒙古 | 0.5022 | 青海 | 0.4676 |
| 9 | 贵州 | 0.5187 | 青海 | 0.4969 | 宁夏 | 0.5342 | 广西 | 0.4597 | 宁夏 | 0.4392 |
| 10 | 青海 | 0.5154 | 广西 | 0.4856 | 贵州 | 0.4980 | 青海 | 0.4573 | 内蒙古 | 0.4276 |
| 11 | 新疆 | 0.4994 | 新疆 | 0.4549 | 广西 | 0.4894 | 新疆 | 0.4080 | 甘肃 | 0.4147 |
| 12 | 宁夏 | 0.4971 | 宁夏 | 0.3996 | 重庆 | 0.4538 | 宁夏 | 0.3257 | 新疆 | 0.4085 |

西部12省（区、市）人口发展压力（C1）安全指数评价结果排序表明（见表11-5）：内蒙古自治区的人口发展压力（C1）安全指数（0.6863）最高，说明内蒙古自治区的人口发展压力在西部12省（区、市）中相对最小；重庆市的人口发展压力（C1）安全指数（0.4538）最低，这一评价结果与生态安全综合指数评价结果排序不一致，重庆市的生态安全综合指数在西部12省（区、市）排在第3位，这说明重庆市的人口发展压力较大。

从2010年西部12省（区、市）生态安全评价指标体系的因素层对应资源环境压力（C2）安全指数的评价结果来看，总体上，西部12省（区、市）中，只有西藏自治区的资源环境压力（C2）安全指数（0.6022）介于（0.6，0.8]区间，属于生态安全分级标准的第Ⅱ级水平，即"比较安全"的"良好状态"，而且略超过全国平均水平；四川、云南、甘肃、陕西、内蒙古、贵州、重庆、青海、广西和新疆10个省（区、市）的资源环境压力（C2）安全指数介于（0.4，0.6]区间，处于生态安全分级标准的第Ⅲ级水平，即"基本安全"的"敏感状态"；宁夏回族自治区的资源环境压力

（C2）安全指数最低（0.3257），介于（0.2，0.4］区间，处于生态安全分级标准的第Ⅳ级水平，即"较不安全"的"风险状态"。另外，比较各省（区、市）的资源环境压力（C2）安全指数值，可以反映出省（区、市）的系统压力状况。

西部12省（区、市）资源环境压力（C2）安全指数评价结果排序表明（见表11-5）：西藏自治区的资源环境压力（C2）安全指数最高，这说明西藏自治区的资源环境压力在西部12省（区、市）中相对最小；宁夏回族自治区的资源环境压力（C2）安全指数最低，这一评价结果与生态安全综合指数评价结果排序一致，宁夏回族自治区的生态安全综合指数（0.4971）在西部12省（区、市）中也处于最低水平，说明宁夏回族自治区的资源环境压力（C2）在西部12省（区、市）中相对最大。

从2010年西部12省（区、市）生态安全评价指标体系的因素层对应城市化发展压力（C3）安全指数的评价结果来看，西藏自治区的城市化发展压力（C3）安全指数（1.0000）达到区域生态安全分级标准的第Ⅰ级水平，即"高度安全"的"理想状态"；云南（0.6561）和四川（0.6480）2省的城市化发展压力（C3）安全指数介于（0.6，0.8］区间，处于区域生态安全分级标准的第Ⅱ级水平，即"比较安全"的"良好状态"；其他省（区、市）的城市化发展压力（C3）安全指数介于（0.4，0.6］区间，处于生态安全分级标准的第Ⅲ级水平，即"基本安全"的"敏感状态"；与全国比较，西藏、云南和四川的城市化发展压力（C3）安全指数超过全国平均水平。

西部12省（区、市）城市化发展压力（C3）安全指数评价结果排序表明（见表11-5）：西藏自治区的城市化发展压力（C3）安全指数最高，亦即城市化发展对区域生态安全没有压力；新疆维吾尔自治区的城市化发展压力（C3）安全指数最低，这一评价结果与生态安全综合指数评价结果排序接近，新疆维吾尔自治区的生态安全综合指数在西部12省（区、市）中排在第11位，说明新疆维吾尔自治区面临的城市化发展压力在西部12省（区、市）中相对最大。

## 三 西部12省（区、市）系统状态安全指数比较

首先，比较西部12省（区、市）系统状态（B2）安全指数。从2010年生态安全评价指标体系的系统层对应系统状态（B2）安全指数的评价结果来看，系统状态（B2）安全指数排序与生态安全综合指数（A）排序并不一致（见表11－6）。总体上，在西部12省（区、市）中，只有云南（0.6371）和陕西（0.6289）2省的系统状态（B2）安全指数介于（0.6，0.8］区间，属于区域生态安全分级标准的第Ⅱ级水平，即"比较安全"的"良好状态"，而且这2个省的系统状态（B2）安全指数超过了全国平均水平；其余10省（区、市）的系统状态（B2）安全指数介于（0.4，0.6］区间，处于区域生态安全分级标准的第Ⅲ级水平，即"基本安全"的"敏感状态"，而且均低于全国平均水平。这说明西部地区的云南和陕西2省的系统状态安全水平相对较高。

进一步，比较各省（区、市）的系统状态（B2）安全指数，西部12省（区、市）系统状态（B2）安全指数评价结果排序表明（见表11－6）：云南省的系统状态（B2）安全指数最高，这说明云南省的系统状态在西部12省（区、市）中相对最优；甘肃省的系统状态（B2）安全指数最低，说明甘肃省的系统状态（B2）安全指数在西部12省（区、市）中相对最差。

其次，比较系统状态（B2）对应的因素层资源环境状况（C4）、经济社会发展状况（C5）和城市化发展状况（C6）安全指数。从2010年西部12省（区、市）生态安全评价指标体系因素层的资源环境状况（C4）安全指数的评价结果来看，各省份存在很大的差异。其中，云南省的资源环境状况（C4）安全指数刚刚进入（0.8，1.0］区间，处于区域生态安全分级标准的第Ⅰ级水平，即"高度安全"的"理想状态"；贵州（0.7267）、广西（0.6895）和陕西（0.6551）3省的资源环境状况（C4）安全指数介于（0.6，0.8］区间，处于区域生态安全分级标准的第Ⅱ级水平，即"比较安全"的"良好状态"；其余省（区、市）的资源环境状况（C4）安全指数

介于（0.4，0.6］区间，属于区域生态安全分级标准的第Ⅲ级的水平，即"基本安全"的"敏感状态"（见表 11 - 6）。与全国比较来看，云南、贵州、广西、陕西、四川、内蒙古和新疆 7 个省（区）的资源环境状况（C4）安全指数超过全国平均水平。这说明，西部地区有一半以上的省（区、市）资源环境状况好于全国平均水平。

表 11 - 6　2010 年西部 12 省（区、市）系统状态安全指数
评价结果排序

| 排序 | 生态安全综合指数（A） | | 系统状态安全指数（B2） | | 资源环境状况安全指数（C4） | | 经济社会发展状况安全指数（C5） | | 城市化发展状况安全指数（C6） | |
|---|---|---|---|---|---|---|---|---|---|---|
| | 地区 | ESCI | 地区 | SCI | 地区 | SCI | 地区 | SCI | 地区 | SCI |
| 1 | 陕西 | 0.5975 | 云南 | 0.6371 | 云南 | 0.8070 | 陕西 | 0.5925 | 青海 | 0.6900 |
| 2 | 云南 | 0.5925 | 陕西 | 0.6289 | 贵州 | 0.7267 | 重庆 | 0.5421 | 西藏 | 0.6798 |
| 3 | 重庆 | 0.5750 | 广西 | 0.5795 | 广西 | 0.6895 | 内蒙古 | 0.5396 | 陕西 | 0.6006 |
| 4 | 内蒙古 | 0.5703 | 贵州 | 0.5687 | 陕西 | 0.6551 | 宁夏 | 0.4595 | 宁夏 | 0.5632 |
| 5 | 四川 | 0.5568 | 内蒙古 | 0.5548 | 四川 | 0.5981 | 四川 | 0.4414 | 新疆 | 0.5469 |
| 6 | 广西 | 0.5495 | 四川 | 0.5460 | 内蒙古 | 0.5751 | 新疆 | 0.4067 | 内蒙古 | 0.5215 |
| 7 | 西藏 | 0.5357 | 重庆 | 0.5418 | 新疆 | 0.5660 | 广西 | 0.3917 | 重庆 | 0.5197 |
| 8 | 甘肃 | 0.5240 | 新疆 | 0.5280 | 重庆 | 0.5514 | 甘肃 | 0.3800 | 四川 | 0.5181 |
| 9 | 贵州 | 0.5187 | 西藏 | 0.5240 | 西藏 | 0.5223 | 西藏 | 0.3502 | 云南 | 0.5073 |
| 10 | 青海 | 0.5154 | 青海 | 0.5225 | 青海 | 0.5190 | 云南 | 0.3403 | 广西 | 0.4918 |
| 11 | 新疆 | 0.4994 | 宁夏 | 0.4648 | 甘肃 | 0.4469 | 青海 | 0.3399 | 贵州 | 0.4562 |
| 12 | 宁夏 | 0.4971 | 甘肃 | 0.4324 | 宁夏 | 0.4238 | 贵州 | 0.2835 | 甘肃 | 0.4450 |

从 2010 年西部 12 省（区、市）生态安全评价指标体系因素层经济社会发展状况（C5）安全指数的评价结果来看，西部 12 省（区、市）的经济社会发展状况（C5）安全指数全部低于全国平均水平。其中，陕西（0.5925）、重庆（0.5421）、内蒙古（0.5396）、宁夏（0.4595）、四川（0.4414）和新疆（0.4067）6 个省（区、市）的经济社会发展状况（C5）安全指数介于（0.4，0.6］区间，处于区域生态安全分级标准的第Ⅲ级水平，即"基本安全"的"敏感状态"；广西（0.3917）、甘肃（0.3800）、西藏（0.3502）、云南（0.3403）、青海（0.3399）和贵州（0.2835）6 个省（区、市）的经

济社会发展状况（C5）安全指数介于（0.2，0.4］区间，处于区域生态安全分级标准的第Ⅳ级水平，即"较不安全"的"风险状态"。这说明西部地区经济社会发展水平整体较为落后。

## 四 西部 12 省（区、市）系统响应安全指数比较

首先，比较生态安全评价指标体系的系统层系统响应（B3）安全指数。从 2010 年西部 12 省（区、市）系统响应（B3）安全指数的评价结果来看（见表 11 - 7），重庆（0.6703）、宁夏（0.6268）、内蒙古（0.6253）和陕西（0.6092）4 个省（市）的系统响应（B3）安全指数介于（0.6，0.8］区间，达到区域生态安全分级标准的第Ⅱ级的水平，即"比较安全"的"良好状态"；广西（0.5834）、甘肃（0.5801）、云南（0.5588）、四川（0.5351）、青海（0.5267）、新疆（0.5154）和贵州（0.4708）7 个省（区）的系统响应（B3）安全指数介于（0.4，0.6］区间，处于区域生态安全分级标准的第Ⅲ级水平，即"基本安全"的"敏感状态"；西藏自治区（0.3968）的系统响应（B3）安全指数介于（0.2，0.4］区间，处于区域生态安全分级标准的第Ⅳ级水平，即"较不安全"的"风险状态"。

进一步分析 2010 年西部 12 省（区、市）系统响应安全指数（SCI）排序情况，重庆市的系统响应（B3）安全指数最高，而且是西部唯一一个系统响应（B3）安全指数超过全国平均水平的地区；西藏自治区的系统响应（B3）安全指数最低，说明西藏自治区的系统响应安全状况处于西部 12 省（区、市）最差水平。

其次，比较系统响应（B3）指标体系对应因素层的环境保护响应（C7）、社会经济响应（C8）和城市化发展响应（C9）安全指数。

从 2010 年西部 12 省（区、市）环境保护响应（C7）安全指数的评价结果来看（见表 11 - 7），重庆和内蒙古的环境保护响应（C7）安全指数超过了全国的平均水平。重庆（0.7138）、内蒙古（0.6625）和宁夏（0.6235）的环境保护响应（C7）安全指数介于（0.6，0.8］区间，处于区域生态安全

分级标准的第Ⅱ级的水平，即"比较安全"的"良好状态"；甘肃（0.5978）、广西（0.5917）、陕西（0.5833）、云南（0.5393）、青海（0.5058）、新疆（0.5015）和四川（0.4829）的环境保护响应（C7）安全指数介于（0.4，0.6］区间，处于区域生态安全分级标准的第Ⅲ级水平，即"基本安全"的"敏感状态"。贵州（0.3640）和西藏（0.2106）环境保护响应（C7）安全指数介于（0.2，0.4］区间，处于区域生态安全分级标准的第Ⅳ级水平，即"较不安全"的"风险状态"。

从环境保护响应（C7）安全指数排序来看，重庆市的环境保护响应（C7）安全状况最优，但重庆市的生态安全综合指数（A）评价结果在西部12省（区、市）中排在第3位；西藏自治区的环境保护响应（C7）安全状况处于最低水平，这一结果与系统响应安全指数排序一致，相比之下，西藏自治区的生态安全综合指数（A）评价结果在西部12省（区、市）中仅排在第7位，可见西藏自治区的环境保护响应安全状况较差。

表11-7　2010年西部12省（区、市）系统响应安全指数
评价结果排序

| 排序 | 生态安全综合指数（A） | | 系统响应安全指数（B3） | | 环境保护响应安全指数（C7） | | 社会经济响应安全指数（C8） | | 城市化发展响应安全指数（C9） | |
|---|---|---|---|---|---|---|---|---|---|---|
| | 地区 | ESCI | 地区 | SCI | 地区 | SCI | 地区 | SCI | 地区 | SCI |
| 1 | 陕西 | 0.5975 | 重庆 | 0.6703 | 重庆 | 0.7138 | 陕西 | 0.5548 | 宁夏 | 0.7610 |
| 2 | 云南 | 0.5925 | 宁夏 | 0.6268 | 内蒙古 | 0.6625 | 西藏 | 0.5333 | 重庆 | 0.7275 |
| 3 | 重庆 | 0.5750 | 内蒙古 | 0.6253 | 宁夏 | 0.6235 | 贵州 | 0.5158 | 陕西 | 0.7160 |
| 4 | 内蒙古 | 0.5703 | 陕西 | 0.6092 | 甘肃 | 0.5978 | 四川 | 0.5025 | 内蒙古 | 0.7044 |
| 5 | 四川 | 0.5568 | 广西 | 0.5834 | 广西 | 0.5917 | 重庆 | 0.4910 | 西藏 | 0.7037 |
| 6 | 广西 | 0.5495 | 甘肃 | 0.5801 | 陕西 | 0.5833 | 宁夏 | 0.4819 | 广西 | 0.6888 |
| 7 | 西藏 | 0.5357 | 云南 | 0.5588 | 云南 | 0.5393 | 甘肃 | 0.4789 | 云南 | 0.6838 |
| 8 | 甘肃 | 0.5240 | 四川 | 0.5351 | 青海 | 0.5058 | 云南 | 0.4667 | 四川 | 0.6832 |
| 9 | 贵州 | 0.5187 | 青海 | 0.5267 | 新疆 | 0.5015 | 青海 | 0.4434 | 贵州 | 0.6759 |
| 10 | 青海 | 0.5154 | 新疆 | 0.5154 | 四川 | 0.4829 | 广西 | 0.4408 | 青海 | 0.6473 |
| 11 | 新疆 | 0.4994 | 贵州 | 0.4708 | 贵州 | 0.3640 | 内蒙古 | 0.4373 | 新疆 | 0.6392 |
| 12 | 宁夏 | 0.4971 | 西藏 | 0.3968 | 西藏 | 0.2106 | 新疆 | 0.4104 | 甘肃 | 0.6277 |

## 第三节　西部地区生态安全的动态分析

### 一　西部地区生态安全综合指数变动

首先，分析西部地区生态安全总体水平的变动过程。生态安全评价结果表明，2001~2010 年，西部地区生态安全综合指数始终介于（0.4，0.6]区间，处于区域生态安全分级标准的第Ⅲ级水平，即"基本安全"的"敏感状态"，在时间序列上，总体呈现逐年上升的变动趋势（见表 11 - 8）。2001~2004 年，西部地区生态安全综合指数与全国生态安全综合指数平均水平相比具有一定的波动性，2005 年以后，西部地区生态安全综合指数始终略小于全国生态安全综合指数平均水平，表明西部地区生态安全水平的改善过程与全国平均水平比较具有一定的滞后性（见图 11 - 5）。

表 11 - 8　2001 ~ 2010 年西部地区生态安全综合评价结果

| 年份 | 生态安全综合指数（A） | 系统压力（B1） | 系统状态（B2） | 系统响应（B3） | 人口发展压力（C1） | 资源环境压力（C2） | 城市化发展压力（C3） | 资源环境状况（C4） | 经济社会发展状况（C5） | 城市化发展状况（C6） | 环境保护响应（C7） | 社会经济响应（C8） | 城市化发展响应（C9） |
|---|---|---|---|---|---|---|---|---|---|---|---|---|---|
| 2001 | 0.4424 | 0.4553 | 0.3918 | 0.4800 | 0.6255 | 0.3606 | 0.5087 | 0.5052 | 0.1226 | 0.3674 | 0.4867 | 0.3970 | 0.5371 |
| 2002 | 0.4369 | 0.4594 | 0.3723 | 0.4790 | 0.6295 | 0.3648 | 0.5128 | 0.4902 | 0.1397 | 0.3055 | 0.5006 | 0.4049 | 0.4943 |
| 2003 | 0.4553 | 0.4565 | 0.3923 | 0.5170 | 0.6361 | 0.3597 | 0.5044 | 0.5029 | 0.1588 | 0.3433 | 0.5415 | 0.4167 | 0.5484 |
| 2004 | 0.4663 | 0.4566 | 0.4127 | 0.5295 | 0.6344 | 0.3636 | 0.4966 | 0.5052 | 0.2200 | 0.3695 | 0.5573 | 0.4202 | 0.5613 |
| 2005 | 0.4783 | 0.4625 | 0.4408 | 0.5317 | 0.6390 | 0.3751 | 0.4897 | 0.5357 | 0.2503 | 0.3898 | 0.5399 | 0.4275 | 0.6038 |
| 2006 | 0.4790 | 0.4627 | 0.4430 | 0.5312 | 0.6415 | 0.3794 | 0.4763 | 0.5181 | 0.2842 | 0.4100 | 0.5431 | 0.4170 | 0.6037 |
| 2007 | 0.5013 | 0.4759 | 0.4769 | 0.5511 | 0.6405 | 0.4005 | 0.4854 | 0.5462 | 0.3147 | 0.4599 | 0.5587 | 0.4304 | 0.6389 |
| 2008 | 0.5169 | 0.4957 | 0.5038 | 0.5512 | 0.6404 | 0.4375 | 0.4827 | 0.5661 | 0.3535 | 0.4927 | 0.5545 | 0.4357 | 0.6446 |
| 2009 | 0.5370 | 0.5177 | 0.5063 | 0.5869 | 0.6420 | 0.4633 | 0.5179 | 0.5505 | 0.3837 | 0.5124 | 0.5932 | 0.4506 | 0.6915 |
| 2010 | 0.5600 | 0.5460 | 0.5330 | 0.6010 | 0.6455 | 0.5089 | 0.5296 | 0.5766 | 0.4288 | 0.5240 | 0.6148 | 0.4532 | 0.6985 |

从西部地区生态安全综合指数（ESCI）提升速度来看，与全国相比，

2001～2010 年，西部地区生态安全综合指数年均提升 0.0131，同期全国生态安全综合指数年均提升 0.0169；2005～2010 年，西部地区生态安全综合指数年均提升 0.0163，同期全国生态安全综合指数年均提升 0.0191，西部地区生态安全指数提升速度低于全国生态安全综合指数提升速度。这进一步验证了西部地区生态安全综合指数提升的速度滞后于全国平均水平。

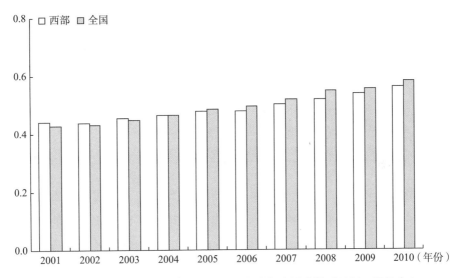

图 11－5　西部地区生态安全综合指数变动与全国比较（2001～2010 年）

其次，分析西部 12 省（区、市）生态安全的变动过程。从西部 12 省（区、市）生态安全综合指数（ESCI）变动过程来看，2001～2010 年，西部 12 省（区、市）生态安全综合指数（A）介于（0.4，0.6］区间，呈现总体上平缓提升的态势，但各省（区、市）之间存在较大的差异（见表 11－9）。

表 11－9　2001～2010 年西部地区及全国生态安全综合指数

| 年份 | 2001 | 2002 | 2003 | 2004 | 2005 | 2006 | 2007 | 2008 | 2009 | 2010 | 2001～2010 年年均提升 |
|------|------|------|------|------|------|------|------|------|------|------|------|
| 重庆 | 0.4124 | 0.4294 | 0.4535 | 0.4641 | 0.4817 | 0.4879 | 0.5108 | 0.5260 | 0.5473 | 0.5750 | 0.0181 |
| 四川 | 0.4362 | 0.4269 | 0.4672 | 0.4651 | 0.4840 | 0.4701 | 0.5016 | 0.5250 | 0.5377 | 0.5568 | 0.0134 |
| 贵州 | 0.4061 | 0.4004 | 0.4097 | 0.4293 | 0.4383 | 0.4502 | 0.4699 | 0.4807 | 0.4888 | 0.5187 | 0.0125 |
| 云南 | 0.4821 | 0.4638 | 0.4605 | 0.4880 | 0.5010 | 0.5038 | 0.5311 | 0.5546 | 0.5646 | 0.5925 | 0.0123 |

| 年份 | 2001 | 2002 | 2003 | 2004 | 2005 | 2006 | 2007 | 2008 | 2009 | 2010 | 2001～2010年年均提升 |
|------|------|------|------|------|------|------|------|------|------|------|------|
| 西藏 | 0.5426 | 0.5197 | 0.5313 | 0.5054 | 0.4893 | 0.5292 | 0.5270 | 0.5255 | 0.5421 | 0.5357 | -0.0008 |
| 广西 | 0.4525 | 0.4415 | 0.4394 | 0.4454 | 0.4670 | 0.4742 | 0.4841 | 0.5102 | 0.5266 | 0.5495 | 0.0108 |
| 陕西 | 0.4282 | 0.4364 | 0.4555 | 0.4611 | 0.4756 | 0.4725 | 0.5086 | 0.5246 | 0.5652 | 0.5975 | 0.0188 |
| 甘肃 | 0.4212 | 0.4165 | 0.4237 | 0.4261 | 0.4423 | 0.4535 | 0.4734 | 0.4699 | 0.4994 | 0.5240 | 0.0114 |
| 青海 | 0.4894 | 0.4769 | 0.4779 | 0.4950 | 0.4620 | 0.4689 | 0.4883 | 0.5103 | 0.5030 | 0.5154 | 0.0029 |
| 宁夏 | 0.4275 | 0.4347 | 0.4353 | 0.4574 | 0.4143 | 0.4515 | 0.4859 | 0.4828 | 0.4860 | 0.4971 | 0.0077 |
| 新疆 | 0.4650 | 0.4822 | 0.4824 | 0.4756 | 0.4678 | 0.4497 | 0.4673 | 0.4701 | 0.4941 | 0.4994 | 0.0038 |
| 内蒙古 | 0.4396 | 0.4474 | 0.4667 | 0.4738 | 0.4915 | 0.5172 | 0.5104 | 0.5380 | 0.5510 | 0.5703 | 0.0145 |
| 西部 | 0.4424 | 0.4369 | 0.4553 | 0.4663 | 0.4783 | 0.4790 | 0.5013 | 0.5169 | 0.5370 | 0.5600 | 0.0131 |
| 全国 | 0.4288 | 0.4322 | 0.4467 | 0.4631 | 0.4851 | 0.4954 | 0.5175 | 0.5465 | 0.5553 | 0.5806 | 0.0169 |

从各省（区、市）的生态安全综合指数（ESCI）变动过程来看，云南省的生态安全综合指数在西部地区相对较高；2009年以后陕西省的生态安全综合指数为西部最高水平，可见云南和陕西2省的生态安全水平在总体上为西部最高，其他省（区、市）的生态安全综合指数（ESCI）具有一定的波动性；另外，西藏自治区是所研究的全国31个省（区、市）中唯一一个生态安全水平逐渐降低的地区。

从各省（区、市）的生态安全综合指数（ESCI）变动与全国比较来看，云南省的生态安全综合指数始终略高于全国生态安全综合指数平均水平；陕西省的生态安全综合指数在2003年以前呈现一定的波动性，2004年以后，与全国生态安全的平均水平差距开始逐渐缩小，并于2009年超过全国生态安全综合指数的平均水平；贵州和甘肃2省历年的生态安全综合指数均低于全国平均水平；其他省（区、市）的生态安全综合指数与全国平均水平比较均表现出一定的波动性。

从西部12省（区、市）生态安全综合指数（ESCI）提升速度来看，2001～2010年，只有重庆市和陕西省的生态安全综合指数（ESCI）提升速度略快于全国的平均水平，其他10省（区、市）的生态安全综合指数

（ESCI）提升速度均慢于全国平均水平。可见近年来重庆市和陕西省的生态安全水平改善的速度相对较快，但是，西部地区的生态安全水平普遍较低。

## 二　西部地区系统压力安全指数变动

首先，分析系统层的系统压力安全水平变动。从系统压力（B1）安全指数的变动过程来看，2001～2010年，西部地区系统压力（B1）安全指数始终介于（0.4，0.6］区间缓慢提升，处于区域生态安全分级标准的第Ⅲ级水平，即"基本安全"的"敏感状态"（见表11－10）。

表 11－10　2001～2010 年西部地区系统压力安全指数评价结果

| 年份 | 目标层（ESCI） | 系统层（SCI） | 因素层（SCI） | | |
| | 生态安全综合指数（A） | 系统压力安全指数（B1） | 人口发展压力安全指数（C1） | 资源环境压力安全指数（C2） | 城市化发展压力安全指数（C3） |
| --- | --- | --- | --- | --- | --- |
| 2001 | 0.4424 | 0.4553 | 0.6255 | 0.3606 | 0.5087 |
| 2002 | 0.4369 | 0.4594 | 0.6295 | 0.3648 | 0.5128 |
| 2003 | 0.4553 | 0.4565 | 0.6361 | 0.3597 | 0.5044 |
| 2004 | 0.4663 | 0.4566 | 0.6344 | 0.3636 | 0.4966 |
| 2005 | 0.4783 | 0.4625 | 0.6390 | 0.3751 | 0.4897 |
| 2006 | 0.4790 | 0.4627 | 0.6415 | 0.3794 | 0.4763 |
| 2007 | 0.5013 | 0.4759 | 0.6405 | 0.4005 | 0.4854 |
| 2008 | 0.5169 | 0.4957 | 0.6404 | 0.4375 | 0.4827 |
| 2009 | 0.5370 | 0.5177 | 0.6420 | 0.4633 | 0.5179 |
| 2010 | 0.5600 | 0.5460 | 0.6455 | 0.5089 | 0.5296 |
| 2001～2010 年年均提升 | 0.1176 | 0.0907 | 0.0200 | 0.1483 | 0.0209 |

从系统层对应的系统压力（B1）安全指数（SCI）的变动来看，2001～2010年，系统压力（B1）安全指数始终低于系统响应（B3）安全指数；2001～2006年，系统压力（B1）安全指数始终略高于系统状态（B2）安全指数，2006年以后系统压力（B1）安全指数开始呈现一定的波动性，而与系统状态（B2）安全指数接近。与区域生态安全综合指数（ESCI）比较，

2001~2003 年，系统压力（B1）安全指数高于区域生态安全综合指数，但 2003 年以后，开始低于区域生态安全综合指数。由此可见，西部地区的系统压力状况改善程度要滞后于系统状态（B2）、系统响应（B3）与区域生态安全综合指数的改善程度（见图 11 - 6）。因此，系统压力（B1）安全水平相对较低，并且系统压力（B1）安全水平提升幅度相对较慢是西部地区生态安全总体水平不高的主要制约因素之一。

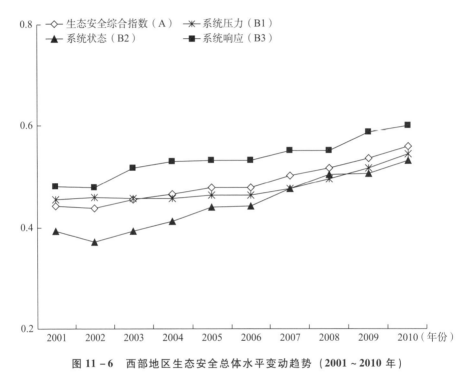

图 11 - 6　西部地区生态安全总体水平变动趋势（2001~2010 年）

其次，分析因素层的系统压力安全水平变动。分析系统压力（B1）对应的因素层人口发展压力（C1）、资源环境压力（C2）和城市化发展压力（C3）安全指数（SCI）的变动过程。评价结果表明，2001~2010 年，在区域系统压力（B1）安全指数总体上略有提升的过程中，西部地区的人口发展压力（C1）安全指数介于（0.6, 0.8］区间，处于区域生态安全分级标准的第Ⅱ级水平，即"比较安全"的"良好状态"，持续保持平稳态势。资源环境压力（C2）安全指数始终低于系统压力安全水平，2001~2003 年呈现一定的波动性，2003 年以后，开始表现出持续的缓慢上升趋势，其中，

2006 年以前，介于（0.2，0.4]区间，处于区域生态安全分级标准的第Ⅳ级水平，即"较不安全"的"风险状态"，2007 年以后进入（0.4，0.6]区间，处于区域生态安全分级标准的第Ⅲ级水平，即"基本安全"的"敏感状态"。2001~2010 年，西部地区的城市化发展压力（C3）安全指数始终介于（0.4，0.6]区间，呈现出一定的波动性，总体上处于区域生态安全分级标准的第Ⅲ级水平，即"基本安全"的"敏感状态"，上升趋势不明显（见图 11-7）。西部地区因素层的系统压力安全指数特征与系统层的系统压力（B1）安全指数比较，西部地区历年的人口发展压力（C1）安全指数均高于系统压力（B1）安全指数水平；而历年的资源环境压力（C2）安全指数均低于系统压力（B1）安全指数水平。分析表明，西部人口发展压力较小，处于"比较安全"的"良好状态"；资源环境压力和城市化发展压力相对较大，是制约区域生态安全水平提升的主要因素。

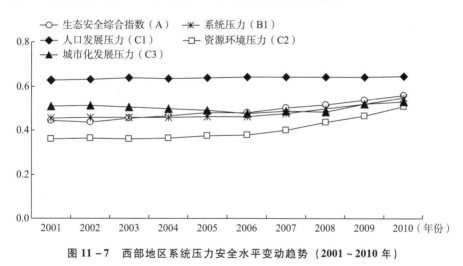

图 11-7　西部地区系统压力安全水平变动趋势（2001~2010 年）

最后，分析指标层的系统压力安全水平变动。从资源环境压力（C2）对应的具体指标特征值变动来看，根据生态安全评价指标体系，资源环境压力（C2）对应的指标层具体指标的特征值（即实际值）越高，对生态安全的压力越大。

研究表明，2001~2010 年，西部地区单位 GDP 能耗（D4）指标标准化值介于（0.2，0.4]区间，处于区域生态安全分级标准的第Ⅳ级水平，即

"较不安全"的"风险状态"，总体上呈现缓慢提升的趋势，说明近年来西部地区单位 GDP 能耗实际值有所下降，能源利用效率有所提升，但是单位 GDP 能耗实际水平仍然较高。从化学需氧量排放强度（D5）指标来看，2001~2010 年，西部地区化学需氧量排放强度（D5）指标标准化值提升很快，由 2001 年的 0.1943 提升到 2010 年的 0.8877，表明西部地区化学需氧量排放强度实际指标下降幅度很快，环境污染治理力度不断加强。从化肥施用强度（D6）指标来看，2001~2010 年，西部地区化肥施用强度（D6）指标呈现持续下降的趋势，说明近年来西部地区化肥施用强度实际指标值不断增强。从人均能源消费（D7）指标来看，近年来，西部地区人均能源消费（D7）指标标准化值表现出持续的降低势头，说明西部地区在经济社会发展过程中，人均能源消费水平在迅速提升（见表 11-11、图 11-8）。

表 11-11　2001~2010 年西部地区资源环境压力指标标准化值变动

| 年份 | 单位 GDP 能耗（D4） | 化学需氧量排放强度（D5） | 化肥施用强度（D6） | 人均能源消费（D7） |
| --- | --- | --- | --- | --- |
| 2001 | 0.2176 | 0.1943 | 0.5139 | 1.0000 |
| 2002 | 0.2202 | 0.2240 | 0.4969 | 1.0000 |
| 2003 | 0.2111 | 0.2446 | 0.4710 | 1.0000 |
| 2004 | 0.2158 | 0.2894 | 0.4342 | 1.0000 |
| 2005 | 0.2289 | 0.3382 | 0.4101 | 1.0000 |
| 2006 | 0.2435 | 0.3893 | 0.3883 | 0.9082 |
| 2007 | 0.2675 | 0.4876 | 0.3686 | 0.8254 |
| 2008 | 0.3031 | 0.6136 | 0.3526 | 0.7777 |
| 2009 | 0.3246 | 0.7200 | 0.3375 | 0.7218 |
| 2010 | 0.3597 | 0.8877 | 0.3240 | 0.6524 |

通过上述对资源环境压力（C2）对应的指标层具体指标特征值变动的分析表明，西部地区资源环境压力（C2）因素对区域生态安全的制约作用主要表现为：单位 GDP 能耗实际水平较高，化肥施用强度实际指标值不断增强，以及人均能源消费水平迅速提升。

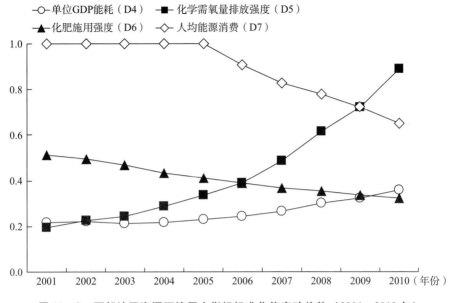

**图 11-8 西部地区资源环境压力指标标准化值变动趋势（2001~2010 年）**

## 三 西部地区系统状态安全指数变动

首先，分析系统层系统状态安全水平变动。从系统状态（B2）安全指数（SCI）的变动过程来看，评价结果显示，2001~2003 年，西部地区系统状态（B2）安全指数有所波动，介于（0.2，0.4］区间，处于区域生态安全分级标准的第Ⅳ级水平，即"较不安全"的"风险状态"；2004 年以后，西部地区系统状态（B2）安全指数进入（0.4，0.6］区间，并略低于于区域生态安全综合指数（A），处于区域生态安全分级标准的第Ⅲ级水平，即"基本安全"的"敏感状态"，并呈现缓慢提升趋势（见表 11-12、图 11-9）。

**表 11-12 2001~2010 年西部地区系统状态安全指数评价结果**

| 年份 | 目标层（ESCI） | 系统层（SCI） | 因素层（SCI） | | |
|---|---|---|---|---|---|
| | 生态安全综合指数（A） | 系统状态安全指数（B2） | 资源环境状况安全指数（C4） | 经济社会发展状况安全指数（C5） | 城市化发展状况安全指数（C6） |
| 2001 | 0.4424 | 0.3918 | 0.5052 | 0.1226 | 0.3674 |
| 2002 | 0.4369 | 0.3723 | 0.4902 | 0.1397 | 0.3055 |

| 年份 | 目标层（ESCI） | 系统层（SCI） | 因素层（SCI） | | |
| --- | --- | --- | --- | --- | --- |
| | 生态安全综合指数（A） | 系统状态安全指数（B2） | 资源环境状况安全指数（C4） | 经济社会发展状况安全指数（C5） | 城市化发展状况安全指数（C6） |
| 2003 | 0.4553 | 0.3923 | 0.5029 | 0.1588 | 0.3433 |
| 2004 | 0.4663 | 0.4127 | 0.5052 | 0.2200 | 0.3695 |
| 2005 | 0.4783 | 0.4408 | 0.5357 | 0.2503 | 0.3898 |
| 2006 | 0.4790 | 0.4430 | 0.5181 | 0.2842 | 0.4100 |
| 2007 | 0.5013 | 0.4769 | 0.5462 | 0.3147 | 0.4599 |
| 2008 | 0.5169 | 0.5038 | 0.5661 | 0.3535 | 0.4927 |
| 2009 | 0.5370 | 0.5063 | 0.5505 | 0.3837 | 0.5124 |
| 2010 | 0.5600 | 0.5330 | 0.5766 | 0.4288 | 0.5240 |
| 2001～2010年年均提升 | 0.0131 | 0.0157 | 0.0079 | 0.0340 | 0.0174 |
| 2005～2010年年均提升 | 0.0163 | 0.0184 | 0.0082 | 0.0357 | 0.0268 |

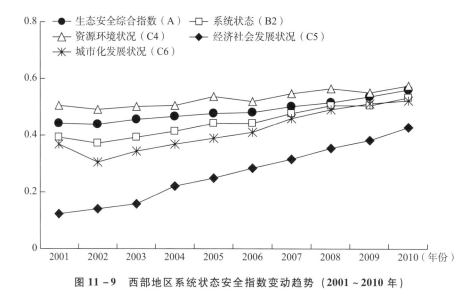

图 11 - 9　西部地区系统状态安全指数变动趋势（2001～2010 年）

其次，分析因素层系统状态安全水平变动。比较系统状态（B2）对应的因素层资源环境状况（C4）、经济社会发展状况（C5）和城市化发展状况（C6）安全指数（SCI）变动趋势。从西部地区资源环境状况（C4）安全指数变动来看，2001～2010 年，西部地区资源环境状况（C4）安全指数始终高于区域生态安全综合指数（A）和系统状态（B2）安全指数，以及对应的因素层经济社会发展状况（C5）和城市化发展状况（C6）安全指数，并保持在（0.4，0.6］区间，处于区域生态安全分级标准的第Ⅲ级水平，即"基本安全"的"敏感状态"。

从西部地区经济社会发展状况（C5）安全指数变动来看，与系统状态（B2）安全指数及其对应因素层资源环境状况（C4）和城市化发展状况（C6）安全指数比较，西部地区历年的经济社会发展状况（C5）安全指数均处于最低水平，但提升速度较快。2001～2003 年西部地区经济社会发展状况（C5）安全指数介于（0，0.2］区间，处于区域生态安全分级标准的第Ⅴ级水平；2004～2009 年进入（0.2，0.4］区间，达到区域生态安全分级标准的第Ⅳ级水平；2010 年，西部地区经济社会发展状况（C5）安全指数进入（0.4，0.6］区间，达到区域生态安全分级标准的第Ⅲ级水平。

## 四　西部地区系统响应安全指数变动

首先，比较西部地区历年生态安全评价指标体系系统层的系统响应（B3）安全指数（SCI）与系统压力（B1）、系统状态（B2）安全指数（SCI），以及区域生态安全综合指数（ESCI）。评价结果显示，西部地区历年的系统响应（B3）安全指数均高于系统压力（B1）、系统状态（B2）安全指数，其中，2001～2009 年，处于（0.4，0.6］区间，2010 年，进入（0.6，0.8］区间，达到区域生态安全分级标准的第Ⅱ级水平。可见，近年来西部地区系统响应安全水平提升速度较快。

其次，分析因素层系统响应安全水平变动。比较 2001～2010 年系统响应（B3）指标体系对应的因素层环境保护响应（C7）、社会经济响应（C8）和城市化发展响应（C9）3 个方面因素的安全指数（SCI）的变动过程。

从环境保护响应（C7）安全指数变动来看，历年的环境保护响应（C7）安全指数均高于区域生态安全综合指数和社会经济响应安全指数。环境保护响应（C7）安全指数变动呈现一定的波动性，2001～2009 年介于（0.4，

0.6〕区间，处于区域生态安全分级标准的第Ⅲ级水平，即"基本安全"的"敏感状态"；2010年进入（0.6，0.8〕区间，处于区域生态安全分级标准的第Ⅱ级水平，即"比较安全"的"良好状态"。这说明西部地区仍需要进一步加强环境保护。

从社会经济响应（C8）安全指数变动来看，2001～2010年，社会经济响应（C8）安全指数变化幅度不大。2001年介于（0.2，0.4〕区间，处于区域生态安全分级标准的第Ⅳ级水平，即"较不安全"的"风险状态"；2002～2010年，介于（0.4，0.6〕区间，处于区域生态安全分级标准的第Ⅲ级水平，即"基本安全"的"敏感状态"。与区域系统响应（B3）安全指数，及其对应的因素层环境保护响应（C7）和城市化发展响应（C9）安全指数比较，历年的社会经济响应（C8）安全指数均处于最低水平。这说明西部地区社会经济发展水平处于比较落后的状态，从而制约着区域生态安全总体水平的提升（见表11-13、图11-10）。

表11-13　2001～2010年西部地区系统响应安全指数评价结果

| 年份 | 目标层（ESCI） | 系统层（SCI） | 因素层（SCI） | | |
| --- | --- | --- | --- | --- | --- |
| | 生态安全综合指数（A） | 系统响应安全指数（B3） | 环境保护响应安全指数（C7） | 社会经济响应安全指数（C8） | 城市化发展响应安全指数（C9） |
| 2001 | 0.4424 | 0.4800 | 0.4867 | 0.3970 | 0.5371 |
| 2002 | 0.4369 | 0.4790 | 0.5006 | 0.4049 | 0.4943 |
| 2003 | 0.4553 | 0.5170 | 0.5415 | 0.4167 | 0.5484 |
| 2004 | 0.4663 | 0.5295 | 0.5573 | 0.4202 | 0.5613 |
| 2005 | 0.4783 | 0.5317 | 0.5399 | 0.4275 | 0.6038 |
| 2006 | 0.4790 | 0.5312 | 0.5431 | 0.4170 | 0.6037 |
| 2007 | 0.5013 | 0.5511 | 0.5587 | 0.4304 | 0.6389 |
| 2008 | 0.5169 | 0.5512 | 0.5545 | 0.4357 | 0.6446 |
| 2009 | 0.5370 | 0.5869 | 0.5932 | 0.4506 | 0.6915 |
| 2010 | 0.5600 | 0.6010 | 0.6148 | 0.4532 | 0.6985 |
| 2001～2010年年均提升 | 0.0131 | 0.0134 | 0.0142 | 0.0062 | 0.0179 |
| 2005～2010年年均提升 | 0.0163 | 0.0139 | 0.0150 | 0.0051 | 0.0189 |

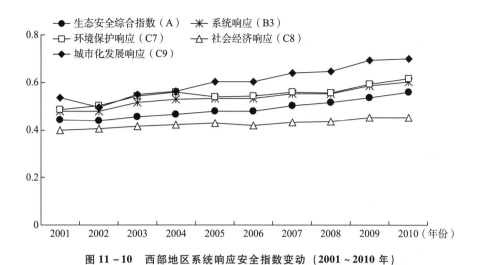

图 11 - 10　西部地区系统响应安全指数变动（2001～2010 年）

# 第十二章　东北地区生态安全综合
# 评价结果分析

## 第一节　东北地区生态安全的现状分析

### 一　东北地区生态安全总体状况

运用区域生态安全综合评价模型，在获得东北地区及其各省份的生态安全评价指标体系的各项指标特征值和标准化值以后，我们同样可以计算得出生态安全评价指标体系的指标层（D）、因素层（C）和系统层（B）的生态安全指数（ESI），以及目标层的区域生态安全综合指数（ESCI）。在此基础上，我们可以进一步分析东北地区生态安全状况（见表 12 - 1）。

表 12 - 1　2010 年东北地区及全国生态安全评价结果

| 层次 | 指标体系 | 东北 | 全国 |
|---|---|---|---|
| 目标层 | 生态安全综合指数（A） | 0.6345 | 0.5806 |
| 系统层 | 系统压力（B1） | 0.6113 | 0.5822 |
| | 系统状态（B2） | 0.7038 | 0.5054 |
| | 系统响应（B3） | 0.5884 | 0.6541 |
| 因素层 | 人口发展压力（C1） | 0.7785 | 0.5525 |
| | 资源环境压力（C2） | 0.5667 | 0.5938 |
| | 城市化发展压力（C3） | 0.5368 | 0.5857 |
| | 资源环境状况（C4） | 0.7856 | 0.4665 |

续表

| 层次 | 指标体系 | 东北 | 全国 |
|---|---|---|---|
| 因素层 | 经济社会发展状况（C5） | 0.6257 | 0.5465 |
| | 城市化发展状况（C6） | 0.5846 | 0.5584 |
| | 环境保护响应（C7） | 0.5631 | 0.6525 |
| | 社会经济响应（C8） | 0.5099 | 0.5154 |
| | 城市化发展响应（C9） | 0.7149 | 0.7792 |

首先，分析东北地区的区域生态安全综合指数（ESCI），可以看出区域生态安全现状特征。评价结果表明，2010 年，东北地区的区域生态安全综合指数为 0.6345，高于全国生态安全综合指数（0.5806），介于（0.6，0.8］区间，处于区域生态安全分级标准的第Ⅱ级水平，即"比较安全"的"良好状态"（见表 12 - 2）。

**表 12 - 2　2010 年东北地区区域生态安全总体状况描述**

| 区域生态安全评价指标分级 | 安全程度 | 极不安全 | 较不安全 | 基本安全 | 比较安全 | 高度安全 |
|---|---|---|---|---|---|---|
| | 状态描述 | 恶化状态 | 风险状态 | 敏感状态 | 良好状态 | 理想状态 |
| | 等级分类 | V | Ⅳ | Ⅲ | Ⅱ | Ⅰ |
| | 分值范围 | (0, 0.2] | (0.2, 0.4] | (0.4, 0.6] | (0.6, 0.8] | (0.8, 1.0] |
| 目标层（ESCI） | 生态安全综合指数（A） | | | | 0.6345 | |
| 系统层（ESI） | 系统压力（B1） | | | | 0.6113 | |
| | 系统状态（B2） | | | | 0.7038 | |
| | 系统响应（B3） | | | 0.5884 | | |
| 因素层（ESI） | 人口发展压力（C1） | | | | 0.7785 | |
| | 资源环境压力（C2） | | | 0.5667 | | |
| | 城市化发展压力（C3） | | | 0.5368 | | |
| | 资源环境状况（C4） | | | | 0.7856 | |
| | 经济社会发展状况（C5） | | | | 0.6257 | |
| | 城市化发展状况（C6） | | | 0.5846 | | |
| | 环境保护响应（C7） | | | 0.5631 | | |
| | 社会经济响应（C8） | | | 0.5099 | | |
| | 城市化发展响应（C9） | | | | 0.7149 | |

根据评价标准的状态描述，可以认为：目前我国东北地区的生态安全总体水平表现为系统结构比较合理、功能比较协调，且自然资源和生态环境的生态服务价值较高；受自然灾害与人类社会的破坏性干扰较小，或者生态系统具有较好的抗干扰能力以实现自我修复；人口、社会、经济与资源、环境总体呈现比较稳定、协调和可持续发展的态势。

其次，分析生态安全评价指标体系中系统层和因素层的安全指数（SCI）评价结果，进一步发现东北地区生态安全的现状特征。东北地区生态安全评价指标体系系统层评价结果显示：2010年，在东北地区系统压力（B1）、系统状态（B2）和系统响应（B3）安全指数中，系统状态（B2）安全指数（0.7038）最高，处于（0.6，0.8］区间，达到区域生态安全分级标准的第Ⅱ级水平，即"比较安全"的"良好状态"，而且，比全国系统状态（B2）安全指数平均水平高0.1984；系统压力（B1）安全指数为0.6113，也处于（0.6，0.8］区间，达到区域生态安全分级标准的第Ⅱ级水平，即"比较安全"的"良好状态"，而且，也高于全国平均水平；系统响应（B3）安全指数为0.5884，低于全国平均水平，介于（0.4，0.6］区间，处于区域生态安全分级标准的第Ⅲ级水平，即"基本安全"的"敏感状态"。评价结果表明：东北地区系统压力安全状况和系统状态安全状况相对较好，而系统响应水平相对较差，应采取积极措施提高应对区域生态安全相关问题的响应能力。

与全国生态安全评价指标体系中因素层9项指标评价结果比较，2010年，东北地区的人口发展压力（C1）、资源环境状况（C4）、经济社会发展状况（C5）和城市化发展状况（C6）4项指标评价结果高于全国平均水平，资源环境压力（C2）、城市化发展压力（C3）、环境保护响应（C7）、社会经济响应（C8）和城市化发展响应（C9）5项指标评价结果低于全国平均水平。

综合因素层9项指标的评价结果，分析东北地区生态安全总体状况，可以认为，目前东北地区人口发展与区域生态安全处于协调状态；资源环境状况、社会经济发展状况和城市化发展响应水平在总体上均有利于区域生态安全。但东北地区生态安全也存在诸多不利因素，主要表现为：资源环境压力（C2）、城市化发展压力（C3）、城市化发展状况（C6）、环境保护响应（C7）和社会经济响应（C8）等安全指数还比较低。

## 二　东北地区系统压力安全状况

首先，分析东北地区系统压力安全状况。根据区域生态安全评价指标体系，系统压力（B1）安全状况是受因素层的人口发展压力（C1）、资源环境压力（C2）和城市化发展压力（C3）影响的。前面的分析表明，东北地区系统压力（B1）安全指数已经达到区域生态安全分级标准的第Ⅱ级水平，即"比较安全"的"良好状态"，对应的因素层人口发展压力（C1）安全指数也已达到区域生态安全分级标准的第Ⅱ级水平，即"比较安全"的"良好状态"；但是，资源环境压力（C2）和城市化发展压力（C3）安全指数还处于区域生态安全分级标准的第Ⅲ级水平，即"基本安全"的"敏感状态"。因此，有必要进一步分析东北地区系统压力安全状况的制约因素。

其次，根据区域生态安全评价指标体系，系统层的系统压力（B1）指标体系是由对应指标层的11项具体指标构成的。根据生态安全综合评价结果，从图12-1可以看出东北地区各项系统压力指标的安全水平。

人口发展压力（C1）指标体系是由指标层的区域人口密度（D1）、人口自然增长率（D2）和单位农用地承载人口（D3）3项具体指标构成，2010年，东北地区这3项指标特征值的标准化值分别为0.3767（D1）、0.7384（D2）、0.1000（D3），同期全国这3项指标特征值的标准化值分别为0.3744（D1）、0.2296（D2）、1.0000（D3）（见表12-3）。按照区域生态安全分级标准，以及与全国平均水平比较，东北地区的人口发展压力（C1）安全水平较高主要是由于人口自然增长率（D2）和单位农用地承载人口（D3）2项指标的标准化值较高，尤其是人口自然增长率（D2）标准化值远高于全国平均水平，但东北地区的区域人口密度（D1）的标准化值仍然相对较低。这说明东北地区单位农用地承载人口的实际数量指标，以及人

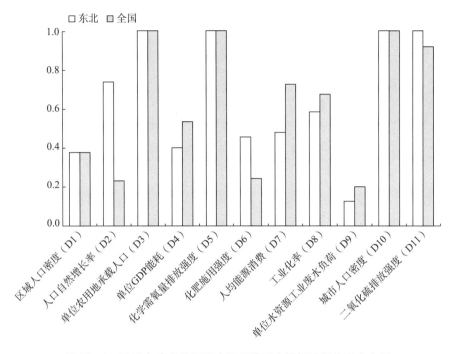

图 12 - 1 2010 年东北地区及全国系统压力指标特征值安全水平

口自然增长率实际指标均处于合理范围，是区域生态安全的积极因素；区域人口密度指标实际值相对较高，在一定程度上影响区域生态安全的状况。

资源环境压力（C2）指标体系由指标层的单位 GDP 能耗（D4）、化学需氧量排放强度（D5）、化肥施用强度（D6）和人均能源消费（D7）4 项具体指标构成。2010 年，东北地区这 4 项指标特征值的标准化值分别为 0.3983（D4）、1.0000（D5）、0.4524（D6）、0.4763（D7），其中，单位 GDP 能耗（D4）、化肥施用强度（D6）和人均能源消费（D7）3 项指标标准化值较低；同期全国这 4 项指标特征值的标准化值分别为 0.5309（D4）、1.0000（D5）、0.2407（D6）、0.7263（D7），与全国比较来看，东北地区的单位 GDP 能耗（D4）和人均能源消费（D7）指标标准化值均低于全国平均水平（见表 12 - 3）。按照生态安全综合评价模型，系统压力指标特征值（实际值）越高其标准化值越低，可见，东北地区化肥施用强度和单位 GDP 能耗实际水平高于全国平均水平，能源的利用效率相对较低，人均能源消费水平相对较高，同时，耕地资源的压力也较大，东北地区资源环境压力因素主要是由工农业生产效率较低造成的。

表 12 – 3　2010 年东北地区及全国生态安全评价指标体系指标层标准化值

| 系统压力（B1） | | | 系统状态（B2） | | | 系统响应（B3） | | |
|---|---|---|---|---|---|---|---|---|
| 指标 | 东北 | 全国 | 指标 | 东北 | 全国 | 指标 | 东北 | 全国 |
| （D1） | 0.3767 | 0.3744 | （D12） | 0.9540 | 0.4524 | （D22） | 0.5671 | 0.6714 |
| （D2） | 0.7384 | 0.2296 | （D13） | 1.0000 | 0.4728 | （D23） | 0.8480 | 0.8765 |
| （D3） | 1.0000 | 1.0000 | （D14） | 0.2962 | 0.3492 | （D24） | 0.9167 | 0.9532 |
| （D4） | 0.3983 | 0.5309 | （D15） | 0.8621 | 0.8551 | （D25） | 0.3521 | 0.4743 |
| （D5） | 1.0000 | 1.0000 | （D16） | 0.4894 | 0.4115 | （D26） | 0.5573 | 0.4943 |
| （D6） | 0.4524 | 0.2407 | （D17） | 0.8043 | 0.7399 | （D27） | 0.2415 | 0.3278 |
| （D7） | 0.4763 | 0.7263 | （D18） | 0.8576 | 0.7498 | （D28） | 1.0000 | 1.0000 |
| （D8） | 0.5843 | 0.6734 | （D19） | 0.3584 | 0.3596 | （D29） | 0.5259 | 0.6148 |
| （D9） | 0.1244 | 0.2002 | （D20） | 0.7581 | 0.6537 | （D30） | 0.9620 | 1.0000 |
| （D10） | 1.0000 | 1.0000 | （D21） | 0.9963 | 1.0000 | （D31） | 0.8899 | 0.9204 |
| （D11） | 1.0000 | 0.9180 | — | — | — | | | |

## 三　东北地区系统状态安全状况

首先，分析东北地区系统状态（B2）安全水平。从系统层评价结果看，2010 年，东北地区生态安全评价指标体系的系统状态（B2）安全指数为 0.7038，表明东北地区系统状态（B2）安全状况介于（0.6，0.8］区间，处于区域生态安全分级标准的第Ⅱ级水平，即"比较安全"的"良好状态"；这一评价结果与东北地区区域生态安全综合指数处于同一水平。系统状态（B2）指标体系是由因素层的资源环境状况（C4）、经济社会发展状况（C5）和城市化发展状况（C6）3 方面因素构成，这 3 个因素的安全指数评价结果分别为 0.7856（C4）、0.6257（C5）和 0.5846（C6）。

根据区域生态安全分级标准及其指标特征，其中，资源环境状况（C4）安全指数和经济社会发展状况（C5）安全指数介于（0.6，0.8］区间，处于区域生态安全分级标准的第Ⅱ级水平，即"比较安全"的"良好状态"；城市化发展状况（C6）指标评价结果介于（0.4，0.6］区间，处于区域生态安全分级标准的第Ⅲ级水平，即"基本安全"的"敏感状态"。

其次，分析东北地区系统状态（B2）安全水平的制约因素。系统状态（B2）指标体系是由因素层的资源环境状况（C4）、经济社会发展状况（C5）和城市化发展状况（C6）3方面因素构成，这3方面的指标又进一步由指标层的10项具体指标构成。分析系统层系统状态（B2）指标体系对应指标层的10项具体指标，可以进一步发现东北地区系统状态（B2）对应的10项具体指标的安全水平（见图12-2）。

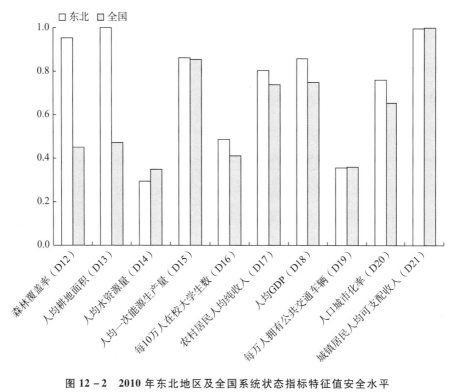

图 12-2　2010 年东北地区及全国系统状态指标特征值安全水平

具体来说，资源环境状况（C4）指标体系是由指标层的森林覆盖率（D12）、人均耕地面积（D13）、人均水资源量（D14）和人均一次能源生产量（D15）4项具体指标构成，这4项指标的标准化值分别是0.9540、1.0000、0.2962、0.8621，同期全国这4项指标对应的标准化值分别是0.4524、0.4728、0.3492和0.8551。因此可见，东北地区森林覆盖率（D12）、人均耕地面积（D13）和人均一次能源生产量（D15）3项指标的标准化值介于（0.8，1.0]

区间，处于区域生态安全分级标准的第Ⅰ级水平，即"高度安全"的"理想状态"，均高于全国平均水平；但东北地区人均水资源量（D14）标准化值较低，并略低于全国平均水平。这说明东北地区森林、耕地和能源资源相对比较丰富，人均水资源量水平较低，是制约东部地区区域资源环境状况（C4）安全水平的主要因素。

城市化发展状况（C6）指标体系是由指标层的每万人拥有公共交通车辆（D19）、人口城市化率（D20）和城镇居民人均可支配收入（D21）3项具体指标构成，2010年，东北地区这3项指标的标准化值分别是0.3584、0.7581、0.9963。这3项指标均低于全国平均水平，但差距有所不同。其中，每万人拥有公共交通车辆（D19）的标准化值较低；但人口城市化率（D20）和城镇居民人均可支配收入（D21）的标准化值相对较高。这样的评价结果说明，东北地区城市经济发展水平较好，但是，城市设施水平还有待提升。

## 四　东北地区系统响应安全状况

首先，分析东北地区系统层系统响应（B3）安全水平。从系统层评价结果看，2010年，东北地区生态安全评价指标体系的系统响应（B3）安全指数为0.5884，介于（0.4，0.6]区间，处于区域生态安全分级标准的第Ⅲ级，即"基本安全"的"敏感状态"，这一数值低于东北地区区域生态安全综合指数（0.6345）。根据评价标准的状态描述，可以认为：到2010年，我国东北地区的系统响应安全指数存在影响区域生态安全的不利因素。

其次，分析东北地区因素层系统响应安全水平。系统响应（B3）指标体系由因素层的环境保护响应（C7）、社会经济响应（C8）和城市化发展响应（C9）3方面因素对应的指标层的10项具体指标构成，我们可以通过对指标层的评价和比较，进一步分析东北地区系统响应（B3）安全状况。评价结果显示，2010年，东北地区系统响应（B3）指标体系对应的因素层环境保护响应（C7）、社会经济响应（C8）和城市化发展响应（C9）安全指数评价结果分别为0.5631（C7）、0.5099（C8）和0.7149（C9），这3项指标评价结果均低于全国平均水平。

根据区域生态安全分级标准及其指标特征，其中，环境保护响应（C7）和社会经济响应（C8）安全指标评价结果介于（0.4，0.6］区间，处于区域生态安全分级标准的第Ⅲ级水平，即"基本安全"的"敏感状态"；城市化发展响应（C9）安全指标评价结果介于（0.6，0.8］区间，处于区域生态安全分级标准的第Ⅱ级水平，即"比较安全"的"良好状态"。评价结果说明，东北地区环境保护响应（C7）和社会经济响应（C8）安全水平相对较低，是制约系统响应安全水平的主要因素，需采取积极有效措施，加强环境保护和提升社会经济发展水平。

最后，分析系统响应（B3）指标体系对应的指标层具体指标。其中，环境保护响应（C7）指标体系是由指标层的工业固体废物综合利用率（D22）、自然保护区占国土面积比重（D23）、工业废水排放达标率（D24）和环境污染治理投资占 GDP 比重（D25）4 项具体指标构成。综合评价的结果表明，2010 年，东北地区这 4 项指标的标准化值分别为 0.5671、0.8480、0.9167 和 0.3521，这 4 项指标数值均低于全国平均水平。其中，工业固体废物综合利用率（D22）和环境污染治理投资占 GDP 比重（D25）2 项指标的标准化值较低；自然保护区占国土面积比重（D23）和工业废水排放达标率（D24）2 项指标的标准化值相对较高。这表明东北地区工业固体废物综合利用率（D22）和环境污染治理投资占 GDP 比重（D25）2 项指标实际值偏低，成为影响东北地区系统响应安全水平，并制约区域生态安全总体水平的因素（见图 12 - 3）。

社会经济响应（C8）指标体系是由指标层的第三产业从业人员比重（D26）、公共教育经费占 GDP 比重（D27）和 R&D 经费占 GDP 比重（D28）3 项具体指标构成。评价的结果表明，2010 年，东北地区这 3 项指标的标准化值分别为 0.5573、0.2415 和 1.0000，同期全国这 3 项指标的标准化值分别为 0.4943、0.3278、1.0000。其中，第三产业从业人员比重（D26）和公共教育经费占 GDP 比重（D27）的标准化值相对较低，说明东北地区就业结构有待调整，同时，应该加大教育事业投资力度，以提高社会经济发展对区域生态安全的响应水平（见图 12 - 3）。

城市化发展响应（C9）指标体系是由指标层的第三产业增加值占 GDP

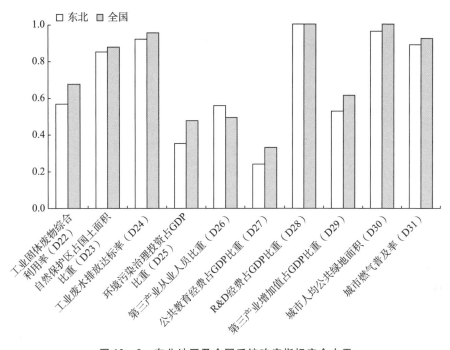

**图 12-3 东北地区及全国系统响应指标安全水平**

比重（D29）、城市人均公共绿地面积（D30）和城市燃气普及率（D31）3项具体指标构成。评价的结果表明，2010年，东北地区这3项指标的标准化值分别为0.5259、0.9620和0.8899，同期全国这3项指标的标准化值分别为0.6148、1.0000和0.9204。其中，第三产业增加值占GDP比重（D29）的标准化值较低；城市人均公共绿地面积（D30）和城市燃气普及率（D31）2项指标低于全国平均水平，但这2项指标的标准化值已经处于（0.8，1.0］区间，达到区域生态安全分级标准的第Ⅰ级水平，不构成对区域生态安全综合指数的制约；而第三产业增加值占GDP比重显著低于全国平均水平，说明东北地区需要进一步调整、优化产业结构（见图12-3）。

## 第二节　东北地区生态安全的比较分析

### 一　东北3省生态安全综合指数比较

根据区域生态安全综合指数评价结果，分析东北地区生态安全总体状况之后，我们还可以进一步对东北 3 省的生态安全状况进行比较分析（见表 12 – 4、表 12 – 5）。

表 12 – 4　东北地区及全国生态安全评价指标体系目标层和系统层评价结果（2010 年）

| 地区 | 目标层（ESCI）生态安全综合指数（A） | 系统层（SCI） | | |
|---|---|---|---|---|
| | | 系统压力安全指数（B1） | 系统状态安全指数（B2） | 系统响应安全指数（B3） |
| 辽宁 | 0.5724 | 0.5677 | 0.5827 | 0.5666 |
| 吉林 | 0.6273 | 0.5943 | 0.7039 | 0.5836 |
| 黑龙江 | 0.6386 | 0.6040 | 0.7095 | 0.6022 |
| 东北 | 0.6345 | 0.6113 | 0.7038 | 0.5884 |
| 全国 | 0.5806 | 0.5822 | 0.5054 | 0.6541 |

首先，通过比较东北 3 省的生态安全评价指标体系中的目标层（A）生态安全综合指数（ESCI），分析 3 省生态安全的现状特征，及其存在的差异。评价结果表明：2010 年，黑龙江省的生态安全综合指数（0.6386）最高，其次是吉林省（0.6273），2 省的生态安全综合指数（A）均介于（0.6，0.8］区间，处于区域生态安全分级标准的第Ⅱ级水平，即"比较安全"的"良好状态"；辽宁省的生态安全综合指数（0.5724）最低，介于（0.4，0.6］区间，处于区域生态安全分级标准的第Ⅲ级水平，即"基本安全"的"敏感状态"。其次，与全国比较来看，黑龙江省和吉林省的生态安全综合指数超过全国平均水平，辽宁省的生态安全综合指数接近全国平均水平。比较东北 3 省的生态安全总体状况，可以认为，黑龙江省的生态安全总体状况最优，吉林省次之，辽宁省的生态安全总体状态最差。

表 12 – 5　东北地区及全国生态安全评价指标体系因素层安全指数（2010 年）

| 地区 | 系统压力（B1） | | | 系统状态（B2） | | | 系统响应（B3） | | |
|---|---|---|---|---|---|---|---|---|---|
| | 人口发展压力（C1） | 资源环境压力（C2） | 城市化发展压力（C3） | 资源环境状况（C4） | 经济社会发展状况（C5） | 城市化发展状况（C6） | 环境保护响应（C7） | 社会经济响应（C8） | 城市化发展响应（C9） |
| 辽宁 | 0.7440 | 0.5159 | 0.5018 | 0.5443 | 0.6703 | 0.5942 | 0.5209 | 0.5166 | 0.7152 |

续表

| 地区 | 系统压力（B1） | | | 系统状态（B2） | | | 系统响应（B3） | | |
|---|---|---|---|---|---|---|---|---|---|
| | 人口发展压力（C1） | 资源环境压力（C2） | 城市化发展压力（C3） | 资源环境状况（C4） | 经济社会发展状况（C5） | 城市化发展状况（C6） | 环境保护响应（C7） | 社会经济响应（C8） | 城市化发展响应（C9） |
| 吉林 | 0.6879 | 0.5747 | 0.5383 | 0.7960 | 0.6216 | 0.5650 | 0.5828 | 0.4597 | 0.6936 |
| 黑龙江 | 0.7024 | 0.5994 | 0.5035 | 0.8273 | 0.5729 | 0.5593 | 0.5927 | 0.4905 | 0.7217 |
| 东北 | 0.7785 | 0.5667 | 0.5368 | 0.7856 | 0.6257 | 0.5846 | 0.5631 | 0.5099 | 0.7149 |
| 全国 | 0.5525 | 0.5938 | 0.5857 | 0.4665 | 0.5465 | 0.5584 | 0.6525 | 0.5154 | 0.7792 |

## 二　东北 3 省系统压力安全指数比较

生态安全评价指标体系系统层的系统压力（B1）指标体系，及其对应因素层的人口发展压力（C1）、资源环境压力（C2）和城市化发展压力（C3）安全指数是评价区域系统压力安全状况及其制约因素的基本指标。

首先，比较东北 3 省生态安全评价指标体系系统层的系统压力（B1）安全状况。总体上，2010 年，东北 3 省中，只有黑龙江省的系统压力（B1）安全指数（0.6040）刚刚进入（0.6，0.8］区间，达到区域生态安全分级标准的第Ⅱ级水平，即"比较安全"的"良好状态"，略高于全国生态安全评价指标体系系统层系统压力（B1）安全指数（0.5822）；吉林和辽宁 2 省的系统压力（B1）安全指数介于（0.4，0.6］区间，处于区域生态安全分级标准的第Ⅲ级水平，即"基本安全"的"敏感状态"。

进一步地，比较 3 省生态安全评价指标体系系统层的系统压力（B1）安全指数，可以反映各省份的系统压力状况。东北 3 省系统压力（B1）安全指数评价结果排序表明：黑龙江省的系统压力（B1）安全指数最高，这一评价结果与生态安全综合指数评价结果排序相一致，这说明黑龙江省的系统压力在东北 3 省中相对最小；辽宁省的系统压力（B1）安全指数最低，这一评价结果与生态安全综合指数评价结果排序一致，辽宁省的生态安全综合指数在东北 3 省中也处于最低水平，说明辽宁省的系统压力在东北 3 省中相对最大（见表 12 - 6）。

表 12 - 6  2010 年东北 3 省系统压力安全指数评价结果

| 排序 | 生态安全综合<br>指数（A） | | 系统压力安全<br>指数（B1） | | 人口发展压力<br>安全指数（C1） | | 资源环境压力<br>安全指数（C2） | | 城市化发展压力<br>安全指数（C3） | |
| --- | --- | --- | --- | --- | --- | --- | --- | --- | --- | --- |
| | 地区 | ESCI | 地区 | SCI | 地区 | SCI | 地区 | SCI | 地区 | SCI |
| 1 | 黑龙江 | 0.6386 | 黑龙江 | 0.6040 | 辽宁 | 0.7440 | 黑龙江 | 0.5994 | 吉林 | 0.5383 |
| 2 | 吉林 | 0.6273 | 吉林 | 0.5943 | 黑龙江 | 0.7024 | 吉林 | 0.5747 | 黑龙江 | 0.5035 |
| 3 | 辽宁 | 0.5724 | 辽宁 | 0.5677 | 吉林 | 0.6879 | 辽宁 | 0.5159 | 辽宁 | 0.5018 |

其次，比较生态安全评价指标体系系统压力（B1）对应的因素层的人口发展压力（C1）、资源环境压力（C2）和城市化发展压力（C3）安全指数，进一步分析东北地区系统压力安全状况。由图 12 - 4 可见东北 3 省生态安全评价指标体系系统层的系统压力（B1）安全指数的总体特征。

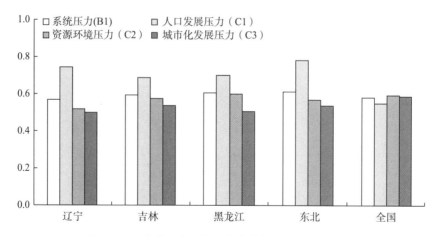

图 12 - 4  东北 3 省系统压力安全指数及与全国比较

从 2010 年东北 3 省人口发展压力（C1）安全指数的评价结果来看，辽宁、吉林和黑龙江 3 省的人口发展压力（C1）安全指数均进入（0.6，0.8］区间，达到区域生态安全分级标准的第 Ⅱ 级水平，即"比较安全"的"良好状态"，而且，东北 3 省份的人口发展压力（C1）安全指数均超过全国平均水平；3 省人口发展压力（C1）安全指数评价结果排序表明，辽宁省的人

口发展压力（C1）安全指数（0.7440）最高，说明辽宁省的人口发展压力
在东北3省中相对最小；吉林省的人口发展压力（C1）安全指数（0.6879）
最低，这一评价结果与生态安全综合指数评价结果排序并不一致，吉林省
的生态安全综合指数在东北3省排在第2位，这说明吉林省的人口发展压力
相对大于辽宁和黑龙江2省（见表12-6）。

从2010年东北3省资源环境压力（C2）安全指数的评价结果来看，
东北3省的资源环境压力（C2）安全指数均介于（0.4，0.6］区间，处
于生态安全分级标准的第Ⅲ级水平，即"基本安全"的"敏感状态"。其
中，只有黑龙江省的资源环境压力（C2）安全指数与全国平均水平相接
近，而吉林和辽宁省的资源环境压力（C2）安全指数均低于全国平均水
平。这是东北地区的资源环境压力（C2）安全指数仍处于生态安全分级
标准的第Ⅲ级水平，即"基本安全"的"敏感状态"的原因。可见，尽
管东北3省的生态安全总体状况较好，但仍需着力解决区域资源环境压力
问题。另外，比较东北3省的资源环境压力（C2）安全指数，可以了解
各省的系统压力状况。东北3省资源环境压力（C2）安全指数评价结果
排序表明（见表12-6）：黑龙江省的资源环境压力（C2）安全指数最
高，这说明黑龙江省的资源环境压力在东北3省中相对最小；辽宁省的
资源环境压力（C2）安全指数最低，这一评价结果与生态安全综合指
数评价结果排序一致，说明辽宁省的资源环境压力（C2）在东北3省
中相对较大。

从2010年东北3省城市化发展压力（C3）安全指数的评价结果来看，
东北3省的城市化发展压力（C3）安全指数均介于（0.4，0.6］区间，处
于生态安全分级标准的第Ⅲ级水平，即"基本安全"的"敏感状态"，而且
均低于全国的平均水平，说明东北3省尽管城市化水平相对较高，但东北3
省城市化发展过程中都面临一定程度的压力问题，制约着区域生态安全水
平的提升。另外，东北3省城市化发展压力（C3）安全指数评价结果排序
表明（见表12-6）：吉林省的城市化发展压力（C3）安全指数最高，辽宁
省的城市化发展压力（C3）安全指数最低，这一评价结果与生态安全综合
指数评价结果排序有所不同。辽宁省的城市化水平较高，但面临的城市化

发展压力在东北 3 省中相对较大。

## 三　东北 3 省系统状态安全指数比较

首先，比较东北 3 省系统状态（B2）安全指数。从 2010 年生态安全评价指标体系的系统层对应系统状态（B2）安全指数的评价结果来看，系统状态（B2）安全指数大小排序与生态安全综合指数（A）大小排序完全一致（见表 12 - 7）。

表 12 - 7　2010 年东北 3 省系统状态安全指数评价结果排序

| 排序 | 生态安全综合指数（A） | | 系统状态安全指数（B2） | | 资源环境状况安全指数（C4） | | 经济社会发展状况安全指数（C5） | | 城市化发展状况安全指数（C6） | |
|---|---|---|---|---|---|---|---|---|---|---|
| | 地区 | ESCI | 地区 | SCI | 地区 | SCI | 地区 | SCI | 地区 | SCI |
| 1 | 黑龙江 | 0.6386 | 黑龙江 | 0.7095 | 黑龙江 | 0.8273 | 辽宁 | 0.6703 | 辽宁 | 0.5942 |
| 2 | 吉林 | 0.6273 | 吉林 | 0.7039 | 吉林 | 0.7960 | 吉林 | 0.6216 | 吉林 | 0.5650 |
| 3 | 辽宁 | 0.5724 | 辽宁 | 0.5827 | 辽宁 | 0.5443 | 黑龙江 | 0.5729 | 黑龙江 | 0.5593 |

其中，黑龙江和吉林 2 省的系统状态（B2）安全指数处于（0.6，0.8]区间，属于区域生态安全分级标准的第 II 级水平，即"比较安全"的"良好状态"，而且这 2 个省的系统状态（B2）安全指数均超过了全国平均水平；辽宁省的系统状态（B2）安全指数（0.5827）介于（0.4，0.6]区间，显著低于黑龙江省和吉林省的系统状态（B2）安全指数，处于区域生态安全分级标准的第 III 级水平，即"基本安全"的"敏感状态"，但略高于全国平均水平。从图 12 - 5 可见上述东北 3 省的系统状态（B2）安全状况的基本特征。

其次，比较系统状态（B2）对应的因素层资源环境状况（C4）、经济社会发展状况（C5）和城市化发展状况（C6）安全指数。

从 2010 年生态安全评价指标体系因素层的资源环境状况（C4）安全指数的评价结果来看，东北 3 省之间存在较大的差距。其中，黑龙江省的资源环境状况（C4）安全指数处于（0.8，1.0]区间，处于区域生态安全分级标准的第 I 级水平，即"高度安全"的"理想状态"；吉林省的资源环境状况（C4）安全指数介于（0.6，0.8］区间，处于区域生态安全分级标准的第Ⅱ级水平，即"比较安全"的"良好状态"；辽宁省的资源环境状况（C4）安全指数介于（0.4，0.6］区间，属于第Ⅲ级的安全水平，即"基本安全"的"敏感状态"。与全国比较来看，东北3个省的资源环境状况（C4）安全指数均超过全国平均水平。这说明，东北3省的资源环境状况整体好于全国平均水平。

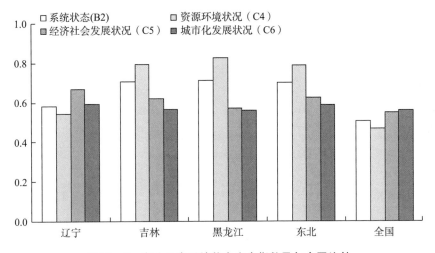

图 12 - 5　东北 3 省系统状态安全指数及与全国比较

从 2010 年生态安全评价指标体系因素层经济社会发展状况（C5）安全指数的评价结果来看，东北 3 省的经济社会发展状况（C5）安全指数普遍高于全国平均水平。辽宁和吉林 2 省的经济社会发展状况（C5）安全指数介于（0.6，0.8］区间，处于区域生态安全分级标准的第Ⅱ级水平，即"比较安全"的"良好状态"；黑龙江省的经济社会发展状况（C5）安全指数介于（0.4，0.6］区间，属于区域生态安全分级标准的第Ⅲ级的安全水平，即"基本安全"的"敏感状态"。其中，辽宁省的经济社会发展状况（C5）安全指数（0.6703）比全国平均水平高 0.1238，而黑龙江省的经济社会发展状况（C5）安全指数（0.5729）与全国平均水平接近。这说明辽宁省经济社会发展水平较高，但黑龙江省经济社会发展水平还有待进一步提升。

## 四 东北 3 省系统响应安全指数比较

首先，比较生态安全评价指标体系系统层系统响应（B3）安全指数。从系统响应（B3）安全指数的评价结果来看（见表 12-8），2010 年，东北 3 省系统响应（B3）安全指数均低于全国平均水平。其中，黑龙江省的系统响应（B3）安全指数（0.6022）最高，但也刚刚进入（0.6，0.8］区间，达到区域生态安全分级标准的第Ⅱ级水平；吉林和辽宁 2 省的系统响应（B3）安全指数均介于（0.4，0.6］区间，处于区域生态安全分级标准的第Ⅲ级水平，即"基本安全"的"敏感状态"。

表 12-8　2010 年东北 3 省系统响应安全指数评价结果排序

| 排序 | 生态安全综合指数（A） | | 系统响应安全指数（B3） | | 环境保护响应安全指数（C7） | | 社会经济响应安全指数（C8） | | 城市化发展响应安全指数（C9） | |
|---|---|---|---|---|---|---|---|---|---|---|
| | 地区 | ESCI | 地区 | SCI | 地区 | SCI | 地区 | SCI | 地区 | SCI |
| 1 | 黑龙江 | 0.6386 | 黑龙江 | 0.6022 | 黑龙江 | 0.5927 | 辽宁 | 0.5166 | 黑龙江 | 0.7217 |
| 2 | 吉林 | 0.6273 | 吉林 | 0.5836 | 吉林 | 0.5828 | 黑龙江 | 0.4905 | 辽宁 | 0.7152 |
| 3 | 辽宁 | 0.5724 | 辽宁 | 0.5666 | 辽宁 | 0.5209 | 吉林 | 0.4597 | 吉林 | 0.6936 |

其次，比较系统响应（B3）指标体系对应因素层的环境保护响应（C7）、社会经济响应（C8）和城市化发展响应（C9）安全指数。从环境保护响应（C7）安全指数来看，2010 年，全国环境保护响应（C7）安全指数的平均水平（0.6525）介于（0.6，0.8］区间，达到区域生态安全分级标准的第Ⅱ级的水平，而东北 3 省环境保护响应（C7）安全指数均低于全国平均水平，介于（0.4，0.6］区间，处于区域生态安全分级标准的第Ⅲ级水平，即"基本安全"的"敏感状态"；而且，从环境保护响应（C7）安全指数大小排序来看，东北 3 省环境保护响应（C7）安全指数差距不大。以上评价结果表明，东北 3 省的系统响应（B3）安全水平有待进一步提升（见图 12-6）。

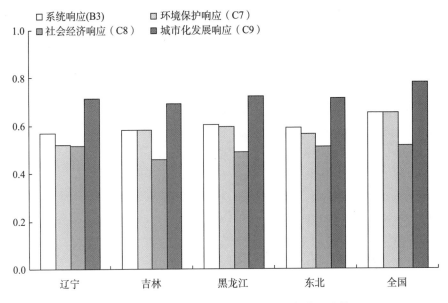

图 12 - 6　东北 3 省系统响应安全指数与全国比较

## 第三节　东北地区生态安全的动态分析

### 一　东北地区生态安全综合指数变动

　　根据 2001 ~ 2010 年东北 3 省的生态安全综合指数评价结果，进一步分析东北 3 省生态安全状况变动的总体特征。首先，分析东北地区生态安全总体状况的变动过程。从区域生态安全综合指数（A）变动过程来看，结合表 12 - 9 和图 12 - 7 可以看出，在时间序列上，东北地区生态安全水平总体上呈现逐年上升的变动趋势。其中，2001 ~ 2008 年，东北地区生态安全综合指数介于（0.4，0.6]区间，处于区域生态安全分级标准的第Ⅲ级水平，即"基本安全"的"敏感状态"；2009 ~ 2010 年进入（0.6，0.8]区间，处于区域生态安全分级标准的第Ⅱ级水平，即"比较安全"的"良好状态"。

表 12 - 9　2001～2010 年东北地区生态安全综合评价结果

| 年份 | 生态安全综合指数（A） | 系统压力（B1） | 系统状态（B2） | 系统响应（B3） | 人口发展压力（C1） | 资源环境压力（C2） | 城市化发展（C3） | 资源环境状况（C4） | 经济社会发展状况（C5） | 城市化发展状况（C6） | 环境保护响应（C7） | 社会经济响应（C8） | 城市化发展响应（C9） |
|------|------|------|------|------|------|------|------|------|------|------|------|------|------|
| 2001 | 0.4933 | 0.4616 | 0.5266 | 0.4917 | 0.6431 | 0.3955 | 0.4270 | 0.6999 | 0.2024 | 0.4131 | 0.4753 | 0.4407 | 0.5739 |
| 2002 | 0.5052 | 0.4778 | 0.5268 | 0.5111 | 0.6708 | 0.4081 | 0.4392 | 0.6939 | 0.2299 | 0.4035 | 0.5083 | 0.4604 | 0.5617 |
| 2003 | 0.5283 | 0.5046 | 0.5520 | 0.5285 | 0.7675 | 0.4126 | 0.4446 | 0.7223 | 0.2582 | 0.4186 | 0.5338 | 0.4623 | 0.5741 |
| 2004 | 0.5457 | 0.5077 | 0.5795 | 0.5498 | 0.7891 | 0.4063 | 0.4514 | 0.7300 | 0.3528 | 0.4330 | 0.5641 | 0.4745 | 0.5826 |
| 2005 | 0.5502 | 0.4973 | 0.6095 | 0.5438 | 0.6988 | 0.4285 | 0.4471 | 0.7599 | 0.3970 | 0.4509 | 0.5375 | 0.4780 | 0.6155 |
| 2006 | 0.5560 | 0.4998 | 0.6219 | 0.5464 | 0.7016 | 0.4374 | 0.4321 | 0.7505 | 0.4420 | 0.4845 | 0.5382 | 0.4845 | 0.6192 |
| 2007 | 0.5614 | 0.5121 | 0.6339 | 0.5384 | 0.6824 | 0.4626 | 0.4468 | 0.7405 | 0.4874 | 0.5178 | 0.5106 | 0.4846 | 0.6489 |
| 2008 | 0.5902 | 0.5580 | 0.6559 | 0.5568 | 0.7515 | 0.5111 | 0.4593 | 0.7434 | 0.5438 | 0.5534 | 0.5356 | 0.4885 | 0.6650 |
| 2009 | 0.6020 | 0.5791 | 0.6597 | 0.5671 | 0.7564 | 0.5321 | 0.4994 | 0.7589 | 0.5015 | 0.5709 | 0.5348 | 0.4852 | 0.7126 |
| 2010 | 0.6345 | 0.6113 | 0.7038 | 0.5884 | 0.7785 | 0.5667 | 0.5368 | 0.7856 | 0.6257 | 0.5846 | 0.5631 | 0.5099 | 0.7149 |

　　与全国比较而言，历年的东北地区生态安全综合指数均略高于同期全国生态安全的平均水平；2001～2010 年，东北地区生态安全综合指数年均提升 0.0157，同期全国生态安全综合指数年均提升 0.0169；2005～2010 年，东北地区生态安全综合指数年均提升 0.0169，同期全国生态安全综合指数年均提升 0.0191。从趋势上看，东北地区生态安全综合指数提升的速度与全国平均水平基本持平（见图 12 - 7、表 12 - 10）。

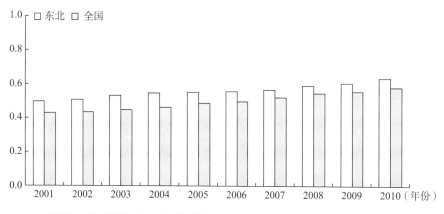

图 12 - 7　2001～2010 年东北地区生态安全综合指数变动与全国比较

从系统层的系统压力（B1）、系统状态（B2）、系统响应（B3）安全指数（SCI）的变动过程来看，2001～2010 年，除个别年份有所波动以外，各项指标总体上呈现逐年上升的趋势。其中，系统压力（B1）安全指数始终低于区域生态安全综合指数（ESCI）和系统状态（B2）安全指数，2005 年以前呈现一定的波动性，以后开始稳定提升，并于 2008 年开始超过系统响应（B3）安全指数（SCI）；系统状态（B2）安全指数（SCI）历年的评价结果始终高于区域生态安全综合指数（ESCI）、系统压力（B1）和系统响应（B3）安全指数（SCI）。

表 12 – 10　2001～2010 年东北 3 省生态安全综合指数

| 年份 | 辽宁 | 吉林 | 黑龙江 | 东北 | 全国 |
|---|---|---|---|---|---|
| 2001 | 0.4433 | 0.4730 | 0.5268 | 0.4933 | 0.4288 |
| 2002 | 0.4629 | 0.4815 | 0.5372 | 0.5052 | 0.4322 |
| 2003 | 0.4879 | 0.4985 | 0.5511 | 0.5283 | 0.4467 |
| 2004 | 0.5197 | 0.5128 | 0.5576 | 0.5457 | 0.4631 |
| 2005 | 0.5204 | 0.5268 | 0.5547 | 0.5502 | 0.4851 |
| 2006 | 0.5229 | 0.5312 | 0.5594 | 0.5560 | 0.4954 |
| 2007 | 0.5147 | 0.5500 | 0.5647 | 0.5614 | 0.5175 |
| 2008 | 0.5461 | 0.5747 | 0.5970 | 0.5902 | 0.5465 |
| 2009 | 0.5640 | 0.5741 | 0.6277 | 0.6020 | 0.5553 |
| 2010 | 0.5724 | 0.6273 | 0.6386 | 0.6345 | 0.5806 |
| 2001～2010 年年均增加 | 0.0143 | 0.0171 | 0.0124 | 0.0157 | 0.0169 |
| 2005～2010 年年均增加 | 0.0104 | 0.0201 | 0.0168 | 0.0169 | 0.0191 |

系统响应（B3）安全指数（SCI）变动呈现一定的波动性，其中，2004 年以前，系统响应（B3）安全指数与区域生态安全综合指数（ESCI）基本持平，但自 2004 年开始低于区域生态安全综合指数（ESCI），并且，差距缓慢扩大；由于区域生态安全综合指数（ESCI）是由系统压力（B1）、系统状态（B2）和系统响应（B3）指数体系综合作用的结果，据此我们可以认为，从系统层来看，东北地区的系统状态（B2）安全状况相对好于系统

压力（B2）、系统响应（B3）安全状况；系统压力（B1）和系统响应（B3）安全水平较低是东北地区区域生态安全总体水平发展的主要制约因素（见图 12 - 8）。

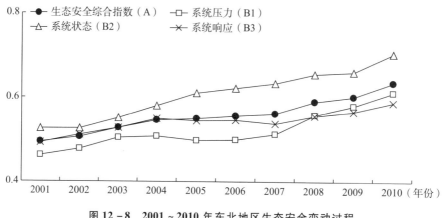

图 12 - 8　2001～2010 年东北地区生态安全变动过程

其次，比较东北 3 省生态安全综合指数（ESCI）的变动过程。从生态安全综合指数（ESCI）变动总体趋势来看，2001～2010 年，东北 3 省生态安全综合指数在（0.4，0.8］区间呈现总体上逐渐提升的态势，但 3 省间也存在不同程度的差异。其中，黑龙江省的生态安全综合指数（ESCI）始终高于吉林、辽宁 2 省，以及东北地区的平均水平，并于 2009 年开始进入（0.6，0.8］区间，达到区域生态安全分级标准的第Ⅱ级水平，即"比较安全"的"良好状态"；除 2004 年以外，吉林省的生态安全综合指数（ESCI）均高于辽宁省，并于 2010 年开始进入（0.6，0.8］区间，达到区域生态安全分级标准的第Ⅱ级水平，即"比较安全"的"良好状态"；除 2004 年以外，辽宁省的生态安全综合指数（ESCI）均处于东北地区最低的水平。

与全国平均水平比较，黑龙江和吉林 2 省的生态安全综合指数（ESCI）历年均高于全国平均水平；但辽宁省的生态安全综合指数（ESCI）与全国平均水平比较具有一定的波动性，2001～2006 年，均高于全国平均水平，而从 2007 年开始与全国平均水平基本持平。由此可见，2001～2010 年，东北 3 省中，黑龙江省的生态安全总体水平相对最高，其次是吉林省，辽宁省的生态安全总体水平相对最低（见表 12 - 10、图 12 - 9）。

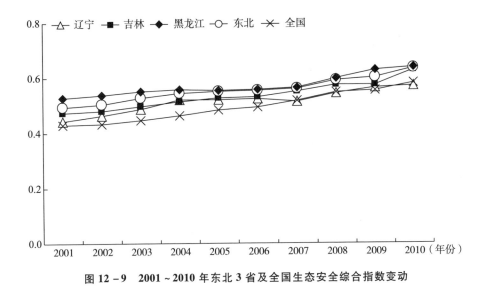

图 12 - 9　2001～2010 年东北 3 省及全国生态安全综合指数变动

## 二　东北地区系统压力安全指数变动

首先，分析系统压力（B1）安全指数（SCI）的变动过程。比较历年系统压力（B1）、系统状态（B2）、系统响应（B3）安全指数，以及区域生态安全综合指数（ESCI）的变动过程发现：2001～2007 年，东北地区系统压力（B1）安全指数（SCI）始终低于区域系统状态（B2）安全指数、系统响应（B3）安全指数（SCI），也低于区域生态安全综合指数（ESCI）（见图 12 - 8）；2008～2010 年，东北地区系统压力（B1）安全指数（SCI）超过系统响应（B3）安全指数（SCI）。从系统压力（B1）安全指数的变动范围和趋势来看，2001～2009 年，东北地区系统压力（B1）安全指数介于（0.4，0.6]区间，处于区域生态安全分级标准的第Ⅲ级水平，并呈现不断提升的趋势；2010年开始，进入（0.6，0.8]区间，达到区域生态安全分级标准的第Ⅱ级水平。

其次，分析系统压力（B1）对应的因素层人口发展压力（C1）、资源环境压力（C2）和城市化发展压力（C3）安全指数（SCI）的变动过程（见表 12 - 11）。从安全水平上看，由图 12 - 10 可知，2001～2010 年，东北地区历年的人口发展压力（C1）安全指数（SCI）始终高于资源环境压力（C2）安全指数和城市化发展压力（C3）安全指数（SCI），以及系统压力

（B1）安全指数和区域生态安全综合指数（A）；而历年的资源环境压力
（C2）安全指数和城市化发展压力（C3）安全指数（SCI）均低于区域系统
压力（B1）安全指数和生态安全综合指数（A）。

表 12 - 11　2001 ~ 2010 年东北地区系统压力安全指数评价结果

| 年份 | 目标层（ESCI） | 系统层（SCI） | 因素层（SCI） | | |
|---|---|---|---|---|---|
| | 生态安全综合指数（A） | 系统压力安全指数（B1） | 人口发展压力安全指数（C1） | 资源环境压力安全指数（C2） | 城市化发展压力安全指数（C3） |
| 2001 | 0.4933 | 0.4616 | 0.6431 | 0.3955 | 0.4270 |
| 2002 | 0.5052 | 0.4778 | 0.6708 | 0.4081 | 0.4392 |
| 2003 | 0.5283 | 0.5046 | 0.7675 | 0.4126 | 0.4446 |
| 2004 | 0.5457 | 0.5077 | 0.7891 | 0.4063 | 0.4514 |
| 2005 | 0.5502 | 0.4973 | 0.6988 | 0.4285 | 0.4471 |
| 2006 | 0.5560 | 0.4998 | 0.7016 | 0.4374 | 0.4321 |
| 2007 | 0.5614 | 0.5121 | 0.6824 | 0.4626 | 0.4468 |
| 2008 | 0.5902 | 0.5580 | 0.7515 | 0.5111 | 0.4593 |
| 2009 | 0.6020 | 0.5791 | 0.7564 | 0.5321 | 0.4994 |
| 2010 | 0.6345 | 0.6113 | 0.7785 | 0.5667 | 0.5368 |

从变动趋势上看，由图 12 - 10 可见，2001 ~ 2010 年，东北地区人口发展
压力（C1）安全指数始终介于（0.6，0.8] 区间，处于区域生态安全分级标
准的第Ⅱ级水平，即"比较安全"的"良好状态"，但变动过程呈现明显的波
动性；资源环境压力（C2）安全指数自 2001 年以来表现为持续的缓慢上升趋
势，并于 2006 年超过城市化发展压力（C3）安全指数；城市化发展压力
（C3）安全指数变动呈现波动性，从 2006 年以后表现为持续的缓慢上升趋势。

系统压力（B1）安全指数（SCI）是由人口发展压力（C1）、资源环境
压力（C2）和城市化发展压力（C3）安全指数共同作用的结果，通过以上
分析表明：目前，东北地区系统压力（B1）安全状况的制约因素主要在于
资源环境压力（C2）和城市化发展压力（C3）安全水平较低。

最后，分析人口发展压力（C1）对应的指标层具体指标特征值变动。
研究表明，2001 ~ 2010 年，东北地区区域人口密度（D1）、人口自然增长

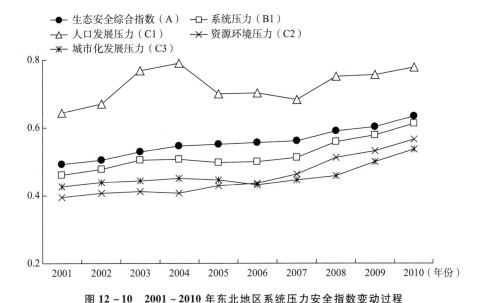

**图 12 – 10　2001～2010 年东北地区系统压力安全指数变动过程**

率（D2）和单位农用地承载人口数量（D3）呈现不同的变动特征。从区域人口密度变动来看，东北地区区域人口密度（D1）的平均水平基本保持稳定，且与全国平均水平基本相当，但各省之间存在一定的差异。其中，黑龙江省区域人口密度（D1）基本保持不变；吉林省区域人口密度（D1）略有增长；辽宁省区域人口密度（D1）10 年间增长了 9 人/平方公里。可见辽宁省的区域人口密度（D1）增长幅度相对较大，且高于全国区域人口密度（D1）的平均水平（见表 12 – 12）。

**表 12 – 12　2001～2010 年东北地区及全国区域人口密度（D1）变动**

单位：人/平方公里

| 年份 | 辽宁 | 吉林 | 黑龙江 | 东北 | 全国 |
| --- | --- | --- | --- | --- | --- |
| 2001 | 287 | 144 | 84 | 136 | 133 |
| 2002 | 288 | 144 | 84 | 136 | 134 |
| 2003 | 289 | 144 | 84 | 136 | 135 |
| 2004 | 289 | 145 | 84 | 136 | 135 |
| 2005 | 289 | 145 | 84 | 137 | 137 |
| 2006 | 293 | 145 | 84 | 137 | 137 |
| 2007 | 295 | 146 | 84 | 138 | 138 |

续表

| 年份 | 辽宁 | 吉林 | 黑龙江 | 东北 | 全国 |
|---|---|---|---|---|---|
| 2008 | 296 | 146 | 84 | 138 | 138 |
| 2009 | 293 | 147 | 84 | 138 | 139 |
| 2010 | 296 | 147 | 84 | 139 | 140 |
| 2010 年比 2001 年增加 | 9 | 3 | 0 | 3 | 7 |
| 2010 年比 2005 年增加 | 7 | 2 | 0 | 2 | 3 |

从人口自然增长率（D2）变动趋势来看，2010～2010 年，东北地区历年的人口自然增长率（D2）普遍低于全国平均水平，从总体上看，呈现持续的下降势头，但由于东北地区的人口自然增长率（D2）已经降到较低水平，因此，下降幅度小于全国人口自然增长率（D2）平均水平的下降幅度（见表 12－13）。

表 12－13　2001～2010 年东北地区及全国人口自然增长率（D2）变动

单位：‰

| 年份 | 辽宁 | 吉林 | 黑龙江 | 东北 | 全国 |
|---|---|---|---|---|---|
| 2001 | 1.64 | 3.38 | 2.99 | 2.56 | 6.95 |
| 2002 | 1.34 | 3.19 | 2.54 | 2.23 | 6.45 |
| 2003 | 1.07 | 1.61 | 2.03 | 1.55 | 6.01 |
| 2004 | 0.91 | 1.76 | 1.82 | 1.45 | 5.87 |
| 2005 | 0.97 | 2.57 | 2.67 | 1.98 | 5.89 |
| 2006 | 1.1 | 2.67 | 2.39 | 1.95 | 5.28 |
| 2007 | 1.53 | 2.5 | 2.49 | 2.11 | 5.17 |
| 2008 | 1.1 | 1.61 | 2.23 | 1.63 | 5.08 |
| 2009 | 0.97 | 1.95 | 2.06 | 1.6 | 5.05 |
| 2010 | 0.42 | 2.03 | 2.32 | 1.49 | 4.79 |
| 2010 年比 2001 年增加 | −1.22 | −1.35 | −0.67 | −1.07 | −2.16 |
| 2010 年比 2005 年增加 | −0.55 | −0.54 | −0.35 | −0.49 | −1.1 |

## 三 东北地区系统状态安全指数变动

首先，分析系统状态（B2）安全指数（SCI）的变动过程。评价结果显示，2001～2004 年，东北地区系统状态（B2）安全指数介于（0.4, 0.6］区间，并略高于区域生态安全综合指数（A），处于区域生态安全分级标准的第Ⅲ级水平，即"基本安全"的"敏感状态"；2005 年开始，东北地区系统状态（B2）安全指数进入（0.6, 0.8］区间，处于区域生态安全分级标准的第Ⅱ级水平，即"比较安全"的"良好状态"，并呈现缓慢提升趋势（见图 12 – 11、表 12 – 14）。

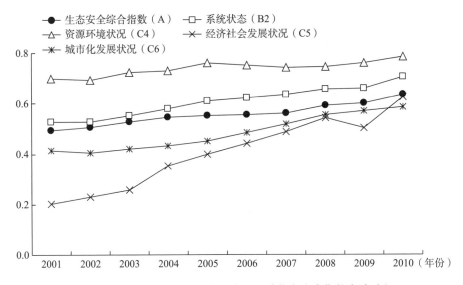

图 12 – 11　2001～2010 年东北地区系统状态安全指数变动过程

表 12 – 14　2001～2010 年东北地区系统状态安全指数评价结果

| 年份 | 目标层（ESCI） | 系统层（SCI） | 因素层（SCI） | | |
| --- | --- | --- | --- | --- | --- |
| | 生态安全综合指数（A） | 系统状态安全指数（B2） | 资源环境状况安全指数（C4） | 经济社会发展状况安全指数（C5） | 城市化发展状况安全指数（C6） |
| 2001 | 0.4933 | 0.5266 | 0.6999 | 0.2024 | 0.4131 |
| 2002 | 0.5052 | 0.5268 | 0.6939 | 0.2299 | 0.4035 |
| 2003 | 0.5283 | 0.5520 | 0.7223 | 0.2582 | 0.4186 |

中国区域城市化模式与生态安全研究

续表

| 年份 | 目标层（ESCI） | 系统层（SCI） | 因素层（SCI） | | |
|---|---|---|---|---|---|
| | 生态安全综合指数（A） | 系统状态安全指数（B2） | 资源环境状况安全指数（C4） | 经济社会发展状况安全指数（C5） | 城市化发展状况安全指数（C6） |
| 2004 | 0.5457 | 0.5795 | 0.7300 | 0.3528 | 0.4330 |
| 2005 | 0.5502 | 0.6095 | 0.7599 | 0.3970 | 0.4509 |
| 2006 | 0.5560 | 0.6219 | 0.7505 | 0.4420 | 0.4845 |
| 2007 | 0.5614 | 0.6339 | 0.7405 | 0.4874 | 0.5178 |
| 2008 | 0.5902 | 0.6559 | 0.7434 | 0.5438 | 0.5534 |
| 2009 | 0.6020 | 0.6597 | 0.7589 | 0.5015 | 0.5709 |
| 2010 | 0.6345 | 0.7038 | 0.7856 | 0.6257 | 0.5846 |

其次，分析系统状态（B2）对应的因素层资源环境状况（C4）、经济社会发展状况（C5）和城市化发展状况（C6）安全指数（SCI）变动情况。由图12-11可见，2001～2010年，历年资源环境状况（C4）安全指数均略高于系统状态（B2）安全指数，也高于经济社会发展状况（C5）和城市化发展状况（C6）安全指数，介于（0.6，0.8]区间波动，并在总体上呈现缓慢的上升趋势。

经济社会发展状况（C5）安全指数提升幅度相对比较显著，其中，2001～2005年，介于（0.2，0.4]区间，达到区域生态安全分级标准的第Ⅳ级水平，即"较不安全"的"风险状态"；2006开始进入（0.4，0.6]区间，达到区域生态安全分级标准的第Ⅲ级水平，即"基本安全"的"敏感状态"；2010年，进入（0.6，0.8]区间，达到区域生态安全分级标准的第Ⅱ级水平，即"比较安全"的"良好状态"。

城市化发展状况（C6）安全指数始终介于（0.4，0.6]区间，处于区域生态安全分级标准的第Ⅲ级水平，即"基本安全"的"敏感状态"，并呈现缓慢提升的态势。

最后，进一步考察2001～2010年东北地区资源环境状况（C4）对应具体指标的标准化值变动过程（见图12-12），分析区域资源环境状况安全指数制约因素。在东北地区生态安全评价指标体系中，森林覆盖率（D12）和人均耕地面积（D13）指标标准化值均介于（0.8，1.0］区间，达到区域生态安全分级标准的第Ⅰ级水平；人均一次能源生产量（D15）也于2004年进入（0.8，1.0］区间，达到区域生态安全分级标准的第Ⅰ级水平；人均水资源量（D14）标准化值在0.2上下呈现一定的波动性，其中，2008～2010年呈现上升的趋势。这说明东北地区森林、耕地和能源资源比较丰富，是区域生态安全的积极因素；而水资源相对不足仍然是生态安全的制约因素之一。

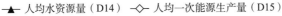

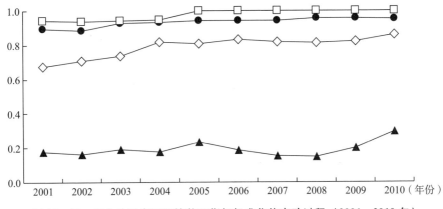

图12-12　东北地区资源环境状况指标标准化值变动过程（2001～2010年）

## 四　东北地区系统响应安全指数变动

首先，分析系统响应（B3）安全指数（SCI）的变动过程。

2001～2010年，东北地区系统响应安全指数（B3）介于（0.4，0.6］区间，处于区域生态安全分级标准的第Ⅲ级水平，呈现缓慢提升的态势。从历年系统层的系统响应（B3）安全指数（SCI）与系统压力（B1）、系统状态（B2）安全指数（SCI），以及与区域生态安全综合指数（ESCI）比较来看（见图12-8）：历年东北地区系统响应（B3）安全指数均低于系统状态（B2）安全指数；2001～2007年，东北地区系统响应（B3）安全指数略高于系统压力（B1）安全指数，2008年以后开始低于系统压力（B1）安全指数；2004以后，东北地区系统响应（B3）安全指数开始低于区域生态安全综合指数（A），并且差距逐渐加大。

评价结果说明，近年来东北地区区域系统响应（B3）安全水平有所提升，但提升幅度小于系统压力（B1）、系统状态（B2）安全指数，以及区域生态安全综合指数（A）的提升幅度。

其次，分析系统响应（B3）指标体系对应的因素层环境保护响应（C7）、社会经济响应（C8）和城市化发展响应（C9）3个方面因素的安全指数（SCI）变动过程。

由图12-13可见，2001~2010年，东北地区城市化发展响应（C9）安全指数一直高于环境保护响应（C7）、社会经济响应（C8）安全指数，以及系统响应（B3）安全指数和区域生态安全综合指数，而且，自2005年开始进入（0.6，0.8］区间，达到区域生态安全分级标准的第Ⅱ级水平，即"比较安全"的"良好状态"；环境保护响应（C7）安全指数在（0.4，0.6］区间波动，处于区域生态安全分级标准的第Ⅲ级水平，并且，自2005年，开始低于区域生态安全综合指数（A）以及区域系统响应（B3）安全指数；社会经济响应（C8）安全指数也介于（0.4，0.6］区间，并且缓慢提升，但历年评价结果与环境保护响应（C7）安全指数、城市化发展响应（C9）安全指数、区域生态安全综合指数（A）以及区域系统响应（B3）安全指数比较均处于最低水平。

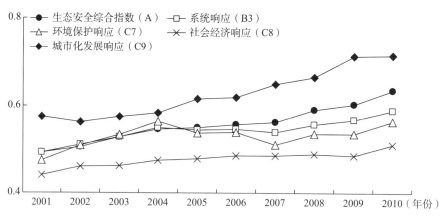

图12-13 2001~2010年东北地区系统响应安全指数变动过程

评价结果表明，近年来东北地区城市化发展响应水平有所提升，社会经济发展水平提升相对缓慢，环境保护响应安全尚存制约因素。

# 第十三章 区域城市化对生态安全的影响

## 第一节 区域城市化的生态安全特征比较

### 一 区域生态安全的现状特征

首先，比较东部、中部、西部和东北地区生态安全的现状特征。四大区域生态安全评价指数体系中的目标层（A）生态安全综合指数（ESCI）评价结果表明：2010 年，东部、中部、西部和东北地区的生态安全综合指数分别为 0.5737、0.5277、0.5600 和 0.6345（见表 13 - 1）。

表 13 - 1 2010 年我国各地区生态安全状态比较

| 层次 | 指标体系 | 东部 | 中部 | 西部 | 东北 | 全国 |
|---|---|---|---|---|---|---|
| 目标层<br>（ESCI） | 生态安全综合指数（A） | 0.5737 | 0.5277 | 0.5600 | 0.6345 | 0.5806 |
| 系统层<br>（SCI） | 系统压力（B1） | 0.4986 | 0.4898 | 0.5460 | 0.6113 | 0.5822 |
| | 系统状态（B2） | 0.5725 | 0.5643 | 0.5330 | 0.7038 | 0.5054 |
| | 系统响应（B3） | 0.6502 | 0.5289 | 0.6010 | 0.5884 | 0.6541 |
| 因素层<br>（SCI） | 人口发展压力（C1） | 0.2578 | 0.3503 | 0.6455 | 0.7785 | 0.5525 |
| | 资源环境压力（C2） | 0.5833 | 0.5386 | 0.5089 | 0.5667 | 0.5938 |
| | 城市化发展压力（C3） | 0.5521 | 0.5218 | 0.5296 | 0.5368 | 0.5857 |
| | 资源环境状况（C4） | 0.5129 | 0.6121 | 0.5766 | 0.7856 | 0.4665 |
| | 经济社会发展状况（C5） | 0.6894 | 0.5034 | 0.4288 | 0.6257 | 0.5465 |
| | 城市化发展状况（C6） | 0.6066 | 0.5080 | 0.5240 | 0.5846 | 0.5584 |

续表

| 层次 | 指标体系 | 东部 | 中部 | 西部 | 东北 | 全国 |
|------|----------|------|------|------|------|------|
| 因素层<br>（SCI） | 环境保护响应（C7） | 0.6229 | 0.4941 | 0.6148 | 0.5631 | 0.6525 |
| | 社会经济响应（C8） | 0.5516 | 0.4541 | 0.4532 | 0.5099 | 0.5154 |
| | 城市化发展响应（C9） | 0.7987 | 0.6737 | 0.6985 | 0.7149 | 0.7792 |

从区域生态安全水平比较来看，东北地区的生态安全综合指数（ESCI）明显高于其他地区，也是目前唯一一个生态安全综合指数（ESCI）处于（0.6，0.8］区间，达到区域生态安全分级标准的第Ⅱ级水平的地区，东部、中部和西部，以及全国生态安全综合指数（A）的平均水平均介于（0.4，0.6］区间，处于区域生态安全分级标准的第Ⅲ级水平，即"基本安全"的"敏感状态"（见图13-1）。

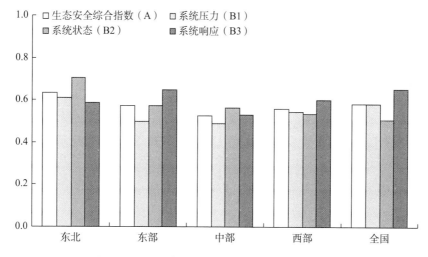

**图13-1 2010年各地区系统层生态安全状况比较**

其次，比较各省（区、市）生态安全的现状。对全国31个省（区、市）生态安全评价指标体系的目标层（A）生态安全综合指数（ESCI）评价结果比较分析表明：2010年，全国31个省（区、市）中，只有5个省（区、市）的生态安全综合指数（ESCI）处于（0.6，0.8］区间，达到区域生态安全分级标准的第Ⅱ级水平，即"比较安全"的"良好状态"，5个省（区、市）分别是北京（0.6516）、黑龙江（0.6386）、吉林

（0.6273）、海南（0.6249）和广东（0.6216），而且，前面的分析表明，这几个省（区、市）也存在不同方面的制约生态安全的因素。其余26个省（区、市）的生态安全综合指数（ESCI）均介于（0.4，0.6］区间，处于区域生态安全分级标准的第Ⅲ级水平，即"基本安全"的"敏感状态"（见图13-2）。

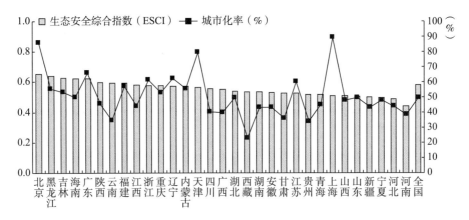

**图13-2　2010年各省（区、市）及全国生态安全综合指数和城市化水平**

通过以上的分析，结合第6章至第9章的分析，我们可以发现各区域生态安全的总体特征：我国东部、中部、西部和东北地区各区域内部不同省（区、市）之间的生态安全水平存在较大的差距。其中，我国东部地区城市化与经济社会发展总体水平相对较高，但其生态安全综合指数低于东北地区，而略高于西部地区和中部地区；中部地区生态安全水平最低；西部地区经济发展水平相对最低，但西部地区的生态安全综合指数（0.5600）高于中部地区（0.5277）；与全国平均水平比较，四大区域中只有东北地区的生态安全综合指数高于全国平均水平，现阶段我国东北地区生态安全总体水平明显高于其他地区，但也存在一些制约因素。我国各区域的生态安全水平有待进一步提升。

## 二　区域系统压力安全特征比较

首先，比较东部、中部、西部和东北四大区域生态安全评价指标体系系统压力（B1）安全指数。从2010年的评价结果来看，东北地区的系统压力（B1）安全指数（0.6113）最高；中部地区的系统压力（B1）安全指数（0.4898）最低。东北地区的系统压力（B1）安全指数介于（0.6，0.8]区间，处于区域生态安全分级标准的第Ⅱ级水平，即"比较安全"的"良好状态"；东部、中部、西部地区的系统压力（B1）安全指数均处于（0.4，0.6]区间，处于区域生态安全分级标准的第Ⅲ级水平，即"基本安全"的"敏感状态"（见表13-1）。

进一步地，比较31个省（区、市）系统压力安全状况。各省（区、市）生态安全评价指标体系的系统层系统压力（B1）安全指数评价结果表明：2010年，全国31个省（区、市）中，只有海南（0.6555）和黑龙江（0.6040）2个省的系统压力（B1）安全指数处于（0.6，0.8]区间，达到区域生态安全分级标准的第Ⅱ级水平，即"比较安全"的"良好状态"；其他29个省（区、市）的系统压力（B1）安全指数均介于（0.4，0.6]区间，处于区域生态安全分级标准的第Ⅲ级水平，即"基本安全"的"敏感状态"（见表13-2）。可见，我国各地区的生态安全均面临不同程度的压力。

表13-2　按大小排序的各省（区、市）系统压力安全指数（2010年）

| 排序 | 生态安全综合指数（A） | | 系统压力安全指数（B1） | | 人口发展压力安全指数（C1） | | 资源环境安全指数（C2） | |
| --- | --- | --- | --- | --- | --- | --- | --- | --- |
| 1 | 北京 | 0.6516 | 海南 | 0.6555 | 辽宁 | 0.7440 | 北京 | 0.6991 |
| 2 | 黑龙江 | 0.6386 | 黑龙江 | 0.6040 | 黑龙江 | 0.7024 | 浙江 | 0.6481 |
| 3 | 吉林 | 0.6273 | 陕西 | 0.5975 | 吉林 | 0.6879 | 广东 | 0.6475 |
| 4 | 海南 | 0.6249 | 吉林 | 0.5943 | 内蒙古 | 0.6863 | 江西 | 0.6312 |
| 5 | 广东 | 0.6216 | 福建 | 0.5928 | 四川 | 0.6519 | 海南 | 0.6281 |
| 6 | 陕西 | 0.5975 | 云南 | 0.5925 | 甘肃 | 0.6253 | 江苏 | 0.6201 |
| 7 | 云南 | 0.5925 | 北京 | 0.5878 | 青海 | 0.6131 | 安徽 | 0.6094 |
| 8 | 福建 | 0.5918 | 重庆 | 0.5750 | 西藏 | 0.6042 | 上海 | 0.6077 |
| 9 | 江西 | 0.5825 | 内蒙古 | 0.5703 | 新疆 | 0.6028 | 福建 | 0.6057 |
| 10 | 浙江 | 0.5778 | 辽宁 | 0.5677 | 陕西 | 0.5679 | 西藏 | 0.6022 |
| 11 | 重庆 | 0.5750 | 江西 | 0.5663 | 云南 | 0.5377 | 黑龙江 | 0.5994 |
| 12 | 辽宁 | 0.5724 | 四川 | 0.5568 | 宁夏 | 0.5342 | 甘肃 | 0.5859 |
| 13 | 内蒙古 | 0.5703 | 广西 | 0.5495 | 贵州 | 0.4980 | 陕西 | 0.5748 |
| 14 | 天津 | 0.5623 | 安徽 | 0.5427 | 广西 | 0.4894 | 吉林 | 0.5747 |

| 排序 | 生态安全<br>综合指数（A） | | 系统压力<br>安全指数（B1） | | 人口发展压力<br>安全指数（C1） | | 资源环境<br>安全指数（C2） | |
| --- | --- | --- | --- | --- | --- | --- | --- | --- |
| 15 | 四川 | 0.5568 | 浙江 | 0.5394 | 重庆 | 0.4538 | 云南 | 0.5724 |
| 16 | 广西 | 0.5495 | 西藏 | 0.5357 | 海南 | 0.4387 | 天津 | 0.5643 |
| 17 | 湖北 | 0.5399 | 甘肃 | 0.5240 | 江西 | 0.4386 | 重庆 | 0.5526 |
| 18 | 西藏 | 0.5357 | 广东 | 0.5223 | 山西 | 0.4231 | 河南 | 0.5439 |
| 19 | 湖南 | 0.5319 | 天津 | 0.5214 | 福建 | 0.4218 | 四川 | 0.5395 |
| 20 | 安徽 | 0.5301 | 贵州 | 0.5187 | 湖北 | 0.4160 | 山东 | 0.5345 |
| 21 | 甘肃 | 0.5240 | 湖北 | 0.5172 | 湖南 | 0.3970 | 贵州 | 0.5295 |
| 22 | 江苏 | 0.5236 | 青海 | 0.5154 | 安徽 | 0.2950 | 湖北 | 0.5225 |
| 23 | 贵州 | 0.5187 | 江苏 | 0.5142 | 浙江 | 0.2911 | 辽宁 | 0.5159 |
| 24 | 青海 | 0.5154 | 上海 | 0.5039 | 河北 | 0.2826 | 湖南 | 0.507 |
| 25 | 上海 | 0.5081 | 新疆 | 0.4994 | 江苏 | 0.2746 | 内蒙古 | 0.5022 |
| 26 | 山西 | 0.5073 | 宁夏 | 0.4971 | 上海 | 0.2660 | 山西 | 0.4778 |
| 27 | 山东 | 0.5026 | 湖南 | 0.4956 | 河南 | 0.2548 | 河北 | 0.4713 |
| 28 | 新疆 | 0.4994 | 山东 | 0.457 | 天津 | 0.2531 | 广西 | 0.4597 |
| 29 | 宁夏 | 0.4971 | 河南 | 0.4465 | 广东 | 0.2386 | 青海 | 0.4573 |
| 30 | 河北 | 0.4873 | 山西 | 0.4406 | 山东 | 0.2347 | 新疆 | 0.4080 |
| 31 | 河南 | 0.4413 | 河北 | 0.4278 | 北京 | 0.2264 | 宁夏 | 0.3257 |

　　其次，比较各区域人口发展压力（C1）安全水平。从 2010 年的评价结果来看，西部地区和东北地区的人口发展压力（C1）安全指数相对较高，均介于（0.6，0.8］区间，处于区域生态安全分级标准的第Ⅱ级水平，即"比较安全"的"良好状态"；而东部和中部地区的人口发展压力（C1）安全指数明显偏低，均介于（0.2，0.4］区间，处于区域生态安全分级标准的第Ⅳ级水平，即"较不安全"的"风险状态"。

　　从各区域人口发展压力（C1）安全指数提升幅度来看，2001～2010 年，东部、中部、西部和东北地区人口发展压力（C1）安全指数分别提升了 -0.0274、0.0077、0.0200 和 0.1354。显然，东北地区提升幅度相对较大，中部和西部地区提升幅度很小，东部地区出现了区域人口发展压力（C1）安全指数有所降低的情况（见表 13-3）。

表 13 - 3　各区域系统压力安全水平变动比较

| 年份 | 指标 | 东部 | 中部 | 西部 | 东北 | 全国 |
|---|---|---|---|---|---|---|
| 2001 | 系统压力安全指数（B1） | 0.3896 | 0.3557 | 0.4553 | 0.4616 | 0.4116 |
| | 人口发展压力安全指数（C1） | 0.2852 | 0.3426 | 0.6255 | 0.6431 | 0.5241 |
| | 资源环境压力安全指数（C2） | 0.4156 | 0.3286 | 0.3606 | 0.3955 | 0.3586 |
| | 城市化发展压力安全指数（C3） | 0.4410 | 0.4418 | 0.5087 | 0.4270 | 0.4218 |
| 2010 | 系统压力安全指数（B1） | 0.4986 | 0.4898 | 0.5460 | 0.6113 | 0.5822 |
| | 人口发展压力安全指数（C1） | 0.2578 | 0.3503 | 0.6455 | 0.7785 | 0.5525 |
| | 资源环境压力安全指数（C2） | 0.5833 | 0.5386 | 0.5089 | 0.5667 | 0.5938 |
| | 城市化发展压力安全指数（C3） | 0.5521 | 0.5218 | 0.5296 | 0.5368 | 0.5857 |
| 2010 年比 2001 年提升 | 系统压力安全指数（B1） | 0.1090 | 0.1341 | 0.0907 | 0.1497 | 0.1706 |
| | 人口发展压力安全指数（C1） | - 0.0274 | 0.0077 | 0.0200 | 0.1354 | 0.0284 |
| | 资源环境压力安全指数（C2） | 0.1677 | 0.2100 | 0.1483 | 0.1711 | 0.2352 |
| | 城市化发展压力安全指数（C3） | 0.1111 | 0.0800 | 0.0209 | 0.1098 | 0.1639 |

　　进一步比较全国 31 个省（区、市）人口发展压力（C1）安全指数，对评价结果排序表明：2010 年，全国 31 个省（区、市）的人口发展压力（C1）差别较大。其中，包括东北 3 省和西部的 6 个省份在内，共 9 个省（自治区）的人口发展压力（C1）安全指数介于（0.6，0.8］区间，处于区域生态安全分级标准的第Ⅱ级水平；陕西、云南、宁夏、贵州、广西、重庆、海南、江西、山西、福建和湖北 11 个省（区、市）的人口发展压力（C1）安全指数介于（0.4，0.6］区间，处于区域生态安全分级标准的第Ⅲ级水平；湖南、安徽、浙江、河北、江苏、上海、河南、天津、广东、山东和北京 11 个省（区、市）的人口发展压力（C1）安全指数介于（0.2，0.4］区间，处于区域生态安全分级标准的第Ⅳ级水平（见表 13 - 2）。

　　由此可见，我国区域人口发展对生态安全的压力呈现显著的区域性特征。

　　第一，东北 3 省的人口发展压力在全国最小，东北和西部地区人口发展压力安全指数（C1）2001～2010 年始终保持在（0.6，0.8］区间，处于区域生态安全分级标准的第Ⅱ级水平，即"比较安全"的"良好状态"，可见这两个地区人口发展总体上为区域生态安全提供了有利条件。

第二，西部地区人口发展压力（C1）安全指数总体处于"比较安全"的"良好状态"，但西部地区 12 个省（区、市）中仍有 6 个省份的人口发展压力（C1）安全指数处于"基本安全"的"敏感状态"，这 6 省份的人口发展压力问题相对也比较显著。

第三，中部和东部地区各省（区、市）的人口发展压力（C1）安全指数均低于东北和西部地区各省（区、市）的水平，东部和中部地区各省（区、市）人口发展对生态安全的压力问题尤为突出。其中，东部地区除海南和福建 2 省外，其余各省（区、市）的人口发展压力（C1）安全指数均介于（0.2，0.4］区间，处于区域生态安全分级标准的第Ⅳ级水平，进一步验证了东部地区人口发展压力（C1）安全水平整体较低。这说明，从区域比较和区域自身的实际来看，我国东部和中部地区的区域人口发展压力较大，是区域生态安全的制约因素。

最后，比较各区域资源环境压力（C2）安全状况。

从 2010 年四大区域的评价结果比较来看，东部地区资源环境压力（C2）安全指数相对最高，西部地区的资源环境压力（C2）安全指数相对最低，但各区域资源环境压力（C2）安全指数均介于（0.4，0.6］区间，处于区域生态安全分级标准的第Ⅲ级水平，即"基本安全"的"敏感状态"。这表明，我国各区域生态安全均面临不同程度的资源环境压力问题。

从资源环境压力（C2）指标对区域生态安全水平的影响作用来看，东北地区和西部地区的资源环境压力（C2）安全指数均低于区域系统压力（B1）安全指数和人口发展压力（C1）安全指数；相反，东部和中部地区的资源环境压力（C2）安全指数均高于区域系统压力（B1）安全指数和人口发展压力（C1）安全指数。

从各区域资源环境压力（C2）安全指数提升幅度来看，2001～2010 年，东部、中部、西部和东北地区资源环境压力（C2）安全指数分别提升了 0.1677、0.2100、0.1483 和 0.1711。中部地区提升幅度最大；西部地区资源环境压力（C2）安全指数最低，提升幅度也最小。这说明我国东北和西部地区都需要着力解决资源环境压力（C2）安全问题。

进一步对全国 31 个省（区、市）资源环境压力（C2）安全指数评价结果排序表明：2010 年，全国 10 个省（区、市）的资源环境压力（C2）安全指数介于（0.6，0.8］区间，处于区域生态安全分级标准的第 II 级水平，即"比较安全"的"良好状态"。其中，东部地区有 7 个省（区、市）的资源环境压力（C2）安全指数排在前 10 位，这进一步说明了东部地区是资源环境压力（C2）安全水平相对最高的区域，而东部地区的资源环境压力（C2）安全指数整体介于（0.4，0.6］区间，处于区域生态安全分级标准的第 III 级水平，是由于天津、山东和河北的资源环境压力（C2）安全指数较低（见表 13 – 2）。

## 三 区域系统状态安全特征比较

首先，比较各区域系统状态（B2）安全状况（见表 13 – 1）。从评价结果来看，2010 年，东北地区的系统状态（B2）安全指数（0.7038）最高，且明显高于东部、中部和西部地区；西部地区的系统状态（B2）安全指数（0.5330）最低。其中，东北地区的系统状态（B2）安全指数介于（0.6，0.8］区间，处于区域生态安全分级标准的第 II 级水平，即"比较安全"的"良好状态"，东部、中部、西部地区的系统状态（B2）安全指数介于（0.4，0.6］区间，处于区域生态安全分级标准的第 III 级水平，即"基本安全"的"敏感状态"。

从各区域系统状态（B2）安全指数变动来看，2001 ~ 2010 年，东部、中部、西部和东北地区系统状态（B2）安全指数分别提升了 0.1503、0.1839、0.1411 和 0.1772。中部地区提升幅度略高于东北地区；西部地区不仅系统状态（B2）安全指数处于四大区域的最低水平，提升幅度也是最小的区域。

从系统状态（B2）安全指数的角度来看，我国东北地区的系统状态（B2）安全状况明显优于其他地区；东部、中部和西部地区的系统状态安全水平有待进一步提升；西部地区的系统状态安全水平全国最低的情况尤其需要引起关注。

进一步对全国 31 个省（区、市）生态安全评价指标体系系统层对应的系统状态（B2）安全指数进行比较，结果表明：黑龙江、吉林、西藏、福建、海南、江西和浙江的系统状态（B2）安全状况相对较好，这7个省（区、市）的系统状态（B2）安全指数介于（0.6, 0.8］区间，处于区域生态安全分级标准的第Ⅱ级水平，即"比较安全"的"良好状态"；宁夏回族自治区的系统状态（B2）安全状况最差，系统状态（B2）安全指数介于（0.2, 0.4］区间，处于区域生态安全分级标准的第Ⅳ级水平，即"较不安全"的"风险状态"；其余23个省（区、市）的系统状态（B2）安全指数均介于（0.4, 0.6］区间，处于区域生态安全分级标准的第Ⅲ级水平，即"基本安全"的"敏感状态"（见表13-4）。

表13-4 按大小排序的各省（区、市）系统状态安全指数（2010年）

| 排序 | 系统状态 安全指数（B2） | | 资源环境状况 安全指数（C4） | | 经济社会发展状况 安全指数（C5） | |
| --- | --- | --- | --- | --- | --- | --- |
| 1 | 黑龙江 | 0.7095 | 黑龙江 | 0.8273 | 北京 | 1.0000 |
| 2 | 吉林 | 0.7039 | 云南 | 0.8070 | 天津 | 0.8987 |
| 3 | 西藏 | 0.6862 | 吉林 | 0.7960 | 上海 | 0.8861 |
| 4 | 福建 | 0.6382 | 海南 | 0.7361 | 江苏 | 0.7209 |
| 5 | 海南 | 0.6343 | 贵州 | 0.7267 | 江西 | 0.7059 |
| 6 | 江西 | 0.6120 | 江西 | 0.7059 | 辽宁 | 0.6703 |
| 7 | 浙江 | 0.6037 | 广西 | 0.6895 | 浙江 | 0.6614 |
| 8 | 四川 | 0.5892 | 福建 | 0.6604 | 湖南 | 0.6382 |
| 9 | 北京 | 0.5878 | 陕西 | 0.6551 | 广东 | 0.6302 |
| 10 | 湖南 | 0.5864 | 湖南 | 0.6382 | 福建 | 0.6278 |
| 11 | 辽宁 | 0.5827 | 四川 | 0.5981 | 吉林 | 0.6216 |
| 12 | 云南 | 0.5816 | 内蒙古 | 0.5751 | 山东 | 0.6206 |
| 13 | 广东 | 0.5735 | 新疆 | 0.5660 | 陕西 | 0.5925 |
| 14 | 甘肃 | 0.5594 | 浙江 | 0.5643 | 黑龙江 | 0.5729 |
| 15 | 湖北 | 0.5594 | 重庆 | 0.5514 | 重庆 | 0.5421 |
| 16 | 陕西 | 0.5543 | 辽宁 | 0.5443 | 湖北 | 0.5405 |
| 17 | 天津 | 0.5365 | 湖北 | 0.5405 | 内蒙古 | 0.5396 |
| 18 | 内蒙古 | 0.5308 | 广东 | 0.535 | 河北 | 0.5159 |
| 19 | 贵州 | 0.5165 | 西藏 | 0.5223 | 海南 | 0.4852 |

续表

| 排序 | 系统状态<br>安全指数（B2） | | 资源环境状况<br>安全指数（C4） | | 经济社会发展状况<br>安全指数（C5） | |
| --- | --- | --- | --- | --- | --- | --- |
| 20 | 重庆 | 0.5129 | 青海 | 0.5190 | 安徽 | 0.4690 |
| 21 | 青海 | 0.4969 | 安徽 | 0.4690 | 宁夏 | 0.4595 |
| 22 | 广西 | 0.4856 | 甘肃 | 0.4469 | 四川 | 0.4414 |
| 23 | 安徽 | 0.4712 | 宁夏 | 0.4238 | 新疆 | 0.4067 |
| 24 | 山东 | 0.4666 | 山西 | 0.4063 | 山西 | 0.4063 |
| 25 | 江苏 | 0.4622 | 河北 | 0.3873 | 广西 | 0.3917 |
| 26 | 新疆 | 0.4549 | 河南 | 0.3797 | 甘肃 | 0.3800 |
| 27 | 河北 | 0.4497 | 北京 | 0.3635 | 河南 | 0.3797 |
| 28 | 山西 | 0.4438 | 山东 | 0.3635 | 西藏 | 0.3502 |
| 29 | 河南 | 0.4224 | 天津 | 0.3281 | 云南 | 0.3403 |
| 30 | 上海 | 0.4118 | 江苏 | 0.2948 | 青海 | 0.3399 |
| 31 | 宁夏 | 0.3996 | 上海 | 0.1349 | 贵州 | 0.2835 |

其次，比较各区域系统状态（B2）指标对应的资源环境状况（C4）安全指数。

从评价结果来看，2010年，东北地区的资源环境状况（C4）安全指数（0.7856）最高，其次是中部地区，东北地区和中部地区的资源环境状况（C4）安全指数均介于（0.6，0.8]区间，处于区域生态安全分级标准的第Ⅱ级水平，即"比较安全"的"良好状态"；东部和西部地区的资源环境状况（C4）安全指数均介于（0.4，0.6]区间，处于区域生态安全分级标准的第Ⅲ级水平，即"基本安全"的"敏感状态"。

从各区域资源环境状况（C4）安全指数提升幅度来看，2001～2010年，东部、中部、西部和东北地区资源环境状况（C4）安全指数分别提升了0.0433、0.1289、0.0714和0.0857。中部地区提升幅度略高于东北地区，东部地区提升幅度最小。

从资源环境状况（C4）安全指数评价结果来看，我国东北地区的资源环境状况（C4）安全水平明显优于其他地区；其他地区的资源环境状况（C4）也有所改善，但仍有待进一步提升。

　　进一步对全国 31 个省（区、市）资源环境状况（C4）安全指数进行比较，结果表明：31 个省（区、市）资源环境状况（C4）安全指数处于区域生态安全分级标准的 5 个等级，不同省份间差异十分显著。其中，黑龙江和云南 2 省的资源环境状况（C4）安全指数介于（0.8，1.0］区间，处于区域生态安全分级标准的第 I 级水平，即"高度安全"的"理想状态"；吉林、海南、贵州、江西、广西、福建、陕西和湖南 8 个省份的资源环境状况（C4）安全指数介于（0.6，0.8］区间，处于区域生态安全分级标准的第 II 级水平，即"比较安全"的"良好状态"；四川等 14 个省份的资源环境状况（C4）安全指数介于（0.4，0.6］区间，处于区域生态安全分级标准的第 III 级水平，即"基本安全"的"敏感状态"；河北、河南、北京、山东、天津和江苏 6 省份的资源环境状况（C4）安全指数介于（0.2，0.4］区间，处于区域生态安全分级标准的第 IV 级水平，即"较不安全"的"风险状态"，这 6 个省份中，除河南省外均属于东部地区；上海资源环境状况（C4）安全指数全国最低，介于（0，0.2］区间，处于区域生态安全分级标准的第 V 级水平。值得注意的是，资源环境状况（C4）安全指数排在最后的 5 个省（直辖市）均属于东部地区，可见东部地区资源环境状况安全水平相对较低。

　　最后，比较各区域系统状态（B2）指标对应的经济社会发展状况（C5）安全指数（见表 13 - 5）。从经济社会发展状况（C5）安全指数现状来看，2010 年，东部地区的经济社会发展状况（C5）安全指数（0.6894）最高，其次是东北地区，东部和东北地区的经济社会发展状况（C5）安全指数均介于（0.6，0.8］区间，处于区域生态安全分级标准的第 II 级水平，即"比较安全"的"良好状态"；中部和西部地区的经济社会发展状况（C5）安全指数均介于（0.4，0.6］区间，处于区域生态安全分级标准的第 III 级水平。

　　从经济社会发展状况（C5）安全指数动态来看，值得注意的是，各区域经济社会发展状况（C5）安全指数提升幅度都远大于其他指标的提升幅度。2001 年，东部、东北中部和西部地区经济社会发展状况（C5）安全指数都比较低，介于（0.2，0.4］或（0，0.2］区间，处于区域生态安全分级标准的第Ⅳ级水平或第Ⅴ级水平；到 2010 年，东部和东北地区经济社会发展状况（C5）安全指数已经处于（0.6，0.8］区间，达到区域生态安全分级标准的第Ⅱ级水平，中部和西部地区经济社会发展状况（C5）安全指数已经介于（0.4，0.6］区间，处于区域生态安全分级标准的第Ⅲ级水平。其间，东部、中部、西部和东北地区资源环境状况（C4）安全指数分别提升了 0.4598、0.3564、0.3062 和 0.4234，东部地区提升幅度略高于东北地区，西部地区经济社会发展状况（C5）安全指数最低，提升幅度也相对最小。

由此可见，从四大区域经济社会发展状况（C5）安全指数比较来看，相对于区域生态安全整体状况的改善，我国各区域社会经济发展状况提升相对更快些。其中，东部地区的经济社会发展状况（C5）安全水平具有一定的比较优势；东北地区、中部地区和西部地区尽管经济社会发展状况（C5）安全水平也有较快提升，但目前中部和西部地区经济社会发展状况（C5）安全水平还较低，因此，区域生态安全水平的改善也受到一定的制约。

进一步对全国 31 个省（区、市）经济社会发展状况（C5）安全指数进行比较，结果表明：北京、天津、上海 3 个直辖市的经济社会发展状况（C5）安全指数排在全国前 3 位，介于（0.8，1.0］区间，处于区域生态安全分级标准的第Ⅰ级水平，3 个直辖市经济社会发展状况（C5）安全指数与其资源环境状况（C4）安全指数水平截然相反；江苏、江西、辽宁、浙江、湖南、广东、福建、吉林和山东 9 个省份的经济社会发展状况（C5）安全指数已经处于（0.6，0.8］区间，达到区域生态安全分级标准的第Ⅱ级水平，这其中有 5 个省份属于东部地区；陕西等 12 个省（区、市）经济社会发展状况（C5）安全指数介于（0.4，0.6］区间，处于区域生态安全分级标准的第Ⅲ级水平，即"基本安全"的"敏感状态"，这其中有 6 个省（区、市）属于西部地区；广西壮族自治区等 7 个省（区、市）的经济社会发展状况（C5）安全指数介于（0.2，0.4］区间，处于区域生态安全分级标准的第Ⅳ级水平，即"较不安全"的"风险状态"，这其中有 6 个省（区、市）属于西部地区。

由此可见，东部地区绝大多数省（区、市）经济社会发展状况（C5）

安全水平相对较高，而资源环境状况（C4）安全指数水平却较低。中部地区各省（区、市）经济社会发展状况（C5）安全水平差距较大，江西和湖南 2 省经济社会发展状况（C4）安全指数在全国排前 10 位；而山西和河南 2 省则排在后 10 位。西部地区，大多数省（区、市）的经济社会发展状况（C4）安全水平相对较低，经济社会发展状况（C4）安全指数全国后 10 位有 8 个是西部省（区、市）；而且西部 12 个省（区、市）的经济社会发展状况（C4）安全指数均在 0.6 以下。东北 3 省经济社会发展（C5）安全水平也存在较大差距，主要表现为黑龙江省经济社会发展状况（C4）安全指数介于（0.4，0.6] 区间，处于区域生态安全分级标准的第Ⅲ级水平，但黑龙江省的资源环境状况安全指数（C4）排在全国首位。

**表 13－5　各区域系统状态安全水平变动比较**

| 年份 | 指标 | 东部 | 中部 | 西部 | 东北 | 全国 |
|---|---|---|---|---|---|---|
| 2001 | 系统状态安全指数（B2） | 0.4222 | 0.3804 | 0.3918 | 0.5266 | 0.3618 |
| | 资源环境状况<br>安全指数（C4） | 0.4696 | 0.4832 | 0.5052 | 0.6999 | 0.4125 |
| | 经济社会发展<br>状况安全指数（C5） | 0.2297 | 0.1469 | 0.1226 | 0.2024 | 0.1662 |
| | 城市化发展<br>状况安全指数（C6） | 0.4818 | 0.3491 | 0.3674 | 0.4131 | 0.4164 |
| 2010 | 系统状态安全指数（B2） | 0.5725 | 0.5643 | 0.5330 | 0.7038 | 0.5054 |
| | 资源环境状况<br>安全指数（C4） | 0.5129 | 0.6121 | 0.5766 | 0.7856 | 0.4665 |
| | 经济社会发展<br>状况安全指数（C5） | 0.6894 | 0.5034 | 0.4288 | 0.6257 | 0.5465 |
| | 城市化发展<br>状况安全指数（C6） | 0.6066 | 0.5080 | 0.5240 | 0.5846 | 0.5584 |
| 2010 年<br>比 2001<br>年提升 | 系统状态安全指数（B2） | 0.1503 | 0.1839 | 0.1411 | 0.1772 | 0.1436 |
| | 资源环境状况<br>安全指数（C4） | 0.0433 | 0.1289 | 0.0714 | 0.0857 | 0.0540 |
| | 经济社会发展<br>状况安全指数（C5） | 0.4598 | 0.3564 | 0.3062 | 0.4234 | 0.3802 |
| | 城市化发展<br>状况安全指数（C6） | 0.1248 | 0.1589 | 0.1566 | 0.1715 | 0.1420 |

## 四 区域系统响应安全特征比较

首先，比较各区域系统响应（B3）安全状况（见表 13－7）。从评价结果来看，2010 年，东部地区的系统响应（B3）安全指数（0.6502）最高，中部地区的系统响应（B3）安全指数（0.5289）最低。其中，东部和西部地区的系统响应（B3）安全指数介于（0.6，0.8］区间，处于区域生态安全分级标准的第Ⅱ级水平，即"比较安全"的"良好状态"；中部和东北地区的系统响应（B3）安全指数介于（0.4，0.6］区间，处于区域生态安全分级标准的第Ⅲ级水平，即"基本安全"的"敏感状态"。

从各区域系统响应（B3）安全指数变动来看，2001～2010 年，东部、中部、西部和东北地区系统响应（B3）安全指数分别提升了 0.1133、0.1238、0.1210 和 0.0966，中部提升幅度略高于其他地区。

进一步对全国 31 个省（区、市）系统响应（B3）安全指数进行比较，结果表明：北京、广东、山西、云南、天津、陕西、上海和黑龙江 8 个省（区、市）系统响应（B3）安全指数介于（0.6，0.8］区间，处于区域生态安全分级标准的第Ⅱ级水平，即"比较安全"的"良好状态"；其他 23 个省（区、市）系统响应（B3）安全指数介于（0.4，0.6］区间，处于区域生态安全分级标准的第Ⅲ级水平，即"基本安全"的"敏感状态"。

从全国排序结果也可以看出：就东部地区而言，2010 年，10 省（区、市）中有 9 个省的系统响应（B3）安全指数排在前 13 位，进一步验证了东部地区区域系统响应（B3）安全平均水平高于中部、西部和东北地区。但是，我们也可以发现，2010 年尽管东部地区系统响应（B3）安全指数平均水平达到 0.6502，处于区域生态安全分级标准的第Ⅱ级水平，但分省份来看，东部 10 省（区、市）中，只有北京、上海、天津 3 个直辖市和广东省的系统响应（B3）安全指数介于（0.6，0.8］区间，其他 6 个省的系统响应（B3）安全指数均介于（0.4，0.6］区间，处于区域生态安全分级标准的第Ⅲ级水平。就东北 3 省而言，2010 年，虽然东北地区的系统响应（B3）安全状况的平均水平为 0.5884，处于区域生态安全分级标准的第Ⅲ级水平，且高于中部地区的平均水平，但分省份来看，吉林和辽宁 2 省的系统响应（B3）安全状况的平均水平仍然低于 0.6，处于区域生态安全分级标准的第Ⅲ级水平，且低于一些中部和西部的省份（见表 13 - 6）。

表 13 - 6　按大小排序的各省（区、市）系统响应安全指数（2010 年）

| 排序 | 系统响应安全指数（B3） | | 环境保护响应安全指数（C7） | | 社会经济响应安全指数（C8） | |
|---|---|---|---|---|---|---|
| 1 | 北京 | 0.7792 | 广东 | 0.8287 | 北京 | 1.0000 |
| 2 | 广东 | 0.7691 | 重庆 | 0.7138 | 上海 | 0.7346 |
| 3 | 山西 | 0.6376 | 山西 | 0.6790 | 天津 | 0.6401 |
| 4 | 云南 | 0.6371 | 内蒙古 | 0.6625 | 广东 | 0.5778 |
| 5 | 天津 | 0.6291 | 宁夏 | 0.6235 | 浙江 | 0.5734 |
| 6 | 陕西 | 0.6289 | 北京 | 0.5985 | 江苏 | 0.5682 |
| 7 | 上海 | 0.6085 | 甘肃 | 0.5978 | 陕西 | 0.5548 |
| 8 | 黑龙江 | 0.6022 | 黑龙江 | 0.5927 | 西藏 | 0.5333 |
| 9 | 江苏 | 0.5943 | 广西 | 0.5917 | 湖北 | 0.5286 |
| 10 | 浙江 | 0.5901 | 陕西 | 0.5833 | 辽宁 | 0.5166 |
| 11 | 海南 | 0.5848 | 吉林 | 0.5828 | 贵州 | 0.5158 |
| 12 | 河北 | 0.5843 | 河北 | 0.5749 | 湖南 | 0.5046 |
| 13 | 山东 | 0.5842 | 天津 | 0.5726 | 福建 | 0.5043 |
| 14 | 吉林 | 0.5836 | 江西 | 0.5587 | 四川 | 0.5025 |
| 15 | 广西 | 0.5795 | 安徽 | 0.5576 | 山东 | 0.5015 |
| 16 | 安徽 | 0.5765 | 山东 | 0.5472 | 重庆 | 0.4910 |
| 17 | 江西 | 0.5692 | 云南 | 0.5393 | 黑龙江 | 0.4905 |
| 18 | 贵州 | 0.5687 | 海南 | 0.534 | 海南 | 0.4864 |
| 19 | 辽宁 | 0.5666 | 江苏 | 0.5242 | 宁夏 | 0.4819 |
| 20 | 内蒙古 | 0.5548 | 辽宁 | 0.5209 | 安徽 | 0.4795 |
| 21 | 四川 | 0.5460 | 浙江 | 0.5076 | 甘肃 | 0.4789 |
| 22 | 福建 | 0.5446 | 青海 | 0.5058 | 山西 | 0.4747 |
| 23 | 湖北 | 0.5432 | 新疆 | 0.5015 | 云南 | 0.4667 |
| 24 | 重庆 | 0.5418 | 四川 | 0.4829 | 吉林 | 0.4597 |
| 25 | 新疆 | 0.5280 | 上海 | 0.4800 | 河北 | 0.4453 |
| 26 | 西藏 | 0.5240 | 湖北 | 0.4796 | 江西 | 0.4448 |

| 排序 | 系统响应<br>安全指数（B3） | | 环境保护<br>响应安全指数（C7） | | 社会经济<br>响应安全指数（C8） | |
|---|---|---|---|---|---|---|
| 27 | 青海 | 0.5225 | 福建 | 0.4641 | 青海 | 0.4434 |
| 28 | 湖南 | 0.5139 | 湖南 | 0.4418 | 广西 | 0.4408 |
| 29 | 宁夏 | 0.4648 | 河南 | 0.4177 | 内蒙古 | 0.4373 |
| 30 | 河南 | 0.4549 | 贵州 | 0.3640 | 河南 | 0.4163 |
| 31 | 甘肃 | 0.4324 | 西藏 | 0.2106 | 新疆 | 0.4104 |

　　通过对系统响应（B3）安全指数评价结果分析可以发现，东部地区的系统响应（B3）安全水平总体相对较高，中部、西部和东北地区都需要采取措施进一步提升系统响应安全水平。

　　其次，比较各区域系统响应（B3）指标对应的环境保护响应（C7）安全指数（见表13-7）。从评价结果来看，2010年，东部和西部地区的环境保护响应（C7）安全指数相对较高，均介于（0.6，0.8］区间，处于区域生态安全分级标准的第Ⅱ级水平，即"比较安全"的"良好状态"；中部和东北地区的环境保护响应（C7）安全指数相对较低，介于（0.4，0.6］区间，处于区域生态安全分级标准的第Ⅲ级水平，即"基本安全"的"敏感状态"（见图13-3）。

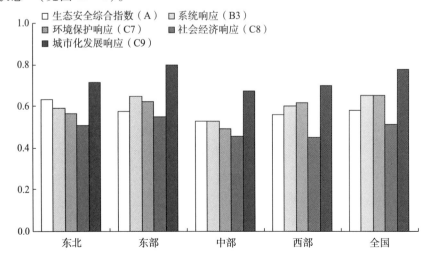

图 13-3　2010年各地区系统响应安全状况比较

其中，东部地区的环境保护响应（C7）安全指数（0.6229）最高，中部地区的环境保护响应（C7）安全指数（0.4941）最低。从各区域环境保护响应（C7）安全指数提升幅度来看，2001～2010年，东部、中部、西部和东北地区环境保护响应（C7）安全指数分别提升了0.1175、0.1413、0.1281和0.0877。中部地区提升幅度略高于其他地区，东北地区提升幅度相对较低。

进一步对全国31个省（区、市）环境保护响应（C7）安全指数进行比较，结果表明：2010年，广东省的环境保护响应（C7）安全指数最高，介于（0.8，1.0］区间，处于区域生态安全分级标准的第Ⅰ级水平；重庆、山西、内蒙古、宁夏4个省（区、市）的环境保护响应（C7）安全指数介于（0.6，0.8］区间，处于区域生态安全分级标准的第Ⅱ级水平；其他26个省（区、市）中，24个省（区、市）的环境保护响应（C7）安全指数介于（0.4，0.6］区间，处于区域生态安全分级标准的第Ⅲ级水平；排在最后两位的贵州省和西藏自治区的环境保护响应（C7）安全指数均低于0.4，处于区域生态安全分级标准的第Ⅳ级水平，即"较不安全"的"风险状态"。

由此可见，就四大区域而言，东部和西部地区的环境保护响应（C7）安全水平在整体上要好于东北和中部地区；尽管中部的环境保护响应（C7）安全水平提升幅度相对略大于其他地区，但目前中部地区的环境保护响应（C7）安全指数仍然很低，中部和东北地区尤其需要采取措施进一步提升区域环境保护响应（C7）安全水平。就各省份而言，全国绝大多数省（区、市）的环境保护响应（C7）安全水平都有待进一步提升。

最后，比较各区域系统响应（B3）指标对应的社会经济响应（C8）安全指数（见表13-7）。从评价结果来看，2010年，东部、中部、西部和东北地区的社会经济响应（C8）安全指数均介于（0.4，0.6］区间，处于区域生态安全分级标准的第Ⅲ级水平，即"基本安全"的"敏感状态"。从各区域社会经济响应（C8）安全指数提升幅度来看，2001～2010年，东部、中部、西部和东北地区社会经济响应（C8）安全指数分别提升了0.1086、0.0801、0.0562和0.0692。东部地区社会经济响应（C8）安全指数水平及其提升幅度都略高于其他地区，西部地区提升幅度相对最低。

表 13 - 7  各区域系统响应安全水平变动比较

| 年份 | 指标 | 东部 | 中部 | 西部 | 东北 | 全国 |
|------|------|------|------|------|------|------|
| 2001 | 系统响应安全指数（B3） | 0.5369 | 0.4051 | 0.4800 | 0.4917 | 0.5129 |
|  | 环境保护响应安全指数（C7） | 0.5054 | 0.3528 | 0.4867 | 0.4753 | 0.5255 |
|  | 社会经济响应安全指数（C8） | 0.4430 | 0.3741 | 0.3970 | 0.4407 | 0.4231 |
|  | 城市化发展响应安全指数（C9） | 0.6910 | 0.5520 | 0.5371 | 0.5739 | 0.5627 |
| 2010 | 系统响应安全指数（B3） | 0.6502 | 0.5289 | 0.6010 | 0.5884 | 0.6541 |
|  | 环境保护响应安全指数（C7） | 0.6229 | 0.4941 | 0.6148 | 0.5631 | 0.6525 |
|  | 社会经济响应安全指数（C8） | 0.5516 | 0.4541 | 0.4532 | 0.5099 | 0.5154 |
|  | 城市化发展响应安全指数（C9） | 0.7987 | 0.6737 | 0.6985 | 0.7149 | 0.7792 |
| 2010 年比 2001 年提升 | 系统响应安全指数（B3） | 0.1133 | 0.1238 | 0.1210 | 0.0966 | 0.1412 |
|  | 环境保护响应安全指数（C7） | 0.1175 | 0.1413 | 0.1281 | 0.0877 | 0.1270 |
|  | 社会经济响应安全指数（C8） | 0.1086 | 0.0801 | 0.0562 | 0.0692 | 0.0923 |
|  | 城市化发展响应安全指数（C9） | 0.1077 | 0.1217 | 0.1614 | 0.1409 | 0.2165 |

进一步对全国31个省（区、市）环境保护响应（C7）安全指数进行比较，结果表明：2010 年，北京市的环境保护响应（C7）安全指数已经达到区域生态安全分级标准的最高值；其次是上海和天津，这 2 个直辖市的环境保护响应（C7）安全指数均介于（0.6，0.8]区间，处于区域生态安全分级标准的第Ⅱ级水平；其他 28 个省（区、市）环境保护响应（C7）安全指数均介于（0.4，0.6]区间，处于区域生态安全分级标准的第Ⅲ级水平。这也进一步说明了从社会经济响应（C8）安全状况来看，除北京、上海和天津 3 个直辖市以外，我国各地区的社会经济响应（C8）安全状况整体水平较低。

## 第二节  区域城市化过程的生态安全效应

城市化与生态环境之间相互作用、相互影响。一方面，一个国家或地区城市规模的扩大和城市化水平的提高离不开生态环境的支撑，生态环境条件直接对其区域城市化发展的速度和规模产生制约和反馈；另一方面，人类活动作用下的城市化进程的推进对生态环境施加压力，不仅从生态环境中索取资源与能源，也源源不断地向环境排泄废物，所以区域城市化过程不可避免地要影响生态环境的结构和功能，影响其演变过程。[①] 中国的城市化正在进入城市化较快发展的阶段，中国区域城市化过程中所造成的生态环境问题同样也比较突出。如何认识我国区域城市化发展的基本规律，以及城市化对区域生态安全的影响机制，从而在推进城市化的过程中，提升区域生态安全水平，实现城市化与区域生态环境相互协调，是我国区域社会经济可持续发展的重要课题。本书从人口城市化、经济城市化、社会城市化和空间城市化4个方面分析区域城市化过程的生态安全效应。

## 一　人口城市化过程的生态安全效应

人口城市化水平是衡量一个国家或地区城市化发展水平最基本的指标之一。人口城市化水平变动的主要途径有四个方面：一是城市人口自然增长；二是农村人口向城市迁移引致的城市人口数量的机械变动；三是农村人口就地城市化过程，城市的辐射和带动作用引致的农村人口城市化，即随着农村社会经济发展，农村人口通过就地转化为非农产业就业人口，进而成为具有城市生活方式的人口；四是其他途径进入城市的人口。目前，国际上普遍把城市人口占总人口的比重作为人口城市化水平的判断标准，也往往作为狭义上的城市化指标。除了某一地区城市人口占该地区总人口的比重，即人口城市化率这一最基本的指标外，还有人口非农化率、劳动力非农化率、城市人口密度等反映人口城市化水平的指标。

从人口学视角研究城市化过程，可以认为人口城市化即狭义的城市化。我国人口学界主要是用城镇人口占总人口的比重来衡量国家或区域的人口城市化发展程度。从这个角度看，城市化对区域生态安全的积极作用，首先体现在城市人口有序聚集对区域劳动力和自然资源的合理配置。一个国

---

① 刘耀彬、李仁东、张守忠：《城市化与生态环境协调标准及其评价模型研究》，《中国软科学》2005年第5期。

家或地区的人口在从农业向工业和服务业的职业转换过程中，随着区域社会经济发展对自然资源的集约利用，提高了农业资源的人均占有量，从而促进了耕地等农业资源的集约化和规模化经营，提高了单位人力资源的产出率，使农业生产效益大幅度提高；同时，大量农村人口在地域上由乡村到城市的转换还减轻了对农村资源环境的压力，有利于农村生态环境的保护。

以我国东北地区为例，早在清代，东北地区的地理环境与自然资源就为中原人口的移动与生存提供了广阔的空间，关内大量的民众不顾气候环境的恶劣，向东北地区迁移。[①] 到了 20 世纪 50 年代，我国人口城市化平均水平约为 10%，同期东北地区的人口城市化已经超过 20%。随着前两个五年计划的实施，东北地区工业化和城市化有了较快的发展，在大量农村劳动力转移到城镇地区的同时，来自东北地区以外的具有不同专业技术或组织管理能力的人才资源也大量进入东北老工业基地参与工业化和城市化建设，大量人口向城市的有序流动与迁移对东北地区的城市社会经济的快速发展，以及生产要素资源的集约利用都产生了深远的影响。随着大量农村人口向重工业城镇集聚，在东北地区进入快速的工业化、城市化时期，人口的城市化过程不仅对区域社会经济发展产生了积极的促进作用，而且带动了各级城镇的建设及其周边农村社会的发展，产生了积极的人口集聚效应。

改革开放以后，东北地区人口城市化进入新的发展阶段，大量农村剩余劳动力向乡镇企业和城市工业有序流动与迁移，在一定程度上对于提高区域自然资源的利用效率，产生了积极的影响作用。进入 21 世纪，随着科学发展观的深入贯彻落实，东北地区的城乡经济结构不断调整和优化，城市基础设施建设不断完善，环境保护投资不断增加，环境保护的制度建设和执法力度也不断提高，人们的环境保护观念也随之提高，生态文明观念得到越来越多的认同。这些都为人口城市化过程中的生态安全提供了主观

---

① 赵英兰：《生态环境视域下清代东北地区人口状况解读》，《吉林大学社会科学学报》2009年第 5 期。

和客观条件。

但是，如果区域城市人口过度集聚，对区域生态安全也会产生一定的负面效应。尤其是在城市化快速发展阶段，随着城市人口数量的增加，如果相应区域或者城市的生态环境问题没有得到有效的整治，由城市人口的过度增长所带来的生态环境的消极影响就会日益显著。以城市和农村人口的人均能源消费水平的比较研究为例，我国城市化水平每提高1%，城市居民的能源消费需求将增加3800万吨标准煤。[1] 对我国区域生态安全水平及其城市化相关因素的综合评价研究表明，目前，我国各地区生态安全均不同程度地面临人口发展压力问题。其中，西部地区和东北地区的人口压力相对较小；而中部和东部地区的人口压力相对较大（见图13-4）。

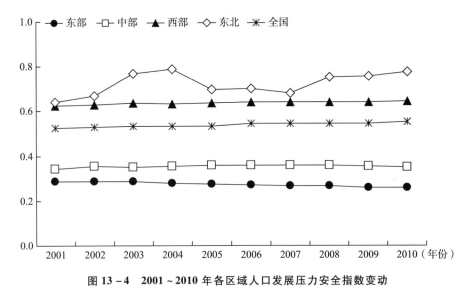

图13-4　2001~2010年各区域人口发展压力安全指数变动

近年来，中部地区是我国城市发展速度最快的地区，甚至快于城市化速度一直较高的东部地区平均水平。中部和西部地区城市化目前正在呈现良好的发展势头，但中部和西部地区城市化发展模式也存在一系列的问题，尤其是各级规模城市的区域集聚和辐射带动作用还不强，因此，人口城市化过程对这两个区域的生态安全产生的负面影响必然大于东部和东北地区。

---

① 郭娅琦：《城市化进程对城市生态环境的影响研究》，硕士学位论文，湖南大学，2007。

东部地区随着人口城市化水平的提升，城市群相对比较发达，城市体系不断完善，从而在推进人口城市化的过程中，城市地域空间也在不断扩展，因而，城市人口密度相对提高幅度较小。另外，东北地区由于人口城市化发展速度相对趋缓，区域城市人口密度提升的幅度也相对小于中部和西部地区。

从中外城市化过程的历史实践来看，在城市化较快发展的阶段，随着城市人口密度不断增大，人口集聚对自然资源消耗也必然会不断增加，同时，城市社会经济发展过程中对城市及其周边生态环境的压力也会随之增加，甚至出现不同程度的生态安全问题。因此，从资源环境承载力的视角量化一个国家或区域的不同类型城市人口合理规模具有重要的意义。但由于人口城市化与区域资源环境之间关系的多元相关性，一个城市区域的人口规模和分布密度受很多社会、经济和自然因素的影响，如会受自然地理、生态环境、社会发展水平、城市经济结构，以及人们的生产、生活方式等一系列条件的制约。因此，对于城市自然资源的人口承载能力的研究仍然是人口城市化研究的重要课题。

## 二  经济城市化过程的生态安全效应

经济城市化是指在社会经济发展过程中，从农村为主体的经济向城市为主体的经济转化，以及城市经济总量增长和质量提升的过程。经济城市化主要包括城市经济总量增长和城市经济结构转变两方面。从经济城市化的角度看，区域城市化过程既是城市社会经济发展的动因，同时，也是工业化、现代化的必然结果。因此，衡量经济城市化发展状况的指标体系既包括反映城市经济增长的相关指标，也包括能够反映城市发展过程中的经济结构和经济效益的指标。进入 21 世纪，随着我国城乡经济结构的不断调整和优化，经济集约与高效发展程度越来越成为衡量新型城市化发展状况的基本指标。因此，经济城市化相关指标具体应该包括：反映城市经济实力水平的基本指标，如国内生产总值、人均国内生产总值；反映城市经济结构的相关指标，如三次产业产值比例、工业化率、第三产业增加值占

GDP 比重等；反映城市经济实力水平的基本指标，如单位 GDP 能耗、人均能源消费水平等。

首先，经济城市化有利于城乡之间产业结构调整，从而带动区域社会经济增长方式的转变，为区域生态环境保护与可持续发展起到积极的推动作用。经济城市化过程是在工业化驱动下开展的，随着工业化和农村城市化的推进，经济城市化在优化城乡及区域间的资源配置过程中发挥了积极的促进作用，因而，经济城市化过程对区域生态安全具有积极作用。特别是 20 世纪 90 年代以来，我国东部地区城市群得到了进一步的发展，城市体系不断完善，城乡一体化步伐加快，环境保护法律法规日益完善。各地区开始逐步转变片面追求经济总量的发展道路，城市生态环境保护投资增加，尤其是对于工业化过程所产生的环境污染治理的力度加强。随着区域经济城市化过程中的产业结构深入调整和优化，其直接的资源环境效应就是区域内单位 GDP 能耗大幅降低，以及化学需氧量排放强度下降，从而对区域生态安全产生了一定的积极效应（见表 13 - 8）。

表 13 - 8　各地区资源环境压力（C2）指标变动情况比较

| 年份 | 指标 | 东部 | 中部 | 西部 | 东北 | 全国 |
|---|---|---|---|---|---|---|
| 2001 | 单位 GDP 能耗（吨标煤/万元） | 1.11 | 1.59 | 1.98 | 1.93 | 1.57 |
| | 化学需氧量排放强度（千克/万元 GDP） | 8.97 | 15.24 | 20.58 | 15.20 | 14.64 |
| | 人均能源消费（吨标煤） | 1.40 | 0.97 | 1.01 | 1.92 | 1.18 |
| 2010 | 单位 GDP 能耗（吨标煤/万元） | 0.72 | 0.98 | 1.20 | 1.08 | 0.81 |
| | 化学需氧量排放强度（千克/万元 GDP） | 1.81 | 3.68 | 4.51 | 3.57 | 3.09 |
| | 人均能源消费（吨标煤） | 3.32 | 2.36 | 2.70 | 3.69 | 2.42 |
| 2010 年比 2001 年增加 | 单位 GDP 能耗（吨标煤/万元） | - 0.39 | - 0.62 | - 0.78 | - 0.85 | - 0.76 |
| | 化学需氧量排放强度（千克/万元 GDP） | - 7.16 | - 11.57 | - 16.08 | - 11.63 | - 11.56 |
| | 人均能源消费（吨标煤） | 1.92 | 1.39 | 1.69 | 1.77 | 1.24 |

资料来源：《中国区域经济统计年鉴》（2002～2011 年）、《中国统计年鉴》（2000～2011 年）。

其次，城市经济的发展对乡村人口向城市迁移产生了外吸力，城市工业和服务业的发展对大量劳动力产生需求，城市经济扩张过程也为农村剩余劳动力的转移提供了可能，随着城乡间的生产要素资源的优化配置，区域经济城市化必然带动大量的劳动力资源从传统产业部门向现代工业和服务业部门转移。改革开放以后，随着沿海地区城市化进程的推进，我国区域城市经济进入了新的发展阶段，经济城市化过程往往意味着产业结构的调整，尤其是城市第三产业的不断发展，必然带动劳动力就业结构的变迁。统计表明，进入 21 世纪以来，我国各区域第三产业从业人员比重不断上升（见图 13 - 5）。随着农村城市化和城乡之间劳动力资源的流动，经济城市化促进了农村剩余劳动力的产业转移，不仅提升了农业资源的利用效率，而且也会对农村人口、社会、经济与资源环境的协调发展产生积极效应。

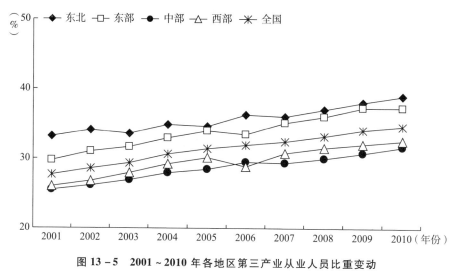

图 13 - 5　2001 ~ 2010 年各地区第三产业从业人员比重变动

当然，在工业化与城市化快速发展的阶段，经济城市化过程对区域生态安全也有其负面影响，主要原因在于：在区域城市化与城市经济增长过程中，随着产业集聚和城市经济总量的增长，区域产业结构、能源消费结构矛盾日益显现，从而发生资源供求矛盾、环境污染和生态破坏等一系列生态环境安全问题。

首先，工业化和城市化过程加剧了城市经济增长与自然资源的供求矛盾。在经济城市化过程中，工业生产的扩张和人口的集聚，必然要求不断增加能源、土地、淡水等自然资源的供给。统计表明，2001～2010 年，我国东部、中部、西部和东北地区的人均能源消费水平大幅提升；与此同时，东部、中部和西部人均耕地面积分别减少了 0.17 亩、0.06 亩和 0.17 亩（见表 13 - 9）。

表 13 - 9　各地区资源环境压力（C2）指标变动情况比较

| 年份 | 指标 | 东部 | 中部 | 西部 | 东北 | 全国 |
| --- | --- | --- | --- | --- | --- | --- |
| 2001 | 人均能源消费（吨标煤） | 1.40 | 0.97 | 1.01 | 1.92 | 1.18 |
| | 人均耕地面积（亩） | 0.94 | 1.18 | 2.04 | 2.71 | 1.51 |
| | 人均水资源量（立方米） | 1190.62 | 1044.57 | 4641.55 | 1173.83 | 2078.40 |
| 2010 | 人均能源消费（吨标煤） | 3.32 | 2.36 | 2.70 | 3.69 | 2.42 |
| | 人均耕地面积（亩） | 0.77 | 1.13 | 1.87 | 3.03 | 1.36 |
| | 人均水资源量（立方米） | 1269.26 | 1961.00 | 4249.87 | 1959.70 | 2310.41 |
| 2010 年比 2001 年 增加 | 人均能源消费（吨标煤） | 1.92 | 1.39 | 1.69 | 1.77 | 1.24 |
| | 人均耕地面积（亩） | -0.17 | -0.06 | -0.17 | 0.32 | -0.15 |
| | 人均水资源量（立方米） | 78.64 | 916.43 | -391.69 | 785.88 | 232.00 |

资料来源：《中国区域经济统计年鉴》（2002～2011 年）、《中国统计年鉴》（2000～2011 年）。

其次，城市化过程产生的环境污染效应，随着工业垃圾和城市生活垃圾排放的增加，会形成危害巨大的综合污染源，各种垃圾堆放产生的大量的氨、氮和硫化物等有害物质对土地、水源和空气都会产生不同程度的污染。据研究，每吨垃圾在厌氧情况下可产生甲烷气体 4.4 立方米。通常，堆存 1 万吨固体废弃物要占用 1 亩土地，而受污染的土地面积要比堆存占用土地面积大 1～2 倍，并且这种破坏是不可逆转的。[①] 以东北地区为例，东北地区城市化与工业化有深厚的历史渊源，所以城市化的环境影响与工业化造成的影响是密不可分的。1991～1999 年，东北地区仅工业固体废弃物堆放就占地 8.24 亿平方米，1991～1995 年占用耕地 3176 公顷。并且在堆存堆埋过程中，其有毒有害成分会破坏土壤中微生物的生存条件。现阶段，东北地区城市污染物结构中，工业性污染比重下降，而生活性污染正逐渐转

---

① 衣保中：《东北地区城镇化中的生态环境问题与可持续发展对策》，《南阳师范学院学报》（社会科学版）2006 年第 5 期。

变为主要污染源。除了污染以外，城市经济的发展过程中还会出现水资源不足的供求矛盾。由于供给水源水质和水量的原因，东北很多城区地下水长期处于超采状态，从而导致局部地区的地下水水位持续下降，形成地下漏斗，并引发地面塌陷、沿海地区海水倒灌等一系列环境问题，严重影响了地下水水质并对区域生态环境产生不利影响。[①]

## 三 社会城市化过程的生态安全效应

社会城市化过程是指，一个国家或地区人口的生活方式由农村生活方式为主向城市生活方式为主的转化过程。从社会学的视角研究城市化过程，我们更加关注一个国家或地区人口由农村向城市的转移而带来的城乡社会发展，其间，既包括城市建设水平的提升，也包含城市社会管理、城市公共服务、城市人口就业、居民生活水平和质量、城乡发展差距、城市社会保障和城市社会和谐状况等相关指标。因此，社会城市化相关指标具体应该包括：反映城乡居民生活水平的基本指标，如城镇居民人均可支配收入、农村居民人均纯收入；反映城市居民生活质量的基本指标，如城市用水普及率、城市燃气普及率、每万人拥有公共交通车辆、人均住宅面积、城市人均公共绿地面积、每万人拥有公共厕所（座）和恩格尔系数；反映城市社会和谐与社会保障的基本指标，如基尼系数、公共教育经费占 GDP 比重、R&D 经费占 GDP 比重、城镇登记失业率、基本养老保险参保率、基本医疗保险覆盖率等指标。

21 世纪以来，我国城市基础设施建设和各项社会事业建设取得了新的发展。从总体上看，各地区城市社会事业都有了很大发展。2001~2010 年，反映我国东部、中部、西部和东北地区城市化与城市社会事业发展状况的主要指标都有不同程度的改善或提高（见表 13 - 10），从而说明区域社会城市化过程在总体上有利于区域生态安全水平的提升。

---

[①] 翟金良、何岩、邓伟：《东北地区城市水资源环境问题及其对策》，《城市环境与城市生态》2003 年第 3 期。

表 13 - 10　各地区地区城市化与城市社会发展状况变动

| 年份 | 地区 | 工业化率（%） | 城市人均公共绿地面积（平方米） | 每万人拥有公共交通车辆（标台） | 公共教育经费占GDP比重（%） | R&D经费占GDP比重（%） | 城市燃气普及率（%） | 第三产业增加值占GDP比重（%） |
|---|---|---|---|---|---|---|---|---|
| 2001 | 东部 | 42.79 | 9.17 | 10.51 | 1.18 | 2.62 | 81.09 | 40.38 |
| | 中部 | 38.19 | 7.18 | 8.59 | 0.60 | 2.63 | 51.06 | 35.69 |
| | 西部 | 31.86 | 6.44 | 9.48 | 0.87 | 3.97 | 41.90 | 38.28 |
| | 东北 | 44.07 | 6.53 | 8.12 | 0.85 | 2.71 | 68.52 | 37.11 |
| 2010 | 东部 | 44.09 | 12.65 | 10.37 | 2.03 | 2.38 | 98.25 | 44.33 |
| | 中部 | 45.68 | 9.88 | 8.28 | 1.16 | 3.00 | 86.20 | 34.56 |
| | 西部 | 42.19 | 10.24 | 9.53 | 1.07 | 4.45 | 84.62 | 36.87 |
| | 东北 | 46.21 | 10.58 | 9.68 | 1.30 | 2.77 | 88.99 | 36.87 |
| 2010 年比 2001 年增加 | 东部 | 1.30 | 3.47 | -0.13 | 0.84 | -0.24 | 17.16 | 3.95 |
| | 中部 | 7.49 | 2.70 | -0.31 | 0.57 | 0.37 | 35.14 | -1.13 |
| | 西部 | 10.34 | 3.79 | 0.05 | 0.20 | 0.47 | 42.72 | -1.41 |
| | 东北 | 2.15 | 4.05 | 1.56 | 0.45 | 0.06 | 20.47 | -0.25 |

资料来源：《中国区域经济统计年鉴》（2002～2011 年）、《中国统计年鉴》（2000～2011 年）。

　　社会城市化过程从主、客观两个方面对区域生态安全产生积极效应。首先，社会城市化过程通过城市各项社会事业的不断发展，为区域城市社会、经济与资源环境的协调和可持续发展提供日益完善的城市基础设施条件，制度、法律保障，以及城市市民自觉保护人居环境的价值观念和社会文化氛围，从而为区域城市社会经济可持续的发展提供基础保障、制度条件和人文环境。其次，大中城市的集中供热、燃气化等的改造和普及推广，减轻了区域内城市的生活污染压力，改善了这些城市的生活环境状况；同时，大中城市的经济结构不断调整和优化，也减轻了对区域生态安全的影响。然而，在一些小城市和小城镇，城市基础设施建设还落后于大中城市，尤其是一些小城镇的城市功能尚不完善，城市社会事业发展还远不适应生态环境保护的要求，甚至存在制约区域生态安全的因素。

## 四　空间城市化过程的生态安全效应

　　空间城市化是指在城市化过程中，随着城市人口的集聚和城市社会经济发展，城市地域空间扩张的过程。

一个国家或地区城市化加快发展阶段一般都会出现显著的城市空间不断拓展的过程，在空间城市化过程会占用很多土地资源，与此同时，也会改变甚至破坏城市及其周边的生态环境，从而改变城市生态系统服务功能。在城市空间城市化过程中，人口的城乡分布以及城市人口规模结构都在不断地变化，这也是城市体系的发育与完善的过程。因此，空间城市化相关指标具体应该包括：反映城市建设和市政设施等城市基础设施状况的基本指标，如城区面积、城市建成区面积、城市当年征用土地、年末实有道路长度、年末实有道路面积、城市污水日处理能力、人均城市道路面积等；反映城市资源利用状况的指标，如人均水资源量、人均一次能源生产量等。

城市用地范围的不断扩大往往是空间城市化过程最显著的标志之一。空间城市化过程对区域生态安全同样具有积极影响或压力作用，其综合效应取决于城市规划与建设的科学性和合理性。空间城市化过程的区域生态安全效应主要取决于城市化对土地、淡水、生物资源等的节约和集约利用方面。统计表明：合理的城市建设规划可以节约建设用地 5% ~ 10%，每个城市人口实际占地为 7 ~ 17 平方米，小城镇建设用地大约 1/3 是耕地。同样面积的土地，城镇建设要比农村建设多出 70% 以上的使用面积。[①] 如果一个城市的土地、淡水、生物资源等自然资源的产出率高于农村地区，则空间城市化过程对区域生态安全将会产生积极的作用；反之，如果城市化过程中以大量占用周边农村耕地等自然资源，甚至破坏自然生态环境为代价，则空间城市化过程将会对区域生态安全造成负面影响。

研究表明，进入 21 世纪以来，我国各地区的城市人口密度总体上呈现逐年提升的趋势。根据国家统计局资料，2001 年，东部、中部、西部和东北地区的城市人口密度分别为 1180 人/平方公里、918 人/平方公里、325 人/平方公里和 457 人/平方公里，全国城市人口密度的平均水平为 588 人/平方公里；2010 年，东部、中部、西部和东北地区的城市人口密度分别为

---

[①] 时丽艳、王力、何冬晓：《国土与自然资源研究》，《农村城镇化与生态环境》2008 年第 1 期。

2004.49 人/平方公里、3010.12 人/平方公里、2244.60 人/平方公里和 2164.98 人/平方公里，全国城市人口密度的平均水平为 2209.00 人/平方公里。2001 年，东部是我国人口密度最高的地区，西部是人口密度最低的地区；2010 年，中部成为我国人口密度最高的地区，其次是西部地区，而东部成为我国城市人口密度最低的地区。2001～2010 年，东部、中部、西部、东北地区和全国城市人口密度增加的倍数分别为 0.7 倍、2.3 倍、5.9 倍、3.7 倍和 2.8 倍（见表 13 – 11）。

表 13 – 11　2001～2010 年各地区城市人口密度变动比较

单位：人/平方公里

| 年份 | 东部 | 中部 | 西部 | 东北 | 全国 |
|---|---|---|---|---|---|
| 2001 | 1180.00 | 918.00 | 325.00 | 457.00 | 588.00 |
| 2002 | 1168.87 | 960.64 | 480.80 | 609.31 | 754.00 |
| 2003 | 1310.86 | 1206.95 | 459.24 | 613.24 | 847.00 |
| 2004 | 1360.92 | 1295.91 | 464.89 | 601.81 | 865.00 |
| 2005 | 1261.09 | 1354.86 | 491.18 | 609.44 | 870.20 |
| 2006 | 2182.36 | 2826.53 | 1984.26 | 2333.30 | 2238.15 |
| 2007 | 1994.69 | 2950.47 | 1896.75 | 2108.20 | 2104.00 |
| 2008 | 1921.90 | 2953.41 | 1955.25 | 2134.60 | 2080.00 |
| 2009 | 1979.84 | 2913.73 | 2136.43 | 2138.67 | 2147.00 |
| 2010 | 2004.49 | 3010.12 | 2244.60 | 2164.98 | 2209.00 |
| 2001～2010 年增加 | 824.49 | 2092.12 | 1919.60 | 1707.98 | 1621.00 |
| 2006～2010 年增加 | – 177.87 | 183.58 | 260.34 | – 168.32 | – 29.15 |

资料来源：《中国区域经济统计年鉴》（2002～2011 年）、《中国统计年鉴》（2000～2011 年）。

由此可见，进入 21 世纪以来，我国各区域城市人口密度普遍大幅度提升。但由于城市化发展模式不同，各区域的城市人口密度变动特征也不同，从而对区域的生态安全的影响效应也有所不同。

中国科学院遥感应用研究所王雷等根据同一数据源的陆地卫星 TM 和 ETM＋影像，首次从 1990 年、2000 年和 2010 年基准年图像上以人工解译方法为主获得我国所有城市 20 年间建成区分布范围，结果表明：我国城市化在过去 20 年间呈指数增长了 2 倍多；我国城市建成区面积由 1990 年东北较高，转变为 2010 年东南沿海的江苏、广东、山东、浙江领先的格局；我国城市化所占的土地主要来自耕地，大约有 17750 平方千米的耕地被城市化。研究显示，我国城市建成区面积由 1990 年的 12252.9 平方千米，发展到 2000 年的 21847.64 平方千米，再到 2010 年的 40533.8 平方千米，2000 年较 1990 年增长了 78.3%，2010 年较 2000 年增长了 85.5%，1990~2010 年城市建成区面积增量是我国截至 1990 年城市建成区面积总和的 2.31 倍。[①]

以不同人口规模城市的地理空间分布为主要标志的城市体系的形成、发展与完善是一个国家或区域空间城市化健康发展的基本特征。在区域城市体系尚未完善，城市空间在向外扩展的同时，城市土地利用结构也随之发生变化。城市用地的扩张不仅改变了土地利用结构，还导致生态系统服务价值的损失。生态系统服务功能是指生态系统与生态过程所形成及所维持的人类赖以生存的自然环境条件与效用。它不仅为人类提供了食品、医药及其他生产、生活原料，还创造与维持了地球生命支持系统，形成了人类生存所必需的环境条件。[②] 根据谢高地等确定的中国陆地生态系统单位面积生态服务价值系数，东北地区在 1990~2000 年共损失生态系统服务价值 $13201.7 \times 106$ 元。[③] 城市空间扩张对生态环境的影响主要表现为建设用地面积的增加与耕地、林地、草地、湿地等用地面积的不断缩减，生态系统服务价值的损失以及城市"热岛效应"的加强。例如，在快速城市化进程中，我国东北地区建设用地面积不断增长，1990~2000 年增加了 196934 公顷，其中有 178361 公顷来自耕地，8435 公顷来自林地，7442 公顷来自草地，2695 公顷来自未利用地。[④]

---

① 王雷等：《中国 1990~2010 年城市扩张卫星遥感制图》，《科学通报》2012 年第 16 期。
② 欧阳志云、王如松、赵景柱：《生态系统服务功能及其生态经济价值评价》，《应用生态学报》1999 年第 5 期。
③ 张凤太、苏维词、赵卫权：《基于土地利用/覆被变化的重庆城市生态系统服务价值研究》，《生态与农村环境学报》2008 年第 3 期。
④ YanSui Liu, DaWei Wang, "Land Use/Cover Changes, the Environment and Water Resources in Northeast China", *Environment Management* 36 (5), 2005, pp. 691 – 701.

# 第十四章　区域城市化模式与生态安全
# 关系综合评价

## 第一节　区域城市化水平与生态安全的动态演进

区域城市化水平及其生态安全特征的时间序列分析，既是明确区域城市化发展模式与生态安全协同演进过程的基础，也是预测未来区域城市化与生态安全发展趋势的前提。一个国家或地区的城市化及生态安全特征与该国家或区域社会经济的动态发展过程密切相关，系统比较分析 2001 ~ 2010 年我国各区域生态安全综合评价结果，我们可以进一步发现东部、中部、西部和东北地区，以及各省（区、市）的城市化与生态安全状况的演变规律。本章选取了东部、中部、西部和东北地区 2001 ~ 2010 年生态安全评价结果，比较研究各区域城市化水平与生态安全综合指数（ESCI）演进特征。

### 一　区域城市化水平演进动态比较分析

从 2001 ~ 2010 年各区域城市化发展水平比较来看，东部、中部、西部和东北地区历年的城市化水平及其与全国的平均水平的比较有所不同。东部地区和东北地区城市化水平始终在高于全国城市化平均水平的基础上逐步提升，而中部和西部地区城市化水平始终在低于全国城市化平均水平的基础上逐步提升；其中，2008 年及以前，东北地区始终是我国城市化水平最高的区域，但由于东部城市化的持续快速发展，2009 年，东北地区城市化水平最高的优势开始被东部地区所取代，东部地区开始成为我国城市化水平最高的区域；中部地区历年的城市化水平均略高于西部地区，中部和西部地区的城市化水平始终低于全国的平均水平，其中，西部地区一直是我国城市化水平最低的区域（见图14－1）。

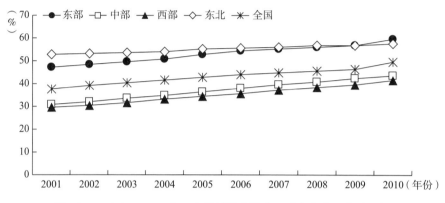

图14－1 2001～2010年四大区域及全国人口城市化水平变动趋势

从2001～2010年各区域城市化发展速度比较来看，2001～2010年，各区域城市化发展速度存在不同程度的差异，主要表现为东部、中部、西部地区城市化发展均保持持续快速发展的势头，而东北地区的城市化发展速度明显低于其他区域城市化发展速度。其中，东北地区城市化水平从2001的52.76%提升到2010年的57.62%，年均提升幅度0.54个百分点，并于2009年开始落后于东部地区的城市化水平；而在此期间，东部、中部、西部的城市化水平提升幅度均超过10个百分点，年均提升幅度超过1个百分点（见表14－1）。

表14－1 2001～2010年各区域城市化水平

单位：%

| 年份 | 东部 | 中部 | 西部 | 东北 | 全国 |
|---|---|---|---|---|---|
| 2001 | 47.03 | 30.76 | 29.60 | 52.76 | 37.66 |
| 2002 | 48.57 | 32.19 | 30.48 | 53.11 | 39.09 |
| 2003 | 49.77 | 33.44 | 31.60 | 53.72 | 40.53 |
| 2004 | 50.99 | 34.95 | 33.03 | 54.13 | 41.76 |
| 2005 | 52.93 | 36.54 | 34.57 | 55.15 | 42.99 |

续表

| 年份 | 东部 | 中部 | 西部 | 东北 | 全国 |
|---|---|---|---|---|---|
| 2006 | 54.25 | 38.00 | 35.75 | 55.53 | 43.90 |
| 2007 | 55.18 | 39.41 | 37.01 | 55.81 | 44.94 |
| 2008 | 55.89 | 40.92 | 38.32 | 56.69 | 45.68 |
| 2009 | 56.91 | 42.26 | 39.52 | 56.88 | 46.59 |
| 2010 | 59.70 | 43.58 | 41.43 | 57.62 | 49.68 |
| 2001~2010 年年均<br>提升百分点 | 1.41 | 1.42 | 1.31 | 0.54 | 1.34 |
| 2005~2010 年年均<br>提升百分点 | 1.35 | 1.41 | 1.37 | 0.49 | 1.34 |

资料来源：《中国区域经济统计年鉴》,《中国统计年鉴》。

区域城市化水平演进动态比较分析表明：2005~2010 年，东部、中部和东北地区的城市化增速有所减缓，西部地区城市化增速有所提升；目前中部地区不仅是四大区域中生态安全提升速度最快的区域，而且也是城市化发展速度最快的区域；东北地区城市化不仅发展速度明显趋缓，而且从 2009 年开始，东北地区城市化发展水平领先的地位不复存在。

## 二　区域生态安全演进动态的比较分析

从各区域生态安全总体水平比较来看，2001~2010 年，东北地区历年的生态安全综合指数（A）均保持全国最高水平；东部和西部地区历年的生态安全综合指数（A）与全国平均水平差距不大，其中，东部地区略高于西部地区；中部地区历年的生态安全综合指数（A）均处于全国最低水平（见图 14-2）。

另外，从各区域城市化与生态安全发展速度来看，2001 年，东部、中部、西部和东北地区的生态安全综合指数分别为 0.4496、0.3804、0.4424 和 0.4933，2010 年，东部、中部、西部和东北地区的生态安全综合指数分别为 0.5737、0.5277、0.5600 和 0.6345。其间，东部、中部、西部和东北地区的生态安全综合指数分别提高了 0.1241、0.1473、0.1176 和 0.1412，年均提升水平分别为 0.0138、0.0164、0.0131、0.0157。可以看出，中部地区生态安全综合指数提升幅度最大，其次是东北地区，再次是东部地区，

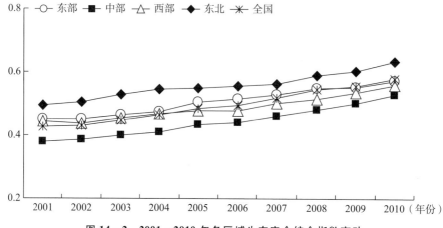

图 14-2　2001～2010 年各区域生态安全综合指数变动

西部提升幅度最小。进一步考察 2005～2010 年各区域生态安全水平提升速度，中部地区仍然是生态安全综合指数提升速度最快的地区，而东部地区生态安全综合指数提升速度相对最小（见表 14-2）。

表 14-2　2001～2010 年各区域生态安全综合指数比较（ESCI）

| 年份 | 东部 | 中部 | 西部 | 东北 |
|---|---|---|---|---|
| 2001 | 0.4496 | 0.3804 | 0.4424 | 0.4933 |
| 2002 | 0.4519 | 0.3868 | 0.4369 | 0.5052 |
| 2003 | 0.4645 | 0.4011 | 0.4553 | 0.5283 |
| 2004 | 0.4740 | 0.4111 | 0.4663 | 0.5457 |
| 2005 | 0.5042 | 0.4329 | 0.4783 | 0.5502 |
| 2006 | 0.5136 | 0.4412 | 0.4790 | 0.5560 |
| 2007 | 0.5284 | 0.4604 | 0.5013 | 0.5614 |
| 2008 | 0.5494 | 0.4823 | 0.5169 | 0.5902 |
| 2009 | 0.5514 | 0.5020 | 0.5370 | 0.6020 |
| 2010 | 0.5737 | 0.5277 | 0.5600 | 0.6345 |
| 2001～2010 年年均提升 | 0.0138 | 0.0164 | 0.0131 | 0.0157 |
| 2005～2010 年年均提升 | 0.0139 | 0.0190 | 0.0163 | 0.0169 |

## 三　区域城市化与生态安全的协同演进

根据城市化发展阶段理论，从城市化过程的时间阶段性角度看，区域城市化历史进程大致可以分为起步阶段（＜30%）、加速发展阶段（30%～70%）和成熟阶段（＞70%）三大阶段。根据区域城市化的发展速度，我们又可以把城市化加速发展阶段大致分为加速发展初期（30%～40%）、加速发展中期（40%～50%）和加速发展后期（50%～70%）。2010年，东部和东北地区城市化水平均接近60%，而中部和西部地区刚刚超过40%，显然，东部和东北地区城市化处于加速发展后期阶段，而中部和西部地区城市化处于加速发展中期阶段（见表14-1）。分省（区、市）来看，2001～2010年，除上海、西藏、吉林和黑龙江以外，其他省（区、市）城市化发展均呈现较快或者快速的发展趋势。

从各区域生态安全发展状态来看，除2001～2002年中部地区的生态安全综合指数（A）小于0.4，以及2009年和2010年东北地区的生态安全综合指数超过0.6以外，历年东部、中部、西部和东北地区以及全国平均水平的生态安全综合指数（A）均介于（0.4，0.6］区间，处于区域生态安全分级标准的第Ⅲ级水平，即"基本安全"的"敏感状态"。在研究的31个省（区、市）中，除西藏自治区的生态安全综合指数略有降低以外，其他各省（区、市）生态安全水平均呈现平缓上升的趋势（见表14-3）。

表14-3　各地区城市化水平及生态安全综合指数变动

| 地区 | | 人口城市化率（%） | | | 生态安全综合指数（ESCI） | | |
|---|---|---|---|---|---|---|---|
| | | 2001年 | 2010年 | 2001～2010年年均提升百分点 | 2001年 | 2010年 | 2001～2010年年均提升 |
| 东部 | 北京 | 78.10 | 85.96 | 0.87 | 0.5463 | 0.6516 | 0.0117 |
| | 天津 | 72.08 | 79.55 | 0.83 | 0.4516 | 0.5623 | 0.0123 |
| | 河北 | 30.70 | 43.94 | 1.47 | 0.3573 | 0.4873 | 0.0144 |
| | 上海 | 88.40 | 89.30 | 0.10 | 0.4659 | 0.5081 | 0.0047 |
| | 江苏 | 42.60 | 60.22 | 1.96 | 0.3945 | 0.5236 | 0.0143 |
| | 浙江 | 50.90 | 61.62 | 1.19 | 0.4884 | 0.5778 | 0.0099 |
| | 福建 | 42.57 | 57.09 | 1.61 | 0.4829 | 0.5918 | 0.0121 |
| | 山东 | 39.00 | 49.70 | 1.19 | 0.3922 | 0.5026 | 0.0123 |
| | 广东 | 56.09 | 66.18 | 1.12 | 0.4557 | 0.6216 | 0.0184 |
| | 海南 | 41.38 | 49.80 | 0.94 | 0.4998 | 0.6249 | 0.0139 |

| 地区 | | 人口城市化率（%） | | | 生态安全综合指数（ESCI） | | |
|------|------|------|------|------|------|------|------|
| | | 2001 年 | 2010 年 | 2001～2010 年年均提升百分点 | 2001 年 | 2010 年 | 2001～2010 年年均提升 |
| 东部 | 东部 | 47.03 | 59.70 | 1.41 | 0.4496 | 0.5737 | 0.0138 |
| 中部 | 山西 | 35.09 | 48.05 | 1.44 | 0.3734 | 0.5073 | 0.0149 |
| | 江西 | 30.40 | 44.06 | 1.52 | 0.4255 | 0.5825 | 0.0174 |
| | 安徽 | 29.30 | 43.01 | 1.52 | 0.3811 | 0.5301 | 0.0166 |
| | 河南 | 24.40 | 38.50 | 1.57 | 0.3372 | 0.4413 | 0.0116 |
| | 湖北 | 40.80 | 49.70 | 0.99 | 0.3900 | 0.5399 | 0.0167 |
| | 湖南 | 30.80 | 43.30 | 1.39 | 0.4066 | 0.5319 | 0.0139 |
| | 中部 | 30.76 | 43.58 | 1.42 | 0.3804 | 0.5277 | 0.0164 |
| 西部 | 重庆 | 37.40 | 53.02 | 1.74 | 0.4124 | 0.5750 | 0.0181 |
| | 四川 | 27.20 | 40.18 | 1.44 | 0.4362 | 0.5568 | 0.0134 |
| | 贵州 | 23.96 | 33.81 | 1.09 | 0.4061 | 0.5187 | 0.0125 |
| | 云南 | 24.86 | 34.70 | 1.09 | 0.4821 | 0.5925 | 0.0123 |
| | 西藏 | 19.53 | 22.67 | 0.35 | 0.5426 | 0.5357 | −0.0008 |
| | 广西 | 28.20 | 40.00 | 1.31 | 0.4525 | 0.5495 | 0.0108 |
| | 陕西 | 33.62 | 45.76 | 1.35 | 0.4282 | 0.5975 | 0.0188 |
| | 甘肃 | 24.51 | 35.97 | 1.27 | 0.4212 | 0.5240 | 0.0114 |
| | 青海 | 36.32 | 44.72 | 0.93 | 0.4894 | 0.5154 | 0.0029 |
| | 宁夏 | 33.32 | 47.90 | 1.62 | 0.4275 | 0.4971 | 0.0077 |
| | 新疆 | 33.75 | 43.01 | 1.03 | 0.4650 | 0.4994 | 0.0038 |
| | 内蒙古 | 43.54 | 55.50 | 1.33 | 0.4396 | 0.5703 | 0.0145 |
| | 西部 | 29.60 | 41.43 | 1.32 | 0.4424 | 0.5600 | 0.0131 |
| 东北 | 辽宁 | 55.00 | 62.10 | 0.79 | 0.4433 | 0.5724 | 0.0143 |
| | 吉林 | 49.80 | 53.35 | 0.39 | 0.4730 | 0.6273 | 0.0171 |
| | 黑龙江 | 52.38 | 55.56 | 0.35 | 0.5268 | 0.6386 | 0.0124 |
| | 东北 | 52.76 | 57.62 | 0.54 | 0.4933 | 0.6345 | 0.0157 |
| 全国 | | 37.66 | 49.68 | 1.34 | 0.4288 | 0.5806 | 0.0169 |

以上的分析表明，进入 21 世纪以来，无论从东部、中部、西部和东北四大区域角度，还是从省（区、市）的角度，我国区域城市化与生态安全在时间序列上呈现协同演进的态势（见图 14－3、图 14－4、图 14－5、图 14－6）。

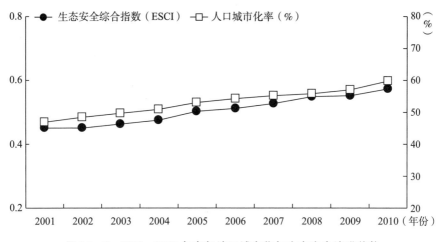

图 14 – 3  2001～2010 年东部地区城市化与生态安全演进趋势

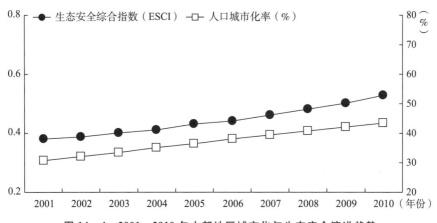

图 14 – 4  2001～2010 年中部地区城市化与生态安全演进趋势

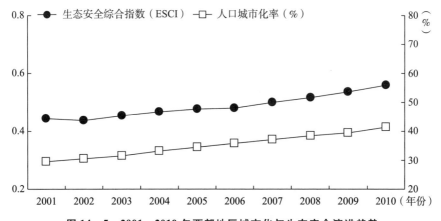

图 14 – 5  2001～2010 年西部地区城市化与生态安全演进趋势

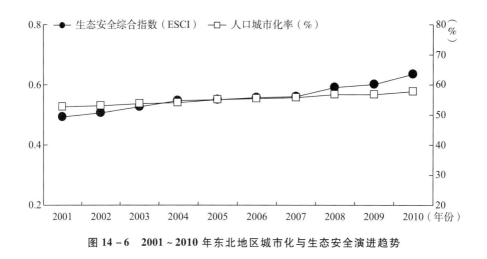

图 14-6　2001~2010 年东北地区城市化与生态安全演进趋势

## 第二节　区域城市化质量对生态安全的影响评价

### 一　城市化发展压力因素与生态安全水平

城市化作为一种社会经济的转化过程，不仅包括人口的城市化、城市空间的扩张、城市经济的增长以及城市社会事业的发展，而且还包括其中的城市生产方式和生活方式的扩展过程。因此，城市化对区域生态安全的影响作用是相当广泛而深刻的。区域生态安全评价指标体系综合考虑了各项反映城市化发展质量的相关指标的影响作用。城市化发展压力（C3）指标体系是由工业化率、单位水资源工业废水负荷、城市人口密度和二氧化硫排放强度 4 项具体指标构成；城市化发展状况（C6）指标体系是由每万人拥有公共交通车辆、人口城市化率、城镇居民人均可支配收入 3 项具体指标构成；城市化发展响应（C9）指标体系是由第三产业增加值占 GDP 比重、城市人均公共绿地面积和城市燃气普及率 3 项具体指标构成。这 10 项具体指标能够在一定程度上反映区域城市化发展的质量。

首先，比较东部、中部、西部和东北各区域城市化发展压力（C3）安全指数。从 2010 年的区域城市化发展压力（C3）安全指数评价结果来看，东部和东北地区的城市化发展压力（C3）安全指数高于中部和西部地区，但四大区域的城市化发展压力（C3）安全指数均介于〔0.4，0.6〕区间，处于区域生态安全分级标准的第Ⅲ级水平，即"基本安全"的"敏感状态"。这表明，从区域角度看，我国各区域工业化和城市化过程中均存在着不同程度的对生态安全的制约因素。

从区域城市化发展压力（C3）安全指数的变动过程来看，2001 年，东部、中部、西部和东北地区城市化发展压力（C3）安全指数分别为 0.4410、0.4418、0.5087 和 0.4270，2010 年，东部、中部、西部和东北地区城市化发展压力（C3）安全指数分别为 0.5521、0.5218、0.5296 和 0.5368。2001～2010 年，东部、中部、西部和东北地区城市化发展压力（C3）安全指数分别提升了 0.1111、0.0800、0.0209 和 0.1098。2001 年，东部和东北地区的城市化发展压力（C3）安全指数相对低于中部和西部地区，而到 2010 年，东部和东北地区的城市化发展压力（C3）安全指数却相对高于中部和西部地区，说明东部和东北地区城市化发展对生态安全的压力要相对小于中部和西部地区（见表 14 - 4）。

表 14 - 4　各区域城市化发展质量因素对生态安全影响变动比较

| 年份 | 指标 | 东部 | 中部 | 西部 | 东北 | 全国 |
|---|---|---|---|---|---|---|
| 2001 | 区域生态安全综合指数（A） | 0.4496 | 0.3804 | 0.4424 | 0.4933 | 0.4288 |
| | 城市化发展压力安全指数（C3） | 0.4410 | 0.4418 | 0.5087 | 0.4270 | 0.4218 |
| | 城市化发展状况安全指数（C6） | 0.4818 | 0.3491 | 0.3674 | 0.4131 | 0.4164 |
| | 城市化发展响应安全指数（C9） | 0.6910 | 0.5520 | 0.5371 | 0.5739 | 0.5627 |
| 2010 | 区域生态安全综合指数（A） | 0.5737 | 0.5277 | 0.5600 | 0.6345 | 0.5806 |
| | 城市化发展压力安全指数（C3） | 0.5521 | 0.5218 | 0.5296 | 0.5368 | 0.5857 |
| | 城市化发展状况安全指数（C6） | 0.6066 | 0.5080 | 0.5240 | 0.5846 | 0.5584 |
| | 城市化发展响应安全指数（C9） | 0.7987 | 0.6737 | 0.6985 | 0.7149 | 0.7792 |
| 2001～2010 年提升幅度 | 区域生态安全综合指数（A） | 0.1241 | 0.1472 | 0.1176 | 0.1412 | 0.1518 |
| | 城市化发展压力安全指数（C3） | 0.1111 | 0.0800 | 0.0209 | 0.1098 | 0.1639 |
| | 城市化发展状况安全指数（C6） | 0.1248 | 0.1589 | 0.1566 | 0.1715 | 0.1420 |
| | 城市化发展响应安全指数（C9） | 0.1077 | 0.1217 | 0.1614 | 0.1409 | 0.2165 |

其次，比较各省（区、市）城市化发展压力（C3）安全指数，对评价

结果排序分析表明：2010 年，全国 31 个省（区、市）城市化发展压力（C3）安全指数存在很大差别，全国 31 个省（区、市）的城市化发展压力（C3）安全指数评价结果处于生态安全分级标准的 4 个级别。其中，西藏和海南的城市化发展压力（C3）安全指数介于（0.8，1.0］区间，处于区域生态安全分级标准的第Ⅰ级水平，即"高度安全"的"理想状态"；福建、天津、北京、云南、安徽、四川和湖北 7 个省（区、市）的城市化发展压力（C3）安全指数介于（0.6，0.8］区间，处于区域生态安全分级标准的第Ⅱ级水平，即"比较安全"的"良好状态"；黑龙江省等 21 个（区、市）的城市化发展压力（C3）安全指数介于（0.4，0.6］区间，处于区域生态安全分级标准的第Ⅲ级水平，即"基本安全"的"敏感状态"；山西省的城市化发展压力（C3）安全指数全国最低，介于（0.2，0.4］区间，处于区域生态安全分级标准的第Ⅳ级水平，即"较不安全"的"风险状态"（见表 14-5）。

表 14-5　按大小排序的各省（区、市）系统状态安全指数（2010 年）

| 排序 | 生态安全综合指数（A） | | 城市化发展压力安全指数（C3） | | 城市化发展状况安全指数（C6） | | 城市化发展响应安全指数（C9） | |
|---|---|---|---|---|---|---|---|---|
| 1 | 北京 | 0.6516 | 西藏 | 1.0000 | 北京 | 0.7414 | 北京 | 1.0000 |
| 2 | 黑龙江 | 0.6386 | 海南 | 0.9752 | 天津 | 0.6970 | 广东 | 0.7998 |
| 3 | 吉林 | 0.6273 | 福建 | 0.7548 | 青海 | 0.6900 | 浙江 | 0.7937 |
| 4 | 海南 | 0.6249 | 天津 | 0.7161 | 西藏 | 0.6798 | 上海 | 0.7927 |
| 5 | 广东 | 0.6216 | 北京 | 0.7097 | 浙江 | 0.6436 | 海南 | 0.7873 |
| 6 | 陕西 | 0.5975 | 云南 | 0.6561 | 上海 | 0.6315 | 江苏 | 0.7776 |
| 7 | 云南 | 0.5925 | 安徽 | 0.6514 | 江苏 | 0.6192 | 福建 | 0.7640 |
| 8 | 福建 | 0.5918 | 四川 | 0.6480 | 广东 | 0.6119 | 宁夏 | 0.7610 |
| 9 | 江西 | 0.5825 | 湖北 | 0.6191 | 陕西 | 0.6006 | 天津 | 0.7486 |
| 10 | 浙江 | 0.5778 | 黑龙江 | 0.5994 | 福建 | 0.5964 | 山东 | 0.7410 |
| 11 | 重庆 | 0.5750 | 湖南 | 0.5786 | 辽宁 | 0.5942 | 河北 | 0.7275 |
| 12 | 辽宁 | 0.5724 | 吉林 | 0.5747 | 山东 | 0.5680 | 重庆 | 0.7275 |
| 13 | 内蒙古 | 0.5703 | 广西 | 0.5495 | 吉林 | 0.5650 | 黑龙江 | 0.7217 |
| 14 | 天津 | 0.5623 | 江西 | 0.5422 | 宁夏 | 0.5632 | 陕西 | 0.7160 |
| 15 | 四川 | 0.5568 | 浙江 | 0.5388 | 黑龙江 | 0.5593 | 辽宁 | 0.7152 |
| 16 | 广西 | 0.5495 | 广东 | 0.5188 | 湖北 | 0.5536 | 安徽 | 0.7045 |

续表

| 排序 | 生态安全综合指数（A） | | 城市化发展压力安全指数（C3） | | 城市化发展状况安全指数（C6） | | 城市化发展响应安全指数（C9） | |
|---|---|---|---|---|---|---|---|---|
| 17 | 湖北 | 0.5399 | 辽宁 | 0.5159 | 新疆 | 0.5469 | 内蒙古 | 0.7044 |
| 18 | 西藏 | 0.5357 | 江苏 | 0.5108 | 湖南 | 0.5424 | 西藏 | 0.7037 |
| 19 | 湖南 | 0.5319 | 山东 | 0.5084 | 河北 | 0.5349 | 江西 | 0.7019 |
| 20 | 安徽 | 0.5301 | 上海 | 0.5042 | 海南 | 0.5316 | 湖北 | 0.7014 |
| 21 | 甘肃 | 0.5240 | 贵州 | 0.5036 | 内蒙古 | 0.5215 | 吉林 | 0.6936 |
| 22 | 江苏 | 0.5236 | 陕西 | 0.4852 | 重庆 | 0.5197 | 广西 | 0.6888 |
| 23 | 贵州 | 0.5187 | 河北 | 0.4798 | 四川 | 0.5181 | 湖南 | 0.6870 |
| 24 | 青海 | 0.5154 | 重庆 | 0.4766 | 云南 | 0.5073 | 山西 | 0.6853 |
| 25 | 上海 | 0.5081 | 青海 | 0.4676 | 安徽 | 0.4928 | 云南 | 0.6838 |
| 26 | 山西 | 0.5073 | 宁夏 | 0.4392 | 广西 | 0.4918 | 四川 | 0.6832 |
| 27 | 山东 | 0.5026 | 内蒙古 | 0.4276 | 江西 | 0.4904 | 贵州 | 0.6759 |
| 28 | 新疆 | 0.4994 | 甘肃 | 0.4147 | 山西 | 0.4903 | 青海 | 0.6473 |
| 29 | 宁夏 | 0.4971 | 河南 | 0.4106 | 河南 | 0.4757 | 新疆 | 0.6392 |
| 30 | 河北 | 0.4873 | 新疆 | 0.4085 | 贵州 | 0.4562 | 甘肃 | 0.6277 |
| 31 | 河南 | 0.4413 | 山西 | 0.3632 | 甘肃 | 0.4450 | 河南 | 0.5737 |

由此可见，各省（区、市）的城市化发展过程对区域生态安全的压力水平很不平衡，这种不平衡性体现为：一方面，东部、中部、西部和东北各区域城市化发展质量及其对生态安全的压力不平衡；另一方面，各省（区、市）城市化发展压力（C3）安全指数也存在很大差别，全国31个省（区、市）的城市化发展压力（C3）安全指数评价结果处于生态安全分级标准的4个级别，有21个省（区、市）的城市化发展压力（C3）安全指数低于全国平均水平。

通过前面的比较分析表明，东部地区的城市化发展模式相对于其他地区更有利于减缓城市化发展过程对生态安全的压力；东北地区的城市化进程及其发展模式，对区域生态安全的压力也相对小于中部和西部地区；中部和西部地区的区域城市化发展速度较快，但与此同时，城市化发展压力（C3）安全状况改善相对较慢，需要进一步调整城市化发展模式，提升城市化发展质量。

## 二 城市化发展状态因素与生态安全水平

比较各区域系统状态（B2）指标对应的城市化发展状况（C6）安全指数，从东部、中部、西部和东北四大区域比较来看，2010 年，东部地区的城市化发展状况（C6）安全指数（0.6066）最高，介于（0.6，0.8］区间，处于区域生态安全分级标准的第Ⅱ级水平，即"比较安全"的"良好状态"；中部、西部和东北地区的城市化发展状况（C6）安全指数均介于（0.4，0.6］区间，处于区域生态安全分级标准的第Ⅲ级水平。

从各区域城市化发展状况（C6）安全水平发展动态来看，2001～2010年，东部、中部、西部和东北地区城市化发展状况（C6）安全指数分别提升了 0.1248、0.1589、0.1566 和 0.1715。东北地区提升幅度相对高于其他地区，东部地区提升幅度最小。

从各区域系统状态（B2）安全水平的影响因素来看，根据区域生态安全评价指标体系，区域的系统状态（B2）安全水平是区域资源环境状况（C4）、经济社会发展状况（C5）和城市化发展状况（C6）综合作用的结果。评价结果表明：2010 年，东部地区的经济社会发展状况（C5）和城市化发展状况（C6）安全指数高于区域系统状态（B2）安全指数和区域生态安全综合指数（A），且介于（0.6，0.8］区间，处于区域生态安全分级标准的第Ⅱ级水平，而资源环境状况（C4）安全指数低于区域系统状态（B2）安全指数和区域生态安全综合指数（A）。中部、西部和东北地区的资源环境状况（C4）安全指数均高于区域系统状态（B2）安全指数和区域生态安全综合指数（A），而这 3 个区域的经济社会发展状况（C5）和城市化发展状况（C6）安全指数均低于区域系统状态（B2）安全指数和区域生态安全综合指数（A）；且中部和东北地区的资源环境状况（C4）安全指数均介于（0.6，0.8］区间，处于区域生态安全分级标准的第Ⅱ级水平（见图 14 - 7）。

进一步比较全国 31 个省（区、市）城市化发展状况（C6）安全指数，结果表明：全国共有 9 个省（区、市）城市化发展状况（C6）安全指数介

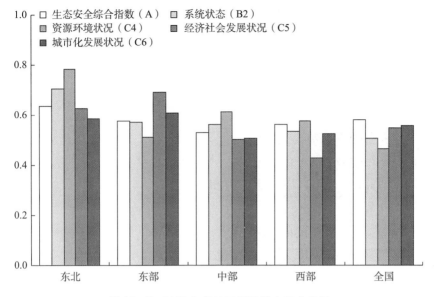

**图 14 – 7 2010 年各地区系统状态安全状况**

于（0.6，0.8］区间，处于区域生态安全分级标准的第Ⅱ级水平，即"比较安全"的"良好状态"，其中包含东部地区的北京、天津、上海 3 个直辖市，浙江、江苏、广东 3 省，以及西部地区的青海省、陕西省和西藏自治区；其他 22 个省（区、市）城市化发展状况（C6）安全指数均介于（0.4，0.6］区间，处于区域生态安全分级标准的第Ⅲ级水平，即"基本安全"的"敏感状态"，其中，东北 3 省排位靠前，而排在第 16 位到第 31 位的 16 个省份中，除河北、海南 2 个东部省份外，其余均属于中部和西部地区，这进一步验证了我国中部、西部地区的城市化发展状况（C6）安全水平在全国处于落后的状况（见表 14 – 5）。

## 三 城市化发展响应因素与生态安全水平

比较东部、中部、西部和东北地区系统响应（B3）指标对应的城市化发展响应（C9）安全指数，从评价结果来看，2010 年，东部地区的城市化发展响应（C9）安全指数（0.7987）最高，中部地区的城市化发展响应（C9）安全指数（0.6737）最低。各区域的城市化发展响应（C9）安全指数均介于（0.6，0.8］区间，处于区域生态安全分级标准的第Ⅱ级水平，即"比较安全"的"良好状态"。

从各区域城市化发展响应（C9）安全指数提升幅度来看，2001～2010年，东部、中部、西部和东北地区城市化发展响应（C9）安全指数分别提升了0.1077、0.1217、0.1614和0.1409。东部地区城市化发展响应（C9）安全指数提升幅度略低于其他地区，西部地区提升幅度相对最高。比较而言，虽然西部地区的社会经济响应（C8）安全指数提升速度较慢，但城市化发展响应（C9）安全指数提升速度相对较快。

进一步对全国31个省（区、市）城市化发展响应（C9）安全指数进行比较，结果表明：北京市的城市化发展响应（C9）安全指数最高，达到区域生态安全分级标准的最高水平；河南省的城市化发展响应（C9）安全指数全国最低，介于（0.4，0.6］区间，处于区域生态安全分级标准的第Ⅲ级水平；其他29个省（区、市）的城市化发展响应（C9）安全指数均介于（0.6，0.8］区间，处于区域生态安全分级标准的第Ⅱ级水平，即"比较安全"的"良好状态"。其中，东部10省（区、市）城市化发展响应（C9）安全指数全部排在前11位；东北3省城市化发展响应（C9）安全指数在全国排序在处于中等水平；排在最后16位的省区，除排在第21位是吉林省以外，均为中部和西部的省份。

以上的分析表明：从全国各省（区、市）城市化发展响应（C9）安全水平比较来看，东部地区各省（区、市）的城市化发展响应（C9）安全水平整体高于中部、西部和东北地区；中部、西部各省区市城市化发展响应（C9）安全水平整体落后于全国平均水平。

从城市化发展响应指标与其他系统响应指标对区域生态安全水平作用的比较来看，各区域的城市化发展响应（C9）水平均明显高于各地区的系统响应（B3）安全指数、环境保护响应（C7）安全指数、社会经济响应（C8）安全指数和区域生态安全综合指数（见图14-8）。因此，可以认为，各区域的城市化发展响应（C9）指标对区域生态安全整体水平的提升起到积极的促进作用。

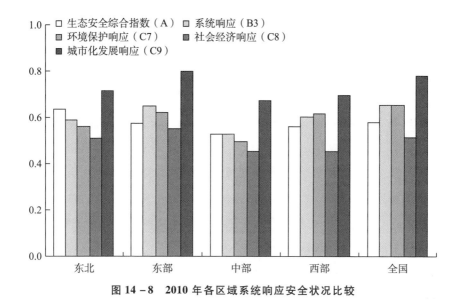

图 14 - 8　2010 年各区域系统响应安全状况比较

## 第三节　区域城市化模式与生态安全的耦合关系

### 一　区域城市化与生态安全的耦合状态分析

本章在前文建立了区域生态安全评判阈值，并进行了等级划分及其系统特征描述，拟定了 5 个生态安全区间及表征状态。安全综合指数数值越小，区域生态安全程度就越低；反之，生态安全程度就越高。通过前文的模型与研究区域实际数值的综合运算，便可得到区域生态安全水平的综合指数，每个指数与响应安全级别相对应，从而能够直观地判断系统的安全状况，并对不同研究区域的生态安全变化态势进行比较，为区域社会经济与资源环境的协调发展提供科学的依据。区域生态安全评价标准的五个等级分别为：安全指数介于（0.8, 1.0］区间，处于区域生态安全分级标准的第Ⅰ级水平，即"高度安全"的"理想状态"；安全指数介于（0.6, 0.8］区间，处于区域生态安全分级标准的第Ⅱ级水平，即"比较安全"的"良好状态"；安全指数介于（0.4, 0.6］区间，处于区域生态安全分级标准的第Ⅲ级水平，即"基本安全"的"敏感状态"；安全指数介于（0.2,

0.4] 区间，处于区域生态安全分级标准的第Ⅳ级水平，即"较不安全"的"风险状态"；安全指数介于（0，0.2] 区间，处于区域生态安全分级标准的第Ⅴ级水平，即"极不安全"的"恶化状态"。

同时，根据城市化发展阶段理论，从城市化过程的时间阶段性角度看，区域城市化历史进程大致可以分为起步阶段（＜30%）、加速发展阶段（30%~70%）和成熟阶段（＞70%）；其中，我们又可以把城市化加速发展阶段大致分为加速发展初期（30% ~ 40%）、加速发展中期（40% ~ 50%）和加速发展后期（50% ~ 70%）。从城市化发展的空间阶段性角度看，城市化空间扩展模式主要分为早期聚集城市化阶段、郊区城市化阶段、逆城市化阶段、大都市区化阶段，当然，随着一个国家或地区城市化的进一步发展，几种城市化空间扩展模式有可能同时进行。因此，在理论上，综合考察区域城市化发展模式所反映出的时空特征及其生态安全特征，可以形成具有不同特征的若干区域城市化与生态安全耦合关系类型。我们可以从四大区域和31个省（区、市）两个层面分析我国区域城市化过程与生态安全的耦合关系（见表14 - 6）。

从四大区域的角度，东部、中部、西部和东北地区区域城市化与生态安全耦合关系形成了3种具有不同特征的耦合类型。

（1）生态基本安全的敏感状态下，城市化加速发展中期阶段的快速发展期，包括中部地区和西部地区。其基本特征是：区域生态安全综合指数处于（0.4，0.6] 区间；城市化发展水平处于40% ~50%，城市化发展速度年均提升1.0个百分点以上，并且呈现在一段时间内持续快速发展的趋势；城市化发展模式以人口快速向城市集聚为基本特征；城市化发展动力以传统工业化快速发展为产业驱动。在这种耦合类型中，生态安全状况与城市化发展模式互为约束，如果能够选择科学的城市化与发展战略，则可以进一步实现城市化的质量与生态环境安全水平的提升。

（2）生态基本安全的敏感状态下，城市化加速发展后期阶段的快速发展期，这种耦合类型是东部地区。其基本特征是：区域生态安全综合指数处于（0.4，0.6] 区间；城市化发展水平超过50%，但低于70%；城市化发展速度年均提升1.0个百分点以上，但这种快速发展的趋势将会随着区域城市化水平的提升而逐渐放缓；其城市化发展模式兼具人口集聚型和结构转换型的双重特征，表现为在人口向城市集聚的同时，城市市区人口尤其是大城市市区人口郊区化、大城市外围卫星城镇布局分散化，以及组团式城市群日益发展。城市化发展动力开始由以传统工业化发展为产业驱动向新型工业化和第三产业转换。在这种耦合类型中，生态环境与城市化发展模式的深层次矛盾依然存在，但随着区域城市体系和区域经济结构的优化，城市化发展对生态安全的拮抗作用呈现逐步减弱的趋势。

（3）生态比较安全的良好状态下，城市化加速发展后期阶段的较快发展期，这种耦合类型是东北地区。其基本特征是：区域生态安全综合指数处于（0.6，0.8］区间；城市化发展水平超过50%，但低于70%；城市化发展速度年均提升超过0.5个百分点，但低于1.0个百分点，城市化发展的速度受区域城市发展战略和社会经济结构的影响逐渐放缓；其城市化发展模式兼具人口集聚型和结构转换型的双重特征，城市化发展动力开始由以传统工业化发展为产业驱动向新型工业化转变，但第三产业发展仍然相对滞后。在这种耦合类型中，生态环境与城市化发展模式的矛盾相对减弱，随着区域城市体系和区域经济结构的优化，城市化发展对生态安全的拮抗作用呈现逐步减弱的趋势。

表 14 - 6　区域城市化与生态安全耦合类型

| 生态安全状态（ESCI） | 城市化发展速度（2001～2010年年均提升百分点） | 城市化发展阶段（城市化水平） | | | | |
|---|---|---|---|---|---|---|
| | | 起步阶段（<30%） | 加速发展阶段（30%～70%） | | | 成熟阶段（>70%） |
| | | | 初期（30%～40%） | 中期（40%～50%） | 后期（50%～70%） | |
| Ⅲ级基本安全（敏感状态）（0.4，0.6］ | 平缓（0～0.5） | 西藏（西部） | — | — | — | 上海（东部） |
| | 较快（0.5～1.0） | — | — | 湖北（中部），青海（西部） | 辽宁（东北） | 天津（东部） |
| | 快速（>1.0） | — | 河北（东部），河南（中部），贵州、云南、广西、甘肃（西部） | 山东（东部），山西、江西、安徽、湖南（中部），四川、陕西、宁夏、新疆（西部），中部地区，西部地区 | 福建、江苏、浙江（东部），重庆、内蒙古（西部），东部地区 | — |

续表

| 生态安全状态（ESCI） | 城市化发展速度（2001~2010年年均提升百分点） | 城市化发展阶段（城市化水平） | | | | |
|---|---|---|---|---|---|---|
| | | 起步阶段（<30%） | 加速发展阶段（30%~70%） | | | 成熟阶段（>70%） |
| | | | 初期（30%~40%） | 中期（40%~50%） | 后期（50%~70%） | |
| Ⅱ级比较安全（良好状态）(0.6, 0.8] | 平缓（0~0.5） | — | — | — | 黑龙江、吉林（东北） | — |
| | 较快（0.5~1.0） | — | — | 海南（东部） | 东北地区 | 北京（东部） |
| | 快速（>1.0） | — | — | — | 广东（东部） | |

从分省（区、市）的角度，由于我国各省（区、市）间的生态特征和城市发展状况存在不同程度的差异，因此，考察区域城市化发展模式与生态安全特征的耦合关系，还应该结合区域内不同省（区、市）的实际情况。这样，从全国31个省（区、市）的角度，我国区域城市化与生态安全的耦合关系有12种不同的耦合类型。

（1）生态基本安全的敏感状态下，城市化起步阶段的平缓发展期。处于这种耦合类型的是西藏自治区。

（2）生态基本安全的敏感状态下，城市化加速发展初期阶段的快速发展期。处于这种耦合类型的有东部地区的河北省，中部地区的河南省，西部地区的贵州、云南、甘肃省和广西壮族自治区。

（3）生态基本安全的敏感状态下，城市化加速发展中期阶段的较快发展期。处于这种耦合类型的有中部地区的湖北省，西部地区的青海省。

（4）生态基本安全的敏感状态下，城市化加速发展中期阶段的快速发展期。处于这种耦合类型的有山东（东部），山西、江西、安徽、湖南（中部），四川、陕西、宁夏、新疆（西部）。

（5）生态基本安全的敏感状态下，城市化加速发展后期阶段的较快发展期。处于这种耦合类型主要是东部地区的辽宁省。

（6）生态基本安全的敏感状态下，城市化加速发展后期阶段的快速发展期。处于这种耦合类型的有福建、江苏、浙江（东部），重庆、内蒙古（西部）。

（7）生态基本安全的敏感状态下，城市化成熟阶段的平缓发展期。处于这种耦合类型的是上海市。

（8）生态基本安全的敏感状态下，城市化成熟阶段的较快发展期。处于这种耦合类型的是天津市。

（9）生态比较安全的良好状态下，城市化加速发展中期阶段的较快发展期。处于这种耦合类型的是海南省。

（10）生态比较安全的良好状态下，城市化加速发展后期阶段的平缓发展期。处于这种耦合类型的是东北地区的黑龙江和吉林2省。

（11）生态比较安全的良好状态下，城市化加速发展后期阶段的快速发展期。处于这种耦合类型的是广东省。

（12）生态比较安全的良好状态下，城市化成熟阶段的较快发展期。处于这种耦合类型的是北京市（见表14-6）。

## 二 区域城市化与生态安全的耦合机制分析

城市化与生态环境耦合程度表征城市化发展模式与生态环境交互作用过程中，各种变量之间协同作用的关系，并体现区域系统由无序状态逐渐向有序发展的基本趋势，因此，城市化与生态环境的协调发展是区域城市系统与生态环境系统良性发展的基础。[①] 这里的"耦合"是一个物理学概念，原指两个或两个以上的电路元件或电网络的输入与输出之间存在紧密配合与相互影响，并通过相互作用从一侧向另一侧传输能量的现象，耦合实质上就是指两个实体相互依赖于对方的一个量度。把"耦合"这一物理学概念用于社会经济研究领域，是指两个或两个以上的系统或运动形式通过各种相互作用而彼此影响的现象。

按照生态协调原理中的正负反馈和限制因子定律，区域城市的发展过

---

① 刘耀彬、宋学锋：《城市化与生态环境的耦合度及其预测模型研究》，《中国矿业大学学报》2005年第1期。

程与生态环境之间存在着反馈和限制性机理，依据此原理，城市发展过程曲线一般呈现组合 S 形，即在开始时需要开拓环境，发展很缓慢，继而是适应环境，近似直线或直线上升，最后受到瓶颈的限制而接近某一饱和水平，一旦限制因子变化，瓶颈扩展，容量即可加大，城市又会呈现 S 形增长，并出现新的限制因子和瓶颈，城市过程正是在这种生态环境的正反馈与负反馈的交替作用过程中不断发展，并逐渐实现城市化发展过程与区域生态安全水平的动态平衡。[①]

通过上述研究，我们可以发现，我国区域城市化与生态安全的耦合形态发生的时空特征，总体上符合城市化历史过程中的城市化模式变迁与生态环境相互作用关系的基本规律。按照这一规律，一个国家或者地区的城市化发展阶段、城市化发展的动力机制、城市化与生态环境之间的相互作用关系，以及区域城市化发展模式与生态环境的耦合过程在时间序列上一般主要经历：①城市化发展初期与区域生态安全的低水平协调阶段；②城市化发展初期和加速发展时期与生态安全的拮抗作用阶段；③城市化加速发展末期与区域生态安全的磨合阶段；④城市化发展初步进入成熟期的生态安全好转阶段；⑤城市化成熟发展中后期与生态安全实现高水平协调发展阶段。

事实上，进入 21 世纪以来，我国城市化发展模式正在出现区域多元化的趋势。分析我国各区域城市化进程中城市化和工业化诸要素对区域生态安全的影响作用，根据城市化因素对区域生态安全的效应，以及未来城市化和城市发展作用下的区域生态安全的基本趋势，可以看出，伴随着各区域生态安全综合指数（ESCI）的提升，城市化发展压力安全指数、城市化与城市化发展状况安全指数、城市化与城市发展响应安全指数都呈现持续的上升趋势。这一趋势表明，未来一段时间内各区域城市化诸要素对区域生态安全的综合效应总体呈现积极作用。同时，由于我国区域人口发展、经济发展、社会发展水平和自然地理条件的差异性，各个区域城市化发展

---

① 宋永昌、由文辉、王祥荣：《城市生态学》，华东师范大学出版社，2000，第 39 页；刘耀彬、宋学锋：《城市化与生态环境的耦合度及其预测模型研究》，《中国矿业大学学报》2005 年第 1 期。

模式与生态安全耦合关系也必然呈现显著的区域特征。

## 三 区域城市化模式与生态安全的关系综合判断

现阶段，我国总体上正处于城市化快速发展阶段，但不同区域的经济发展水平和城市化发展模式还存在很大的差距，综合比较东部、中部、西部和东北地区的社会经济发展水平和城市化发展模式，可以发现我国区域城市化进程中生态安全现状特征，并在此基础上，对我国区域城市化模式与生态安全的关系做出综合的判断。

总体上，东部地区正处于城市化加速发展末期与区域生态安全的磨合阶段。其典型的区域特征是，经过改革开放 30 多年的城市化发展过程，区域城市化模式不断调整优化。其典型的模式特征有：经过了城市化加速发展初期阶段的以人口聚集为主向以结构转换为主的转变，随着区域城市体系的不断完善和组团式城市群的形成和发展，郊区城市化和城乡一体化过程开始呈现；工业结构的深度和调整优化，以及第三产业的不断发展壮大，正在成为东部区域城市化模式调整和优化动力源。当然，城市化与区域生态安全的综合评价也具体说明了东部地区的各种约束问题。东部地区经济社会发展状况（C5）和城市化发展状况（C6）因素对区域系统状态（B2）安全指数和区域生态安全综合指数（A）的贡献大于资源环境状况（C4）因素的贡献，因此，东部地区要进一步提升区域生态安全水平，首要的任务是改善区域资源环境状况。

中西部地区目前正处于刚刚开始大幅度提高城市化水平的过程，这一过程对区域生态安全的综合影响效应总体上正在处于由不协调到协调的转变时期，未来区域城市化过程将会有很大成长空间。其中，人口城市化水平的快速提升将主要以聚集型城市化模式为主；空间城市化过程中也不可避免地以不断大量占用新的土地资源为成长空间；在产业动力上，工业化快速发展是城市化推进的主要动力源；尽管出现了一些区域性城市群等城市化发展模式，但城市化的成熟发展模式尚未形成。目前，中西部地区正在进入城市化、工业化快速发展阶段，但与东部地区的城市化发展水平存在着很大的差距，基于这种外部环境，以及在国家全面实施"中部崛起"和"西部大开发"战略的推动下，一些中部和西部地区的城市化必然会快速推进，甚至中西部地区会提出一些较高的发展目标，这往往也会加剧城市化、工业化与生态安全的矛盾。可以认为，西部地区总体上目前正处于城市化加速发展时期与生态安全的拮抗作用阶段，城市化与生态安全的深层次矛盾在未来一段时间内将会比较突出。

比较分析我国各区域城市化历史进程及其与工业化的相互关系，东北地区的城市化模式与东部、中部、西部地区的城市化发展模式有所不同。我们把进入 21 世纪以来的东北地区城市化发展模式及其相关的区域特征称为"东北城市化现象"。"东北城市化现象"是我国区域城市化和工业化过程中的特有现象，其特征表现为：从城市化水平看，东北地区城市化水平长期处于全国领先地位，但优势正在丧失；从城市化质量指标看，东北地区城市经济总量和城市竞争力相对较低；从发展趋势看，东北地区人口城市化发展速度显著趋缓；从城市化的动力机制看，城市化的产业动力不足的问题突出。东北地区的城市化现象反映出东北地区未来城市化过程中存在诸多深层次的矛盾亟待解决。未来东北地区城市化发展模式选择，要充分考虑如何抓住现阶段全国城市化快速发展和东北老工业基地振兴的良好契机，加快转变发展方式，提升发展质量，积极推进城市化进程。

# 第四篇

# 结论建议

# 第十五章　生态安全视角下区域城市化模式选择

## 第一节　区域城市化发展趋势的预测分析

### 一　区域城市化发展趋势的预测方法选择

反映城市化发展水平的指标有很多，在这些指标当中，人口城市化水平是度量城市化的主要标准之一。因此，本书用各地区人口城市化水平来反映未来城市化发展趋势。在城市化的预测方法中，根据选取指标的多少，主要有单一指标法和复合指标法两种预测方法。其中，单一指标法主要以过去一段时间内国家或区域城市人口比重为基础数据来预测未来一段时间内该国家或区域城市人口占总人口的比重；复合指标法除了选取城市人口占总人口比重的变量指标外，还要根据人口迁移流动等机械变动以及一些城市化相关的社会经济发展指标的变化趋势进行综合预测。这两种类型的预测方法各有利弊，单一指标法虽然方法简单，指标单一，并会存在一定的误差，但由于比较容易获得相对准确的基础数据，一般能够在一定程度上客观地反映一个国家或区域人口城市化发展的基本趋势。而相比之下，尽管复合指标法考虑到了能够获得的反映城市化水平的相关指标，但往往由于数据和参数选取过程仍然受到很多主观、客观性因素的影响，诸多预测模型本身在规避预测误差等方面也存在不完善之处。

回归模型和联合国法是对我国区域人口城市化发展趋势进行预测比较常见的模型，另外还有一些新的预测方法。[1] 在比较 20 世纪 80 年代以来国内外对中国人口城市化进程的预测方法基础上，本书分别选择时间序列预测模型、逻辑曲线预测法和联合国城乡人口增长率差推算法三种预测方法，[2] 使用上述方法对 1990 ~ 2010 年我国各地区人口城市化发展趋势进行拟合分析，但拟合结果显示各个区域、各个省份都与实际城市化水平有不同程度的差距。分析其原因，关键在于不同地区城市化进程与全国城市化一般趋势比较存在很大的不同，所以，区域人口城市化进程的预测不宜运用一般的预测模型。

在上面分析的基础上，本书采用趋势外推法来预测我国各地区人口城市化发展趋势。目前，国内学者普遍认为未来中国城市化的发展速度不宜超过 1.0 个百分点。例如，周一星教授提出，我国今后年增长速度应该在 0.6 ~ 0.8 个百分点；陆大道院士认为，未来 10 年内中国城市化的合理增长速度应该在每年提高 0.7 ~ 0.8 个百分点；姚士谋教授认为，对于沿海一些经济发达省份，城市化发展速度可以略快一点。[3]

但是，统计表明，进入 21 世纪以来，我国各地区城市化总体上呈现持续快速发展的趋势，城市化发展速度远超出专家学者的预测。2001 ~ 2010 年，东部、中部、西部和东北地区区域城市化水平年均分别提升 1.41 个百分点、1.42 个百分点、1.31 个百分点和 0.54 个百分点；2005 ~ 2010 年四大区域城市化水平年均分别提升 1.35 个百分点、1.41 个百分点、1.37 个百分点和 0.49 个百分点；全国城市化发展速度基本保持在年均提升 1.34 个百分点。据此，本书根据各区域的城市化水平及其发展趋势，对 2011 ~ 2030 年各地区城市化发展速度分别做出城市化发展速度的低、中、高三种假设

[1] 陈功等：《北京市未来人口发展趋势预测》，《市场与人口分析》2006 年第 4 期。

[2] 杨立勋：《城市化与城市发展战略》，高教出版社，1999；李成勋：《2020 年的中国：对未来经济技术社会文化生态环境的展望》，人民出版社，1999，第 335 ~ 336 页；顾朝林等：《经济全球化与中国的城市发展》，商务印书馆，1999，第 183 页。

[3] 张双虎：《城市化进程：稳步前进 走稳走好——自然科学基金重点项目为我国城市化建设把脉问诊》，《科学时报》2008 年第 11 期。

方案，以分别预测各区域城市化发展趋势。

方案一，城市化发展速度的低方案。根据国内学者的研究，参照目前各地区城市化速度的差异，假设东部、中部、西部、东北地区的城市化发展速度年均分别提升 0.6 个百分点、0.8 个百分点、0.7 个百分点、0.5 个百分点，假定全国城市化发展速度年均提升 0.6 个百分点。

方案二，城市化发展速度的中方案。根据国内学者的研究，参照目前各地区"十一五"期间的城市化发展速度，以及 2001 ~ 2010 年的发展趋势，分别设定东部、中部、西部、东北地区的城市化发展速度。其中，假定东部地区在"十二五"期间保持"十一五"的平均速度，且每年降低 0.06 个百分点；"十三五"期间保持年均提升 0.8 个百分点；此后保持年均提升 0.6 个百分点的速度发展。假定中部地区在"十二五"期间和"十三五"期间保持"十一五"期间的平均速度，且每年降低 0.01 个百分点；此后保持年均提升 0.8 个百分点的速度发展。假定西部地区在"十二五"期间保持"十一五"的平均速度；此后保持年均提升 0.8 个百分点的速度发展。假定东北地区保持年均提升 0.7 个百分点的速度发展。并假定全国城市化发展速度年均提升 0.8 个百分点。

方案三，城市化发展速度的高方案。根据国内学者的研究，按照目前各地区"十一五"期间的城市化发展速度，以及 2001 ~ 2010 年的发展趋势，分别设定东部、中部、西部地区的城市化发展速度，假定东北地区城市化以年均提升 1.0 个百分点的速度发展。假定全国城市化发展速度年均提升 1.0 个百分点。本书分别按照以上三种城市化预测方案，预测各地区未来城市化水平。

## 二　区域城市化发展趋势的预测结果分析

城市化水平是区域城市化发展现状及其趋势的主要衡量指标，正确预测城市化的发展趋势，以及城市化未来发展对区域生态安全的影响，对于制定正确的城市化发展战略，乃至区域社会经济发展战略都具有重要意义。本章在前面研究的基础上，以区域城市化进程的基本数据和生态安全评价结果为基础，对东部、中部、西部和东北地区未来城市化发展趋势及其生态安全的影响进行综合分析，以期为未来我国制定区域城市化发展战略，实现区域城市化与生态安全的协调发展提供依据。

运用上述方法预测结果，可以得出 2011～2030 年东部、中部、西部和东北地区城市化发展趋势。按照方案一，2020 年，东部、中部、西部和东北地区城市化水平将分别达到 65.70%、51.58%、48.43% 和 62.62%；2030 年，东部、中部、西部和东北地区城市化水平将分别达到 71.70%、59.58%、55.43% 和 67.62%。根据这种方案，我国各地区城市化已经是较快的持续发展速度，比较符合学术界关于我国城市化合理发展速度的建议，但是显然这样的发展速度假设与实际不符。因为，2001～2010 年，我国东部、中部、西部和东北地区城市化水平年均分别提升 1.41 个百分点、1.42 个百分点、1.31 个百分点和 0.54 个百分点，城市化发展过程显然不可能"急刹车"式地在短时间内降到 1.0 个百分点以下，这种预测结果可能低于未来区域城市化发展的实际水平（见表 15 - 1）。

表 15 - 1　2010～2030 年我国区域城市化发展趋势预测结果（方案一）

单位：%

| 年份 | 东部 | 中部 | 西部 | 东北 | 全国 |
|---|---|---|---|---|---|
| 2010 | 59.70 | 43.58 | 41.43 | 57.62 | 49.68 |
| 2015 | 62.70 | 47.58 | 44.93 | 60.12 | 53.18 |
| 2020 | 65.70 | 51.58 | 48.43 | 62.62 | 56.68 |
| 2025 | 68.70 | 55.58 | 51.93 | 65.12 | 60.18 |
| 2030 | 71.70 | 59.58 | 55.43 | 67.62 | 63.68 |

按照方案二，2020 年，东部、中部、西部和东北地区城市化水平将分别达到 69.55%、57.13%、52.58% 和 64.62%，全国城市化水平将达到 57.68%；2030 年，东部、中部、西部和东北地区城市化水平将分别达到 75.55%、65.13%、60.58% 和 71.62%，全国城市化水平将达到 65.68%。按照这种方案，2010～2030 年，东部、中部、西部和东北地区城市化年均增速分别为 0.80 个百分点、1.08 个百分点、0.96 个百分点和 0.70 个百分点，根据目前的发展趋势，这种预测结果可能与实际较为接近（见表 15 - 2）。

表 15 – 2　2010～2030 年我国区域城市化发展趋势预测结果（方案二）

单位：%

| 年份 | 东部 | 中部 | 西部 | 东北 | 全国 |
|------|------|------|------|------|------|
| 2010 | 59.70 | 43.58 | 41.43 | 57.62 | 49.68 |
| 2015 | 65.55 | 50.48 | 48.58 | 61.12 | 53.68 |
| 2020 | 69.55 | 57.13 | 52.58 | 64.62 | 57.68 |
| 2025 | 72.55 | 61.13 | 56.58 | 68.12 | 61.68 |
| 2030 | 75.55 | 65.13 | 60.58 | 71.62 | 65.68 |

按照方案三，2020 年，东部、中部、西部和东北地区城市化水平将分别达到 71.76%、57.53%、54.63% 和 67.62%，全国城市化水平将达到 63.08%；2030 年，东部、中部、西部和东北地区城市化水平将分别达到 83.16%、71.28%、65.83% 和 77.62%，全国城市化水平将达到 76.48%。按照这种方案，全国城市化速度连续 20 年保持年均提升 1.0 个百分点以上显然过高（见表 15 – 3）。

表 15 – 3　2010～2030 年我国区域城市化发展趋势预测结果（方案三）

单位：%

| 年份 | 东部 | 中部 | 西部 | 东北 | 全国 |
|------|------|------|------|------|------|
| 2010 | 59.70 | 43.58 | 41.43 | 57.62 | 49.68 |
| 2015 | 65.61 | 50.58 | 48.28 | 62.62 | 56.38 |
| 2020 | 71.76 | 57.53 | 54.63 | 67.62 | 63.08 |
| 2025 | 77.61 | 64.43 | 60.48 | 72.62 | 69.78 |
| 2030 | 83.16 | 71.28 | 65.83 | 77.62 | 76.48 |

## 第二节　区域城市化面临的生态安全约束

对我国区域城市化过程与生态安全时序关系的基本判断，是明确城市化发展面临的有利条件和制约因素的前提。我国目前正处于工业化、城市化快速发展阶段，城市化模式发展战略措施的选择和实施，必然要以区域城市化的现状特征和未来发展趋势的系统分析，以及明确各区域城市化发

321

展面临的生态安全约束问题为基础。通过前面几章，我们分析了 2001 ~ 2010 年我国各地区生态安全水平的变化过程、现状特征以及相关因素，并对区域城市化与生态安全耦合关系进行了综合分析。研究表明，在未来 20 年乃至更长时间内，在我国区域城市化与生态安全协调演进的过程中，区域城市化与生态安全状况将受到诸多方面因素的影响和制约。其中，既有积极的因素，也存在一系列的制约因素。

根据区域生态安全综合评价模型，在区域生态安全评价指标体系中，如果各层次安全指数评价结果（SCI）超过 0.6 的水平，则表明这方面的生态安全影响因素达到了区域生态安全分级标准的第 Ⅱ 级水平，即"比较安全"的"良好状态"，或者处于区域生态安全分级标准的第 Ⅰ 级水平，即"高度安全"的"理想状态"；如果各层次安全指数评价结果（SCI）没有达到 0.6 的水平，则说明这方面的生态安全影响因素处于区域生态安全分级标准的第 Ⅲ 级、第 Ⅳ 级或者第 Ⅴ 级的水平，即"基本安全"的"敏感状态"、"较不安全"的"风险状态"或者"极不安全"的"恶化状态"。显然，如果某一层次的指标体系的生态安全评价结果小于 0.6 的水平，则说明这方面指标对区域生态安全总体水平（即区域生态安全综合指数）存在显著的制约作用。因此，基于生态安全的视角，考察区域城市化发展模式的战略选择，必然要充分考虑这些因素对区域生态安全与城市化发展的约束问题。按照这样的标准，我们进一步对四大区域生态安全综合评价模型的各层次综合评价结果进行分类统计（见表 15 - 4、表 15 - 5、表 15 - 6 和表 15 - 7），从分类统计表中，可以明显看出各区域生态安全的制约因素；另外，通过各区域生态安全评价指标体系各层次安全水平所处的安全级别的柱状图（见图 15 - 1、图 15 - 2、图 15 - 3 和图 15 - 4），可以直观反映各层次制约因素作用强度。

## 一 东部地区城市化面临的生态安全约束

根据区域生态安全评价指标体系，由目标层（A）评价结果所得到的区域生态安全综合指数（ESCI）受到系统层（B）的系统压力（B1）、系统状态

（B2）和系统响应（B3）安全水平制约。系统层（B）的系统压力（B1）安全指标体系由因素层的人口发展压力（C1）、资源环境压力（C2）和城市化发展压力（C3）3个方面因素构成；系统状态（B2）安全指标体系由因素层的资源环境状况（C4）、经济社会发展状况（C5）和城市化发展状况（C6）3个方面因素构成；系统响应（B3）安全指标体系由因素层的环境保护响应（C7）、社会经济响应（C8）和城市化发展响应（C9）3个方面因素构成。

表 15－4　东部地区生态安全评价指标体系——系统层安全指数分类统计（2010 年）

| 地区 | 安全水平处于第Ⅰ、Ⅱ级（SCI＞0.6） | | | 安全水平处于第Ⅲ、Ⅳ、Ⅴ级（SCI≤0.6） | | |
|---|---|---|---|---|---|---|
| | 系统压力（B1） | 系统状态（B2） | 系统响应（B3） | 系统压力（B1） | 系统状态（B2） | 系统响应（B3） |
| 北京 | （C2）0.6991、（C3）0.7097 | （C5）1.0000、（C6）0.7414 | （C8）1.0000、（C9）1.0000 | （C1）0.2264 | （C4）0.3635 | （C7）0.5985 |
| 天津 | （C3）0.7161 | （C5）0.8987、（C6）0.6970 | （C8）0.6401、（C9）0.7486 | （C1）0.2531、（C2）0.5643 | （C4）0.3281 | （C7）0.5726 |
| 河北 | | | （C9）0.7275 | （C1）0.2826、（C2）0.4713、（C3）0.4798 | （C4）0.3873、（C5）0.5159、（C6）0.5349 | （C7）0.5749、（C8）0.4453 |
| 上海 | （C2）0.6077 | （C5）0.8861、（C6）0.6315 | （C8）0.7346、（C9）0.7927 | （C1）0.2660、（C3）0.5042 | （C4）0.1349 | （C7）0.4800 |
| 江苏 | （C2）0.6201 | （C5）0.7209、（C6）0.6192 | （C9）0.7776 | （C1）0.2746、（C3）0.5108 | （C4）0.2948 | （C7）0.5242、（C8）0.5682 |
| 浙江 | （C2）0.6481 | （C5）0.6614、（C6）0.6436 | （C9）0.7937 | （C1）0.2911、（C3）0.5388 | （C4）0.5643 | （C7）0.5076、（C8）0.5734 |
| 福建 | （C2）0.6057、（C3）0.7548 | （C4）0.6604、（C5）0.6278 | （C9）0.7640 | （C1）0.4218 | （C6）0.5964 | （C7）0.4641、（C8）0.5043 |
| 山东 | | （C5）0.6206 | （C9）0.7410 | （C1）0.2347、（C2）0.5345、（C3）0.5084 | （C4）0.3635、（C6）0.5680 | （C7）0.5472、（C8）0.5015 |
| 广东 | （C2）0.6475 | （C5）0.6302、（C6）0.6119 | （C7）0.8287、（C9）0.7998 | （C1）0.2386、（C3）0.5188 | （C4）0.5350 | （C8）0.5778 |
| 海南 | （C2）0.6281、（C3）0.9752 | （C4）0.7361 | （C9）0.7873 | （C1）0.4387 | （C5）0.4852、（C6）0.5316 | （C7）0.5340、（C8）0.4864 |
| 东部 | | （C5）0.6894、（C6）0.6066 | （C7）0.6229、（C9）0.7987 | （C1）0.2578、（C2）0.5833、（C3）0.5521 | （C4）0.5129 | （C8）0.5516 |

首先，分析东部地区的区域生态安全制约因素。从系统压力（B1）的层面看，系统压力（B1）指标特征值（即实际值）越高，其标准化值越低，亦即对系统层的系统压力（B1）安全指数的贡献越低，从而区域生态安全压力越大。评价结果表明，2010年，东部地区人口发展压力（C1）安全指数评价结果为0.2578，介于（0.2，0.4］区间，处于区域生态安全分级标准的第Ⅳ级水平；资源环境压力（C2）和城市化发展压力（C3）评价结果分别为0.5833和0.5521，处于区域生态安全分级标准的第Ⅲ级水平。可见，东部地区人口发展、资源环境和城市化发展都存在对区域生态安全的制约因素，其中具体制约因素主要包括：区域人口密度（D1）、人口自然增长率（D2）、单位农用地承载人口（D3）、化肥施用强度（D6）、单位水资源工业废水负荷（D9）。

从系统状态（B2）的层面看，系统状态（B2）指标体系对应的因素层的资源环境状况（C4）、经济社会发展状况（C5）和城市化发展状况（C6）安全指数评价结果分别为0.5129（C4）、0.6894（C5）和0.6066（C6）。根据区域生态安全分级标准及其指标特征，其中，资源环境状况（C4）安全指数处于第Ⅲ级，即"基本安全"的"敏感状态"，说明资源环境状况安全指数是东部地区系统状态安全水平的主要制约因素。与资源环境状况（C4）指标体系相对应的人均耕地面积（D13）、人均水资源量（D14）和人均一次能源生产量（D15）3项指标标准化值较低。根据生态安全综合评价指标体系，系统层的系统状态（B2）指标特征值（即实际值）越低，其标准化值越低，亦即对系统层的系统状态（B2）安全指数的贡献越低，从而对区域生态安全的制约作用越强，反之亦然。分析表明：东部地区系统状态（B2）安全水平的主要制约因素是资源环境状况（C4），具体指标依次是人均水资源量（D14）、人均耕地面积（D13）和人均一次能源生产量（D15）。

从系统响应（B3）的层面看，评价结果表明，2010年，东部城市化发展响应（C9）安全水平相对较高，可以认为是区域生态安全的积极因素；而社会经济响应（C8）安全水平相对较低；环境保护响应（C7）安全水平相对较高，但评价水平也仅为（0.6，0.8］区间的较低水平，仍有待进一步提升。

其次，分析东部10省（市）的区域生态安全制约因素。我们可以发现东部地区各省（市）普遍面临人口发展压力的制约；同时，各省（市）之间的生态安全状况还存在不同程度的差别。其中，北京、天津、上海的生态安全制约因素相对较少，3个直辖市普遍存在人口发展压力（C1）、资源环境状况（C4）、环境保护响应（C7）安全指数相对较低的问题，同时，上海市的城市化发展压力（C3）安全指数也相对较低。河北省的生态安全约束因素相对较多，除了城市化发展响应（C9）安全指数超过0.6以外，其他8项因素层安全指数均低于0.6，这说明河北省城市化模式选择中面临的约束问题较为突出（见图15－1、表15－4）。

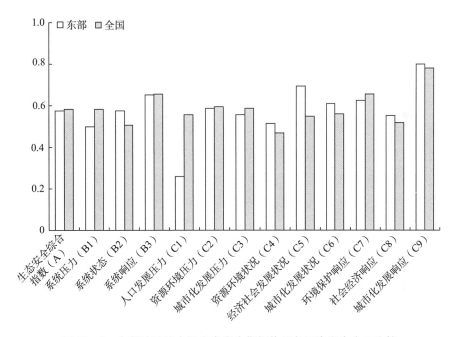

**图15－1　东部地区及全国生态安全指标体系各层次安全水平比较**

## 二　中部地区城市化面临的生态安全约束

首先，分析中部地区的区域生态安全制约因素。从表15－5可见，中部地区生态安全评价指标体系因素层的9项指标评价结果中，只有2项指标的安全指数大于0.6，其他7项指标的安全指数均小于0.6。可见中部地区城市化发展过程中面临的生态约束问题较为突出。

从系统压力（B1）的层面看，2010年，中部地区系统压力（B1）指标体系对应的人口发展压力（C1）安全指数评价结果为 0.3503，介于（0.2，0.4］区间，处于区域生态安全分级标准的第Ⅳ级水平；资源环境压力（C2）和城市化发展压力（C3）评价结果分别为 0.5386 和 0.5218，处于区域生态安全分级标准的第Ⅲ级水平。可见，中部地区人口发展、资源环境、城市化发展普遍存在对区域生态安全的制约因素。

从系统状态（B2）的层面看，系统状态（B2）指标体系对应的因素层的资源环境状况（C4）、经济社会发展状况（C5）和城市化发展状况（C6）安全指数评价结果分别为 0.6121（C4）、0.5034（C5）和 0.5080（C6）。可见中部地区的资源环境状况安全指数较高，是区域系统状态安全水平的积极因素；而经济社会发展状况（C5）和城市化发展状况（C6）安全指数均构成对区域系统状态（B2）安全水平的制约因素。

从系统响应（B3）的层面看，评价结果表明，2010 年，中部地区城市化发展响应（C9）安全指数相对较高，可以认为是区域生态安全的积极因素；而环境保护响应（C7）和社会经济响应（C8）安全水平相对较低，评价水平也仅为（0.4，0.6］区间的较低水平，构成对区域系统响应（B3）安全水平的制约因素（见图 15－2）。

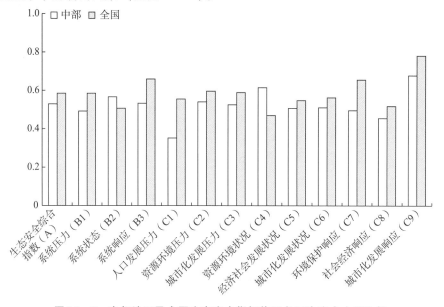

图 15－2　中部地区及全国生态安全指标体系各层次安全水平比较

表 15 – 5 中部地区生态安全评价指标体系——系统层安全指数分类统计（2010 年）

| 地区 | 安全水平处于第Ⅰ、Ⅱ级（SCI > 0.6） | | | 安全水平处于第Ⅲ、Ⅳ、Ⅴ级（SCI≤0.6） | | |
| --- | --- | --- | --- | --- | --- | --- |
| | 系统压力（B1） | 系统状态（B2） | 系统响应（B3） | 系统压力（B1） | 系统状态（B2） | 系统响应（B3） |
| 山西 | | | （C7）0.6790、（C9）0.6853 | （C1）0.4231、（C2）0.4778、（C3）0.3632 | （C4）0.4063、（C5）0.4887、（C6）0.4903 | （C8）0.4747 |
| 江西 | （C2）0.6312 | （C4）0.7059 | （C9）0.7019 | （C1）0.4386、（C3）0.5422 | （C5）0.5051、（C6）0.4904 | （C7）0.5587、（C8）0.4448 |
| 安徽 | （C2）0.6094、（C3）0.6514 | | （C9）0.7045 | （C1）0.2949 | （C4）0.4690、（C5）0.4522、（C6）0.4928 | （C7）0.5576、（C8）0.4795 |
| 河南 | | | | （C1）0.2548、（C2）0.5439、（C3）0.4106 | （C4）0.3797、（C5）0.4733、（C6）0.4757 | （C7）0.4177、（C8）0.4163、（C9）0.5737 |
| 湖北 | （C3）0.6191 | （C5）0.6156 | （C9）0.7014 | （C1）0.4160、（C2）0.5225 | （C4）0.5405、（C6）0.5536 | （C7）0.4796、（C8）0.5286 |
| 湖南 | | （C4）0.6382 | （C9）0.6870 | （C1）0.3970、（C2）0.5070、（C3）0.5786 | （C5）0.5011、（C6）0.5424 | （C7）0.4418、（C8）0.5046 |
| 中部 | | （C4）0.6121 | （C9）0.6737 | （C1）0.3503、（C2）0.5386、（C3）0.5218 | （C5）0.5034、（C6）0.5080 | （C7）0.4941、（C8）0.4541 |

其次，分析中部 6 省的生态安全制约因素。我们可以发现中部地区各省普遍存在较多的制约因素。其中，河南省生态安全评价指标体系因素层的 9 项指标评价结果均在 0.6 以下，这是河南省城市化发展模式选择过程中要特别注意的问题；其他 5 省的生态安全评价指标体系因素层的 9 项指标评价结果超过 0.6 的均不超过 3 项（见表 15 – 5）。

## 三 西部地区城市化面临的生态安全约束

首先，分析西部地区的区域生态安全制约因素。从表 15 – 6 可见，西部地区生态安全评价指标体系因素层的 9 项指标评价结果中，只有 3 项指标的安全指数大于 0.6，其他 6 项指标的安全指数均小于 0.6。可见西部地区城市化发展过程中面临的生态约束问题同样是较为突出的。

从系统压力（B1）的层面看，2010年，西部地区系统压力（B1）指标体系对应的人口发展压力（C1）安全指数评价结果为0.6455，介于（0.6，0.8]区间，处于区域生态安全分级标准的第Ⅱ级水平，即"比较安全"的"良好状态"；资源环境压力（C2）和城市化发展压力（C3）评价结果分别为0.5089和0.5296，处于区域生态安全分级标准的第Ⅲ级水平。可见，西部地区人口发展环境较好，这是不同于东部和中部地区的突出特征，但是西部地区仍然存在资源环境、城市化发展对区域生态安全的制约因素。

从系统状态（B2）的层面看，2010年，系统状态（B2）指标体系对应的因素层的资源环境状况（C4）、经济社会发展状况（C5）和城市化发展状况（C6）安全指数评价结果分别为0.5766（C4）、0.4288（C5）和0.5240（C6）。可见西部地区的系统状态（B2）指标体系对应的因素层的指标均低于0.6，说明西部地区资源环境状况（C4）、经济社会发展状况（C5）和城市化发展状况（C6）安全指数均构成对区域系统状态（B2）安全水平的制约因素。

从系统响应（B3）的层面看，评价结果表明，2010年，西部地区社会经济响应（C8）安全指数为0.4532，处于区域生态安全分级标准的第Ⅲ级水平，安全水平相对较低，构成对区域系统响应（B3）安全水平的制约因素；城市化发展响应（C9）和环境保护响应（C7）安全指数均超过0.6；但环境保护响应（C7）安全指数评价水平刚刚介于（0.6，0.8]区间的较低水平，说明西部地区需要加强生态环境保护（见图15－3）。

其次，分析西部12省（区、市）的生态安全制约因素。我们可以发现西部地区各省（区、市）之间的生态安全制约因素存在一定的差异。

从系统压力（B1）的层面看，除西藏自治区以外，各省（区、市）普遍存在资源环境压力（C2）安全指数较低问题；除四川、云南和西藏以外，各省（区、市）普遍存在城市化发展压力（C3）较低问题；重庆、贵州、云南、广西、陕西和宁夏也存在人口发展压力问题。

从系统状态（B2）的层面看，除贵州、云南、广西和陕西以外，其他8个省（区、市）的资源环境状况（C4）安全指数均低于0.6；西部12个省（区、市）的经济社会发展状况（C5）安全指数普遍低于0.6；除西藏、陕西

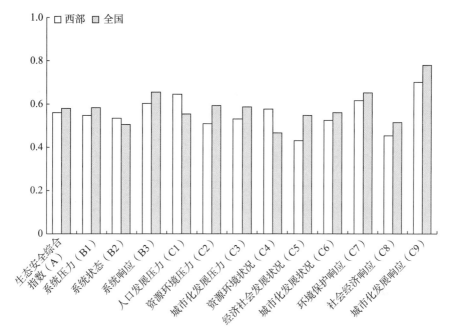

**图 15－3　西部地区及全国生态安全指标体系各层次安全水平比较**

和青海以外，其他 9 个省（区、市）的城市化发展状况（C6）安全指数均低于 0.6。

从系统响应（B3）的层面看，除重庆、宁夏和内蒙古以外，其他 9 省（区、市）的环境保护响应（C7）安全指数均低于 0.6；西部 12 个省（区、市）的社会经济响应（C8）安全指数均低于 0.6；而 12 个省（区、市）的城市化发展响应（C9）安全指数均高于 0.6。可见西部各省（区、市）普遍存在资源环境保护问题和社会经济发展滞后问题，这是西部地区城市化发展模式选择过程中要特别注意的问题（见表 15－6）。

**表 15－6　西部地区生态安全评价指标体系——系统层安全指数分类统计（2010 年）**

| 地区 | 安全水平处于第Ⅰ、Ⅱ级（SCI > 0.6） | | | 安全水平处于第Ⅲ、Ⅳ、Ⅴ级（SCI ≤ 0.6） | | |
|---|---|---|---|---|---|---|
| | 系统压力（B1） | 系统状态（B2） | 系统响应（B3） | 系统压力（B1） | 系统状态（B2） | 系统响应（B3） |
| 重庆 | | | （C7）0.7138、（C9）0.7275 | （C1）0.4538、（C2）0.5526、（C3）0.4766 | （C4）0.5514、（C5）0.5421、（C6）0.5197 | （C8）0.4910 |

续表

| 地区 | 安全水平处于第Ⅰ、Ⅱ级（SCI>0.6） | | | 安全水平处于第Ⅲ、Ⅳ、Ⅴ级（SCI≤0.6） | | |
|---|---|---|---|---|---|---|
| | 系统压力（B1） | 系统状态（B2） | 系统响应（B3） | 系统压力（B1） | 系统状态（B2） | 系统响应（B3） |
| 四川 | （C1）0.6519、（C3）0.6480 | | （C9）0.6832 | （C2）0.5395 | （C4）0.5981、（C5）0.4414、（C6）0.5181 | （C7）0.4829、（C8）0.5025 |
| 贵州 | | （C4）0.7267 | （C9）0.6759 | （C1）0.4980、（C2）0.5295、（C3）0.5036 | （C5）0.2835、（C6）0.4562 | （C7）0.3640、（C8）0.5158 |
| 云南 | （C3）0.6561 | （C4）0.8070 | （C9）0.6838 | （C1）0.5377、（C2）0.5724 | （C5）0.3403、（C6）0.5073 | （C7）0.5393、（C8）0.4667 |
| 西藏 | （C1）0.6042、（C2）0.6022、（C3）1.0000 | （C6）0.6798 | （C9）0.7037 | | （C4）0.5223、（C5）0.3502 | （C7）0.2106、（C8）0.5333 |
| 广西 | | （C4）0.6895 | （C9）0.6888 | （C1）0.4894、（C2）0.4597、（C3）0.5495 | （C5）0.3917、（C6）0.4918 | （C7）0.5917、（C8）0.4408 |
| 陕西 | | （C4）0.6551、（C6）0.6006 | （C9）0.7160 | （C1）0.5679、（C2）0.5748、（C3）0.4852 | （C5）0.5925 | （C7）0.5833、（C8）0.5548 |
| 甘肃 | （C1）0.6253 | | （C9）0.6277 | （C2）0.5859、（C3）0.4147 | （C4）0.4469、（C5）0.3800、（C6）0.4450 | （C7）0.5978、（C8）0.4789 |
| 青海 | （C1）0.6131 | （C6）0.6900 | （C9）0.6473 | （C2）0.4573、（C3）0.4676 | （C4）0.5190、（C5）0.3399 | （C7）0.5058、（C8）0.4434 |
| 宁夏 | | | （C7）0.6235、（C9）0.7610 | （C1）0.5342、（C2）0.3257、（C3）0.4392 | （C4）0.4238、（C5）0.4595、（C6）0.5632 | （C8）0.4819 |
| 新疆 | （C1）0.6028 | | （C9）0.6392 | （C2）0.4080、（C3）0.4085 | （C4）0.5660、（C5）0.4067、（C6）0.5469 | （C7）0.5015、（C8）0.4104 |
| 内蒙古 | （C1）0.6863 | | （C7）0.6625、（C9）0.7044 | （C2）0.5022、（C3）0.4276 | （C4）0.5751、（C5）0.5396、（C6）0.5215 | （C8）0.4373 |
| 西部 | （C1）0.6455 | | （C7）0.6148、（C9）0.6985 | （C2）0.5089、（C3）0.5296 | （C4）0.5766、（C5）0.4288、（C6）0.5240 | （C8）0.4532 |

## 四 东北地区城市化面临的生态安全约束

首先，分析东北地区的区域生态安全制约因素。从表 15 - 7 可见，东北地区生态安全评价指标体系因素层的 9 项指标评价结果中，只有 4 项指标的安全指数大于 0.6，其余 5 项指标的安全指数均小于 0.6。

从系统压力（B1）的层面看，2010 年，东北地区系统压力（B1）指标体系对应的人口发展压力（C1）安全指数评价结果为 0.7785，介于（0.6，0.8］区间，处于区域生态安全分级标准的第Ⅱ级水平，即"比较安全"的"良好状态"，为东北生态安全和城市化发展提供较好的人口环境。资源环境压力（C2）和城市化发展压力（C3）评价结果分别为 0.5667 和 0.5368，均处于区域生态安全分级标准的第Ⅲ级水平。这说明我国东北地区人口发展环境较好，但存在资源环境和城市化发展的制约。

从系统状态（B2）的层面看，2010 年，系统状态（B2）指标体系对应的因素层的资源环境状况（C4）、经济社会发展状况（C5）和城市化发展状况（C6）安全指数评价结果分别为 0.7856（C4）、0.6257（C5）和 0.5846（C6）。这说明东北地区资源环境状况和经济社会发展状况相对较好，但存在明显的城市化发展滞后问题。

从系统响应（B3）的层面看，评价结果表明，2010 年，东北地区城市化发展响应（C9）安全指数超过 0.6，介于（0.6，0.8］区间，处于区域生态安全分级标准的第Ⅱ级水平，即"比较安全"的"良好状态"；环境保护响应（C7）和社会经济响应（C8）安全指数均低于 0.6，介于（0.4，0.6］区间，处于区域生态安全分级标准的第Ⅲ级水平，即"基本安全"的"敏感状态"。环境保护问题和社会经济发展响应水平是区域系统响应（B3）安全水平的制约因素（见图 15 - 4）。

其次，分析东北 3 省的生态安全制约因素，各省之间的生态安全制约因素存在一定的差异。从系统压力（B1）的层面看，人口发展压力（C1）安全指数评价结果均超过 0.6，介于（0.6，0.8］区间，处于区域生态安全分级标准的第Ⅱ级水平；3 省的资源环境压力（C2）和城市化发展压力（C3）

331

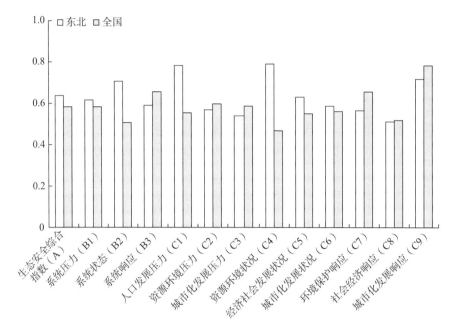

**图 15 - 4　东北地区及全国生态安全指标体系各层次安全水平比较**

安全指数评价结果低于 0.6，均处于区域生态安全分级标准的第Ⅲ级水平。东北 3 省生态安全具有相同的压力特征。从系统状态（B2）的层面看，东北 3 省的城市化发展状况（C6）安全指数评价结果低于 0.6，均处于区域生态安全分级标准的第Ⅲ级水平；另外，辽宁省的资源环境状况（C4）安全指数评价结果低于 0.6，黑龙江省的经济社会发展状况（C5）评价结果低于 0.6，构成对区域生态安全水平的制约（见表 15 - 7）。

**表 15 - 7　东北地区生态安全评价指标体系——系统层安全指数分类统计（2010 年）**

| 地区 | 安全水平处于第Ⅰ、Ⅱ级（SCI > 0.6） | | | 安全水平处于第Ⅲ、Ⅳ、Ⅴ级（SCI ≤ 0.6） | | |
|---|---|---|---|---|---|---|
| | 系统压力（B1） | 系统状态（B2） | 系统响应（B3） | 系统压力（B1） | 系统状态（B2） | 系统响应（B3） |
| 辽宁 | （C1）0.7440 | （C5）0.6703 | （C9）0.7152 | （C2）0.5159、（C3）0.5018 | （C4）0.5443、（C6）0.5942 | （C7）0.5209、（C8）0.55166 |
| 吉林 | （C1）0.6879 | （C4）0.7960、（C5）0.6216 | （C9）0.6936 | （C2）0.5747、（C3）0.5383 | （C6）0.5650 | （C7）0.5828、（C8）0.4597 |

| 地区 | 安全水平处于第Ⅰ、Ⅱ级<br>（SCI > 0.6） | | | 安全水平处于第Ⅲ、Ⅳ、Ⅴ级<br>（SCI ≤ 0.6） | | |
|---|---|---|---|---|---|---|
| | 系统压力<br>（B1） | 系统状态<br>（B2） | 系统响应<br>（B3） | 系统压力<br>（B1） | 系统状态<br>（B2） | 系统响应<br>（B3） |
| 黑龙江 | （C1）0.7024 | （C4）0.8273 | （C9）0.7217 | （C2）0.5994、<br>（C3）0.5035 | （C5）0.5729、<br>（C6）0.5593 | （C7）0.5927、<br>（C8）0.4905 |
| 东北 | （C1）0.7785 | （C4）0.7856、<br>（C5）0.6257 | （C9）0.7149 | （C2）0.5667、<br>（C3）0.5368 | （C6）0.5846 | （C7）0.5631、<br>（C8）0.5099 |

以上关于我国区域生态安全制约因素的综合分析，是依据本书建立的区域生态安全综合评价模型的评价结果进行的，优点在于，从不同层面给出了我国四大区域，以及31个省（区、市）的生态安全制约因素。事实上，区域生态安全的制约因素远不止本书建立的区域生态安全评价指标体系包含的指标；不同的研究目的、不同的评价方法涉及的指标也是有所不同的；而且，在区域社会经济发展过程中，生态环境条件也是一个动态的过程。因此，分析区域的生态安全状况还应该结合区域自然条件、社会经济条件等特征进行具体分析和综合评价。

## 第三节　区域城市化发展模式的战略选择

2010年国务院颁布的《全国主体功能区规划》提出，经对全国陆地国土空间土地资源、水资源、环境容量、生态系统脆弱性、生态系统重要性、自然灾害危险性、人口集聚度以及经济发展水平和交通优势度等因素的综合评价，从工业化城镇化开发角度来看，我国国土空间的特点是：陆地国土空间辽阔，但适宜开发的面积少。我国陆地国土空间面积广大，居世界第三位，但山地多，平地少，约60%的陆地国土空间为山地和高原。适宜工业化城镇化开发的面积有180余万平方公里，但扣除必须保护的耕地和已有建设用地，今后可用于工业化城镇化开发及其他方面建设的面积只有28万平方公里左右，约占全国陆地国土总面积的3%。适宜开发的国土面积较少，决定了我国必须走空间节约集约的发展道路。[①] 可以说，《全国主体功能区规划》关于我国国土资源的综合评价，为我们展开相关领域的研究提供了依据。

世界城市化的历史经验表明，城市化是涉及经济、社会、人口以及制度变迁等多层次的社会经济结构转换过程，积极转移农村人口，提高城市化水平，可以优化城乡社会经济结构，为城乡社会经济发展提供广阔的市场和持久的动力，从而促进国民经济良性循环和社会经济协调发展。工业化国家城市化过程的经验表明，城市化既有其基本规律，又有国别和地域特征。经过改革开放 30 年多的发展，我国城市化正在进入新的发展阶段，目前，已经有近一半的人口居住在城市，预计到 2030 年城市人口将超过 65%。然而，我国快速城市化过程带来的交通拥堵、住房紧张、空气污染、生态破坏等一系列发展问题，对区域资源环境和城乡社会经济可持续发展造成了巨大压力。因此，必须在我国现行城市发展方针指导下，既研究世界城市化进程的一般规律，借鉴发达国家的经验，又要结合我国城市化面临基本问题和现实国情，转变传统城市化发展模式，积极稳妥地推进新型城市化进程。

## 一 区域城市化的总体目标

城市化是近代工业化的产物，是工业化发展的必然结果。人类社会的现代化发展过程，在一定程度上可以认为是城市化发展和城市现代化的历史过程。因此，科学制定经济社会发展战略的目标是确保我国区域经济、社会与资源环境协调发展的前提和基础。随着我国各地城市化的快速推进，从实现区域生态安全的视角，各个地区无论选择怎样的城市化发展模式，从长远来看，都应该以积极推进城市生态化、实现城乡一体化发展为总体目标要求。

城乡一体化是指随着社会生产力的发展，城乡人口、技术、资本、资

---

[①] 《国务院关于印发全国主体功能区规划的通知》，中华人民共和国中央政府门户网站，http://www.gov.cn/zwgk/2011-06/08/content_1879180.htm。

源等要素相互融合，互为资源，互为市场，互相服务，逐步达到城乡之间在经济、社会、文化、生态上协调发展的过程。因此，城乡一体化过程实质上是通过城乡在政策上的平等、产业发展上的互补、国民待遇上的一致，彻底改变我国长期形成的城乡二元结构，使广大城乡居民分享同样的城市文明的成果，从而实现整个社会全面、协调和可持续发展的过程。因此，实践区域城乡一体化的过程是深入贯彻落实科学发展观的必然要求。一些发达国家在城市化发展过程中，通过积极促进城市群、城市带生成和发展以及大都市区化发展，逐渐缩小城乡差别，并以此实现城乡基本协调发展，乃至区域城乡一体化。在新的历史时期，我国正在进入城市化加速发展阶段，在城市化快速推进的过程中，城乡差距、区域差距、工农差距问题还比较突出，在积极推进城市化进程的同时，加快城乡一体化步伐，不仅为进一步扩大内需、调整结构、转变发展方式创造重要的条件，而且有利于保障广大农民的自身发展和公平发展，从根本上实现农村居民享有与城市居民同等的发展权，从而推进社会主义和谐社会的构建。

所谓城市生态化主要是指，为了实现城市社会、经济和自然环境这一复合人类生态系统的安全、稳定和有序运行，而采取了城市发展规划建设、城市基础设施改善、城市管理制度改革、城市生态环境保护和城市生态文明观念普及等一系列的措施，从而使区域内城市运转与自然生态趋于协调和可持续的过程。"生态城市"与"城市生态化"是既有联系又有区别的两个不同概念。生态城市是城市生态建设的宗旨所在，只有通过城市生态化过程，才能实现生态城市建设的目标，并达到区域城市化与城市的可持续发展。因此，生态城市是城市发展的理想目标，而城市生态化则是为实现生态城市建设而进行的社会经济改革、发展与完善的过程。城市生态化强调社会、经济、自然协调发展和整体生态化，即实现人与自然共同演进、和谐发展、共生共荣，它是可持续发展模式。[①]

用生态城市指标体系来衡量，城市生态化过程应该包括以下四个层面。一是景观层面的城市生态建设。包括城市建筑规划设计、城市园林绿化、

---

① 谢利芳：《论生态城市与城市生态化》，《当代经济》2008 年第 2 期。

城市道路等城市基础设施建设。二是技术层面生态化过程。传统城市社会经济发展过程中人口与资源环境的矛盾是区域生态安全的根源所在，生态城市要解决的核心问题就是通过信息化、新能源、新材料等技术，用以生物技术、空间技术等为主要内容的新技术形式，化解矛盾，实现可持续发展。三是经济层面生态化过程。农业社会和传统工业社会的经济发展模式在于其是过度消耗自然资本和物质资本的一种资源经济，而生态城市是以人力资本为主体的知识经济和生态经济模式。四是文化层面的生态化过程。在城市生态建设过程中，生态文明意识的普及、资源环境保护的法制建设等是城市生态化的重要保障。因此，城市生态化是一项长期而复杂的系统工程。区域内的城市化生态化建设有利于从整体上促进区域人类生态系统的协调发展。

## 二 区域城市化的根本动力

城市化动力机制的研究是分析城市化发展水平和质量的基础，有利于进一步制定城市可持续发展战略，从而实现城市化过程与区域人口、资源、环境的协调和可持续发展。由于不同国家或地区城市化过程的历史背景和社会经济环境不同，国内外学者关于城市化动力机制的研究往往有着不同的视角与方法。马克思主义经典作家认为，城市化与城市发展的决定性因素是社会生产力。西方早期的经典城市化动力机制理论认为，一个国家或地区的城市化与城市发展的动力机制总是与经济增长，以及由农业部门到非农业部门人口就业结构的转换相联系，因而，城市化的基本动力是工业化，是城乡人口迁移而不是其他原因促进了欧洲城市化，从而使工业城市与前工业城市展现出不同的特征。[①]

城市化是一个动态的历史演进过程，因此，在不同的历史时期和社会发展阶段，城市化的动力机制有着不同的表现形式；同时，城市化也是一个国家或地区政治、经济、文化等全方位的社会变迁过程，不同经济发展

---

① 吴莉娅：《全球化视角下城市化动力机制研究进展初探》，《苏州大学学报》（哲学社会科学版）2008年第5期。

水平和社会制度下的城市化动力机制也往往存在很大的差异。但从根本上讲，区域城市化的动力机制与区域产业结构的演化密切相关，城市化发展动力机制的演化过程有其内在的规律。在城市化发展的初期，城市化的动力模式往往以传统工业化为主导，根据 H. 钱纳里和 M. 塞奎因的世界发展模型，在工业化初期，城市化是由工业化推动的，随着工业化的发展，城市化进程逐渐快于工业化速度；[①] 综观世界城市化发展的历史过程，城市化与工业化并非简单的直接相关关系。据统计，1820～1950 年，发达国家城市化与工业化的相关系数高达 0.997。[②] 进入城市化发展中期的加速发展阶段后，工业化的深入发展为大量农村劳动力提供就业空间，工业化仍然是城市化的主要动力源。随着城市化水平的进一步提升，第三产业不断发展壮大，传统工业化道路必然被新型工业化所取代，城市化的主要动力也逐渐转向新型工业化和第三产业的发展。发展社会学认为，现代工业社会在很大程度上是城市社会，但是一个国家大量增加人口不一定是城市大规模发展的必要条件，工业的发展也不一定是大城市兴起的必要条件。发达工业化国家的实践还表明，在工业化后期，工业化对城市化的作用开始减弱。

从系统论的角度分析，城市化的动力机制系统主要由拉力、推力机制和制度机制两个子系统组成。从各种动力机制对人口由农村转移到城市的促进作用来看，在城市化与城市发展过程中，可以分解出两大基本作用力量，即以农业发展为主导的农村发展的"推力"作用和以工业化与第三产业为主导构成的城市发展的"拉力"作用。在城市化发展的主要产业动力机制中，推力和拉力是内生的，后发动力是伴生的，它们共同作用，相互促进，构成了城市化的核心动力机制。其中，由于农业生产力水平提高而产生的对农村人口城市化的推力，以及城市非农产业对城市化与城市发展的拉力，成为一个国家或者地区的城市化不断发展的内在动力，并且主导着城市化与城市发展的速度、模式和趋势。

---

① 钱纳里：《发展的型式（1950～1970）》，经济科学出版社，1998，第 79 页；安德鲁·韦伯斯特：《发展社会学》，华夏出版社，1987，第 135 页。

② 孙永正：《城市化滞后的八大弊端》，《城市问题》1999 年第 6 期。

我国城市化发展实践表明，区域社会经济发展水平不同，城市化发展阶段不同，城市化发展的主导动力也必然有所不同。随着经济结构的深入调整和优化，三次产业结构不断升级，东部地区必然要加快由传统工业化向新型工业化的战略转型，从而城市化的根本动力也必然实现向新型工业化和第三产业转变；中西部地区目前处于工业化、城市化快速成长期，第三产业发展还相对滞后，但从未来发展趋势上看，中部地区和西部地区只有从根本上摒弃传统工业化发展路径，积极推进新型工业化，加快产业结构的调整，尤其是促进城市第三产业的发展，才能避免发达国家工业化过程曾经出现矛盾和问题，从而为区域城市化继续保持健康发展提供持久的动力。东北地区城市化动力模式具有典型的老工业基地的历史特征，随着东北振兴战略的提出，推进新型工业化也是东北地区的必然选择。

## 三　区域城市化的发展道路

城市化发展道路与经济发展方式密不可分，因此，城市化不只是一个国家工业化和国民经济发展的结果，还是发展中国家发展的战略，城市化发展道路的定位要求发展中国家把城市化作为一种动因，去推动工业化和国民经济的发展。然而，我国区域经济社会发展过程中的城市化道路存在一些问题，主要是对工业化、现代化、城市化发展规律认识不够，尤其是对城市化与工业化、现代化的内在联系的认识还不够，以至于一些地方片面追求城市化和工业化的速度，使得城市化发展过程付出很多的资源环境代价。20世纪90年代以来，关于我国城市化道路，特别是城市化与资源环境关系的研究开始受到关注。进入21世纪，随着传统城市化发展模式与生态安全矛盾的凸显，人们越来越迫切地感受到我国的城市化和工业化进程必须紧密联系社会生产力发展要求和具体国情，并且注意积极借鉴发达国家城市化的经验和教训，以全新的发展理念规划和引导我国的城市化道路。

党的十六大以来，新型工业化道路，特别是科学发展观的提出，为我国加快经济发展方式的转变指明了方向。所谓新型工业化是指，坚持以信息化带动工业化，以工业化促进信息化，走出一条科技含量高、经济效益好、资源消耗低、环境污染少、人力资源优势得到充分发挥的工业化道路。科学发展观即是坚持以人为本，全面、协调、可持续的发展方式。在科学发展观指导下，必须加快调整我国的城市化与城市发展模式。在这样的背景下，走新型城市化道路，同时，努力实现新型工业化与新型城市化的协调发展，已经成为我国实现国民经济持续和健康发展的重要内容。走新型城市化道路，是在对世界多元城市化发展模式进行分析与借鉴，系统分析全球未来工业化和城市化的发展趋势，及其对我国的影响的基础上提出的。

新型城市化本质上是将可持续发展理念与城市化发展实践有机结合，从而实现城市社会、经济发展与人口、资源、环境的相互协调和可持续发展的过程，但如何实现经济、社会与资源环境之间的平衡发展成为社会各界关心的问题。近年来，随着我国各地区城市社会经济的日益发展，尤其是科学发展观念的深入贯彻落实，我国区域城市化与城市发展模式也出现较大的转变。理论界和地方政府部门纷纷提出了新型城市化的概念。牛文元提出，城市低碳发展是走向新型城市化的先行标志之一，在科学发展观的指导下，新型城市化的低碳之路要坚持实施可持续发展战略，倡导人口、资源、环境、发展四位一体的有机协调，实现城乡公共服务均质化，加快城乡一体化进程，以建设现代城市和社会主义新农村的共同任务为出发点，推动社会经济发展方式转型，建立集群型、循环型、低碳型、生态型和可持续的城乡协调发展新模式。①

## 四　区域城市化的制度创新

作为经济增长和结构变迁的社会历史现象，区域城市化发展历程及其模式选择与其制度安排密切相关。积极健康地推进我国区域城市化与城市发展，探索科学的城市化发展模式，需要各类经济政策和相关社会政策的有效组合和制度创新。从 1979 年国家明确要求"各级公安机关要切实加强对农业人口迁入城市的控制工作"开始，到 2001 年许多地方相继放开中小

---

① 牛文元：《中国新型城市化报告》，科学出版社，2010，第 261 页。

城市和小城镇户籍限制，直到一些省、自治区、直辖市相继取消农业户口和非农业户口的二元户口性质划分，统一城乡户口登记制度，统称为居民户口，我国户籍制度与城市化发展的安排始终紧紧联系在一起。正因如此，人们常常希望以户籍制度的全面和彻底的改革来推动中国的城市化发展进程。这是因为，一般来说，实现大多数农村人口由农民到市民的转变，首先需要消除传统的城乡二元制度制约，但事实上，区域人口城市化进程的制度约束并不等同于户籍制度本身。面对劳动力供给持续增加和国民经济创造新的就业能力相对不足的结构性矛盾，在目前的城市就业压力下，农民进城干什么，他们最低生活、子女上学，以及医疗、养老等城市市民应该享有的基本权利如何得到保障。一系列的制度约束都是目前我国积极推进新型城市化要解决的问题。实际上，近年来，诸如户籍制度等的阻碍作用已明显降低了，关键是宏观社会经济环境及其相关的制度安排还没有适应新时期我国广大的城市化人口的现实诉求。

长期以来，我国实行的是典型的自上而下的城市化制度安排，这种制度安排对我国推进城市化进程曾经起到过积极的促进作用。一方面，防止了其他发展中国家城市化过程造成的"城市问题"；但另一方面，也促成了我国典型的城乡二元社会结构的生成和固化，并在一定程度上限制了城乡间包括劳动力在内的生产要素有序流动。改革开放以来，伴随着乡镇企业的发展和小城镇的崛起，自下而上的城市化制度模式应运而生，并正在逐步突破城乡二元社会结构的传统制约。因此，在改革城乡二元户籍管理体制、消除城乡分离的户籍制度壁垒的同时，应加快城乡就业体制、农村土地流转机制、城乡社会保障制度改革，确保城乡居民在就业和收入等方面有一个公平竞争的制度环境。我国的小城镇户籍制度改革工作从1998年就开始试点，2000年在全国普遍推行，2001年，各地进一步加大了小城镇的户籍制度改革步伐，农民进入小城镇的政策更加开放；与此同时，大、中、小建制城市的户籍制度改革也开始实行，从而形成了我国市场诱发型的自下而上的城市化制度安排与政府主导型自上而下的城市化制度安排同时并存的局面。但是，在短时间内，劳动力非农化的推力和人口城市化的拉力还没能通过有效的制度安排形成较大的要素自由、有序流动的合力。确立有利于城乡要素在政府指导下按市场规律自由、有序流动的制度环境，是突破传统二元城乡结构的制度保证，也必将有利于新型城市化的进程。因此，现阶段应致力于研究减少户籍管理、人口流动、就业准入等的制度制约，确立有利于城乡要素在政府指导下按市场规律自由、有序流动的制度环境，通过制度创新推进城市化进程。

进入 21 世纪，随着我国城市基础设施建设水平的提升、城市规模的扩张和城市体系的不断完善，城市对区域人口和产业的吸纳力将越来越依赖城市的"软环境"。例如，科学的城市规划与管理、城市社会建设，乃至城市人口素质提升等，尤其是城市化与城市科学发展的制度安排。根据新制度经济学的研究，现实的人是在由现实的制度赋予的制度约束中从事社会经济活动，经济增长的关键因素之一在于制度因素，一种提供适当的个人刺激的有效制度安排是促进经济发展的决定性因素。城市化是农村人口向城市转移和集聚，以及由此引起的人口就业结构非农化重组的一系列制度变迁过程。如果缺乏有效率的城市化制度安排，或是提供不利于要素重新聚集的制度安排，即使发生了结构转换和要素流动，并不必然导致城市化的生成和有序发展。我们认为，虽然目前城乡二元户籍制度还在给农民进城增加难度，但这已不是限制农民进城的因素所在。从构建社会主义和谐社会的战略高度来看，更为重要的是，要破解农村人口实现地域和就业结构的城市化以后所面临的一系列制度约束，真正实现社会学意义上的农民市民化问题，这不仅涉及就业体制、社会保障制度、农村土地流转制度等的改革问题，更关系到城乡社会经济可持续发展的相关制度体系建设与创新。突破传统城市化模式的制度制约，大力开展制度创新，必然成为推进我国城市化发展的动力源。

## 五　区域城市化的模式选择

通过对我国区域城市化发展模式的特征分析，以及对区域城市化与生态安全的耦合关系的综合评价，我们可以发现，东部、中部、西部和东北地区的区域城市化发展阶段、发展水平及其区域生态约束条件存在着诸多差异；同时，各区域内不同省（区、市）之间的城市化发展与生态安全的耦合状态也存在不同程度的差别。事实上，由于我国地域广阔，不同地区的自然地理状况和社会经济发展水平不可能完全相同，因而，从不同层面上考察我国区域工业化、城市化的进程、道路及其模式选择，就必然要充分考虑不同地区、不同省份城市化发展实践所呈现的诸多具体的人口、资源、环境和社会、经济特征的差异性。因此，我国不同区域城市化的具体发展模式，必然既要遵循城市化发展客观规律，又要结合区域自身发展特征，选择具有区域特色的城市化发展模式。我们认为，从总体上讲，我国区域城市化主导模式选择应该遵循内涵式、多元化和可持续发展的战略考量。

首先，尽管依据不同的标准，区域城市化模式可以划分为多种不同的发展类型，但从区域生态安全的视角，"内涵式"发展是各区域城市化都应该遵循的发展模式。从理论上来看，区域城市化的推进过程存在着"外延式"城市化和"内涵式"城市化两种不同的发展方式。所谓外延式城市化是指在原有区域经济结构不变的情况下，城市规模的外延扩张，城市人口增加，但城市的自身素质并没有相应得到提高，城市功能并未得到优化。所谓内涵式城市化发展模式是指在依靠科技进步的基础上，通过产业结构的调整和优化，城市聚集更多的生产要素和人口，同时城市的发展空间扩大，城市的自身素质也随着城市的规模扩张而全面提升。在发达国家城市化发展过程中，其城市化的发展模式一般会随着城市化水平的提高而由外延式为主转向内涵式为主。我国传统的控制大城市、积极发展小城镇的城市化政策依据，主要是基于对发达国家或者一些发展中国家城市人口过度膨胀所产生的城市失业、环境污染、交通拥挤等"城市问题"的考虑，担心农民进入城市会引发和加剧这些"城市问题"。

《中国统计年鉴》资料显示，2006年，东部、中部、西部、东北地区和全国的城市人口密度分别为2182人/平方公里、2827人/平方公里、1984人/平方公里、2333人/平方公里和2238人/平方公里；2010年，东部、中部、西部、东北地区和全国的城市人口密度分别为2004人/平方公里、3010人/平方公里、2245人/平方公里、2165人/平方公里和2209人/平方公里。

2006～2010年，东部和东北地区的城市人口密度分别下降了178人/平方公里和168人/平方公里；中部和西部地区的城市人口密度分别上升了183人/平方公里和261人/平方公里；全国平均水平的城市人口密度下降了29人/平方公里。事实上，近年来，我国各区域人口城市化水平普遍提升，尤其是东部、中部、西部地区城市化水平提升较快。东部和东北地区城市人口密度却呈现下降趋势，显然是城市空间扩张拓展的结果；中部和西部地区城市人口密度增加则反映出原有城市人口的大量集聚特征。由此可见，我国各区域城市化发展模式都有待进一步向内涵式发展模式转变。实现城市化发展模式的根本性转变，主要措施之一就是要努力实现城市化发展方式由数量型向质量型的转变，由城市规模扩张外延向内涵发展的转变，从根本上避免城市化发展与区域人口、资源环境协调发展的矛盾和问题。

其次，我国城市化发展模式的区域特征表明，有的地区已经进入城市化较快发展阶段，而有的地区由于特有的经济结构，城市化还处于初级发展阶段，这就决定了中国城市化具体模式选择的多元化。在不同的地区、不同的时期、不同的条件下，城市化实现的目标和采取的模式应该有所不同。通过前面研究可以发现，由于我国区域经济发展的不平衡，城市化发展阶段和水平在我国各地区之间还存在着较大差异。东部地区城市化水平和城市体系发展都超过了中部和西部地区，东北地区城市化起点较高，但近年来城市化发展速度趋缓，这种城市化与城市发展的区域差异决定了我国城市化道路也应多层次和多元化发展。同一地区不同省份间的城市化水平和模式也有着显著的差异。城市化发展模式的多元化主要包括以下几个方面。

一是区域城市化发动主体的多元化。从城市化发动主体来看，在不同的社会经济和时代背景下，我国区域城市化发动主体主要分为政府主导和社会力量两种模式：一种是计划经济体制下形成的，由中央和各级地方政府部门主导甚至包办的自上而下的城市化发展模式；另一种则是在社会主义市场经济体制改革进程中出现的由民间力量或社会组织发动，并得到相关政府认可或支持的自下而上的城市化发展模式。从历史上看，自新中国成立到改革开放初期相当长的时期内，我国基本上是以政府作为单一或者主导力量来推进城市化进程。改革开放以来,我国城市化发动主体开始出现多元化的趋势,各类的企业、集体组织,乃至个人和国外投资者都在不同程度上对我国城市化进程做出了贡献,成为我国城市化与城市发展的推动力量。尤其是改革开放初期沿海地区乡镇企业的快速发展为我国东部地区的城市化注入了新的力量。在我国经济体制由传统的计划经济向市场经济体制转轨时期,自下而上的城市化模式的推进在一定程度上还受到传统城市化制度安排的束缚,但也不断呈现适应社会主义市场经济体制的某些制度特征,对我国新型城市化发展起到了推动的作用。区域城市化发动主体的多元化选择既有利于打破我国城市化由政府主导的传统局限,充分发挥社会各方的积极性和创造性,又是加快我国区域城市化与城市发展步伐,实现城市化持续、健康发展的要求。

二是区域城市化发展进程的多元化。我国区域的城市化发展水平不平衡,仍然是目前乃至今后相当长时期内我国城市化的基本特征之一。为此,积极推进区域新型城市化进程,必须依据我国区域社会经济发展的实际情况制定城市化和城市发展的战略目标。

三是城市化规模结构的多元化。要积极推进我国城市化进程,既要充分发挥小城镇在推进人口城市化进程中的积极作用,也要合理规划和科学布局,促进大、中、小城市的协调发展,坚持大、中、小城市和小城镇的综合、均衡、协调和可持续发展。对于已初具规模的中小城市和小城镇,要努力突破传统单一的低功能模式的束缚,从促进工业化、提高城市化和实现现代化的高度,完善、提高中小城市和小城镇的城市功能,从而推进优质生产要素和非农化人口的城市化集聚。中小城市和小城镇应及时调整、优化产业结构,以产业升级和经济结构优化来拓展城市化发展空间;提高城市功能,走内涵式城市化道路。对大城市、特大城市而言,要充分发挥区域中心城市的辐射带动作用,在积极发展第三产业的过程中,确保在城市社会经济健康发展的基础上,充分发挥城市聚集功能,但也要防止大城市人口过度膨胀,从而走出一条符合我国国情的大、中、小城市和小城镇协调发展的新型城市化道路。

## 第四节　区域城市化发展模式的对策建议

从以上的分析我们可以发现，区域城市化发展模式具有内涵的丰富性和视角的多维性特征，综合起来，我们认为，所谓区域城市化发展模式，就是指一个地区城市化与城市发展过程的具体推进方式和实现形式。研究表明，我国东部、中部、西部和东北地区以及区域内各省（区、市）具体的城市化发展模式选择不可能有一种或者几种固定的标准。区域城市化发展模式既要依据具体区域的国民经济和社会发展战略的实施而不断调整完善，又要与国家宏观经济社会发展战略相适应，因而，区域城市化发展模式选择及其推进方式应该是一个与区域经济社会发展及生态环境条件相适应的不断调整、完善的动态发展过程。因此，如何结合人口、资源环境和工业化、城市化发展实际，积极有序地推进我国区域城市化，是我国区域城市化发展模式选择的核心问题。

《全国主体功能区规划》提出了构建我国"两横三纵"为主体的城市化战略格局。即构建以陆桥通道、沿长江通道为两条横轴，以沿海、京哈京广、包昆通道为三条纵轴，以国家优化开发和重点开发的城市化地区为主要支撑，以轴线上其他城市化地区为重要组成的城市化战略格局。推进环渤海、长江三角洲、珠江三角洲地区的优化开发，形成 3 个特大城市群；推进哈长、江淮、海峡西岸、中原、长江中游、北部湾、成渝、关中—天水等地区的重点开发，形成若干新的大城市群和区域性的城市群。[①]《全国主体功能区规划》是我国国土空间开发的战略性、基础性和约束性规划，为我国选择科学的区域城市化发展模式，积极推进区域城市化进程提供了指南。

我们认为，由于受历史、地理条件和社会经济发展水平等多种因素的影响，我国生态资源和城市化的区域发展很不平衡，未来区域城市化具体推进路径的选择，应该以《全国主体功能区规划》为指导，依据区域经济

---

[①]　《国务院关于印发全国主体功能区规划的通知》，中华人民共和国中央政府门户网站，http://www.gov.cn/zwgk/2011 – 06/08/content_1879180.htm。

社会发展的实际情况，坚持区域统筹和城乡统筹的原则，在梯次推进东部、中部、西部和东北地区城市化进程中，选择具有区域特色的城市化发展模式。

## 一 东部地区城市化发展模式的对策建议

从城市化发展水平来看，东部地区经济社会发展水平较高，城市空间分布较为密集，其中，大城市和特大城市相对较为集中，小城镇分布广泛，城市体系正在趋于完善；但是，东部地区也存在较为突出的人地矛盾、城乡矛盾等问题。东部地区是目前我国城市化整体水平最高的区域，但在东部 10 省（市）之间，城市化发展速度存在不同程度的差别。从城市化发展速度来看，已经进入城市化发展的后期阶段的北京、天津和上海 3 个直辖市的城市化水平较高，2010 年排在全国前 3 位，但由于 3 个直辖市城市化发展已经进入成熟期，其城市化发展速度在全国排位相对靠后。其中，北京和天津的城市化水平仍然分别以年均 0.87 个百分点和 0.83 个百分点的较快发展速度提升；上海的城市化水平则以年均 0.10 个百分点的发展速度平缓提升。除海南和三大直辖市以外，东部地区另外 6 个省份的城市化年均提升速度均超过 1 个百分点，呈现快速发展态势，其中，江苏省的城市化年均提升 1.96 个百分点，居全国首位。

根据《全国主体功能区规划》，国家明确提出的国家层面的优化开发区域大多地处东部地区：①京津冀地区；②山东半岛地区；③长江三角洲地区；④珠江三角洲地区。以上区域均为《全国主体功区规划》中明确提出的国家层面的优化开发区域。另外，包括河北省中南部以石家庄为中心的部分地区在内的冀中南地区，也是国家层面的重点开发区域。[①]

从城市化发展模式及其推进方式看，国家优化开发区域的功能定位是：提升国家竞争力的重要区域，带动全国经济社会发展的龙头，全国重要的创新区域，我国在更高层次上参与国际分工及有全球影响力的经济区，全

---

① 《国务院关于印发全国主体功能区规划的通知》，中华人民共和国中央政府门户网站，ht-tp://www.gov.cn/zwgk/2011－06/08/content_1879180.htm。

国重要的人口和经济密集区。这些区域城镇布局优化主要方向是，进一步健全城镇体系，促进城市集约紧凑发展，围绕区域中心城市明确各城市的功能定位和产业分工，推进城市间的功能互补和经济联系，提高区域的整体竞争力。① 这既为东部地区城市化提供广阔的发展前景，也给东部地区城市化发展模式的选择提出更高的要求。因此，在推进城市化过程中，东部地区的城市化重点应放在城市化的内涵发展和结构优化上，遵循《全国主体功能区规划》的要求，合理控制城市规模，优化区域结构，改善生态环境。要加快现有城市群的发展和升级，并以此推动东部地区城乡一体化进程，逐步缩小城乡差别，实现城市化发展与区域生态安全的双赢。

## 二　中部地区城市化发展模式的对策建议

从中部地区城市化发展水平来看，中部地区城市化和生态安全水平与全国比较处于较低的水平，但中部地区的城市化与生态安全提升速度相对较快。2001~2010年，除湖北省年均提升0.99个百分点外，其他5省的城市化年均提升速度均超过1.3个百分点，且这5省的城市化速度均排在全国前11位，呈现城市化快速发展态势。从生态安全水平的提升速度来看，江西、湖北、安徽和山西4省的生态安全水平提升速度排在前10位；河南和湖南2省的生态安全水平的提升速度排位相对较为靠后，河南和湖南2省生态安全综合指数分别排在全国第19位和31位。因此，中部地区要着重改善这2个省的生态安全状况，以提升区域整体生态安全水平。

根据《全国主体功能区规划》，国家层面的重点开发区域有：位于全国"两横三纵"城市化战略格局中京哈京广通道纵轴的中部，包括山西省中部以太原为中心的部分地区在内的太原城市群；位于全国"两横三纵"城市化战略格局中沿长江通道横轴，包括安徽省合肥及沿江的部分地区在内的江淮地区；位于全国"两横三纵"城市化战略格局中陆桥通道横轴和京哈京广通道纵轴的交汇处，包括河南省以郑州为中心的中原城市群部分地区

---

① 《国务院关于印发全国主体功能区规划的通知》，中华人民共和国中央政府门户网站，http://www.gov.cn/zwgk/2011-06/08/content_1879180.htm。

在内的中原经济区；包括湖北省以武汉为中心的江汉平原部分地区在内的武汉城市圈；包括湖南省以长沙、株洲、湘潭为中心的湖南东中部的部分地区在内的环长株潭城市群等。

从中部地区城市化模式选择看，虽然中部地区整体经济和社会发展水平不高，但区域城市化发展已有一定的基础，部分省份大城市也已经相当密集，并已经初步形成了城市体系；而另一部分省份城镇体系不够完善，中心城市在区域经济中的地位不突出。根据《全国主体功能区规划》，中部6省现有的城市群辐射区域基本上都属于国家级重点开发区域，并有明确的功能定位和开发原则，国家重点开发区域的功能定位是：支撑全国经济增长的重要增长极，落实区域发展总体战略、促进区域协调发展的重要支撑点，全国重要的人口和经济密集区。城市化发展方向和开发原则是：健全城市规模结构，扩大城市规模，尽快形成辐射带动力强的中心城市，发展壮大其他城市，推动形成分工协作、优势互补、集约高效的城市群。①

从中部地区城市化发展模式看，在区域城市化规模结构上，要加快完善区域城市空间布局和城市体系，大力发展具有区域带动作用的中心城市，增强各中心城市对周围小城市、小城镇的辐射带动作用；在城市化与工业化关系上，要加快传统工业化向新型工业化的转换，促进区域城市和产业结构的调整和优化；区域工业化、城市化快速发展过程仍然要持续进行，中部地区目前仍然以工业化快速发展为主要推动力；人口聚集型和结构转换型城市化同时存在，内涵发展与外延扩张并重。但从趋势上看，中部地区在积极推进城市化过程中，必须加快区域经济发展方式的根本性转变，大力发展新型工业化，积极推进新型城市化。

## 三 西部地区城市化发展模式的对策建议

从城市化发展状况与生态安全格局来看，西部地区有其显著的区域特

---

① 《国务院关于印发全国主体功能区规划的通知》，中华人民共和国中央政府门户网站，ht-tp://www.gov.cn/zwgk/2011－06/08/content_1879180.htm。

征。一是区域城市化发展水平长期滞后，12 个省（区、市）的城市化水平与全国比较整体较低，但近年来的城市化发展速度很快，从城市化发展速度来看，2001～2010 年，除具有特殊的自然地理环境和社会经济结构的西藏自治区年均提升 0.35 个百分点，以及青海省年均提升 0.93 个百分点外，其他 10 个省（区、市）的城市化年均提升速度均超过 1.0 个百分点，呈现快速发展态势。二是区域间城市化发展水平以及生态安全状况存在较大的差异。2010 年，西部地区城市化平均水平为 41.43%，其中，城市化水平最高的内蒙古自治区达到 55.50%，而西藏自治区城市化水平仅为 22.67%，贵州、云南和甘肃 3 省的城市化水平分别为 33.81%、34.70% 和 35.97%。从生态安全水平来看，陕西、重庆和内蒙古的生态安全水平及其提升速度具有一定的比较优势，其中，陕西省的生态安全综合指数排在全国第 6 位，其提升速度排在全国首位；重庆和内蒙古的生态安全水平提升速度在全国也排在前 10 位；贵州、青海、新疆和宁夏等省（区）的生态安全水平在全国均排在后 10 位。

根据《全国主体功能区规划》，国家明确提出的 18 个国家层面的重点开发区域有一半以上在西部地区。这些重点开发区域主要包括：①呼包鄂榆地区；②北部湾地区；③成渝地区；④黔中地区；⑤滇中地区；⑥藏中南地区；⑦关中—天水地区；⑧兰州—西宁地区；⑨宁夏沿黄经济区；⑩天山北坡地区。①

从未来西部地区城市化发展模式选择与推进方式看，《全国主体功能区规划》具体提出了包括区城市化发展格局和生态建设布局在内的各开发功能定位，为西部地区城市体系的发育完善，以及在区域开发的同时保护生态安全提供了约束条件。我们认为，在总体上，由于广大西部地区地域广阔，区域自然地理环境复杂多样，人口分布相当分散，生态脆弱性区域广泛分布，因此，城市化发展布局应相对集中；同时，西部大开发也同样需要形成若干个具有较强的经济活力、功能比较完善的大城市和区域性城市

---

① 《国务院关于印发全国主体功能区规划的通知》，中华人民共和国中央政府门户网站，ht-tp://www.gov.cn/zwgk/2011－06/08/content_1879180.htm。

群。因此，在推进西部地区城市化发展时，不宜大规模发展小城镇；而应着力完善现有中小城市的功能，并进一步促成现有中小城市的升级与扩张，重点培育区域中心城市，形成结构合理、功能互补的城市体系。同时，尽管我国西部地区城市化水平长期滞后，近年来的城市化发展速度较快，但是，西部地区在城市化水平上不宜盲目赶超其他地区，而应该合理、有序地推进区域城市化进程，尤其要防止城市化发展速度过快所引致的区域生态环境破坏的问题。

## 四　东北地区城市化发展模式的对策建议

从区域城市化发展与生态安全的状况来看，东北地区城市化和生态安全与全国比较都处于较高的水平，但是，20 世纪 90 年代以来，东北地区的城市化发展速度开始落后。2010 年，东北地区城市化平均水平为 57.62%，低于东部地区 2 个百分点；从城市化发展速度来看，2001～2010 年，东北地区年均提升 0.54 个百分点，而全国年均提升 1.34 个百分点。东北地区的辽宁、吉林和黑龙江 3 省的城市化发展速度在本书研究的全国 31 个省（区、市）排序中分别排第 27、28、29 位，仅仅高于具有特殊自然地理环境的西藏自治区和已经进入城市化成熟期的上海市的城市化的提升速度。可见东北地区城市化发展速度全面滞后。2010 年，东北地区的区域生态安全综合指数为 0.6345，介于（0.6，0.8］区间，处于区域生态安全分级标准的第Ⅱ级水平，是全国四大区域中唯一达到"比较安全"的"良好状态"的地区；但 3 省之间也存在一定差距，而且，区域生态安全也存在一系列的制约因素。

根据《全国主体功能区规划》，位于东北地区的国家层面的重点开发区域主要有：①辽中南地区，包括辽宁省中部和南部的部分地区；②哈大齐工业走廊和牡绥地区，主要包括黑龙江省哈尔滨、大庆、齐齐哈尔和牡丹江及绥芬河的部分地区；③长吉图经济区，包括吉林省长春、吉林、延边、松原的部分地区。另外，东北地区同时也有国家层面重点开发的农产品主产区——东北平原主产区，东北平原的粮食主产区是国家重点进行大规模高强度工业化、城镇化开发的农产品主产区。① 这些规划为东北地区城市化布局和开发建设提供了框架。

从未来东北地区城市化发展模式选择与推进方式看，基于《全国主体功能区规划》的要求，结合本书关于东北地区城市化与区域生态安全的综合评价分析，我们认为，东北地区具有丰富的自然资源条件、坚实的工业化和城市化基础，但东北地区的城市化发展具有一定特殊性。从区域城市化动力机制看，我国东北地区在计划经济和改革开放初期的相当长的一段时间里都是以自上而下的政府推动力为主导、以传统工业化为动力的城市化发展模式。随着改革的不断深入，尤其是进入 20 世纪 90 年代以来，东北地区城市化的深层次矛盾日益显现。由于东北地区既是我国重要的商品粮生产基地，也是传统的老工业基地，因此，东北地区的城市化发展模式也不同于其他地区。从区域城市体系来看，东北地区已经形成了一些区域性的城市群，如果东北地区能够抓住国家实行东北等老工业基地振兴战略的历史机遇，加快区域内城乡经济结构调整、优化和升级步伐，变革长期以来单极城市扩张的城市体系发展形态，积极促进区域城市带和城市群的形成和发展，东北地区可望继"珠三角"、"长三角"和"京津冀"之后形成中国第四大城市群。未来东北地区城市化必须以新型工业化为动力，加快传统产业的升级和优化，走内涵式、可持续的新型城市化道路，在积极推进区域城市化过程中，提升区域生态安全水平。

总之，中外城市化的发展实践证明，一个国家或地区城市化发展模式选择是涉及区域经济、社会、人口发展战略，及其制度变迁等多层次的社会经济结构转换过程。积极转移农村剩余劳动力人口，不断提高城市化水平，在总体上，可以优化城乡社会经济结构，为城乡社会经济发展提供广阔的市场和持久的动力，从而促进国民经济良性循环与经济、社会、资源环境的协调和可持续发展。经过改革开放 30 年多的发展，我国城市化正在进入新的发展阶段，尤其是进入 21 世纪以来，我国东部、中部、西部区域

① 《国务院关于印发全国主体功能区规划的通知》，中华人民共和国中央政府门户网站，http://www.gov.cn/zwgk/2011－06/08/content_1879180.htm。

城市化快速推进，东北地区城市化也在平稳发展中不断提升质量；目前，我国已经有近一半的人口居住在城市，预计到 2030 年城市人口将超过 65%。与此同时，在新的历史时期，我国区域城市化过程也面临诸多生态安全因素的制约和发展模式的考验，因此，未来区域城市化发展过程，既要遵循区域工业化、城市化、现代化进程的基本规律，借鉴国外城市化的成功经验；又要结合我国区域城市化面临的基本问题和现实国情，结合各地区经济社会发展战略，不断探索区域特色的城市化发展模式。

# 第十六章 结论与展望

## 第一节 研究的主要结论

本书以区域城市化与生态安全的相关理论为指导,以我国东部、中部、西部和东北地区人口、经济、社会和生态环境等主要数据资料为依据,构建了区域生态安全综合评价指标体系和"P-S-R模型"。运用层次分析法和生态安全综合评价模型,对我国东部、中部、西部和东北地区四大区域及31个省(区、市)城市化的基本特征及其发展模式、区域生态安全状况、区域城市化与生态安全的耦合关系等进行了系统的研究。在对东部、中部、西部和东北地区城市化发展趋势预测和区域生态安全制约因素综合评价的基础上,提出了生态安全视角下我国区域城市化发展模式的战略选择和对策建议,研究得出以下主要结论。

## 一 关于区域城市化模式与生态安全的现状特征

第一,我国城市化模式具有显著的区域性特征。东部、中部、西部和东北四大区域之间,以及31个省(区、市)之间城市化发展均存在不同程度的差异。

从区域城市化发展水平来看,2010年,我国人口城市化水平达到49.68%,东部、中部、西部和东北地区的人口城市化水平分别为59.70%、43.58%、41.43%和57.62%。东部地区是四大区域中城市化水平最高的地区,高于全国平均水平 10.02 个百分点，比东北地区高 2.08 个百分点。目前，东部地区不仅是我国经济社会发展水平最高的区域，也是我国城市化整体水平最高的区域；中部和西部地区城市化水平相对落后。

从区域城市化演进特征来看，进入 21 世纪以来，东部地区城市化保持较高的发展速度，但慢于中西部地区，2005 ～ 2010 年增速有所减缓；中部地区呈现稳定高速增长状态，是四大区域中城市化发展速度最快的地区；西部地区城市化发展速度仅次于中部地区呈高速增长状态，且 2005 ～ 2010 年速度有所提升；东北地区的城市化发展速度明显慢于其他地区，2005 ～ 2010 年不仅发展速度明显趋缓，而且城市化水平也从 2009 年开始落后于东部地区，城市化发展水平领先的地位不复存在。

从区域城市化发展趋势来看，预测表明，到 2020 年，东部、中部、西部和东北地区城市化水平将分别达到 69.55%、57.13%、52.58% 和 64.62%，全国城市化水平将达到 57.68%；2030 年，东部、中部、西部和东北地区城市化水平将分别达到 75.55%、65.13%、60.58% 和 71.62%，全国城市化水平将达到 65.68%。

第二，我国区域生态安全水平存在一定的差异。从四大区域的层面分析我国区域生态安全状况。2010 年，东北地区的区域生态安全综合指数为 0.6345，介于（0.6，0.8］区间，处于区域生态安全分级标准的第Ⅱ级水平，是全国四大区域中唯一达到"比较安全"的"良好状态"的地区；但东北地区 3 省之间也存在一定差距，而且，区域生态安全也存在一系列的制约因素。东部、中部和西部，以及全国生态安全综合指数（A）的平均水平均介于（0.4，0.6］区间，处于区域生态安全分级标准的第Ⅲ级水平，即"基本安全"的"敏感状态"。

从 31 个省（区、市）的层面分析我国区域生态安全状况。对全国 31 个省（区、市）生态安全评价指标体系的目标层（A）生态安全综合指数（ES-CI）评价结果比较分析表明：各地区间差异非常显著。2010 年，全国 31 个省（区、市）中，只有 5 个省（区、市）的生态安全综合指数（ESCI）处于（0.6，0.8］区间，达到区域生态安全分级标准的第Ⅱ级水平，即"比较安全"的"良好状态"，5 个省（区、市）分别是北京、黑龙江、吉林、海南和广东；其余26个省（区、市）的生态安全综合指数（ESCI）均介于（0.4，0.6] 区间，处于区域生态安全分级标准的第Ⅲ级水平，即"基本安全"的"敏感状态"。

## 二 关于区域城市化与生态安全的耦合关系

我国区域城市化与生态安全的耦合形态发生的时空特征，总体上符合城市化过程中的城市化模式变迁与生态环境相互作用关系的基本规律。综合考察区域城市化发展模式所反映出的时空特征，及其生态安全特征，东部、中部、西部和东北地区区域城市化与生态安全耦合关系形成了3种具有不同特征的耦合类型；从全国31个省（区、市）的角度来看，我国区域城市化与生态安全的耦合关系形成了12种不同的耦合类型。

第一，东部地区处于生态基本安全的敏感状态下，城市化加速发展后期阶段的快速发展期的耦合类型。其城市化发展模式兼具人口集聚型和结构转换型的双重特征，表现为在人口向城市集聚的同时，城市市区人口尤其是大城市市区人口郊区化、大城市外围卫星城镇布局分散化，以及组团式城市群日益发展。城市化发展动力开始由以传统工业化发展为产业驱动向新型工业化和第三产业转换。在这种耦合类型中，生态环境与城市化发展模式的深层次矛盾依然存在，随着区域城市体系和区域经济结构的优化，城市化诸要素对区域生态安全的综合效应总体发挥积极作用。

第二，中部地区和西部地区处于生态基本安全的敏感状态下，城市化加速发展中期阶段的快速发展期的耦合类型。其城市化发展模式以人口快速向城市集聚为基本特征，城市化发展动力以工业化快速扩张为产业驱动。在这种耦合类型中，生态安全状况与城市化发展模式互为约束，如果能够选择科学的城市化发展战略，则可以进一步实现城市化的质量与生态环境安全水平的提升。区域城市化与生态安全的拮抗作用依然存在。

第三，东北地区处于生态比较安全的良好状态下，城市化加速发展后期阶段的较快发展期的耦合类型。其城市化发展受制度约束和社会经济结构的影响逐渐放缓；其城市化发展模式兼具人口集聚型和结构转换型的双重特征，城市化发展动力开始由以传统工业化发展为产业驱动向新型工业化转变，但第三产业发展仍然相对滞后。在这种耦合类型中，生态环境与城市化发展模式的矛盾已经减弱，随着区域城市体系和区域经济结构的优化，基于东北地区生态安全视野来考察区域城市化发展模式，尽管东北地区城市化速度趋缓，但区域城市化发展过程与区域生态安全水平在总体上已经进入相对协调的发展状态。

第四，我国各区域城市化正在进入较快发展阶段，并呈现不同的模式特征，这一过程对区域生态安全的综合效应总体上正在处于由不协调到协调的转变时期。从区域生态安全问题的城市化作用机制来看，区域城市化过程与生态安全还存在不同层次的矛盾，区域城市人口集聚模式、城市经济发展模式和城市空间扩张模式的选择均对生态安全有着深刻的影响。城市化对区域生态安全的综合作用是一个比较复杂的问题，未来东北地区生态安全仍有很多问题需要解决，必须注意避免城市化中期发展阶段可能对生态环境产生的负面效应。

## 三　关于区域城市化的发展战略与模式选择

第一，从不同层面上考察我国区域工业化、城市化的进程、道路及其模式选择，必然要求充分考虑不同地区、不同省（区、市）城市化发展现状所存在的诸多具体的人口、资源、环境和社会、经济特征的差异性。因此，我国不同区域城市化的主导模式，必然既要遵循城市化发展客观规律，又要结合区域自身发展特征，选择具有区域特色的城市化发展模式。我们认为，我国东部、中部、西部和东北地区以及区域内各省（区、市）具体的城市化发展模式选择不可能有一种或者几种固定的标准。区域城市化发展模式既要依据具体区域的国民经济和社会发展战略的实施而不断调整完善，又要与国家宏观经济社会发展战略相适应，因而，区域城市化发展模式选择及其推进方式应该是一个与区域经济社会发展及生态环境条件相适应的不断调整、完善的动态发展过程；我国区域城市化主导模式不应该过分强调在大、中、小城市之间如何选择，而应该遵循内涵式、多元化和可持续的战略考量。

第二，区域城市化应该以新型工业化为产业动力，走新型城市化的发展道路。区域城市化的区域社会经济发展水平不同，城市化发展阶段不同，城市化发展的主导动力也必然有所不同。随着经济结构的深入调整和优化，三次产业结构不断升级，东部地区必然要加快由传统工业化向新型工业化的战略转型，城市化的根本动力也必然实现向新型工业化和第三产业转变；中西部地区处于工业化、城市化快速成长期，第三产业发展还相对滞后，但从未来发展趋势上看，中部地区和西部地区，只有从根本上摈弃传统工业化发展路径，积极推进新型工业化，加快产业结构的调整，尤其是促进城市第三产业的发展，才能避免发达国家工业化过程中曾经出现的矛盾和问题，从而为区域城市化继续保持健康发展提供持久的动力；东北地区城市化动力模式具有典型的老工业基地的历史特征，随着东北振兴战略的提出，推进新型工业化也是东北地区的必然选择。新型城市化与传统城市化有着本质上的不同，新型城市化遵循可持续发展的理念，符合我国区域城市化发展的实际，顺应世界城市化的发展趋势。

第三，根据《全国主体功能区规划》，国家明确提出国家层面的优化开发区域大多地处东部地区。这既为东部地区城市化提供广阔的发展前景，也给东部地区城市化发展模式的选择提出更高的要求。东部地区的城市化应遵循《全国主体功能区规划》的要求，选择内涵发展和结构优化的发展模式：要进一步优化区域经济结构，改善区域生态安全状况；合理控制超大城市的规模，加快现有城市群的发展和升级；同时，积极推动东部地区城乡一体化进程，逐步缩小城乡差别，实现城市化发展与区域生态安全的双赢。

第四，根据《全国主体功能区规划》，中部6省现有的城市群辐射区域基本上都属于国家级重点开发区域，并有明确的功能定位和开发原则。从中部地区城市化发展模式来看，在区域城市化规模结构上，要加快完善区域城市空间布局和城市体系；大力发展具有区域带动作用的中心城市，增强各中心城市对周围小城市、小城镇的辐射带动作用；在城市化与工业化关系上，要加快传统工业化向新型工业化的转换，促进区域城市和产业结构的调整和优化；区域工业化、城市化快速发展过程仍然要持续进行，中部地区目前仍然以工业化快速发展为主要推动力；人口聚集型和结构转换型城市化同时存在，内涵发展与外延扩张并重。但从趋势上看，中部地区在积极推进城市化过程中，必须加快区域经济发展方式的根本性转变，大力发展新型工业化，积极推进新型城市化。

第五，西部地区地域广阔，区域自然地理环境复杂多样，人口分布相当分散，生态脆弱性区域广泛分布；同时，根据《全国主体功能区规划》，国家明确提出的 18 个国家层面的重点开发区域有一半以上在西部地区，西部大开发也同样需要形成若干个具有较强的经济活力、功能比较完善的大城市和区域性城市群。因此，西部地区城市化发展模式选择与推进，不宜大规模发展小城镇；应着力完善现有中小城市的功能，并进一步促成现有中小城市的升级与扩张；区域城市化空间布局应相对集中，重点培育区域中心城市，形成结构合理、功能互补的城市体系；尽管我国西部地区城市化水平长期滞后，近年来的城市化发展速度较快，但西部地区不宜盲目赶超其他地区的城市化水平，而应该合理、有序地推进区域城市化进程，尤其要防止城市化发展速度过快所引致的区域生态安全问题。

第六，东北地区城市化水平"虚高"现象正在消失，"东北城市化现象"日益凸显。纵观我国城市化进程的一般特征，以及城市化与工业化的相互关系，中国城市化水平总体滞后，以及东北地区城市化水平"虚高"问题，曾经是国内学者的基本共识。所谓"虚高"即特指作为老工业基地的东北地区，其人口城市化率在全国处于相对较高水平，但城市化与城市发展质量较低，人口城市化水平大幅度超前于工业化水平。改革开放以来，东北地区城市化水平"虚高"现象确实存在较长时间。但是，研究表明，进入 21 世纪以来，随着我国城市化整体水平的快速提升，东部、中部、西部地区的城市化快速发展，而东北地区自身城市化发展速度长期相对趋缓，不仅东北地区城市化水平领先地位被东部地区所取代，而且全国和中西部地区城市化水平与东北地区的差距也大幅度缩小。

比较分析我国各区域城市化历史进程及其与工业化的相互关系，东北地区的城市化模式与东部、中部、西部地区的城市化发展模式有所不同。

我们把进入 21 世纪以来的东北地区城市化发展模式及其相关的区域特征称为"东北城市化现象"。"东北城市化现象"是我国区域城市化和工业化过程中的特有现象，其特征表现为：从城市化水平看，东北地区城市化水平长期处于国内领先地位，但优势正在丧失；从城市化质量指标看，东北地区城市经济总量和城市竞争力相对较低；从发展趋势看，东北地区人口城市化发展速度显著趋缓；从城市化的动力机制看，城市化的产业动力不足问题突出。东北地区的城市化现象反映出东北地区未来城市化过程中存在诸多深层次的矛盾亟待解决。

根据《全国主体功能区规划》，东北地区既有国家层面的重点开发区域，也有国家层面重点开发的农产品主产区，尤其是东北平原的粮食主产区是国家重点进行大规模高强度工业化、城镇化开发的农产品主产区。这些规划为东北地区城市化布局和开发建设提供了框架。未来东北地区城市化发展模式的选择，要充分考虑如何抓住现阶段全国城市化快速发展和东北老工业基地振兴的良好契机，加快转变发展方式，提升发展质量，积极推进城市化进程。

总之，从保障并实现生态安全的视角考察我国区域城市化，由于受历史、地理条件和社会经济发展水平等多种因素的影响，我国生态资源和城市化的区域发展都很不平衡，未来区域城市化具体推进路径的选择，应该以《全国主体功能区规划》为指导，依据区域经济社会发展的实际情况，坚持区域统筹和城乡统筹的原则，在梯次推进东部、中部、西部和东北地区城市化进程中，选择具有区域特色的城市化发展模式。在积极推进区域城市化进程的同时，保障并提升区域生态安全水平。

## 第二节　研究展望

无论是学科发展还是在社会经济的实践中，区域城市化模式和生态安全这两个方面都是十分重要而复杂的，而把二者结合起来研究更是需要做多方面的知识准备和掌握大量的数据资料。从选定题目到完成初稿，再到花费整整一年的时间进行修改，这期间课题组成员更是感受到区域城市化和生态安全研究所面临的各方面的困难。总结本书存在的不足之处主要有以下几点。

第一，研究方法上的不足之处。尽管综合评价指标体系的建立体现了评价者力求全面反映评价对象本质的愿望，但由于生态安全作为一门交叉学科，综合评价指标体系的建立十分复杂，指标建立难免会有失偏颇。运用"P－S－R模型"建立的区域生态安全的评价指标体系，在理论上应该能克服一系列评价指标没有统一标准的问题，但层次分析法尚有一定程度的主观性，因此，势必会影响评价结果准确程度。

第二，基础理论应用方面的不足之处。由于生态安全涉及自然科学、经济科学、社会科学和安全科学等学科，迄今为止，生态安全尚未形成标准化的概念，对生态安全评价的研究正处于不断探索和发展阶段，尚未形成成熟的理论体系、评价指标体系及评价方法。今后研究相关问题需要进一步完善现有的分析方法，完善评价模型的指标标准；而且，也需要对综合评价模型进行进一步的完善。另外，关于"区域城市化"、"区域城市化模式"和"城市化模式"这三个概念的内涵的界定和理论阐述，也是本书不完善之处。我们认为，本书的初衷是在"城市化模式"前冠以"区域"，从我国不同区域的城市化模式与生态安全关系的视角展开研究。但在实际研究中，区域城市化理论应该是本书的基础理论之一，本书在这方面的理论阐述不够深入，这是今后进行相关研究的努力方向。

第三，基础数据资料方面的问题。由于评价模型的基本原理是建立在复合多重指标基础之上的，既需要横向上几十种数据指标的支持，也需要纵向上若干年的数据资料的支持，而实际上，由于历史原因，许多反映区域社会经济和生态环境的数据资料在统计上只是近年来才有系统的年鉴记录。因此，进行时间序列分析，或区域比较分析往往遇到数据资料很难获取的限制。今后有待于通过改进模型、开展调研或加强数据资料的搜集等工作弥补这方面的不足。

第四，研究内容方面的不足之处。本书虽然尽最大努力，试图在全面分析四大区域城市化模式与生态安全的一系列特征及其问题基础上，探求区域生态安全的真实状况，及其城市化过程对生态安全的制约机理，但由于数据可获得性的局限，尤其是区域生态安全和城市化所需要的最新数据很难获得，个别在理论上比较有说服力的指标有时难免由于数据问题而无法计算。另外，由于篇幅所限还有一些能够说明问题的指标也不能进行深入的分析。这也是今后进行相关研究有待拓展的方面。

# 参考文献

[1]〔美〕阿瑟·奥沙利文（Arthur O'Sullivsn）：《城市经济学》，中信出版社，2003。

[2]〔美〕艾萨克·阿西莫夫、弗兰克·怀特：《诠释人类万年》，内蒙古人民出版社，1998。

[3]安德鲁·韦伯斯特：《发展社会学》，华夏出版社，1987。

[4]〔美〕芭芭拉·沃德、勒内·杜博斯：《只有一个地球——对一个小行星的关怀和维护》，吉林人民出版社，1997。

[5]白建宏等：《黑龙江省典型黑土区土壤侵蚀潜在危险度调查研究》，《中国水土保持》2003年第11期。

[6]白效明：《吉林省生态环境及生态省建设的研究》，吉林大学出版社，2000。

[7]〔英〕保罗·罗杰斯：《失控——21世纪的全球安全》，肖欢容译，新华出版社，2004。

[8]〔美〕比尔·麦克基本（Bill Mckibben）：《自然的终结》，吉林人民出版社，2000。

[9]薄燕：《环境安全研究的美国学派：对文献的述评》，《国际观察》2003年第4期。

[10]蔡守秋：《论环境安全问题》，《安全与环境学报》2001年第1期。

[11]曹洪法、沈英娃：《生态风险评价研究概述》，《环境化学》1991年第10期。

［12］ 曹伟：《城市生态安全导论》，中国建筑工业出版社，2004。

［13］ 常城：《东北近现代史纲》，东北师范大学出版社，1987。

［14］ 陈才、杨晓慧：《东北地区的产业空间结构与综合布局》，《东北师大学报》2004 年第 3 期。

［15］ 陈功等：《北京市未来人口发展趋势预测》，《市场与人口分析》2006 年第 4 期。

［16］ 陈红、回燕斌：《辽中南城市群水资源承载力分析》，《科技情报开发与经济》2007 年第 17 期。

［17］ 陈炼钢、陈敏建、丰华丽：《基于健康风险的水源地水质安全评价》，《水利学报》2008 年第 39 期。

［18］ 陈述彭：《城市化与城市地理信息系统》，科学出版社，1999。

［19］ 陈述彭、陈秋晓：《振兴东北的战略反思》，《地域研究与开发》2004 年第 3 期。

［20］ 陈述彭、陈秋晓：《振兴东北的战略反思》，《地域研究与开发》2004 年第 6 期。

［21］ 陈星、周成虎：《生态安全：国内外研究综述》，《地理科学进展》2005 年第 11 期。

［22］ 陈星、周成虎：《生态安全：国内外研究综述》，《地理科学进展》2005 年第 11 期。

［23］ 陈正言、宫明达、赵利东：《大庆市 1997～2003 年生态足迹分析》，《城市环境与城市生态》2006 年第 6 期。

［24］ 成德宁：《城市化与经济发展：理论、模式与政策》，科学出版社，2004。

［25］ 承继承、林珲、杨汝万：《面向信息社会的区域可持续发展导论》，商务印书馆，2001。

［26］ 程漱兰、陈焱：《高度重视国家生态安全战略》，《生态经济》1999 年第 5 期。

［27］ 崔功豪：《中国城镇发展研究》，中国建筑工业出版社，1992。

［28］ 戴星翼、唐松江、马涛：《经济全球化与生态安全》，科学出版社，2005。

［29］ 董全：《西方生态学近况》，《生态学报》1996 年 16 期。

［30］董宪军：《生态城市论》，中国社会科学出版社，2002。

［31］范英宏、陆兆华、程建龙等：《中国煤矿区主要生态环境问题及生态重建技术》，《生态学报》2003 年第 23 期。

［32］方创琳、杨玉梅：《城市化与生态环境交互耦合系统的基本定律》，《干旱区地理》2006 年第 29 期。

［33］费孝通：《费孝通文集》，群言出版社，1999。

［34］冯维波：《城市化发展与生态环境质量的内在逻辑》，《水土保持研究》2007 年第 2 期。

［35］冯维波：《生态文明与现代城市可持续发展》，《生态经济》2000 年第 7 期。

［36］付在毅、许学工：《区域生态风险评价》，《地球科学进展》2001 年第 16 期。

［37］高佩义：《中外城市化比较研究》，南开大学出版社，1991。

［38］龚建周、夏北成：《城市景观生态学与生态安全——以广州为例》，科学出版社，2008。

［39］顾朝林：《中国城镇体系——历史·现状·展望》，商务印书馆，1992。

［40］顾朝林等：《经济全球化与中国城市发展——跨世纪中国城市发展战略研究》，商务印书馆，1999。

［41］郭志全、周海山、鲁青：《辽宁省水资源保护面临的问题及对策分析》，《东北水利水电》2001 年第 19 期。

［42］郭中伟：《建设国家生态安全预警系统与维护体系——面对严重的生态危机的对策》，《科技导报》2001 年第 1 期。

［43］郭中伟：《建设国家生态安全预警系统与维护体系——面对严重的生态危机的对策》，《资源环境》2001 年第 1 期。

［44］韩宇平、阮本清、解建仓：《多层次多目标模糊优选模型在水安全评价中的应用》，《资源科学》2003 年第 7 期。

［45］何池全、崔保山、赵志春：《吉林省典型湿地生态评价》，《应用生态学报》2001 年第 12 期。．

［46］洪阳：《中国 21 世纪的水安全》，《环境保护》1999 年第 10 期。

［47］ 胡一邦：《环境风险评价实用技术和方法》，中国环境科学出版社，2000。

［48］ 华德尊、李春艳、任佳：《哈尔滨松北区城市湿地的生态安全分析》，《环境科学研究》2006 年第 6 期。

［49］ 黄光宇：《田园城市、绿心城市、生态城市》，《重庆建筑工程学院学报》1992 年第 9 期。

［50］ 黄光宇：《中国生态城市规划与建设进展》，《城市环境与城市生态》2001 年第 14 期。

［51］ 黄金川、方创琳：《城市化与生态环境交互耦合机制与规律性分析》，《地理研究》2003 年第 22 期。

［52］ 黄金川、方创琳：《城市化与生态环境交互耦合机制与规律性分析》，《地理研究》2003 年第 2 期。

［53］ 简新华、刘传江：《世界城市化的发展模式》，《世界经济》1998 年第 4 期。

［54］ 蒋志学：《人口与可持续发展》，中国环境科学出版社，2000。

［55］ 焦学军：《生态安全的监测与评价》，《防护林科技》2003 年第 4 期。

［56］ 解运杰等：《东北黑土区水土流失重点治理区农耕地侵蚀现状及潜在危险程度分析》，《水土保持研究》2004 年第 2 期。

［57］ 金经元：《我们如何理解"田园城市"》，《北京城市学院学报》2007 年第 4 期。

［58］ 金瑞林：《环境法——大自然的保卫者》，北京时事出版社，1995。

［59］ 景星蓉、张健、樊艳妮：《生态城市及城市生态系统理论》，《城市问题》2004 年第 6 期。

［60］ 景跃军：《东北地区相对资源承载力动态分析》，《吉林大学社会科学学报》2006 年第 4 期。

［61］ 鞠美庭等：《生态城市建设的理论与实践》，化学工业出版社，2007。

［62］ 瞿为民、朱德明：《国家生态安全：加入 WTO 背景下环境保护对策探析》，《中国人口·资源与环境》2003 年第 2 期。

［63］ 〔美〕卡洛琳·麦茜特：《自然之死》，吉林人民出版社，1999。

［64］ 康幕谊：《城市生态学与城市环境》，中国计量出版社，1997。

［65］ 康少邦等：《城市社会学》，浙江人民出版社，1986。

［66］〔英〕莱斯特・R. 布朗：《建设一个持续发展的社会》，科学技术文献出版社，1984。

［67］ 郎一环、王礼茂、李岱：《全球资源态势与中国对策》，湖北科学技术出版社，2000。

［68］ 李琛、谢辉：《东北地区资源环境安全评价》，《资源科学》2006年第28期。

［69］ 李成勋：《2020年的中国：对未来经济技术社会文化生态环境的展望》，人民出版社，1999。

［70］ 李诚固、李振泉：《"东北现象"特征及形成因素》，《经济地理》1996年第3期。

［71］ 李静、李雪铭：《大连市城市化与城市生态环境发展协调性评价与分析》，《现代城市研究》2008年第2期。

［72］ 李俊生等：《城市化对生物多样性的影响研究综述》，《生态学杂志》2005年第24期。

［73］ 李其荣：《对立与统一：城市发展历史逻辑新论》，东南大学出版社，2000。

［74］ 李瑞娥、张海军：《中国环境库兹涅茨曲线的变化特征（1981～2004）》，《西安交通大学学报》（社会科学版）2008年第4期。

［75］ 李绍平、王甲山：《加强东北区域生态安全的税收政策研究》，《东北大学学报》（社会科学版）2007年第6期。

［76］ 李双成、赵志强、王仰麟：《中国城市化过程及其资源与生态环境效应机制》，《地理科学进展》2009年第1期。

［77］ 李杨帆、朱晓东、马妍：《城市化和全球环境变化与IHDP》，《环境与可持续发展》2008年第6期。

［78］ 李月辉：《沈阳市城市空间扩展的生态安全格局》，《生态学杂志》2007年第26期。

［79］ 联合国环境署：《21世纪议程》，中国环境科学出版社，1993。

［80］ 联合国开发计划署等：《世界资源报告（2000～2001）》，中国环境科

学出版社，2002。

[81] 梁星、郭林、张浩、王祥荣：《城市增长和城市环境退化的倒 U 形曲线研究——以长江三角洲为例》，《复旦学报》（自然科学版）2004 年第 12 期。

[82] 林广、张鸿雁：《成功与代价》，东南大学出版社，2000。

[83] 刘昌明：《东北地区有关水土资源配置、生态与环境保护和可持续发展的若干战略问题研究：生态与环境卷》，科学出版社，2007。

[84] 刘传江：《中国城市化的制度安排与创新》，武汉大学出版社，1999。

[85] 刘红、王慧、刘康：《我国生态安全评价方法研究述评》，《环境保护》2005 年第 8 期。

[86] 刘红、王慧、刘康：《我国生态安全评价方法研究述评》，《环境保护》2005 年第 8 期。

[87] 刘洪茵：《阜新地区生态环境破坏复杂性的调查与分析》，《煤矿开采》2004 年第 2 期。

[88] 刘纪远、布和敖斯尔：《中国现代土地利用变化时空研究》，《第四纪研究》2000 年第 20 期。

[89] 刘继生等：《东北地区城市体系空间结构的分型研究》，《地理科学》1995 年第 5 期。

[90] 刘家强：《中国人口城市化——道路、模式与战略选择》，西南财经大学出版社，1997。

[91] 刘静玲：《人口、资源与环境》，化学工业出版社，2001。

[92] 刘宁：《辽宁中部城市群经济区区域经济合作的战略措施》，《辽宁教育学院学报》2002 年第 5 期。

[93] 刘文新、张平宇、马延吉：《东北地区生态环境态势及其可持续发展对策》，《生态环境》2007 年第 16 期。

[94] 刘文新、张平宇、马延吉：《东北地区生态环境态势及其可持续发展对策》，《生态环境》2007 年第 16 期。

[95] 刘西锋、李诚固、谭雪兰：《东北地区城市化的特征与机制分析》，《城市问题》2002 年第 5 期。

［96］ 刘宪春等：《东北黑土区水土流失及防治对策研究》，《水土保持研究》2005 年第 2 期。

［97］ 刘晓丽、方创琳：《城市群资源环境承载力研究进展及展望》，《地理科学进展》2008 年第 27 期。

［98］ 刘彦随、彭留英、陈玉福：《东北地区土地利用转换及其生态效应分析》，《农业工程学报》2005 年第 21 期。

［99］ 刘艳军、李诚固、孙迪：《东北地区城镇体系发展的产业支撑体系培育》，《东北亚论坛》2007 年第 2 期。

［100］ 刘耀彬、李仁东、宋学锋：《城市化与城市生态环境关系研究综述与评价》，《中国人口·资源与环境》2005 年第 3 期。

［101］ 刘耀彬、李仁东、宋学锋：《中国城市化与生态环境耦合度分析》，《自然资源学报》2005 年第 20 期。

［102］ 刘耀彬、宋学锋：《城市化与生态环境的耦合度及其预测模型研究》，《中国矿业大学学报》2005 年第 1 期。

［103］ 刘耀彬、宋学锋：《城市化与生态环境的耦合度及其预测模型研究》，《中国矿业大学学报》2005 年第 1 期。

［104］ 刘耀彬、宋学锋：《城市化与生态环境耦合模式及判别》，《地理科学》2005 年第 8 期。

［105］ 刘卓、刘昌明：《东北地区水资源利用与生态和环境问题分析》，《自然资源学报》2006 年第 9 期。

［106］ 龙爱华、张志强、苏志勇：《生态足迹评价及国际研究前沿》，《地球科学进展》2004 年第 19 期。

［107］ 卢琦、吴波：《中国荒漠化灾害评估及其经济价值核算》，《中国环境报》2002 年第 6 期。

［108］ 路遇：《清代和民国山东移民东北史略》，上海社会科学院出版社，1987。

［109］ 马交国、杨永春：《国外生态城市建设实践及其对中国的启示》，《国外城市规划研究》2006 年第 2 期。

［110］ 马倩如、程声通：《环境质量评价》，中国环境科学出版社，1990。

［111］ 麦少芝、徐颂军、潘颖君：《PSR 模型在湿地生态系统健康评价中的

应用》，《热带地理》2005 年第 25 期。

[112] 麦少芝、徐颂军、潘颖君：《PSR 模型在湿地生态系统健康评价中的应用》，《热带地理》2005 年第 25 期。

[113] 毛敬国：《黑土区水土流失状况分析及防治对策》，《水土保持应用技术》2007 年第 3 期。

[114] 毛敬国等：《黑土区水土流失状况分析及防治对策》，《水土保持应用技术》2007 年第 3 期。

[115] 聂艳等：《区域城市化与生态环境耦合时空变异特征——以湖北省为例》，《中国土地科学》2008 年第 11 期。

[116] 欧阳光明、肖剑鸣：《"国家生态安全"与社会经济发展》，《福州大学学报》（哲学社会科学版）2008 年第 1 期。

[117] 欧阳志云、王如松、赵景柱：《生态系统服务功能及其生态经济价值评价》，《应用生态学报》1999 年第 10 期。

[118] 潘纪一、朱国宏：《世界人口通论》，中国人口出版社，1991。

[119] 钱纳里：《发展的型式（1950～1970）》，经济科学出版社，1998。

[120] 钱正英：《东北地区有关水土资源配置、生态环境保护可持续发展若干战略问题研究（综合卷）》，科学出版社，2007。

[121] 乔标、方创琳、黄金川：《干旱区城市化与生态环境交互耦合的规律性及其验证》，《生态学报》2006 年第 26 期。

[122] 邱微、赵庆良：《基于"压力－状态－响应"模型的黑龙江省生态安全评价研究》，《环境科学》2008 年第 4 期。

[123] 饶会林：《城市经济学》，东北财经大学出版社，1999。

[124] 任宪平：《东北黑土区合理开发利用存在的问题与对策》，《水土保持科技情报》2004 年第 2 期。

[125] 任志远：《城郊土地利用变化与区域生态安全动态》，科学出版社，2006。

[126] 桑秋、苏飞、张平宇：《辽宁省耕地生态足迹动态分析》，《安徽农业科学》2008 年第 3 期。

[127] 佘国等：《近 10 年来东北三省农用地变化及其影响因素分析》，《经济地理》2005 年第 3 期。

[128] 盛科荣、张平宇、李飞：《辽中城市群规模结构演变分析》，《中国科学院研究生院学报》2004 年 4 期。

[129] 世界环境与发展委员会：《我们共同的未来》，世界知识出版社，1989。

[130] 宋言奇：《改革开放 30 年来我国的城市化历程与农村生态环境保护》，《苏州大学学报》（哲学社会科学版）2008 年第 6 期。

[131] 宋永昌、由文辉、王祥荣：《城市生态学》，华东师范大学出版社，2000。

[132] 宋永昌、由文辉、王祥荣：《城市生态学》，华东师范大学出版社，2000。

[133] 宋玉祥、陈群元：《20 世纪以来东北城市的发展及其历史作用》，《地理研究》2005 年第 24 期。

[134] 宋正海：《地理环境决定论的发生发展及其在近现代引起的误解》，《自然辩证法研究》1991 年第 9 期。

[135] 宋治清、王仰麟：《城市景观及其格局的生态效应研究进展》，《地理科学进》2004 年第 23 期。

[136] 孙继敏、刘东生：《中国东北黑土地的荒漠化危机》，《第四纪研究》2001 年第 21 期。

[137] 孙乃民：《2003 年吉林省经济社会形势分析与预测》，吉林人民出版社，2002。

[138] 孙永正：《城市化滞后的八大弊端》，《城市问题》1999 年第 6 期。

[139] 田宝强：《黑龙江经济结构分析》，黑龙江人民出版社，2003。

[140] 田雪原：《人口城市化驱动消费需求效应研究》，《中国人口科学》2000 年第 6 期。

[141] 万本太、吴军、徐海根：《国家生态安全综合评价研究》，《环境科学研究》2008 年第 4 期。

[142] 汪爱华、张树清、张柏：《三江平原沼泽湿地景观空间格局变化》，《生态学报》2003 年第 23 期。

[143] 汪劲武：《回到绿色世界》，希望出版社，1992。

[144] 王凤秋、范海燕：《东北地区城乡经济互动发展的思考》，《东北亚论坛》2000 年第 3 期。

[145] 王光荣：《论芝加哥学派城市生态学范式的局限》，《天津社会科学》

2007 年第 5 期。

[146] 王丽霞、任志远、薛亮：《区域生态安全与生态足迹对比研究——以陕北延安地区为例》，《地域研究与开发》2006 年第 5 期。

[147] 王洛林、魏后凯：《东北地区经济振兴战略与政策》，社会科学文献出版社，2005。

[148] 王孟本：《生态环境概念的起源与内涵》，《生态学报》2003 年第 29 期。

[149] 王如松：《高效·和谐：城市生态调控原则与方法》，湖南教育出版社，1988。

[150] 王如松等：《现代生态学的热点问题研究》，中国科学技术出版社，1996。

[151] 王胜今：《人口社会学（第二版）》，吉林大学出版社，1998。

[152] 王胜今、侯力：《论东北振兴过程中的城市化与城镇体系建设》，《吉林大学社会科学学报》2006 年第 6 期。

[153] 王士君：《中国东北地区城市地理基本框架》，《地理学报》2006 年第 6 期。

[154] 王嗣均：《中国城市化区域发展问题研究》，高等教育出版社，1996。

[155] 王伟中：《国际可持续发展战略比较研究》，商务印书馆，2000。

[156] 王祥荣：《生态建设论：中外城市生态建设比较分析》，东南大学出版社，2004。

[157] 王逸舟：《全球化时代的国际安全》，上海人民出版社，1999。

[158] 魏晓婕等：《干旱区绿洲城市城市化与生态环境耦合——以乌鲁木齐为例》，《干旱区资源与环境》2008 年第 11 期。

[159] 文传浩等：《流域环境变迁与生态安全预警理论与实践》，科学出版社，2008。

[160] 吴传清、李浩：《关于中国城市群发展问题的探讨》，《经济前沿》2003 年第 1 期。

[161] 吴传清、李浩：《关于中国城市群发展问题的探讨》，《经济前沿》2003 年第 2 期。

[162] 吴结春、李鸣：《生态安全及其研究进展》，《江西科学》2008 年第

1 期。

[163] 吴开亚:《生态安全理论形成的背景探析》,《合肥工业大学学报》
（社会科学版）2003 年第 10 期。

[164] 吴开亚:《主成分投影法在区域生态安全评价中的应用》,《中国软科
学》2003 年第 9 期。

[165] 吴稀庸:《近代东北移民史略》,《东北集刊》1941 年第 2 期。

[166] 夏小林、王小鲁:《中国的城市化进程分析——兼评城市化方针》,
《改革》2000 年第 2 期。

[167] 香宝:《人地系统演化及人地关系理论的考察》,《中国人口·资源与
环境》2000 年第 10 期。

[168] 香宝、银山:《人地系统演化及人地关系理论的考察》,《中国人口·
资源与环境》2000 年第 10 期。

[169] 肖笃宁、陈文波、郭福良:《论生态安全的基本概念和研究内容》,
《应用生态学报》2002 年第 13 期。

[170] 肖笃宁、陈文波、郭福良:《论生态安全的基本概念和研究内容》,
《应用生态学报》2002 年第 13 期。

[171] 谢高地等:《中国自然资源消耗与国家资源安全变化趋势》,《中国人
口·资源与环境》2002 年第 12 期。

[172] 谢利芳:《论生态城市与城市生态化》,《当代经济》2008 年第 2 期。

[173] 谢文蕙、邓卫:《城市经济学》,清华大学出版社,1996。

[174] 新望:《"新东北现象"与"中部塌陷"》,《中国改革》2003 年第
9 期。

[175] 闫敏华、邓伟、马学慧:《大面积开荒扰动下三江平原近 45 年气候
变化》,《地理学报》2001 年第 56 期。

[176] 杨国胜:《人地关系与可持续发展》,《地理教育》2003 年第 3 期。

[177] 杨海生、周永章、王夕子:《我国城市环境库兹涅茨曲线的空间计量
检验》,《统计与决策》2008 年第 20 期。

[178] 杨京平:《生态安全的系统分析》,化学工业出版社,2002。

[179] 杨立勋:《城市化与城市发展战略》,广东教育出版社,1999。

[180] 杨士弘：《城市生态环境学》，科学出版社，2001。

[181] 姚士谋等：《中国的城市群》，中国科学技术大学出版社，1992 年。

[182] 衣保中：《东北地区城市化中的生态环境问题与可持续发展对策》，《南阳师范学院学报》（社会科学版）2006 年第 5 期。

[183] 衣保中：《近代以来东北平原黑土开发的生态环境代价》，《吉林大学社会科学学报》2003 年第 5 期。

[184] 殷浩文：《生态风险评价》，华东理工大学出版社，2001。

[185] 尹豪：《人口学导论》，中国人口出版社，2006。

[186] 应瑞瑶、周力：《我国环境库兹涅茨曲线的存在性检验》，《南京师大学报》（社会科学版）2006 年第 3 期。

[187] 余谋昌：《生态伦理学》，首都师范大学出版社，1999。

[188] 翟金良、何岩、邓伟：《东北地区城市水资源环境问题及其对策》，《城市环境与城市生态》2003 年第 16 期。

[189] 翟金良、何岩、邓伟：《东北地区城市水资源环境问题及其对策》，《城市环境与城市生态》2003 年第 6 期。

[190] 张宝义：《城市人与城市区位的互动：城市社会学发展的基本内涵》，《南方论丛》2006 年第 9 期。

[191] 张帆：《环境与自然资源经济学》，上海人民出版社，1998。

[192] 张凤太、苏维词、赵卫权：《基于土地利用/覆被变化的重庆城市生态系统服务价值研究》，《生态与农村环境学报》2008 年第 24 期。

[193] 张雷、刘慧：《中国国家资源环境安全问题初探》，《中国人口·资源与环境》2002 年第 1 期。

[194] 张文木：《中国新世纪安全战略》，山东人民出版社，2000。

[195] 张晓焕：《人地关系与可持续发展》，《广西师范学院学报》（自然科学版）2003 年第 8 期。

[196] 赵宝江：《积极探索具有中国特色的城市化道路》，《城市发展研究》2000 年第 5 期。

[197] 赵军、胡秀芳：《我国区域生态安全建设的思考》，《生态经济》2004 年第 1 期。

［198］ 赵尚朴：《城市土地使用制度研究》，中国城市出版社，1996。

［199］ 赵伟：《城市经济理论与中国城市发展》，武汉大学出版社，2005。

［200］ 赵子祥等：《2001～2002 年辽宁省经济社会形势分析与预测》，辽宁人民出版社，2000。

［201］ 郑杭生：《从传统现代快速转型过程中的中国社会》，中国人民大学出版社，1996。

［202］ 中国市长协会《中国城市发展报告》编辑委员会：《中国城市发展报告（2002～2003)》，商务印书馆，2004。

［203］ 周一星：《城市地理学》，商务印书馆，1999。

［204］ 周英：《城市化模式选择：理论逻辑与内容》，《生产力研究》2006 年第 3 期。

［205］ 朱宝树：《中国城市化：从控制中发展到发展中控制》，《华东师范大学学报》（哲学社会科学版）2000 年第 1 期。

［206］ 朱启贵：《可持续发展评估》，上海财经大学出版社，1999。

［207］ 朱锡平、陈英：《生态城市规划建设与中国城市发展》，《财经政法资讯》2007 年第 2 期。

［208］ 资中筠：《国际政治理论探索在中国》，上海人民出版社，1998。

［209］ 邹长新、沈渭寿：《生态安全研究进展》，《农村生态环境》2003 年第 19 期。

［210］ 左伟：《基于 RS、GIS 的区域生态安全综合评价研究：以长江三峡库区忠县为例》，测绘出版社，2004。

［211］ 左伟等：《区域生态安全评价指标与标准研究》，《地理学与国土研究》2002 年第 18 期。

［212］ Barnthouse, L. W. , "The Role of Models in Ecological Riskassessment", *Environ Toxic Chem* (11) , 1992.

［213］ Bolger, P. M. , "Risk Assessment: What is the Question. In: Kamrin M A", *Environmental Risk Harmonization*, eds. John Wiley&Sons Ltd (Toronto, 1997).

［214］ Dator Jim , "From Resource Scarcity to Ecological Security. Exploring

New Limits to Growth", *Technological Forecasting and Social Change* 73 (8), 2006.

[215] Ducrot, R. et al. , "Articulating Land and Water Dynamics with Urbauizatiou: au attempt to model natural resources management at the urban edge", *Computers, Environment and Urban Systems* 28 (1-2), 2004.

[216] Ekins, P. , "The Kuznets Curve for the Environment and Economic Growth: Examining the Evidence", *Environment and Planning* (5), 1997.

[217] Hall, A. , "Ammonium in Granites and Its Petrogenetic Significance", *Earth-Science Reviews* (45), 1999.

[218] Miranda, A. Schreurs , Dennis Pirages. *Ecological Security In Northeast Asia. Seoul* (Korea: Yonsei University Press, 1998).

[219] Norton, S. , McVey M. , *Review of Ecological Risk Assessment Methods*, 1988.

[220] Power, M. , McCarthy, L. S. , "Fallacies in Ecological Risk Assessment Practices", *Environmental Science&Technology* 31 (8), 1997.

[221] Rees, W. E. , "Ecological Footprints and Appropriated Carrying Capacity", *What Urban Economics Leaves Out Environment and Urbanization* 4 (2), 1992.

[222] Reesw, E. Ackernaglm , "Urban Ecological Footprint Why Cities Cannot be Sustainable and Why They are a Key to Sustainability", *Environmental Impact Assesment Review* (16), 1996.

[223] Richard Register , "Ecocity Berkeley: Building Cities for a Healthy Future", *North Atlantic Books*, 1987.

[224] Shen, W. J. et al. , *Effects of Urbanization-induced Environmental Changes On Ecosystem Functioning in the Phoenix Metropolitan Region* (USA, Ecosystems, 2008).

[225] Suter and Loar, J. M. , *Weighing the Ecological Risk. Environ. Sci. Technol*, 1992.

[226] Yanitsky, O. , "Social Problems of Man's Environment", *The City and Ecology* (1), 1987.

# 后　记

　　20 世纪 90 年代以来，我国区域城市化进入了新一轮快速发展阶段。随着国家先后实施西部大开发、东北老工业基地振兴和中部崛起战略等区域发展战略，我国区域城市化与社会经济发展取得了新的进展，但是，我国区域城市化过程中的生态环境问题也开始引起广泛关注。进入 21 世纪，随着区域新型工业化的推进和各方面改革的不断深化，未来我国城市化必将进入新的发展阶段，也必将面临新的机遇和挑战。如何认识我国区域城市化发展的基本规律，及其与生态安全的相互关系，科学地制定未来有利于改善与促进区域生态安全的城市化战略措施具有重要的理论意义和现实意义。

　　本书初稿早在 2013 年就已完成，但一直未出版，其原因在于作者深感中国城市化与生态安全相关问题研究意义重大。近年来在我国区域城市化快速推进过程中，党和政府越来越重视"新型城镇化建设"和"生态安全"问题的积极应对，理论和实践方面的成果颇丰，特别是党的十八大以来，我们党形成并积极推进经济建设、政治建设、文化建设、社会建设、生态文明建设五位一体的总布局，十八届三中全会进一步明确提出了坚持走中国特色新型城镇化道路，为新形势下我国城市化与生态建设提供了根本指南。作为一项理论研究的国家社会科学基金青年项目——"中国区域城市化模式与生态安全研究"虽已通过结项，但付梓出版仍需对诸多方面加以修改、丰富和完善。

　　本书是在作者承担的国家社会科学基金青年项目"中国区域城市化模

式与生态安全研究"最终成果基础上完成的。本书遵循理论阐释—现状分析—模型构建—综合评价—政策建议的研究思路，以城市化和生态环境安全的相关理论为指导，以我国东部、中部、西部和东北地区人口、经济、社会和生态环境等主要数据资料为依据，对东部、中部、西部和东北四大区域及31个省（区、市）城市化发展模式特征、区域生态安全状况，以及区域城市化模式与生态安全的耦合关系等进行了系统研究。本书在对东部、中部、西部和东北地区城市化发展趋势进行预测和生态安全制约因素进行综合评价的基础上，试图提出生态安全视角下我国区域城市化发展模式的政策建议。由于研究水平、数据资料和研究方法手段局限性，书中难免存在一些不足之处，恳请学界同人批评指正。

李　辉

2016 年 12 月

图书在版编目（CIP）数据

中国区域城市化模式与生态安全研究 / 李辉著. --

北京：社会科学文献出版社，2017.5

（东北亚研究丛书）

ISBN 978 - 7 - 5201 - 0561 - 3

Ⅰ.①中… Ⅱ.①李… Ⅲ.①城市化 - 研究 - 中国

Ⅳ.①F299.21

中国版本图书馆 CIP 数据核字（2017）第 063421 号

东北亚研究丛书

中国区域城市化模式与生态安全研究

著　　者 / 李　辉

出 版 人 / 谢寿光

项目统筹 / 恽　薇　高　雁

责任编辑 / 颜林柯　张玉平

出　　版 / 社会科学文献出版社·经济与管理分社（010）59367226

　　　　　　地址：北京市北三环中路甲 29 号院华龙大厦　邮编：100029

　　　　　　网址：www.ssap.com.cn

发　　行 / 市场营销中心（010）59367081　59367018

印　　装 / 三河市东方印刷有限公司

规　　格 / 开　本：787mm × 1092mm　1/16

　　　　　　印　张：24.75　字　数：374 千字

版　　次 / 2017 年 5 月第 1 版　2017 年 5 月第 1 次印刷

书　　号 / ISBN 978 - 7 - 5201 - 0561 - 3

定　　价 / 98.00 元

本书如有印装质量问题，请与读者服务中心（010 - 59367028）联系